Mensch und Organisation 10

herausgegeben von W. H. Staehle

Peter Conrad · Jörg Sydow

Organisationsklima

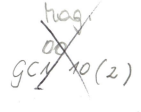

Walter de Gruyter · Berlin · New York 1984

Dipl.-Kfm., Dipl.-Psych. Peter Conrad
Dipl.-Kfm. Jörg Sydow, M. Sc.,
wissenschaftliche Mitarbeiter am Institut für Unternehmensführung,
Fachrichtung Organisation und Personalwirtschaft, der Freien Universität

Das Buch enthält 40 Abbildungen

CIP-Kurztitelaufnahme der Deutschen Bibliothek

Conrad, Peter:
Organisationsklima / Peter Conrad ; Jörg Sydow.
– Berlin ; New York : de Gruyter, 1984.

(Mensch und Organisation ; 10)
ISBN 3-11-009945-4

NE: Sydow, Jörg: ; GT

Geleitwort des Herausgebers

Im Zuge der verstärkt verhaltenswissenschaftlichen Fundierung der Management- und Organisationtheorie hat inzwischen auch im deutschen Sprachraum ein Konzept Eingang in die wissenschaftliche Diskussion gefunden, das im wesentlichen bisher in Nordamerika entwickelt worden ist, und das als Organisationsklima bezeichnet wird. Diese stark psychologisch orientierte Forschungsrichtung hat kaum Kenntnis genommen von der in Deutschland bislang vorherrschenden soziologisch orientierten Betriebsklima-Forschung. Auch in der betrieblichen Praxis wurde das Betriebsklima-Konzept eher als harmoniestiftende Human-Relations-Technik denn als Konzept der empirischen Organisationsforschung angesehen.

An diesem unbefriedigenden Erkenntnisstand setzt der vorliegende 10. Band der Schriftenreihe 'Mensch und Organisation' an. Im Anschluß an eine Begriffsklärung und Abgrenzung des Organisationsklimas von verwandten Konzepten, wie Betriebsklima, Arbeitszufriedenheit, Organisationskultur, wird die Relevanz des Organisationsklimas für die Theorie und Praxis des Managements herausgearbeitet. Dabei wird insbesondere auf die enge Verbindung dieses Ansatzes mit der immer mehr an Bedeutung gewinnenden Organisationsentwicklung eingegangen. Die Relevanz des Konzepts für die Management- und Organisationstheorie erklären die Autoren aus der Erwartung, daß die Einbeziehung des Organisationsklimas die Erklärung des Verhaltens von Organisationsmitgliedern verbessert. Von praktischem Interesse ist das Organisationsklima, weil es in Beziehung zum Teilnahme- und Leistungsverhalten der Organisationsmitglieder steht und als grundsätzlich gestaltbar gilt (Management des Organisationsklimas).

Die Auswertung einschlägiger empirischer Untersuchungen bildet die Basis für praktische Empfehlungen im Rahmen eines solchen Managements des Organisationsklimas. Es werden ausgewählte Instru-

mente zur Messung des Organisationsklimas vorgestellt, Möglichkeiten der Veränderung von Dimensionen des Organisationsklimas aufgezeigt und Empfehlungen für die Erfolgskontrolle entsprechender
Maßnahmen gegeben.

Berlin, im Frühjahr 1984   Prof. Dr. W.H. Staehle

Vorwort

Das vorliegende Buch ist aus einem Forschungsprojekt hervorgegangen, das im Herbst 1980 am Institut für Unternehmungsführung, Fachrichtung Organisation und Personalwirtschaft, der Freien Universität Berlin in Angriff genommen wurde. Gegenstand des Projekts ist die Untersuchung eines Ausschnitts der sozialen Realität von Organisationen, in dem das Verhältnis von Mensch und Organisation seinen vielleicht intensivsten Ausdruck findet: das Klima in Organisationen.

Unsere Arbeit wurde von Wolfgang H. Staehle umfassend unterstützt. Er gewährte uns den dafür notwendigen Freiraum im Rahmen unserer Institutarbeit, half uns in zahlreichen Diskussionen weiter und erklärte sich bereit, die Arbeit durch die Aufnahme in die von ihm herausgegebene Reihe "Mensch und Organisation" zu fördern. Dafür danken wir ihm.
Für zahlreiche Diskussionen zu danken haben wir auch Peter W. Karg, der uns immmer wieder auf die Bedeutung der Betriebsklima-Forschung aufmerksam machte, Margit Osterloh, die unsere Diskussion über die Grenzen standardisierter Instrumente zur Messung des Organisationsklimas anregte, sowie Edgar Stoll, dessen Hinweise unsere Position zum Verhältnis von Individuum und Gesellschaft klären halfen. Zu danken haben wir schließlich Barbara Doerk und Irmgard Hoemke, die unsere zahlreichen Manuskripte in eine lesbarere Form übertrugen, und Karl-Heinz Hamann, der uns beim Korrekturlesen half.

Berlin, im April 1984

Peter Conrad

Jörg Sydow

Inhaltsverzeichnis

1. Einleitung

Die Lebenspraxis von Menschen ist durch ihre Mitgliedschaft in Organisationen, z.B. Kirchen, Parteien, Vereine oder Unternehmungen, gekennzeichnet. Organisationen sind – allgemeiner gefaßt – "soziale Gebilde, die dauerhaft auf ein Ziel ausgerichtet werden sollen" (KIESER/KUBICEK 1983, S. 1). Organisationen wirken sich auf die Lebenspraxis von Menschen nicht nur durch das faktische Handeln ihrer Mitglieder aus. Jeder, der schon einmal eine Organisation betreten hat, hat etwas kennengelernt, das nicht allein über das Handeln der (übrigen) Organisationsmitglieder rekonstruiert werden kann, ein für die betreffende Organisation (oder Teile von ihr) kennzeichnendes "Klima", das Organisationsklima genannt wird.

1.1 Was ist „Organisationsklima"?

Organisationsklima (organizational climate) ist ein begrifflich, aber auch empirisch schwer zu erfassendes soziales Phänomen. Obwohl es in jeder Organisation vorhanden ist, kann es nicht direkt beobachtet oder gemessen werden; es wird daher auch als (hypothetisches) Konstrukt bezeichnet. "Hypothetische Konstrukte beinhalten die Vorstellung von einer 'objektiven Existenz' von realen Prozessen und Aktivitäten innerhalb eines Organismus " (MacCORQUODALE/ MEEHL 1948, S. 105), und sind mit anderen Konstrukten in vielfältiger Weise verknüpft. Organisationsklima ist ein Ergebnis komplexer Wahrnehmungs– und Kognitionsprozesse der Organisationsmitglieder. Da das Organisationklima untrennbar mit der Organisation verbunden ist, beinhaltet der zitierte Organisationsbegriff neben einer "objektiven" Komponente auch subjektive Elemente, m.a.W.: Organisationen konstituieren sich objektiv und subjektiv und sind ein zugleich objektives wie subjektives Phänomen in der Lebenspraxis von Menschen.

Nach wie vor nimmt die Arbeitszeit den größten Teil der produktiven Lebenszeit von Individuen in Anspruch; Sozialisationsprozesse und Sozialisationsinstanzen wirken zurichtend für späteres Arbeitshandeln; nicht selten hat sich auch die arbeitsfreie Zeit den Imperativen des Arbeitsalltages zu fügen. Von daher ist es gerechtfertigt, Arbeit in Organisationen als zentrales Element von Lebenserfahrungen überhaupt anzunehmen (vgl. VOLMERG 1978). Die Tatsache, daß sich Organisationsklima dem Menschen über interne Informationsvorgänge vermittelt, macht es erforderlich, es über die wahrnehmenden Organisationsmitglieder zu rekonstruieren. Der Wahrnehmungscharakter ist denn auch ein wesentliches Merkmal des Organisationsklima-Konstrukts. Dies wird bereits durch den metaphorischen Gebrauch des Klimabegriffs in dem Wort "Organisationsklima" angedeutet [1].

Wahrnehmungscharakter des Organisationsklimas bedeutet, daß die organisationale Realität individuell angeeignet wird, ohne daß diese Aneignung so einzigartig ist, daß es keine interindividuellen Gemeinsamkeiten in der Wahrnehmung der Organisation gäbe. Ein grundlegendes Ziel der Organisationsklima-Forschung ist es, diese gemeinsamen Perzeptionen zu ermitteln und ihr Zustandekommen zu erklären.

Ein anderer Grund für die Schwierigkeit der nominalen Fassung und realen Erfassung des Organisationsklimas ist darin zu sehen, daß es sich um ein abstraktes Konstrukt handelt. Prinzipiell kann ein

---

[1]   Der metaphorische Gebrauch des Klima-Begriffs findet sich in der Management-Literatur außer beim Organisationsklima im Zusammenhang mit: Politisches Klima, Geschäftsklima (business climate), Meinungsklima, Werteklima, Motivationsklima, Personalentwicklungsklima, Planungsklima, Kontrollklima, Interaktionsklima Familienklima, soziales Klima oder Sozio-Klima. Der Begriff "Klima" faßt als synthetisches Konzept in diesen metaphorischen Verwendungen wichtige, überdauernde Umweltmerkmale zusammen, wie sie von Menschen wahrgenommen werden.

Organisationsklima das Ergebnis individueller Wahrnehmungen der gesamthaften, komplexen innerorganisatorischen Wirklichkeit sein. Grundsätzlich kann davon ausgegangen werden, daß so unterschiedliche Merkmale der Organisation, wie ihre räumliche Gliederung, ihr Leistungsprogramm, ihre hierarchische Struktur, das Verhalten ihrer Mitglieder u.v.m. das Organisationsklima (als noch näher zu bestimmendes Ergebnis der Wahrnehmung dieser Merkmale) beeinflussen. Welche Merkmale der Organisation die wichtigsten Einflußgrößen des Organisationsklimas sind, ist eine Frage, die im Rahmen der empirischen Organisationsklima-Forschung zu beantworten versucht wird. Die Beantwortung dieser Frage durch die empirische Organisationsklima-Forschung ist Voraussetzung für ein systematisches "Management" des Organisationsklimas, d.h. seine geplante Veränderung oder auch Stabilisierung durch Manipulation seiner Einflußgrößen.

An einem Management des Organisationsklimas besteht ein vielfältiges Interesse. Der Wunsch nach Verstehen und interessenbezogener Handhabbarkeit psychischer Prozesse organisatorischer Erfahrung zeigen sich besonders eindrucksvoll im Bereich der Effizienzsteigerung von Organisationen.

Das Interesse von Managern am Organisationsklima liegt in der Erwartung begründet, daß Organisationsmitglieder nicht so sehr auf isolierte, 'objektive' Merkmale der Organisation reagieren als vielmehr auf ihre allgemeine Wahrnehmung der gesamten organisationalen Realität (LITWIN 1968, S. 58). Im einzelnen ist zu erwarten, daß Organisationsklima sowohl das Beitrags- als auch das Teilnahmeverhalten der Organisationsmitglieder beeinflußt:

-   Über die Arbeitsmotivation das Leistungsverhalten
-   Über die Arbeitszufriedenheit, Absentismus und Fluktuation
-   Über seine attrahierende Wirkung das Beitrittsverhalten neuer Mitglieder u.v.m.

Darüber hinaus begründet sich das Interesse des Managements am Organisationsklima-Konzept aus der Tatsache, daß die meisten Entscheidungen und Handlungen Sekundärwirkungen zeitigen, die sich organisationsklimatisch niederschlagen; diese können antizipiert und bei der Entscheidungsfindung mitberücksichtigt werden, wenn die Entstehungsbedingungen, Eigenschaften und Wirkungsweisen des Organisationsklimas bekannt sind.

Andere Organisationsmitglieder haben ein Interesse am Organisationsklima bzw. an der Durchsetzung ihrer Interessen an einem ihnen genehmen Organisationsklima, weil es ihre subjektive Befindlichkeit in der Organisation wesentlich mitbestimmt. Dies gilt insbesondere für Organisationen, denen Menschen i.d.R. über einen längeren Zeitraum angehören (z.B. Schulen, Unternehmungen). Die Tatsache, daß alle Mitglieder einer solchen Organisation ein Interesse an dem Organisationsklima haben, beinhaltet jedoch nicht, daß sie sich einig über das von ihnen gewünschte Organisationsklima sind. Die Verschiedenartigkeit von Menschen, die Unterschiedlichkeit ihrer Bedürfnisse und Interessen, bewirkt, daß auch das Organisationsklima potentiell ein Gegenstand von Konflikten ist. Strukturell besteht ein solcher Konflikt insbesondere in Wirtschaftsorganisationen, wie Unternehmungen, zwischen der primär an wirtschaftlicher Effizienz interessierten Organisationsleitung und den vor allem auch an humaner Effizienz interessierten anderen Organisationsmitgliedern. In der Existenz unterschiedlicher, z.T. konfligierender Interessen am Organisationsklima liegt eine weitere Schwierigkeit für die genauere Bestimmung dieses Konstrukts.

In der mittlerweile recht umfangreichen Literatur zum Organisationsklima finden sich trotz dieser Schwierigkeiten zahlreiche Versuche, es begrifflich zu fassen [2].

2) Es wird jedoch zu Recht bemerkt, daß es soviele Definitionen des Organisations-Konzepts zu geben scheint, wie Sozialforscher, die sich mit ihm beschäftigen (DACHLER 1974).

Die Abbildung 1 gibt einen Überblick über die gebräuchlichsten Nominaldefinitionen des Organisationsklimas. Die Nominaldefinitionen sind fast ausnahmslos älteren Datums. Seit Mitte der siebziger Jahre sind keine neuen uns bekannten Definitionen erarbeitet worden. Dies verwundert um so mehr, als gerade zu jener Zeit konzeptionelle Klärungen geschaffen worden sind (vgl. die Arbeiten von HELLRIEGEL/SLOCUM 1974, JAMES/JONES 1974, 1976, SCHNEIDER 1975 und PAYNE/PUGH 1976), die auch für spätere, empirische Organisationsklima-Untersuchungen richtungweisend waren.

Für eine Nominaldefinition ist es u.E. von Bedeutung, daß sie das empirische Phänomen (hier: Organisationsklima) begrifflich hinreichend abbildet. Im Falle der Nominaldefinition des Organisationsklimas ist es erstens zweckmäßig, daß die Definition die Untersuchungseinheit genau bezeichnet, d.h. eine Aussage trifft über die Gesamtheit der Individuen, die ein Organisationsklima als ihre gemeinsame Wahrnehmung teilen und über die es deshalb rekonstruiert werden kann. Zweitens hat die historische Entwicklung der Organisationsklima-Forschung, die recht unterschiedliche theoretische Ansätze hervorgebracht hat, erforderlich gemacht, daß der zugrunde gelegte Untersuchungsansatz angegeben wird. Eine erste grobe Unterscheidung kann zwischen einem (älteren) objektiven und einem (jetzt vorherrschenden) subjektiven Untersuchungsansatz getroffen werden. Drittens sollte eine Nominaldefinition des Organisationsklimas Angaben über die Untersuchungsmethoden enthalten, denn eine Erfassung des Organisationsklimas mit Hilfe von Fragebogenitems, die allein eine Beschreibung des Phänomens zulassen (sollen), fördert aller Voraussicht nach andere Ergebnisse zutage, als eine Messung des Organisationsklimas durch evaluative Items, die z.B. Zufriedenheitsreaktionen der Organisationsmitglieder in das Meßergebnis mit einfließen lassen. Um eine Verknüpfung von Nominaldefinition und operationaler Definition zu erhalten, müßte im letztgenannten Fall auch die begriffliche Fassung des Konstrukts um evaluative Aspekte erweitert werden.

Des weiteren könnte eine Nominaldefinition auch Angaben über charakteristische Eigenschaften, die relevanten Einflußfaktoren und die zu erwartenden Wirkungen des Organisationsklimas enthalten. Diese Definitionsinhalte dienen allein der Veranschaulichung, da das Organisationsklima als hypothetisches Konstrukt anhand seiner Eigenschaften, Einflußgrößen und Wirkungen sinnlich leichter zu erfassen ist.

Insbesondere organisationsbezogene Sachverhalte, die von den Organisationsmitgliedern kogniziert werden, verlangen einen Untersuchungsansatz , der Untersuchungs- und Erhebungseinheit korrekt benennt. Untersucht werden organisatorische Sachverhalte, erhoben werden diese aus der Sicht der jeweiligen Organisationsmitglieder. Die Analyse der Nominaldefinitionen des Organisationklimas in der Abbildung 1 zeigt, daß die Untersuchungseinheit der Organisationsklima-Forschung nach Auffassung der meisten Autoren die Organisation bzw. eines ihrer Subsysteme ist. Einige weisen die Untersuchungseinheit nicht aus. Dies ist jedoch unbedingt erforderlich, nicht nur für eine sinnvolle Integration empirischer Ergebnisse, sondern auch für die auf Grund der Erfassung des Organisationsklimas beim Individuum notwendig werdende Aggregation der individuellen Wahrnehmungsdaten. Die definitorische Einbeziehung der Untersuchungseinheit ermöglicht zum Beispiel eine Abgrenzung des Organisationsklimas vom psychologischen Klima (JAMES/JONES 1974, JONES/JAMES 1979), das sich ausschließlich auf ein Individuum bezieht.

Elemente der Nominaldefinitionen / Nominaldefinition/Autor(en)	Untersuch.-einheit			Unters.-ansatz		Items		Eigenschaft		Einflußfaktoren				Wirkung	
	Individuum	Gruppe/Abt.	Organisation	Objektiv	Subjektiv	Deskriptiv	Evaluativ	Stabil	Differenzierend	Organisations-umwelt	Organisations-struktur	Verhalten in der Organisat.	Organisations-mitglied	Verhalten	Einstellungen
Organisationsklima "ist die Menge von Charakteristika, die eine Organisation beschreiben und (a) die Organisation von anderen unterscheiden, (b) relativ überdauernd sind und (c) das Verhalten der Menschen in der Organisation beeinflussen" (FOREHAND/GILMER 1964).			X			X		X	X					X	
"Der Begriff des Organisationsklimas bezieht sich auf eine Menge meßbarer Eigenschaften einer Arbeitsumwelt, die direkt oder indirekt von Menschen wahrgenommen werden, die in ihr leben und arbeiten und von denen angenommen wird, daß sie ihre Motivation und ihr Verhalten beeinflussen" (LITWIN/STRINGER 1968).						X	X							X	
Organisationsklima bezeichnet "die relativ überdauernde Qualität der inneren Umwelt einer Organisation, die a) durch ihre Mitglieder erlebt wird, b) ihr Verhalten beeinflußt und c) durch die Werte einerbestimmten Menge von Merkmalen (oder Attributen) der Organisation beschrieben werden kann" (TAGIURI 1968).			X	X	X	X		X					X	X	
Organisationsklima ist "eine summarische Variable, die das perzeptive Filtern, die Strukturierung und Beschreibung zahlreicher Reize widerspiegelt, die aus dem Bereich einwirken, den wir gewöhnlich 'Situation' nennen" (CAMPBELL/BEATY 1971; zitiert nach JAMES/JONES 1974, S. 1100)						X					X				
Organisationsklima ist "ein molares Konzept, das Inhalt und Stärke vorherrschender Werte, Normen, Attitüden, Verhaltensweisen und Gefühle der Mitglieder eines sozialen Systems widerspiegelt und durch die Wahrnehmungen der Systemmitglieder oder durch Beobachtung oder andere objektive Instrumente gemessen werden kann" (PAYNE 1971; zitiert in PAYNE/PUGH 1976, S. 1141).		X	X	X								X	X		
Organisationsklima wird definiert "als eine relativ überdauernde Qualität der internen Umwelt der Organisation, die sie von anderen unterscheidet, die (a) das Ergebnis des Verhaltens und der Politik der Organisationsmitglieder ist, (b) von den Organisationsmitgliedern wahrgenommen wird, (c) als Basis für die Interpretation der Situation und (d) als Quelle zur Lenkung der Aktivitäten dient" (PRITCHARD/KARASICK 1973).			X		X			X	X	X	X	X	X	X	X
"Organisationsklima stellt eine Menge von Attributen dar, die von einer Organisation und/oder eines ihrer Subsysteme wahrgenommen werden können und die von der Art und Weise, wie die Organisation bzw. ihre Subsysteme mit ihren Mitgliedern und ihrer Umwelt umgeht, abgeleitet werden können" (HELLRIEGEL/SLOCUM 1974).	X	X			X						X	X			
"Jede Organisation hat einen sie zusammenhaltenden Zeitgeist und ist charakterisiert von einer besonderen, sie von anderen unterscheidenden Umwelt. Wie diese Umwelt wahrgenommen wird - wie dieses Bündel von 'Signalen' eine Gestalt erhält - wird als Organisationsklima bezeichnet" (KELLY 1974).		X			X				X						
"Klima-Wahrnehmungen sind psychologisch bedeutungsvolle, molare Beschreibungen, mittels derer Individuen in übereinstimmender Weise Praktiken und Prozeduren eines Systems charakterisieren. Durch seine Praktiken und Prozeduren kann ein System viele Klimata schaffen. Individuen nehmen Klimata wahr, da die molaren Wahrnehmungen als Bezugsrahmen fungieren, um in etwa eine Kongruenz von ihrem Verhalten und den Praktiken und Prozeduren des Systems zu erlangen. Wenn das Klima jedoch von der Art ist, daß es die Herausstellung individueller Unterschiede belohnt und unterstützt, werden sich die Individuen in demselben System dennoch nicht gleich verhalten. Desweiteren werden Individuen in dem System weniger bezüglich ihrer Zufriedenheit als bezüglich der Beschreibung des Organisationsklimas übereinstimmen, da Zufriedenheit eine persönliche Bewertung der Praktiken und Prozeduren impliziert" (SCHNEIDER 1975a).	X	X		X	X							X	X	X	X

Abb. 1: Nominaldefinitionen des Organisationsklimas im Überblick

Mit der Ausnahme einer Nominaldefinition wird Organisationsklima als ein auf der subjektiven Wahrnehmung der Organisationsmitglieder basierendes Konstrukt aufgefaßt, das deshalb eines subjektiven Untersuchungsansatzes bedarf.

Die praktischen Implikationen einer solchen Auffassung liegen auf der Hand: Organisationsklima kann durch Veränderung organisationaler Merkmale ebenso variiert werden, wie durch Selektion und Beeinflussung der das Organisationsklima wahrnehmenden Personen.

Eine der analysierten Definitonen läßt allerdings offen, ob die Organisationsklima-Forschung durch einen objektiven oder subjektiven Untersuchungsansatz gekennzeichnet ist. Die Definition von FOREHAND/GILMER (1964) ist im Hinblick auf diese Tatsache häufig kritisiert worden (vgl. z.B. TAGIURI 1968). Ein objektiver Untersuchungsansatz basiert auf der Annahme, von den Wirkungen eines Organisationsklimas, die mit Hilfe objektiver Indikatoren (z.B. Anzahl von Beschwerden) gemessen werden können, auf die Art des Organisationsklimas selbst schließen zu können. Dies kann jedoch nur in globaler, methodisch unzulänglicher Weise geschehen. Der subjektive Charakter des Organisationsklimas impliziert jedoch keinesfalls, daß nicht auch eine objektive Messung seiner Wirkungen oder auch seiner Einflußgrößen sinnvoll ist. In praxeologischer Hinsicht erscheint gerade eine möglichst objektive Erfassung organisationaler Variablen ebenso wichtig wie die auf subjektiven Wahrnehmungsdaten basierende Ermittlung des Organisationsklimas, um Art und Intensität der Variation dieser Variablen mit dem Ziel der Veränderung oder Stabilisierung des Organisationsklimas bestimmen zu können. Zwar liegen zahlreiche Untersuchungen der 'objektiven' Organisationsumwelt und -struktur vor (vgl. die Übersicht bei KIESER/KUBICEK 1983); die Analyse der Wirkung objektiv variierter organisationaler Variablen auf das subjektiv wahrgenommene Organisationsklima bedarf jedoch empirischer Untersuchungen, die sowohl subjektive als auch objektive

Erhebungsinstrumente verwenden [3].

Überwiegender Meinung nach ist das Organisationsklima ein deskriptives Konzept, auch wenn ein Teil der Autoren dies nicht explizit erkennen läßt. Dieser Tatbestand wird in Nominaldefinitionen zum Ausdruck gebracht, um den Gehalt des Organisationsklimas zu kennzeichnen und um eine Abgrenzung dieses Konzepts von anderen zu ermöglichen. Der Unterschied des Organisationsklima-Konzepts von dem der Arbeitszufriedenheit beispielsweise wird etwa darin gesehen, daß die Untersuchungseinheit der Organisationsklima-Forschung die Organisation bzw. ihre Subsysteme, die der Arbeitszufriedenheit das einzelne Organisationsmitglied ist (vgl. SCHNEIDER 1975a). Da Ergebnisse der Zufriedenheitsforschung in aller Regel jedoch gruppen- oder abteilungsspezifisch aufbereitet werden (durch einfache Mittelwertbildung) ist ein weiteres Abgrenzungskriterium erforderlich. Dies ist darin zu sehen, daß Arbeitszufriedenheit evaluativ ist.

Nur wenige Nominaldefinitionen berücksichtigen Einflußfaktoren des Organisationsklimas. Die Einflußfaktoren auf das Organisationsklima können in zwei Gruppen zusammengefaßt werden: Situationale Einflußgrößen (Umwelt, Strukturen und Prozesse der Organisation) und personale Einflußgrößen (kognitive Komplexität, Bedürfnisse etc.). Eine Einbeziehung dieser Einflußfaktoren in eine Nominaldefinition würde deutlich machen, daß Organisationsklima beispielsweise nicht mit der sujektiv wahrgenommenen Organisationsstruktur identisch ist (so u.a. aber NEUBERGER 1977, STAEHLE 1980), sondern prinzipiell Ergebnis der Wahrnehmung aller organisationalen Variablen, einschließlich der Variablen der Organisationsumwelt ist. Inwiefern auch Merkmale der Organisationsmitglieder für die Her-

---

3)   Die Notwendigkeit einer Erfassung objektiver und subjektiver Aspekte betont – für die Mikroebene der Arbeitssituation – insbesondere STAEHLE (1977).

ausbildung eines Organisationsklimas relevant sind, wird unter den Vertretern verschiedener 'Schulen' der Organisationsklima-Forschung diskutiert.

Die Wirkung des Organisationsklimas ist Bestandteil fast aller Nominaldefinitionen. Ihre Angabe erfolgt mit der Bezugnahme auf den Begriff "Verhalten" allerdings oft sehr undifferenziert. Es muß davon ausgegangen werden, daß der Begriff hier in seiner umfassenderen Bedeutung (unter Einbezug von Erlebensweisen und Einstellungen) verwendet wird, da z.B. auch Arbeitszufriedenheit oder Engagement (commitment) Folgen eines bestimmten Organisationsklimas sein können.

Als wichtige Eigenschaften des Organisationsklimas werden schließlich in den Definitionen sein Differenzierungspotential, seine Mehrdimensionalität sowie seine relative Stabilität genannt. Diese Eigenschaften konnten in empirischen Studien nachgewiesen werden (vgl. z.B. JOYCE et al. 1977). Die Stabilität des Organisationsklimas hat bedeutende Implikationen für die Praxis des Managements. Ist ein Management des Organisationsklimas auf dessen Veränderung gerichtet, so erfordert es sowohl eine drastische Umorientierung beispielsweise im Führungsverhalten, die im Rahmen eines umfassenden Organisationsentwicklungsprozesses erfolgen kann (Du BRIN 1974, S. 358); es erfordert aber auch auf Grund seiner historischen Gewordenheit relativ viel Zeit. Die Liste der Eigenschaften würde sinnvoll ergänzt werden um den Begriff "Gestalt", da es ein besonderes Kennzeichen des Organisationsklimas ist, daß es (theoretisch) das Ergebnis des gesamten Kontextes ist, in dem es zustande kommt und wirkt. Auch die Wirkungsweise des Organisationsklimas auf des Verhalten der Organisationsmitglieder entspricht einer gestaltpsychologischen Betrachtungsweise, selbst wenn das Organisationsklima mittels mehrerer Dimensionen operationalisiert wird. In diese Richtung zielen in den Nominaldefinitionen verwandte Charakterisierungen des Organisationsklimas als abstrakt, summarisch oder molar.

Die in Abbildung 1 aufgeführten Nominaldefinitionen und die sich daran anschließende Erörterung haben deutlich gemacht, daß das Organisationsklima begrifflich sehr unterschiedlich und nicht hinreichend eindeutig definiert ist. "In der Organisationstheorie gibt es nur wenige Konstrukte, die so verwirrend und so vielseitig mißverstanden worden sind, wie das Konstrukt des Organisationsklimas" (NAYLOR et al. 1980, S. 251). Die weitere begriffliche Klärung des Organisationsklimas ist ein wesentliches Anliegen, das mit diesem Buch verfolgt wird. Dabei steht weniger die nominaldefinitorische Präzisierung des Organisationsklima-Begriffs im Vordergrund, als die Aufarbeitung der sich hinter den Begriffen verbergenden theoretischen Ansätze, die in eine solche Definition einzubringen sind. Die (derzeit) herrschende Auffassung von der theoretischen Konzeption des Organisationsklimas kann mit folgender Nominaldefinition vorläufig zusammengefaßt werden:

Organisationsklima als hypothetisches Konstrukt ist (1) ein auf die gesamte Organisation oder eines ihrer Subsysteme bezogenes, (2) differenzierendes, (3) relativ überdauerndes, (4) molares und (5) mehrdimensionales Aggregat subjektiver Wahrnehmung und kognitiver Verarbeitung von situationalen Reizen, das sich in der Beschreibung von Organisationsumwelten, -strukturen und Verhalten in der Organisation bzw. einem ihrer Subsysteme durch das Individuum widerspiegelt und die Bildung von Einstellungen zur Arbeitssituation sowie individuelles Verhalten beeinflußt.

Die Definition schließt einen objektiven Untersuchungsansatz aus dem oben genannten Grund bewußt aus. Sie ist jedoch noch so allgemein gehalten, daß die Unterschiede in den neueren Theorieansätzen zum Organisationsklima, d.h. innerhalb der Schulen der subjektiven Organisationsklima-Forschung, nicht deutlich werden.

1.2 Abgrenzung zum Betriebsklima und zur Organisationskultur

Die im Zusammenhang mit der Nominaldefinition des Organistionsklimas gemachten Ausführungen haben dem mit der Betriebsklimaforschung vertrauten Leser deutlich werden lassen, daß das Organisationsklima ein vom Betriebsklima verschiedenes theoretisches Konzept ist. Zwar beziehen sich beide auf (nahezu) denselben Realitätsausschnitt von Organisationen, jedoch tun sie dies aus gänzlich unterschiedlicher Perspektive. Die explizite Unterscheidung von Organisationsklima und Betriebsklima, die hier getroffen wird, hat wissenschaftliche, theoretische und pragmatische Gründe.

Die Organisationsklima-Forschung hat sich seit den dreißiger Jahren dieses Jahrhunderts in den Vereinigten Staaten entwickelt. Sie geht auf die verhaltenswissenschaftlichen Arbeiten KURT LEWINs zurück und ist vornehmlich im Rahmen der Psychologie vorangetrieben worden [4]. Losgelöst von der Entwicklung in der Psychologie wurden im deutschsprachigen Raum zahlreiche Untersuchungen des sogenannten Betriebsklimas durchgeführt. Als erster Wissenschaftler in Deutschland beschäftigte sich der Industriesoziologe BRIEFS (1934) mit dem Betriebsklima. Unter der "Betriebsatmosphäre" versteht er

> "eine überindividuelle, sozialpsychologische Äußerungsform, die dem betrieblichen Gemeinschaftsleben ebenso ihr Gepräge gibt, wie die kollektive Mentalität einer Nation das Denken und Handeln ihrer einzelnen Glieder bestimmt. In ihr sind die konkreten sozialen Prozesse im Betrieb, die praktischen Beziehungen von Mensch zu Mensch zu einem bestimmten

---

4) Zur historischen Entwicklung der Organisationsklima-Forschung vgl. Abschnitt 3. Zur Abgrenzung des Organisationsklima-Konzepts von dem es Arbeitszufriedenheit vgl. Abschnitt 4.32. und zur konzeptionellen Unterscheidung von Organisationklima und Arbeitsmoral vgl. ROSENSTIEL et al. (1982), S. 13 ff.

Stimmungsgehalt in der Belegschaft geworden. Dieser Stimmungsgehalt ist nicht an die Person gebunden und nicht dem
Wechsel ausgesetzt, er hat vielmehr eine gewisse Konstanz und
ist auf Dauer angelegt. Jedoch ist die Betriebsatmosphäre ein
Produkt der sozialen Dynamik im Betriebe und infolgedessen
mehr oder minder großen Wandlungen unterworfen" (BRIEFS
1934, S. 74).

Obwohl sich in dieser Definition des Betriebsklimas zahlreiche
Charakteristika des Organisationsklimas wiederfinden (z.B. über-
individuell, überdauernd) unterscheidet sie sich von dem Organisationsklima-Konzept vor allem durch die Beschränkung auf die soziale
Dimension [5]. Die Ursache hierfür kann darin liegen, daß die Betriebsklima-Forschung stets von Soziologen betrieben worden ist,
während die Organisationsklima-Forschung wissenschaftsgeschicht-
lich in der Psychologie verankert ist. Im Gegensatz zur Organisationsklima-Forschung ist die Betriebsklima-Forschung stark von der
angloamerikanischen Human-Relations-Bewegung (vgl. dazu
KIESER/KUBICEK 1978, S. 7 ff.) beeinflußt, die infolge der
Entdeckung der Bedeutung, die der informellen Gruppe in
Organisationen zukommt, die sozialen Beziehungen in den
Mittelpunkt stellte. Insbesondere nach dem zweiten Weltkrieg wandte
sich die Industriesoziologie unter dem Einfluß der
Human-Relations-Bewegung dem Individuum und seinen (primär
sozialen) Bedürfnissen zu, die man mit Hilfe der neu entstandenen
Umfrageforschung erfassen zu können glaubte (vgl. FÜRSTENBERG
1967, S. 138).

Eine der wohl bedeutendsten Untersuchungen des Betriebsklimas
wurde unter Leitung von FRIEDEBURG am INSTITUT FÜR SOZIAL-
FORSCHUNG (1955), Frankfurt, durchgeführt. Für FRIEDEBURG
weist das von ihm selbst als vage bezeichnete Betriebsklima-
Konzept neben Meinungen, Gefühlsreaktionen und Einstellungen von

5) Vgl. den Überblick über Definition des Betriebsklimas bei
GÖTTE (1963) S. 33 ff. Einige Autoren begreifen denn auch
das Betriebsklima als Sonderfall des sozialen Klimas (vgl.
z.B. GÖTTE 1963, S. 32 und 45 ff.).

relativer Beständigkeit und Verhaltensrelevanz, "also subjektiven Momenten, die zusammenschießen und zur Atmosphäre sich verdichten", zugleich "objektive Momente" auf, wie die Behandlung der Betriebsangehörigen und ihre seelische Verfassung (S. 9). Danach unterscheidet sich Betriebsklima vom Organisationsklima nicht nur durch eine zum Teil verbreitete Beschränkung auf die soziale Dimension aus, sondern auch durch die (konzeptionell allerdings nicht gelungene) Verknüpfung subjektiver und objektiver Momente. Während die Vermischung subjektiver und objektiver Komponenten in der Betriebsklima-Forschung im allgemeinen unbegründet erfolgt, wendet sich FRIEDEBURG (1963) sogar explizit gegen eine subjektivistische Konzeption des Betriebsklimas, die nur auf die "verschleiernde Funktion der innerbetrieblichen 'Atmosphäre'" abstellt.

Auch spätere Untersuchungen des Betriebsklimas wurden hauptsächlich von Industriesoziologen durchgeführt (z.B. TESCHNER 1961, GÖTTE 1963, LEPSIUS 1967). Unter dem Einfluß der Ideen der Human-Relations-Bewegung bzw. ihrer populärwissenschaftlichen und ideologiebeladenen Tradierung durch zahlreiche Autoren und Managementpraktiker (z.B. NADIG et al. 1954, ROSNER 1969) im Rahmen einer Bewegung zur "sozialen Betriebsgestaltung" (vgl. dazu KASTE 1981, S. 18 ff.) entstand eine wenig systematische, konzeptionslose "Erforschung" des Betriebsklimas mit Hilfe 'selbstgestrickter' Fragebogen und dem Ziel, Ansatzpunkte für seine "Verbesserung" ausfindig zu machen. In dieser Form hat das Betriebsklima auch Eingang in die Betriebswirtschaftslehre gefunden, in der es vor allem im Zusammenhang mit personalpolitischen Maßnahmen, insbesondere der betrieblichen Sozialpolitik, erwähnt wird (z.B. SANDIG 1966, S. 169, WÖHE 1981, S. 193 f.).

Der Wunsch der Organisationsmitglieder nach einem "guten Betriebsklima" im interpersonalen Bereich verstärkt sich im Zuge zunehmend sinnentleerter Arbeitsinhalte und kann als Streben nach Kompensation für die restriktiven Monotonie und Entfremdung begünstigenden Arbeitsbedingungen in den meisten Organisationen interpretiert werden (vgl. JAEGGI/WIEDEMANN 1966, S. 137).

Die Beeinflussung des Betriebsklimas durch Human-Relations-Praktiken wurde eine Zeit lang für ein "Allheilmittel gegen soziale Mißstände im Betrieb" gehalten. "Hätten diese Auffassungen zum Erfolg geführt, dann wäre heute soziale Betriebspolitik und betriebliche Sozialorganisation im wesentlichen eine Angelegenheit der innerbetrieblichen Werbung. Die betrieblichen Probleme lassen sich aber durch Meinungsmanipulationen nicht lösen. In dem Maße, in dem dies erkannt wurde, schwand auch das Interesse der Praxis an Betriebsklima-Untersuchungen" (FÜRSTENBERG 1967, S. 143). Es verwundert nicht, daß derartige Betriebsklima-Untersuchungen vor allem in den 60er und frühen 70er Jahren durchgeführt wurden, zu einer Zeit, die durch eine das Angebot übersteigende Nachfrage nach "Arbeitskräften" gekennzeichnet war. Die heutige Aktualität von Betriebsklima-Untersuchungen, die zum Teil im Rahmen umfassenderer 'Mitarbeiterbefragungen' (vgl. dazu ZANDER 1977, DOMSCH 1980, DOMSCH/REINEKE 1982, ACKERMANN 1984) durchgeführt werden, erklärt sich unter anderem aus der Notwendigkeit, die Organisation den gewandelten Werten ihrer Mitglieder anpassen zu müssen. Ob diese Notwendigkeit auch vor dem Hintergrund einer sich verschärfenden ökonomischen Krise mit der Folge einer "schmaleren Basis" für die Sozialpartnerschaft (HINRICHS 1983) weiter bestehen wird, erscheint zumindest fraglich. Jedoch werden derartige Befragungen auch durchgeführt, um Ansatzpunkte für Rationalisierungsmaßnahmen ausfindig zu machen und um den Schein einer Beteiligung der Organisationsmitglieder an der Realisation dieser Maßnahmen zu erwecken. Die Praxis solcher 'Mitarbeiterbefragungen' zeigt, daß von Organisationsmitgliedern empfundene und im Rahmen solcher Befragungen zum Ausdruck gebrachte Defizite allzu oft bei der Präsentation der Befragungsergebnisse verschwiegen werden; nur selten werden sie zum Anlaß genommen, die Arbeitssituation der

Beschäftigten signifikant zu verbessern. Allenfalls werden Maßnahmen ergriffen, die als Human-Relations-Praktiken bezeichnet werden.

Dem Betriebsklima-Ansatz wird denn auch – außer seiner in weiten Teilen vorhandenen Unwissenschaftlichkeit und der zunehmend erkannten mangelnden Praxisrelevanz – auch sein Ideologiecharakter vorgehalten. In einschlägigen Veröffentlichungen ist von "Verbesserung" oder "gutem" Betriebsklima immer dann die Rede, wenn sich die Organisationsmitglieder (vor allem in Hinblick auf die interpersonellen Beziehungen im Betrieb) wohlfühlen; dies wird als Voraussetzung rechter "Arbeits- und Lebensfreude" und hoher Produktivität für die gesamte Gesellschaft sowie als Voraussetzung einer "Senkung der physischen und psychischen Störungen, eine(s) erhöhten Wohlstand(s) und eine(s) Anstieg(s) der politischen und sozialen Entwicklung" angesehen (PAUL 1951/52, S. 142). Damit aber wird der gesellschaftliche Verwertungszusammenhang eines "guten" Betriebsklimas verschleiert, die Grenzen seiner Veränderbarkeit zustatt aufgedeckt. Das (zunächst vorhandene) Interesse der Praxis an dem Betriebsklima-Konzept fällt denn auch in eine Zeit in der die Politik der "sozialen Betriebsgestaltung" (KASTE 1981, S. 38) ihres ursprünglichen Ausdrucks schon entkleidet worden war, und die gekennzeichnet war von einem wachsenden Widerstand gegen Arbeitnehmermitbestimmung. Bei Verzicht auf Hinterfragung und Veränderung technisch-organisatorischer Gegebenheiten wurde versucht, eine volle Harmonie im Betrieb durch den Einsatz "kooperativer" Führungsstile und anderer Human-Relations-Techniken zu erreichen; real existierende Widersprüche wurden so überdeckt.

In dieser Ideologiebeladenheit des Betriebsklima-Begriffs liegt denn auch der pragmatische Grund, das Organisationsklima-Konzept strikt von diesem abzugrenzen. Organisationsklima sollte denn auch unseres Erachtens nicht mit "Betriebsklimas heute" (ROSENSTIEL et al. 1982) gleichgesetzt werden, auch wenn es unter dem Gesichtspunkt der Vermarktung des Konzepts für die betriebliche Praxis reizvoll erscheint. Damit schließen wir uns der Mehrheit der Wissenschaftler (nicht der Praktiker!) an, die den Unterschied von Organisationsklima – und Betriebsklima-Forschung auch begrifflich zum Ausdruck bringen wollen (so auch noch ROSENSTIEL 1980)[6].

In der Organisationstheorie findet gegenwärtig ein Konzept Interesse, das mit dem Begriff 'Organisationskultur' belegt wird (vgl. das ASQ-Sonderheft, hrsg. von JELINEK/SMIRCICH/HIRSCH 1983). In der betrieblichen Praxis wird ein Aspekt dieses noch genauer zu umschreibenden, sozialen Phänomens vor dem Hintergrund des vermeintlich vor allem auf die 'bessere' Arbeitsmoral rückführbaren Erfolgs japanischer Unternehmungen diskutiert. In der Organisationstheorie waren kulturelle Aspekte, sieht man von der international vergleichenden Organisationsforschung (vgl. den Überblick bei STAEHLE 1980, S. 63 ff.), über Jahre unbeachtet geblieben, obwohl das Kulturkonzept in der Soziologie und der Kulturanthropologie eine lange Tradition hat und dort dazu dient, die Ordnung und Regelmäßigkeit menschlichen Lebens zu erklären (z.B. BENEDICT 1934). Die Organisations- und Managementtheorie erhofft sich von der Untersuchung der Organisationskultur neue Einsichten in die Realität und Funktionsweise von Organisationen.

Organisationskultur läßt sich begrifflich nur schwer fassen; so verwundert es nicht, daß die Definitionsversuche zahlreich und sehr unterschiedlich sind. Die Definitionsversuche unterscheiden sich deshalb so sehr, weil sie auf der Grundlage völlig unterschiedlicher theoretischer bzw. wissenschaftsdisziplinärer Traditionen entwickelt worden sind. SMIRCICH (1983) identifiziert allein fünf theoretische Zugänge zur Organisationskultur:

6) Nur wenige Autoren verwenden die Begriffe Betriebsklima und Organisationsklima synonym (z.B. WEINERT 1981) oder in einem anderen als dem hier vorgeschlagenen Verhältnis (z.B. Betriebsklima als Konkretisierung des Organisationsklimas in Wirtschaftsorganisationen; vgl. STAEHLE 1980).

- Kultur als strukturbestimmender Faktor in der international vergleichenden Organisationsforschung (cross cultural management)
- Kultur als Regulationsmechanismus, der die Anpassung der Organisation an ihre Umwelt steuert (corporate culture)
- Kultur als gemeinsame Kognitionen (organizational cognition)
- Kultur als System gemeinsam genutzter Symbole und Bedeutungen (organizational symbolism)
- Kultur als Projektion des Unterbewußten (unconcious processes and organization).

Einen sechsten Definitionsvorschlag bietet MATENAAR (1983), der die Organisationskultur als einen wichtigen, 'objektiven' Kontextfaktor der Organisationsgestaltung begreift und unter diesem vor allem die früheren Maßnahmen und Reaktionen der Organisationsmitglieder auf die Organisationsgestaltung subsumiert.

Ganz allgemein läßt sich Organisationskultur – sieht man von dem etwas aus den Rahmen fallenden Definitionsvorschlag von MATENAAR ab – beschreiben als "ein relativ dauerhaftes, interdependentes, sinnbildliches System von Werten und Meinungen und Annahmen, die aus der Interaktion der Organisationsmitglieder miteinander entstehen, von ihnen nur unvollkommen geteilt werden, ihnen aber erlauben, Verhalten zu erklären, zu koordinieren und zu bewerten sowie den Stimuli, die ihnen im organisationalen Kontext entgegentreten, gemeinsame Bedeutungen zu verleihen" (SCHALL 1983, S. 557). Die Organisationskultur manifestiert sich im Gebrauch einer gemeinsamen Sprachregelung, in der Verwendung bzw. Existenz organisationstypischer Symbole, Mythen, Rituale, Zeremonien und Legenden (vgl. die Beiträge in JELINEK/SMIRCICH/HIRSCH 1983, SACKMANN 1983). Diese können allerdings auch Äußerungsformen des Organisationsklimas sein.

Obwohl begrifflich noch weniger präzise erfaßt als das Organisationsklima, läßt diese allgemeine Definition einige Gemeinsamkeiten, aber auch Unterschiede zum Organisationsklima-Konstrukt erkennen. Beiden Konzepten ist gemeinsam, daß sie als molares Phänomen menschliches Verhalten in Organisationen beeinflussen, gleichzeitig aber auch selbst Ausfluß dieses Verhaltens sind; daß sie nicht nur eine Funktion der Personen, sondern auch der institutionellen Aspekte der Organisation sind; daß sich nicht nur für die Organisation als Ganze kennzeichnend sind, sondern auch auf Subsysteme der Organisation bezogen sein können; daß sie zeitlich relativ stabil sind; daß beide Begriffe eine "Konzeptfamilie" (PETTIGREW 1979) bezeichnen und im Zusammenhang mit Organisationsentwicklung auftreten. Unterschiede zwischen Organisationskultur und -klima finden sich hinsichtlich ihrer dominanten wissenschaftsgeschichtlichen Verankerung in der Kulturanthropologie bzw. in der Psychologie, es sei denn, Organisationskultur wird als gemeinsame Kognition konzeptualisiert; in der Tatsache, daß zumindest im deutschen Sprachraum Kultur im Gegensatz zum Klima (noch?) kein auf die Organisation bezogener, alltagsweltlicher Begriff ist; in der expliziten Subsumtion von Werten, Meinungen und Annahmen unter das Konzept der Organisationskultur, während Organisationsklima sich auf die Beschreibung der organisationalen Realität beschränkt bzw. beschränken sollte; in den Prozessen der Interaktion und Attribution (Bedeutungszuschreibung), denen zur Erklärung der Organisationskultur größere Bedeutung beigemessen wird als im Konzept des Organisationsklimas (vgl. aber NAYLOR et al. 1980); in der größeren Vergangenheitsorientierung des Kulturkonzepts, während Organisationsklima sich stärker auf die aktuelle Wahrnehmung der organisationalen Realität bezieht. Trotz dieser – z.T. nur graduellen – Unterschiede überschneiden sich die beiden Konzepte dort, wo organisationskulturelle Elemente und Äußerungsformen zum Gegenstand des Wahrnehmung- und Kognitionsprozesses der Organisationsmitglieder werden, dessen Ergebnis unter anderem die Herausbildung eines Organisationsklimas ist. Gleichzeitig ist die Organisationskultur ein Einflußfaktor, der für die kulturelle Geprägtheit dieser Wahrnehmungs- und Kognitionsprozesse mitverantwortlich ist. Vom Organisationsklima ist seinerseits zu erwarten, daß es die Äußerungsformen der Organisationskultur (z.B. die Entstehung von Mythen) fördert oder behindert.

1.3 Zweck und Aufbau des Buches

Bereits bei dem ersten Versuch einer Bestimmung dessen, was unter "Organisationsklima" zu verstehen ist, aber auch im Zusammenhang mit der Abgrenzung dieses Konstrukts vom Betriebsklima und von der Organisationskultur sind methodologische und methodische Probleme der Organisationsklima-Forschung aufgedeckt worden. Diese und andere Probleme sind: Die (von der Betriebsklima-Forschung verschiedene) historische Entwicklung der Organisationsklima-Forschung, in deren jüngeren Verlauf sich mehrere 'Schulen' herausgebildet haben; die Abgrenzung des Organisationsklimas insbesondere auch vom Konzept der Arbeitszufriedenheit; die Aufdeckung und Erörterung der sich hinter dem Begriff des Organisationsklimas verbergenden verhaltenswissenschaftlichen Theorien; die bisher im Rahmen der Organisationsklima-Forschung erzielten empirischen Ergebnisse; die im Zusammenhang mit einem Management des Organisationsklimas auftretenden Fragen. Damit sind die inhaltlichen Schwerpunkte angesprochen, denen sich diese Buch widmet. Die angesprochenen Fragen werden mit der Absicht behandelt, einen Beitrag zur Weiterentwicklung der Theorie des Organisationsklimas zu liefern, deren konzeptioneller Zustand derzeit nicht ganz zu Unrecht als 'chaotisch' bezeichnet wird (MORROW 1983). Eine uns vorschwebende Integration des Organisationsklima-Konzepts in die verhaltenswissenschaftliche Management- und Organisationstheorie setzt jedoch voraus, daß dieses Konzept einen zumindest ausreichenden theoretischen Status aufweist. Dies wird vereinzelt bezweifelt und hat beispielsweise DuBRIN (1978) veranlaßt, auf die Darstellung des Konzepts in der Neuauflage seines Lehrbuches – entgegen dem allgemeinen Trend – ganz zu verzichten. Es ist erforderlich, sich auch im Rahmen dieser Arbeit kritisch mit dem Organisationsklima-Konzept auseinanderzusetzen, seine Defizite aufzuzeigen und – soweit es uns möglich ist – diese zu überwinden oder aber wenigstens Ansatzpunkte zu ihrer Überwindung skizzieren. Das entscheidende Defizit der Organisationsklima-Forschung liegt u.E. in der unzureichenden Fundierung des Wahrnehmungs- und Kognitionsprozesses. Dieser Mangel des Organisationsklima-Konzepts ist überraschend, da die weitaus meisten Forscher Organisationsklima als Ergebnis eines Wahrnehmungsprozesses auffassen. Der Bereich der Wahrnehmung ist jedoch auch in den bisherigen verhaltenswissenschaftlichen Organisationstheorien unterentwickelt 7).

Der zunächst folgende Abschnitt 2 setzt sich zum Ziele, die bisher unterstellte Relevanz der Organisationsklima-Forschung für die Theorie und Praxis des Managements zu begründen. In dem sich anschließenden Abschnitt 3 wird die historische Entwicklung der Organisationsklima-Forschung skizziert.

Das Wahrnehmungsproblem, das von der Verarbeitung der Wahr-. nehmungsdaten (Kognition) nicht zu trennen ist, stellt konsequent den zentralen Aspekt des Buches dar (Abschnitt 4). Ausgehend von der Skizzierung eines Modells der Organisation wird Organisations-

---

7) Von den einschlägigen Lehrbüchern der Management- oder Organisationstheorie weisen u.W. allein die Werke von STAEHLE (1980) und WEINERT (1981) umfangreiche Ausführungen zum Wahrnehmungsproblem auf. Dies ist umso bedauerlicher, als die vertiefte Kenntnis des Aufbaus und der Funktionsweise geistiger Größen zunehmend als ökonomisch relevant erachtet wird (vgl. KLIX 1980).

klima als Ergebnis eines umfassenden Wahrnehmungs- und Kognitionsprozesses der Organisationsmitglieder rekonstruiert und mit der Formulierung eines theoretischen Bezugsrahmens ein Grundstein auf dem Wege zur Entwicklung einer Theorie des Organisationsklimas gelegt. Der theoretische Bezugsrahmen dient seinerseits als Vorschlag für das Design zukünftiger empirischer Organisationsklima-Untersuchungen, andererseits als Bezugspunkt für eine kritische Auswertung vorliegender Untersuchungsergebnisse der empirischen Organisationsklima-Forschung.

Eine solche Auswertung wird im Abschnitt 5 vorgenommen, nachdem einleitend einige methodische Anmerkungen zur Messung des Organisationklimas gemacht worden sind. Diese Anmerkungen betreffen u.a. die verwendeten Erhebungsinstrumente und das Design der Untersuchungen, insbesondere im Hinblick auf die Konzeptualisierung des Organisationsklimas als abhängige, unabhängige oder intervenierende Variable. Diesen Konzeptualisierungsalternativen entsprechend werden Ergebnisse zum Zusammenhang situationaler und personaler Faktoren mit dem Organisationsklima referiert, die Wirkungen des Organisationsklimas auf das Verhalten von Organisationsmitgliedern und vorübergehend der Organisation 'angehörenden' Organisationsexternen aufgezeigt.

In dem sich anschließenden Abschnitt 6 werden an die Darstellung der empirischen Untersuchungsergebnisse anknüpfend die Möglichkeiten und Grenzen eines Organisationsklima-Managements aufgezeigt. Dazu ist es notwendig, mögliche Ziele eines solchen Managements (auch aus Arbeitnehmersicht) offenzulegen und seine Instrumente, eingebettet in das Konzept der Organisationsentwicklung, zu skizzieren.

2. Relevanz des Organisationsklimas für die Theorie und Praxis des Managements

Relevanzbehauptung und Relevanzforderung für ein Konzept und die Krise anderer Konzepte erscheinen als zwei Seiten einer Medaille. Relevanz eines wissenschaftlichen Ansatzes, eines Konzeptes oder einer Theorie unterstellt ihren voraussichtlichen Beitrag zur Erreichung von Zielen (ISELER 1976); Krise bezeichnet ein Stimmungssyndrom, das sich über Indikatoren festmachen läßt, die den Gehalt von sozialwissenschaftlichen Theorien oder ihre konkrete soziale Nützlichkeit zweifelhaft erscheinen lassen (vgl. MERTENS/FUCHS 1978). Die Relevanzbehauptung des Organisationsklimas muß für Theorie und Praxis managerialen Handelns zumindest theoretisch plausibel belegt, besser aber noch empirisch fundiert werden. Üblicherweise sind 'neuere' Konzepte besonders mit dem Relevanzproblem konfrontiert (vgl. KREPPNER 1975), andererseits ist aber auch eine zunehmende Sensibilisierung gegenüber der behaupteten, gesellschaftlichen Nützlichkeit herkömmlicher Ansätze festzustellen (vgl. z.B. GROEBEN/SCHEELE 1977, ISELER/PERREZ 1976, SEEGER 1977, MERTENS/FUCHS 1978). Streng genommen sind also die Aussagen zur Relevanz des Organisationsklima-Konzeptes in ihrem zunächst hypothetischen Charakter deutlich zu kennzeichnen. Es wird uns (hoffentlich) im folgenden gelingen, die Relevanzbehautpung theoretisch zu begründen und empirisch abzusichern.

Die Bedeutung des Organisationsklimas bzw. der Organisationsklimaforschung für die Praxis des Managements ist bereits kurz angesprochen worden. Praxis des Managements soll hier nicht mit der herrschenden, durch Manager bestimmten Praxis gleichgesetzt werden. Management wird vielmehr als ein institutionelles Funktionserfordernis verstanden, das die Aufgabe der Strukturierung, die sich sporadisch stellt, und die laufende Aufgabe der

Koordination umfaßt[8]. Aus der Fülle der in der Literatur dargebotenen Definitionen von Management filtert STAEHLE (1980, S. 32 ff.) die folgende Merkmale heraus:

(1) " Die Tatsache, daß bestimmte Aufgaben von einem einzelnen Menschen nicht allein bewältigt werden können, führt zu einem Zusammenschluß von mehreren und einer planmäßigen, geordneten Arbeitsteilung zwischen ihnen.
Das Ergebnis ist ein soziotechnisches System, das bestimmte, individuelle, soziale und gesellschaftliche Ziele verfolgt.

(2) Zur Erreichung der Ziele werden Ressourcen herangezogen, die sinnvoll beschafft, kombiniert, koordiniert und genutzt werden müssen.

(3) Diese Aktivitäten werden als Management bezeichnet. Einmal muß die Struktur des Systems planvoll entwickelt werden, zum anderen muß der Ablauf der Arbeits-, Kommunikations- und Entscheidungsprozesse sowohl innerhalb des Systems als auch über die Systemgrenzen hinaus organisatorisch gestaltet werden.

(4) Damit wird auch das Verhältnis von Organisation zu Management deutlich. Die Organisation des soziotechnischen Systems bietet den Rahmen, innerhalb dessen das Management (als Institution) seine Aufgaben (Management als Funktion) durchführen kann."

Die Funkton des Managements wird in Unternehmungen, den wohl bedeutendsten Organisationen marktwirtschaftlich-kapitalistischer Provenienz, im Regelfall durch von den Kapitaleignern angestellten Managern ausgeübt, die durch rechtliche Normierungen (z.B. Arbeitsvertrag), durch faktische Machtausübung (z.B. Drohung mit Entlassung), durch Motivations- und Integrationsstrategien (z.B. Statussymbole) und Sozialisation (z.B. Akquisition von Mittelschicht-Werten) auf die Wahrnehmung der Interessen der Kapitaleigner verpflichtet werden. Anderen Organisationmitgliedern als Managern sind die

8) Vgl. dazu STAEHLE (1983); dort auch zum Doppelcharakter des praktizierten Managements, das die Integrationsfunktion mit der Herrschaftssicherungsfunktion vereint, die nicht aufgabenbezogen sondern repressiv ist.

genannten Managementfunktionen nur zu einem sehr geringen Teil übertragen (z.B. Betriebsrat). Die Masse der Organisationsmitglieder kann im günstigsten Fall im Wege der Partizipation Einfluß auf das Management nehmen.

Die Ausübung der genannten Managementfunktionen schlägt sich im Organisationsklima nieder. Management vermittelt sich den Organisationsmitgliedern u.a. durch das Organisationsklima. Die bereits im Zusammenhang mit den Interessen am Organisationsklima angesprochenen Konflikte werden beim Management des Organisationsklimas besonders deutlich.

2.1 Organisationsklima-Forschung

Organisationsklima kann zunächst unabhängig von organisationalen Interessenkonstellationen untersucht und in seinem Entstehungszusammenhang erklärt werden. In Abgrenzung zur praktischen Verwertung solcher Untersuchungsergebnisse für ein Management des Organisationsklimas soll von Organisationsklima-Forschung gesprochen werden. Zur Bestimmung der Relevanz der Organisationsklima-Forschung ist es sinnvoll, erstens den Stellenwert der Organisationsklima-Forschung für die Management- bzw. Organisationstheorie zu untersuchen und zweitens, ihr Verhältnis zur Organisationsentwicklung, der auch in Westeuropa in den letzten Jahren vermehrt Beachtung geschenkt worden ist, zu klären.

2.11 Zum Stellenwert der Organisationsklima-Forschung für die Management- und Organisationstheorie

Die Beschreibung und Vorhersage menschlichen Verhaltens in Organisationen ist ein zentrales Anliegen der (verhaltenswissenschaftlichen) Management- und Organisationstheorie (z.B. HILL et al.

1974, STAEHLE 1980). Die Management- und Organisationstheorie war noch in den siebziger Jahren in Deutschland stark von soziologisch-strukturalistischen Ansätzen (z.B. ASTON-Konzept) geprägt (vgl. HOFFMANN 1980, KIESER/KUBICEK 1983). Sieht man von dem Bereich der Führungstheorie im engeren Sinne ab, die sich schon seit mindestens zwei Jahrzehnten verhaltenswissenschaftlich orientiert zeigt, fanden verhaltenswissenschaftliche Konzepte, beeinflußt von der anglo-amerikanischen Entwicklung (organizational behavior) erst Ende der siebziger Jahre in großem Umfang Eingang in die Management- und Organisationstheorie (z.B. SCHANZ 1978, STAEHLE 1980; sehr früh schon KIRSCH 1971). Das Organisationsklima-Konzept wird erst seit dieser Zeit in der deutschen Management- und Organisationstheorie rezipiert. Dies belegt sowohl eine Analyse der einschlägigen Lehrbücher (vgl. SYDOW 1983) als auch der Beiträge zu diesem Problembereich in den wichtigsten Handwörterbüchern. Im "Handbuch der angewandten Psychologie" sowie in dem Sammelband "Grundbegriffe der Wirtschafts-psychologie" sind Beiträge zum Organisationsklima erschienen (vgl. NEUBERGER 1980a, b); das betriebswirtschaftlich ausgerichtete "Handwörterbuch der Organisation" enthält in seiner neuen Auflage anstatt eines Beitrags zum Betriebsklima einen ebenfalls mit "Organisationsklima" überschriebenen Aufsatz (vgl. FRIEDEBURG 1969 bzw. FÜRSTENBERG 1980). Auch in den an Praktiker gerichteten Zeitschriften wird das Organisationsklima-Konzept rezipiert (vgl. FORSTER 1979), obwohl letztere noch immer von Beiträgen zum Betriebsklima dominiert werden.

Das Interesse der Forscher am Organisationsklima-Konzept resultiert aus der Erwartung, daß in ihm eine Art "missing link" gesehen werden kann, mittels dessen Konzepte der Organisationsstruktur und menschliches Verhalten in Organisationen theoretisch befriedigender verknüpft werden können, um den Einfluß der ersten auf das letztere besser verstehen, beschreiben und erklären zu können (vgl. CAMPBELL/FISKE 1959, FRESE 1980, STAEHLE 1980, GREIF 1983).

In gewisser Weise ist die Rezeption des Organisationsklima-Konzepts Ergebnis der konzeptionellen Weiterentwicklung der die Organisationstheorie beherrschenden situativen Ansätze.

In Anlehnung an die ersten bahnbrechenden Studien von BURNS und STALKER (1961), WOODWARD (1965), LAWRENCE und LORSCH (1967) sowie PUGH et al. (1968) hat der situative Ansatz Eingang in die deutsche Organisationstheorie gefunden (vgl. STAEHLE 1973, 1980, HILL et al. 1974, FRESE 1980, HOFFMANN 1980, KIESER/KUBICEK 1983). Heute stellt der situative Ansatz das herrschende Paradigma der Organisationstheorie dar (KLAGES 1977). Dem normalen Verlauf der Wissenschaftsentwicklung folgend (vgl. KUHN 1979), ist dieses Paradigma mittlerweile ausdifferenziert worden, so daß heute zutreffender von situativen Ansätzen gesprochen wird.

Die klassische, "quasi-mechanistische" Variante des situativen Ansatzes (KUBICEK 1980, S. 14) konzipiert die interne und externe Umwelt der Organisation als unabhängige Variable bei der Erklärung unterschiedlich effizienter Organisationsstrukturen; diese Kongruenz-Effizienz-Hypothese kann demzufolge nur jewells eine situationsadäquate Organisationsstruktur annehmen (vgl. Abb. 2).

Organisationsumwelt → Organisationsstruktur → Effizienz

Abb. 2:   Das klassische Grundmodell des situativen Ansatzes

Dieses quasi-mechanistische, von der Möglichkeit einer organisatorischen Wahl (TRIST et al. 1963) abstrahierende Grundmodell ist vielfach kritisiert worden (vgl. CHILD 1972, BRUNS 1977,

KUDERA 1977, KIESER/KUBICEK 1978, WOOD 1979, SCHREYÖGG 1978, 1980, KUBICEK 1980, SCHOONHOVEN 1981, ZEY-FERRELL/ AIKEN 1981). Die Kritik am quasi-mechanistischen Ansatz läßt sich in folgenden Punkten zusammenfassen (vgl. auch KIESER/SEGLER 1981, STAEHLE 1980):

1. Die Ergebnisse empirischer (auch multivariater) Studien sind widersprüchlich und verwirrend, der ermittelte Bewährungsgrad der Hypothesen generell gering. Diese Tatsache veranlaßt einen Teil der Forscher, die konzeptionell oft unzulänglichen theoretischen Bezugsrahmen wie die unterschiedlich verwendeten Begriffe zu kritsieren, die verwendeten statistischen Modelle für unzulänglich zu erklären, zumindest aber darauf hinzuweisen, daß einige dieser Modelle Annahmen erfordern, die in der Realität nicht gegeben sein müssen. Insbesondere aber werden die unidirektionalen Kausalitätsannahmen kritisiert. Diese letzte Kritik betrifft nicht nur die Überprüfung situativ formulierter Hypothesen, sondern die quasi-mechanistische Variante des situativen Ansatzes im Kern.

2. Der Ansatz geht von einem unidirektionalen Einfluß der Systemumwelt auf die Organisation aus, obwohl auch die Organisation ihrerseits ihre Situation in begrenztem Umfang mitgestalten kann (z.B. Erhöhung der Autonomie durch Kooptation). Dies verwundert umso mehr, als gerade die dem situativen Ansatz zugrunde liegende Theorie offener System die Interdependenz von Organisation und Umwelt betont. Entsprechend müßten die Situationsfaktoren selbst innerhalb des situativen Ansatzes problematisiert werden.

3. Die quasi-mechanistische Variante des situativen Ansatzes berücksichtigt nicht nur nicht die Einflußmöglichkeiten der Organisation auf ihre Umwelt, sondern vernachlässigt auch, daß Organisationsstrukturen durch Menschen geschaffen

werden. Dieser Kritikpunkt trifft den Ansatz ebenfalls in seinem Kern. Ein Umwelt-Struktur-Determinismus entspricht nicht der Realität, in der situative Faktoren die Wahlmöglichkeiten des Organisationsgestalters zwar begrenzen, aber nicht eine bestimmte Entscheidung abverlangen.

4. Die Vernachlässigung des sozialen, d.h. durch Menschen geschaffenen Charakters von Organisationsstrukturen bewirkt, daß der situative Ansatz in dieser Variante soziale Phänomene wie Normen und Macht unberücksichtigt läßt.

5. Die zuvor genannten Kritikpunkte betreffen die Umwelt-Struktur-Beziehung. Der Einfluß der Organisationsstruktur auf die Effizienz wird ebenfalls stark vereinfacht. Zumindest ist es notwendig, das Verhalten der Organisationsmitglieder, wie es durch die Organisationsstrukturen beeinflußt und die Effizienz mitbestimmt, konzeptionell einzubeziehen. Die Koordination und Steuerung menschlichen Verhaltens in Organisationen ist schließlich eine wesentliche Aufgabe der Organisationsstruktur. Die Ausblendung menschlichen Verhaltens verunmöglicht denn auch eine Offenheit des quasi-mechanistischen Grundmodells des situativen Ansatzes gegenüber humanen Effizienz-Kriterien.

6. Die mangelnde Berücksichtigung menschlichen Verhaltens in diesem Grundmodell schlägt sich nicht nur in der Unzulänglichkeit der (statischen) Konzeptualisierung der Umwelt-Struktur- bzw. Struktur-Effizienz-Beziehung nieder; sie ist entscheidend verantwortlich für die Unzulänglichkeit dieses Ansatzes für die Erklärung prozessualer Phänomene (Organisationsentwicklung).

Infolge dieser Kritik ist das klassische Grundmodell des situativen Ansatzes verhaltenswissenschaftlich erweitert worden. Die Erweiterung setzt an den zwei Kausalbeziehungen des Grundmodells an. Die Annahme einer direkten Beziehung zwischen Umwelt und

Struktur einer Organisation wird modifiziert durch die konzeptionelle Einfügung des Organisationsgestalters mit seinen Wahrnehmungen, Erfahrungen, Präferenzen und Traditionen (Organisa-
tionsphilosophie) oder durch die Einbeziehung der zwischen Umfeld
und Struktur vermittelnden, vom Management entwickelten Strategie
(vgl. den Überblick bei KUBICEK 1980, S. 27 ff.). Im Zuge der verhaltenswissenschaftlichen Fundierung des situativen Ansatzes wird
darüber hinaus auch die Struktur–Effizienz–Beziehung durch explizite Einbeziehung des Verhaltens der Organisationsmitglieder erweitert (vgl. Abb. 3).

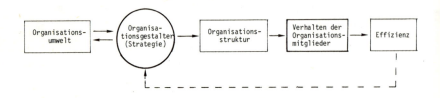

Abb. 3:   Erweitertes Modell des (verhaltenswissenschaftlichen)
            situativen Ansatzes

Eine Verknüpfung von Organisationsstruktur und Verhaltensvariablen
erfolgt auf makro–organisatorischer Ebene [9] vor allem mit Hilfe des
(soziologischen) Rollenkonzepts (vgl. KIESER/KUBICEK 1983, S. 391
ff.). In neuerer Zeit wird das Organisationsklima als zwischen
Struktur und Verhalten vermittelnde Variable mit einbezogen (vgl.
z.B. FRESE 1980, S. 266 ff., STAEHLE 1980, S. 514 ff., GREIF 1983,
S. 23). Als Alternativentwurf zu strukturalistischen Konzepten bleibt
der Organisationsklima–Ansatz den objektiven Merkmalen einer
Organisation weder verhaftet, noch sucht er Strukturkonzepte durch

9)   Auf der Mikroebene werden dazu vor allem einstellungs-,
       rollen- und motivationstheoretische Konzepte herange-
       zogen (vgl. Abschnitt 4.31.).

Feststellungen über die Ausmaße intersubjektiv gleichsinnig inter-
pretierter Strukturdimensionen zu erweitern. Vielmehr setzt er
explizit an der subjektiven Wahrnehmung organisationsbezogener
Sachverhalte (also nicht allein struktureller Merkmale) an. Diese
konsequenzenreiche Schwerpunktverlagerung stellt die subjektiv
einzigartige, aber dennoch über intersubjektive-allgemeine Dimensionen vergleichbar zu erfassende Wahrnehmung und perzeptuelle
Verarbeitung organisationaler Sachverhalte in den Mittelpunkt.
Dem liegt die Erkenntnis zugrunde, daß menschliches Verhalten
keine direkte Funktion der objektiven Umwelt ist, sondern vielmehr
Resultante eines komplexen Wahrnehmungs- und Verarbeitungsprozesses situationaler Variablen (vgl. Abb. 4).

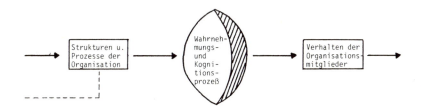

Abb. 4:   Organisationsklima als hypothetisches Konstrukt

Die Abbildung 4 verdeutlicht den Stellenwert, der dem Organisationsklima-Konzept im Rahmen eines verhaltenswissenschaftlichen
situativen Ansatzes zukommt. Die verhaltenswissenschaftliche
Fundierung des situativen Ansatzes ermöglicht es jedoch nicht, zwei
wesentliche Kritikpunkte auszuräumen, um die die oben genannten
sechs Punkte erweitert werden müßten:

7.   Auch ein verhaltenswissenschaftlich-situativer Ansatz ver-
      nachlässigt historische und gesellschaftliche Aspekte der
      Organisation, deren Mißachtung auch dem klassischen Grund-

modell vorgeworfen wird (KUDERA 1977). Konzeptionell verharrt der situative Ansatz bei einer Momentaufnahme des Status Quo. Da auch in dieser Variante Situationsfaktoren nicht problematisiert werden, trägt der Ansatz zu einer Festschreibung der bestehenden Verhältnisse bei (SCHREYÖGG 1978).

8. Auch in seiner verhaltenswissenschaftlichen Variante bleibt der situative Ansatz dem Erkenntnisziel verhaftet, bestehende Strukturunterschiede und deren Wirkung auf die (wirtschaftliche und humane) Effizienz von Organisationen zu erklären. Eine kritische Wissenschaftsfunktion, die zu Reformvorschlägen führen könnte und deren Wahrnehmung der situative Ansatz prinzipiell ermöglicht, wird noch kaum genutzt. Die Erfüllung dieser Funktion würde voraussetzen, daß im Rahmen des situativen Ansatzes Organisationsspielräume mehr in den Mittelpunkt des Interesses gerückt und deren Entstehungszusammenhänge analysiert würden (KUBICEK 1980).

Diese beiden Kritikpunkte deuten die Notwendigkeit an, den situativen Ansatz der Organisationstheorie nicht nur um verhaltenswissenschaftliche sondern in Zukunft auch verstärkt um sozio-ökonomische Bezüge zu erweitern. Dies gilt es auch im Zusammenhang mit einer Weiterentwicklung des Organisationsklimas als hypothetisches, u.a. zwischen Organisationsstruktur und Verhalten vermittelndem Konstrukt zu berücksichtigen. Insgesamt haben die Ausführungen zum klassischen, zum verhaltenswissenschaftlichen und zu dem noch zu entwickelndem sozio-ökonomisch fundierten Modell des situativen Ansatzes den Stellenwert der Organisationsklima-Forschung für die Organisationstheorie deutlich werden lassen. Empirische Belege für die Zweckmäßigkeit des Konstrukts für die Organisationstheorie finden sich in Untersuchungen, deren Ergebnisse sinnvoll oft nur unter

Einbeziehung des Organisationsklimas zu interpretieren sind. Dies gilt insbesondere für die Führungsforschung (z.B. SHERIDAN et al. 1984), in der zudem die Zweckmäßigkeit des engen Führungsverhaltenskonstrukts zunehmend angezweifelt wird (z.B. OPENS/SYDOW 1980).

Das Interesse an der Organisationsklima-Forschung kann nicht nur durch ihren Stellenwert für die Organisationstheorie begründet werden; es ist auch praxeologisch bedingt. Das Organisationsklima ist ein wichtiges integratives Konzept (FRANKLIN 1973, S. 2; vgl. auch DACHLER 1974, S. 7 und SCHNEIDER 1980, S. 5): Es integriert organisationale (und personale) Variablen zu einem verhaltensrelevanten Bündel von Wahrnehmungen mit dem Ziel, individuelle und/oder Gruppenverhalten zu erklären bzw. vorherzusagen. "Der Wert des Organisationsklima-Konzepts ist darin zu sehen, daß es den Forschern ermöglicht hat, multiple Dimensionen des Verhaltens in Organisationen unter dem 'Dach' eines einzigen globalen Konzepts zu untersuchen" (SCHNEIDER/HALL 1972, S. 447). Wie noch zu zeigen sein wird, liegt ein besonderer Vorteil des Organisationsklima-Konzepts darin, daß es sich dabei um gemeinsam geteilte Wahrnehmungen handelt.

Praxeologisch eröffnet sich damit nach einer zehnjährigen organisationsbezogenen, über individuelle Bedürfnisse und Werte hinweg generalisierenden Forschung in den sechziger Jahren und nach einer ebenfalls etwa zehnjährigen Individualisierung der Organisationsforschung mit erheblichen Konsequenzen für die praktische Organisationsgestaltung ("individualisierte Organisation"; vgl. insbesondere SCHANZ 1977) der Weg zu einer geeigneteren Analyseebene, ohne relevante Persönlichkeitsmerkmale der Organisationsmitglieder unberücksichtigt lassen zu müssen. Eine Organisationstheorie, deren praktische Implikation eine individualisierte Organisation darstellt, erscheint zum einen in praxeologischer Hinsicht problematisch. Eine individualisierte Organisation, die auf die Einmaligkeit eines jeden Organisationsmitgliedes abzielte, würde schnell unpraktisch, da allgemeine Aussagen systematisch unmöglich würden. Vielmehr muß ein solcher Ansatz nomothetisch in dem Sinne orientiert bleiben, daß er nach Gemeinsamkeiten (Gesetzen, Regeln) für eine Mehrzahl von Individuen sucht. Die Einzigartigkeit des Individuums ergibt sich dann z.B. als seine Ausprägung auf nomothetisch gewonnenen Beschreibungsdimensionen (vgl. HERMANN 1976a, HERMANN 1976b, HERMANN 1979). Auch läßt das Streben nach Gewinnmaximierung und Herrschaftssicherung eine derart aufwendige und desintegrierte Organisationsform interessenbezogen unzweckmäßig erschienen.

Hinzu kommt, daß eine an den subjektiven Bedürfnissen der individuellen Organisationsmitglieder ausgerichtete Organisations- gestaltung auch wissenschaftlich nicht gerechtfertigt ist. Eine Begründung dieser Aussage kann analog der Kritik am Ar- beitszufriedenheitskonzept entwickelt werden (vgl. dazu BRUGGEMANN et al. 1975). Das Arbeitszufriedenheitskonzept differenziert üblicherweise nicht die Ursachen der Zufriedenheit, die beispielsweise aus einer "situationsgerechten" Senkung des Anspruchsniveaus oder aus einer Fehlwahrnehmung der gegebenen Möglichkeiten resultiern kann (vgl. aber BRUGGEMANN et al. 1975, CONRAD 1983a). Eine Ausrichtung der Organisationsgestaltung an individuellen Bedürfnissen, die nicht kritisiert und in diskursiv gerechtfertigte Bedürfnisse überführt worden sind (vgl. dazu STEINMANN 1978) führt ebenso zu einer, wenn auch anders gearteten Festschreibung der bestehenden Verhältnisse, wie die Organisationsgestaltung auf der Grundlage des quasi-mechanis- tischen, situativen Ansatzes.

Die Kritik an der Arbeitszufriedenheitsforschung wird u.E. dazu führen, daß deskriptiven Konzepten, wie dem Organisationsklima, der Vorzug vor evaluativen gegeben wird, die individuelle Bedürfnisse zwar explizit mit einbeziehen, aber nicht in der Lage sind, diese separat auszuweisen. Das Arbeitszufriedenheitskonzept wird beispielsweise im Hinblick auf seine Eignung als Bewertungsmaßstab humaner Arbeitsgestaltung kritisiert, da es mit der Ausnahme mehrdimensionaler, bisher jedoch noch wenig operationalisierter Ansätze die möglichen Formen der Arbeitszufriedenheit unberücksichtigt läßt. Von dem Organisationsklima-Konzept kann demgegenüber erwartet werden, daß es aufgrund seines deskriptiven Charakters in der Lage ist, bestimmte personale Merkmale (z.B. Neigung zu Resignation, Anspruchsanpassung) konzeptionell aus der (aggregierten) Beschreibung der Arbeitssituation auszublenden. Das deskriptive Ergebnis einer Organisationsklima-Untersuchung ist demzufolge für die globale Bewertung von Arbeitssituationen hinsichtlich ihrer Menschengerechtigkeit möglicherweise besser geeignet als das evaluative Konzept der Arbeitszufriedenheit.

Eine weitere, bislang in der deutschen Management- und Organisationstheorie noch unbeachtet gebliebene Ursache für die Bedeutung des Organisationsklima-Konzepts ist in dem ihm zugeschriebenen Potential zur Klärung der Frage zu sehen, in welcher Weise Individuen ihrer Arbeitssituation (aber auch der gesamten Organisation) anthropomorphe Eigenschaften, wie z.B. Freundlichkeit, zuschreiben (NAYLOR et al. 1980). Die der Organisation so attribuierten Eigenschaften werden z.B. in der Kommunikation mit Organisationsexternen benutzt und können als Selektionsfilter für potentielle Organisationsmitglieder fungieren (vgl. WEINERT 1981, S. 200 ff.). Das Organisationsklima hat so auch im Rahmen des Absatzmarketings eine gewisse Bedeutung aufgrund seines Einflusses auf Kaufentscheidungen (SCHNEIDER 1973). Die Bedeutung des Organisationsklimas für das Personalmarketing zeigt sich in der Rede von einem "guten Betriebsklima" in Stellenanzeigen. Von praktischer und theoretischer Bedeutung ist das Organisationsklima-Konzept für die Organisationsentwicklung. Darauf wird im folgenden genauer eingegangen.

2.12 Zum Mittel-Zweck-Verhältnis von Organisationsklima-Forschung und Organisationsentwicklung

Organisationsentwicklung dient als Sammelbezeichnung für eine Mehrzahl von Instrumenten, die zur Erreichung humaner und wirtschaftlicher Ziele von Organisationen eingesetzt werden können (vgl. zum Überblick GEBERT 1974, FRENCH/BELL 1977, SIEVERS 1978, STAEHLE 1980). Interventionspunkt für Organisationsentwicklungsmaßnahmen können sein:

- das einzelne Organisationsmitglied
- die Organisationskultur
- die Organisationsstruktur (inklusive der Arbeitsplatzbeschaffenheit) (vgl. SLESINA/KRÜGER 1978).

Organisationsentwicklung wird dabei zumeist als ein Verfahren definiert, das

"1. planmäßig,
2. betriebsumfassend,
3. von der Führung gesteuert,
4. zum Zwecke der Verbesserung von Wirksamkeit und Gesundheit der Organisation,
5. durch geplantes Eingreifen in den Organisations'Ablauf' mittels Erkenntnissen aus den Verhaltenswissenschaften angewandt wird" (BECKARD 1972, S. 24 f.).

Diese Definition spiegelt zwar die Praxis der Organisationsentwicklung wider, kann aber wissenschaftlichen Ansprüchen nicht genügen. In der betrieblichen Praxis werden Organisationsentwicklungsprozesse in der Tat regelmäßig "von der Führung gesteuert", ohne daß autonome Interessen der betroffenen Organisationsmitglieder systematisch Berücksichtigung finden. Dazu gelangen vorwiegend Instrumente zum Einsatz, die in der Human-Relations-Tradition stehen und mit deren Hilfe versucht wird, auf das Verhalten von Organisationsmitgliedern einzuwirken, ohne ihre Arbeitssituation strukturell zu verändern. Solche Instrumente sind beispielsweise Laboratoriumstrainings mit dem Ansatzpunkt der Verhaltensänderung sowie interaktionsorientierte Verfahren, die an der Verbesserung der Intragruppenbeziehungen ansetzen.

Auf der theoretischen Ebene können diese Schwachstellen der Organisationsentwicklung als teilweise überwunden betrachtet werden, da die ursprünglich ausschließlich verhaltensorientierten Konzepte mit strukturorientierten Ansätzen integriert werden, so daß für alle oben angeführten Interventionspunkte Interventionsstrategien zur Verfügung stehen. Nach einer solchen Auffassung ist die Arbeitssituation auch in ihrer Struktur änderbar und die Änderung dieser mit der Hoffnung verknüpft, wirksamere und dauerhaftere Verhaltensänderungen zu induzieren (vgl. GEBERT 1974, SLESINA/KRÜGER 1978, GOLDMANN 1982).

Das Konzept der Organisationsentwicklung ist wegen seines einseitigen Interessenbezuges starker Kritik ausgesetzt (vgl. z.B. STAEHLE 1979, KUBICEK et al. 1979). Ohne bereits hier auf diese Kritik weiter eingehen zu wollen (sie wird im Zusammenhang mit dem Management des Organisationsklimas aufgegriffen), sei jedoch festgehalten, daß die Organisationsentwicklung nicht nur für "entwicklungsbedürftig", sondern auch für "entwicklungsfähig", auch in Hinblick auf eine stärkere Berücksichtigung von betroffenen Interessen, gehalten wird (KUBICEK et al. 1979).

Das Organisationsklima ist für die Organisationsentwicklung in dreifacher Hinsicht von Bedeutung: Organisationsklima kann erstens Ziel oder Gegenstand der Organisationsentwicklung, zweitens Instrument der Organisationsentwicklung und drittens Begleitumstand von Organisationsentwicklungsprozessen sein.

1. Das Organisationsklima kann Gegenstand der Organisations-
   entwicklungs sein – und ist es oft zwangsläufig. Dies gilt
   insbesondere für die in der Praxis der Organisationsentwicklung verbreiteten, primär verhaltensorientierten
   Verfahren und Techniken, von denen angenommen wird, daß
   sie das Organisationsklima (hier besser: Betriebsklima) verbessern. Zwangsläufig ist das Organisationsklima Gegenstand von
   Organisationsentwicklungsmaßnahmen, weil die Veränderung
   individueller Verhaltensweisen in der Organisation zumindest
   indirekt auf das Organisationsklima wirkt. Gruppenbezogene
   Verfahren wirken hingegen direkt auf die Ausgestaltung des
   Organisationsklimas (vgl. GOLDMANN 1982). Dabei wird
   zumeist außer acht gelassen, daß auch die Veränderung von
   Organisationsstrukturen das spätere Organisationsklima
   bestimmt (LAWLER et al. 1974). Organisationsklima wird hier
   also zum Bezugspunkt von Veränderungsmaßnahmen und damit
   notwendigerweise auch zum Bezugspunkt der Messung vor und
   nach dem Einsatz von Maßnahmen der Organisationsentwicklung. Somit könnte auf dem Wege eines Vorher-
   Nachher-Vergleichs die Veränderung des Organisationsklimas
   ermittelt und die Organisationsentwicklungsmaßnahme in
   ihrem Erfolg bewertet werden, wenn es gelänge, andere
   Einflußfaktoren konstant zu halten.

2. Ein erhobenes Organisationsklima kann selbst als Instrument
   der Organisationsentwicklung, d.h. als Interventionstechnik
   eingesetzt werden. Dies kann im Sinne der Daten-Rückkoppe-
   lungsmethode (Survey-Feedback) geschehen, bei der die Ergebnisse der Organisationsklima-Messung den Befragten zumeist
   in kleineren Gruppen vorgestellt und mit ihnen diskutiert
   werden. Dabei steht die Hoffnung im Vordergrund, mittels
   dieser Interventionen Einstellungsänderungen zu erzielen,
   gegebenenfalls interindividuelle Perspektivdifferenzen auf-
   zudecken und Vorstellungen zur strukturellen Veränderung der

Arbeitssituation kommunikations– und konfliktfähig zu machen (vgl. HELLER 1972).

3. In den oben angeführten Interventionsbereichen existiert Organisationsklima als Begleitumstand der Organisationsentwicklung und begleitet die Wirksamkeit von Interventionsmaßnahmen unterstützend oder behindernd (vgl. CUMMINGS/SRIVASTVA 1977, S. 120).

In allen drei Fällen wurde die Bedeutung des Organisationsklimas für die Organisationsentwicklung unterstrichen; allein im ersten Fall (Organisationsklima als Gegenstand der Organisationsentwicklung) soll jedoch von einem Management des Organisationsklimas gesprochen werden.

2.2 Management des Organisationsklimas

Management ist oben als Funktion der Differenzierung und Integration sozio-technischer Systeme definiert worden. Diese Funktionen können auch über eine Veränderung oder Stabilisierung, eben ein Management auch des Organisationsklimas wahrgenommen werden. Die relativ unmittelbare Verhaltenswirksamkeit des Organisationsklimas (vgl. Abb. 4) legt es nahe, Managementbemühungen auf das Organisationsklima zu richten, beinhalten doch die genannten Managementfunktionen letztlich die Beeinflussung des Verhaltens von Organisationsmitgliedern.

Anknüpfungspunkte für ein Management des Organisationsklimas sind neben den erwarteten Verhaltenswirkungen, die als Ziele des Organisationsklima-Managements aufgefaßt werden können, seine Einflußfaktoren, mit Hilfe deren Variation das Organisationsklima selbst verändert werden kann. Die Wirkung der Variation insbesondere von Organisationsstrukturen und des Verhaltens von Organisationsmitgliedern (z.B. im Rahmen einer integrierten

Organisationsentwicklung) auf das Organisationsklima ist durch zahlreiche empirische Untersuchungen belegt worden. Dies gilt in gleichem Maße für die Wirkung des Organisationsklimas auf das Verhalten (insbesondere Absentismus- und Fluktuationsverhalten) der Organisationsmitglieder. Ausgewählte empirische Untersuchungs- ergebnisse werden an späterer Stelle berichtet (vgl. Abschnitt 5). Die Verhaltenswirksamkeit des Organisationsklimas sowie die Möglichkeiten eines Managements des Organisationsklimas begründen das Interesse, das an diesem Konzept - wenn auch noch zumeist in seiner populärwissenschaftlichen Form als Betriebsklima - in der Praxis besteht (vgl. die Übersicht bei FIEDLER-WINTER 1979 und die Beiträge von KELLNER 1974, BRÄNDLI 1975, SCHMUDA 1975, FIEDLER 1979, ALBERS 1980, FIEDLER 1982, WASZKEWITZ 1982). Dem Interesse an einem Management des Organisationsklimas, das grundsätzlich nicht nur aus der Sicht der Kapitalgeber und ihrer Manager, sondern auch der übrigen Organisationsmitglieder bestimmt werden kann, wird im Rahmen von Organisationsentwicklungsmaß- nahmen gerecht zu werden versucht (vgl. im einzelnen Abschnitt 6).

3. Ursprung und Entwicklung der Organisationsklima-Forschung

Das Konzept des Organisationsklimas basiert nach allgemeiner Auffassung auf theoretischen Überlegungen und Erkenntnissen aus psychologischen Experimenten, die in den dreißiger Jahren durchgeführt wurden (LITWIN/ STRINGER 1968, S. 36, GIBSON et al. 1973, S. 315). Erst in den 60er Jahren wurde das Organisationsklima-Konzept soweit entwickelt, daß von einem eigenständigen Ansatz ("climate approach") in der Management- und Organisationstheorie gesprochen werden kann.

3.1 Historischer Ursprung der Organisationsklima-Forschung

Der historische Ausgangspunkt der Organisationsklima-Forschung wird in der fundamentalen Erkenntnis LEWINs (1936) gesehen, daß eine Situation im weitesten Sinne grob dadurch beschrieben werden kann, daß die Person (P) von ihrer Umwelt (U) unterschieden wird, und in seiner darauf aufbauenden Formulierung einer elementaren, jedoch die weitere Entwicklung der Verhaltenswissenschaften revolutionierenden Feldtheorie (LEWIN 1951):

$$V = f \ (P, \ U)$$

Menschliches Verhalten wird als eine Funktion der Interaktion von Personen und Situation, von LEWIN "psychologisches Feld" genannt, aufgefaßt. "Um das psychologische Feld angemessen zu charakterisieren, hat man derartig spezifische Dinge, wie besondere Ziele, Reize, Bedürfnisse, soziale Bedingungen, als auch allgemeinere Eigenschaften des Feldes, wie die Atmosphäre (beispielsweise die freundliche, gespannte, feindliche Atmosphäre) und das Maß an Freiheit zu berücksichtigen. Die Eigenschaften des ganzen Feldes sind in der Psychologie so wichtig wie beispielsweise in der Physik das Gravitationsfeld für die Erklärung von Ereignissen im Rahmen der klassischen Physik. Psychologische Atmosphären sind empirische Wirklichkeiten und sind wissenschaftlich beschreibbare Fakten" (LEWIN et al. 1939). LEWINs phänomenologische Verhaltenstheorie weist damit auf den für die Organisationsklima-Forschung konstitutiven Tatbestand hin, daß das Verhalten von Menschen eine Funktion ihrer Person und ihrer subjektiv wahrgenommenen Umwelt ist. Wie noch zu zeigen sein wird, sind beide Erkenntnisse LEWINs, sowohl die Bedeutung der Interaktion von Person und Umwelt als auch der Vorrang der Subjektivität und des Wahrnehmungscharakters der Situation zu Erklärung menschlichen Verhaltens nicht immer als für die Organisationsklima-Forschung von konstitutiver Bedeutung erkannt worden.

Mit der empirischen Untersuchung von "Group Climate" und "Leadership Climate" wurden die grundlegenden Arbeiten LEWINs durch LIPPITT (1940) sowie LIPPITT/WHITE (1943, 1958) weitergeführt. Zu der damaligen Zeit wurden jedoch noch keine Versuche unternommen, Organisationsklima als überindividuelles Phänomen zu konzeptualisieren und in empirischen Untersuchungen entsprechend umzusetzen. Folgt man der Unterscheidung von JAMES und JONES, so stellen diese grundlegenden Arbeiten eher Studien zum ausschließlich individuum-bezogenen psychologischen Klima dar.

LIKERT (1961, 1967) untersucht das Organisationsklima in Abhängigkeit vom Führungsstil sowie den Einfluß des Organisationsklimas auf die Arbeitsleistung der Geführten. Zuvor hatte schon HEMPHILL (1956) mit seinem "Group Dimensions Description Questionnaire" (GDDQ) ein für die weitere Organisationsklima-Forschung wichtiges Instrumentarium bereitgestellt [10]. Jedoch erst Mitte der 60er Jahre konnte sich die Organisationsklima-Forschung als eigenständige Forschungsrichtung etablieren, ohne daß

10)   Auszüge des GDDQ referiert NEUBERGER (1977, S. 33 f.; vgl. auch Abschnitt 5.1.).

die Formulierung eines einheitlichen theoretischen Konzepts in Sicht gewesen wäre. Das Ergebnis war eine fast unüberschaubare Menge von Nominal- und Realdefinitionen des Organisationsklimas (vgl. u.a. HALPIN/CROFT 1962, FOREHAND/GILMER 1964, GEORGOPOULUS 1965, FREDERIKSEN 1966, KATZ/KAHN 1966, TAGIURI 1968, ANDREWS 1967, MARROW et al. 1967, MEYER 1967).

Einen vorläufigen Höhepunkt der Organisationsklima-Forschung stellte die Untersuchung von LITWIN/STRINGER (1968) sowie die Veranstaltung einer Tagung über das Konzept des Organisationsklimas (vgl. TAGIURI/LITWIN 1968) dar. LITWIN/STRINGER stellen ihrer Studie folgende Nominaldefinition voran:

"Der Begriff des Organisationsklimas bezieht sich auf eine Menge meßbarer Eigenschaften einer Arbeitsumwelt, die direkt oder indirekt von den Menschen wahrgenommen werden, die in ihr leben und arbeiten, und von der angenommen wird, daß sie ihre Motivation und ihr Verhalten beeinflussen" (1968, S. 1)

und unterscheiden die folgenden sechs Dimensionen des Organisationsklimas:

(1) Strukturierungsgrad
(2) Betonung individueller Verantwortung
(3) Wärme und Unterstützung
(4) Belohnungsorientierung
(5) Konflikt und Konflikt-Toleranz
(6) Risikoneigung.

Ihre Studie umfaßt neben einer experimentellen Untersuchung drei Feldstudien. Der u.E. für die weitere Organisationsklima-Forschung bedeutendere [11] experimentelle Teil ihrer Studie untersucht in Anlehnung an die klassische Studie von LEWIN et al. (1939) den Einfluß des Organisationsklimas als eine zwischen Führungsstil und Arbeitsmotivation vermittelnde Variable (vgl. Abbildung 5). LITWIN/STRINGER simulierten drei Organisationen mit je 15 Mitgliedern deren Aufgabe darin bestand, Produkte zu entwickeln und herzustellen. Die drei Organisationen wurden einem unterschiedlichen Führungsstil ausgesetzt, während alle anderen personalen und situationalen Variablen kontrolliert wurden. Eine anschließende Messung des Organisationsklimas ergibt, daß sich die Führungsstilunterschiede in den Organisationsklimata widerspiegeln.

Führungsstil:	Organisationsklima:	Ergebnisse:
autoritär	strukturiert, nicht unter-stützend, bestrafend, ohne Möglichkeit zur Verantwor-tungsübernahme, konfliktgeladen	niedrige Leistung und Zufriedenheit
partizipativ und beziehungsorien-tiert	unstrukturiert, kooperativ und freundlich	Produktivität und Innovation mittel-mäßig, Zufrieden-heit sehr hoch
leistungsorien-tiert, Kreativi-tät verstärkend, Leistungsabhän-gigkeit von be-lohnendem Ver-halten	unstrukturiert, verantwor-tungsorientiert, Risikoüber-nahme und Initiative werden belohnt, schlechte Leistung bestraft, mittlere Konflikt-häufigkeit	Produktivität und Innovation sehr hoch, Arbeitszu-friedenheit hoch

Abb. 5:   Ergebnisse des Organisationsklima-Experiments von LITWIN/STRINGER (1968)

11)   Dies bestätigt sich in der Rezeption der Untersuchung in den meisten Management-Lehrbüchern, gilt jedoch nicht für ihr methodisches Vorgehen. Denn im Gegensatz zu LITWIN/STRINGER und FREDERIKSEN et al. (1972) wählen die meisten Organisationsklima-Forscher kein experimentelles Design, sondern führen Querschnitts-untersuchungen mit Hilfe strukturierter Fragebogen durch.

Des weiteren zeigt sich, daß die verschiedenartigen Klimata voneinander abweichende Leistungen und Zufriedenheitsniveaus der Mitglieder in den drei Organisationen zur Folge haben. Die Studie von LITWIN/STRINGER scheint für die weitere Organisations-klima-Forschung einen wichtigen Impuls gegeben zu haben. Die dem Organisationklima-Konzept in den 60er Jahren plötzlich zugemessene Bedeutung wird u.a. mit der sich in der Psychologie zu jener Zeit allgemein durchsetzenden Erkenntnis erklärt, daß die Umwelt einen starken Einfluß auf menschliches Verhalten hat sowie mit der gestiegenen Nachfrage der Praxis nach einem Konzept und Möglichkeiten der Messung des Organisationsklimas (vgl. LANGDALE 1974, S. 13).

3.2 Entwicklung der Organisationsklima-Forschung

Anfang der 70er Jahre zeigt sich infolge der Studie von LITWIN/STRINGER eine starke Häufung empirischer Unter-suchungen, die zum größten Teil (bis zum Jahre 1977) in Sammel-referaten wohl dokumentiert sind (vgl. NEUBERGER 1973, HELL-RIEGEL/SLOCUM 1974, JAMES/JONES 1974, SCHNEIDER 1975a, PAYNE/PUGH 1976, WOODMAN/KING 1978 und JOYCE/SLOCUM 1979). In diesen Sammelreferaten werden für die weitere Organisationsklima-Forschung wesentliche konzeptionelle Arbeiten geleistet. Gleichzeitig setzt sich mit der Studie von LITWIN und STRINGER die explizit auf die Wahrnehmung der Organisation durch ihre Mitglieder rekurrierende subjektivistische Richtung der Organisationsklima-Forschung über die objektivistische durch.

3.21 Die objektivistische Richtung

Die objektivistische Richtung der Organisationsklima-Forschung kann insbesondere an der Arbeit von FOREHAND und GILMER (1964)

verdeutlicht werden. Für FOREHAND und GILMER ist
Organisationsklima "die Menge von Charakteristika, die eine
Organisation beschreiben und (a) die Organisation von anderen
unterscheidet, (b) relativ überdauernd sind und (c) das Verhalten der
Menschen in Organisationen beeinflussen" (1964, S. 362). Die
Nominaldefinition von FOREHAND und GILMER zielt bereits auf die
Möglichkeit einer empirischen Erhebung des Organisationsklimas,
wird jedoch darin kritisiert, daß sie der Organisation als Ganzes
zuviel Beachtung schenkt und zuwenig Wert auf ihre Wahrnehmung
durch die Organisationsmitglieder legt (TAGIURI 1968, S. 27). Unter
teilweiser Mißachtung der grundlegenden Erkenntnisse LEWINs
definieren FOREHAND/GILMER Organisationsklima so umfassend,
daß es auch objektive Variablen (wie Größe, Struktur) beinhaltet,
die jedoch erst durch die Wahrnehmung des Individuums verhaltenswirksam werden (vgl. auch ANDREWS 1967). Konsequent sind denn
auch FOREHAND und GILMER der Ansicht, daß Organisationsklima
mit Hilfe objektiver Indizes gemessen werden könne. JAMES und
JONES (1974) bemerken u.E. zu Recht, daß diese auch objektive
Merkmale der Organisation zu erfassen suchende Richtung der
Organisationsklima-Forschung der strukturalistischen Organisationstheorie ähnelt. Diese objektivistische Richtung, die in Folge
dieser Kritik aufgegeben wird, würde besser überhaupt nicht als
Organisationsklima-Forschung bezeichnet.

3.22 Die subjektivistische Richtung

Die weitaus meisten Konzeptualisierungen des Organisationsklimas
stellen explizit auf den Wahrnehmungscharakter des Konstrukts ab
und knüpfen damit, zumindest teilweise an die von LEWIN
eingeleitete und von LITWIN und STRINGER weitergeführte
subjektivistische Organisationsklima-Forschung an. Im Laufe der
weiteren Entwicklung der Organisationsklima-Forschung bilden sich
zwei subjektivistische Richtungen heraus. Die eine stellt explizit auf

die Untersuchungen des Organisationklimas im engeren Sinne, d.h. auf die tatsächliche Wahrnehmung überwiegend auf die gesamte Organisation bezogener Aspekte ab, während die andere Richtung vorgibt, psychologische Klimata zu untersuchen.

3.221. Organisationsklima im engeren Sinne

Typische Beispiele für die erstgenannte subjektivistische Richtung der Organisationsklima-Forschung, wie sie in den 70er Jahren vorherrscht, sind die Arbeiten von CAMPBELL (CAMPBELL et al. 1970, CAMPBELL/BEATY 1971), von PAYNE (PAYNE/PHEYSEY 1971, PAYNE/MANSFIELD 1973, PAYNE/PUGH 1976, PAYNE et al. 1976), von LAWLER und HALL (HALL 1972, LAWLER et al. 1974) und von PRITCHARD und KARASICK (1973). In diesen Studien wird Organisationsklima im engeren Sinne als Attribut der Organisation untersucht. "Organisationsklima wird als ein situational bestimmter psychologischer Prozeß gesehen, in dem Organisationsklimavariablen entweder als kausale oder als moderierende Variablen für Leistung und Einstellungen gesehen werden" (JAMES/JONES 1974, S. 1100). Die Ergebnisse der Studie von CAMPBELL und BEATY (1971) belegen die vorherrschende Ansicht über Organisationsklima im engeren Sinne:

-   Die Wahrnehmung des Organisationsklimas ist weniger differenziert als die der eigenen Arbeitssituation.
-   Das Organisationsklima variiert mehr zwischen den Subsystemen einer Organisation als von Person zu Person.
-   Das Organisationsklima ist signifikant, wenn auch nicht stark, mit Leistungsvariablen korreliert.

Trotz dieser Ergebnisse der Studie von CAMPBELL und BEATY, die für eine Interpretation des Organistionsklimas als Attribut der Organisation sprechen, sind zahlreiche Untersuchungen durchgeführt worden, deren Ergebnisse eine Einzigartigkeit individueller Wahrnehmungen der Arbeitssituation nahelegen und deshalb von JAMES und JONES (1974) als Studien zum psychologischen Klima bezeichnet werden.

3.222. Psychologisches Klima

Die Differenzierung der subjektivistischen Richtung der Organistionsklima-Forschung ist als ein wesentlicher Beitrag von JAMES und JONES zur exakteren Konzeptualisierung anzusehen. Während des (subjektiv wahrgenommene) Organisationsklima im engeren Sinne als ein Attribut der Organisation gesehen wird, zeichnet sich das psychologische Klima – ganz in der Tradition LEWINs – durch seinen Bezug auf das Individuum und seine Arbeitssituation aus. "Der Begriff des psychologischen Klimas wird ausgewählt wegen der Betonung, die in diesem individuumbezogenen Ansatz auf die intervenierenden, psychologischen Prozesse gelegt wird" (JAMES/JONES 1974, S. 1108).

Zu den Studien zum psychologischen Klima sind insbesondere die Arbeiten von SCHNEIDER (SCHNEIDER 1972, 1975a, b, SCHNEIDER/BARTLETT 1968, 1970; SCHNEIDER/HALL 1972, SCHNEIDER/SNYDER 1975; vgl. aber auch FRIEDLANDER/ MARGULIES 1969, FRIEDLANDER/GREENBERG 1971) zu zählen. SCHNEIDER definiert Klimawahrnehmungen als "psychologisch bedeutungsvolle, molare Beschreibungen mittels derer Individuen in übereinstimmender Weise Praktiken und Prozeduren eines Systems charakterisieren. Durch seine Praktiken und Prozeduren kann ein System viele Klimata schaffen. Individuen nehmen Klimata wahr, da die molaren Wahrnehmungen als Bezugsrahmen fungieren, um in etwa eine Kongruenz von ihrem Verhalten und den Praktiken und Prozeduren des Systems zu erlangen. Wenn das Klima jedoch von der Art ist, daß es die Herausstellung individueller Unterschiede belohnt und unterstützt, werden sich die Individuen in demselben System dennoch nicht gleich verhalten. Des weiteren werden Individuen in dem System weniger bezüglich ihrer Zufriedenheit als bezüglich der Beschreibung des Organisationsklimas übereinstimmen, da die Zufriedenheit eine persönliche Bewertung der Praktiken und Prozeduren impliziert" (SCHNEIDER 1975a, S. 462).

Im Gegensatz zu der Organisationsklima-Forschung im engeren Sinne enthält die Konzeptualisierung psychologischer Klimata bereits zum damaligen Zeitpunkt erste Elemente einer Interaktion. Insbesondere die Arbeiten SCHNEIDERs begreifen schon sehr früh Organisationsklima bzw. psychologisches Klima als Ergebnis einer Interaktion organisationaler (d.h. situationaler) Variablen und personaler Merkmale. Beide Variablengruppen werden als für die Entstehung von Organisationsklima als subjektive Wahrnehmung bedeutsam angesehen.

3.23 Ansätze einer interaktionistischen Richtung

Infolge der Aufspaltung des subjektivistischen Organisationsklima-Konstrukts in ein Organisationsklima im engeren Sinne und ein psychologisches Klima werden in jüngster Zeit vornehmlich Untersuchungen durchgeführt, die Organisationsklima als Aggregation psychologischer Klimata konzipieren und in die das Konzept der Interaktion eingebracht wird. Erste interaktionstheoretische Organisationsklima-Ansätze liegen vor von JAMES (JAMES et al. 1978; JONES/JAMES 1979; JAMES/JONES 1980), SCHNEIDER (1975a, 1980) und NAYLOR et al. (1980) [12].

12) Interaktionstheoretisch orientierte Forschungsarbeiten wurden darüber hinaus auch von GEORGE/BISHOP (1971), HOWE (1977), JOHNSTON (1974), DACHLER (1974), GAVIN (1975) und LYON/IVANCEVICH (1974) vorgelegt. Zum Teil wurde Interaktion im varianzanalytischen Sinn konzipiert.

3.3 Der interaktionistische Ansatz des „Psychologischen Klimas" von James

Der Ansatz von JAMES fußt auf einem allgemeinen theoretischen Bezugsrahmen INDIKs (1968) zur Beschreibung und Erklärung des Verhaltens von Organisationen und von Organisationsmitgliedern. INDIK klassifiziert sieben Bündel relevanter Variablen:

(I) Variablen der Organisationsstruktur (Anzahl der Organisationsmitglieder, Kontrollspanne, Anzahl der Hierarchien, Kommunikationsstruktur etc.)

(II) Variablen organisationaler Prozesse (Kommunikation, Kontrolle, organisationale Sozialisation, Führung, Konflikthandhabung etc.)

(III) Variablen der Kleingruppenstruktur (Anzahl der Gruppenmitglieder, Autoritätsstruktur etc.)

(IV) Variablen der Gruppenprozesse (Kommunikation, Koordination, Führung etc.)

(V) Organisations- und gruppenbezogene, nicht verhaltensbezogene Variablen der Individuen (Bedürfnisse, Einstellungen etc.)

(VI) Organisations- und gruppenbezogene Verhaltensvariablen der Individuen (Arbeitsleistung, Fluktuation, Absentismus etc.)

(VII) Variablen der Organisationsumwelt (gesellschaftliche und natürliche Umwelt, andere Ressourcen etc.).

INDIK vermutet folgenden Zusammenhang zwischen diesen Bündeln von Variablen (vgl.Abb. 6):

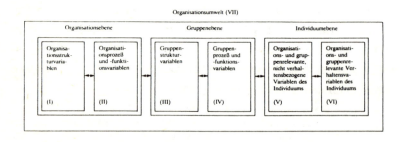

Abb. 6:   Ein allgemeiner Bezugsrahmen organisationaler Variablen nach INDIK (1968)
Quelle: WUNDERER/GRUNWALD (1980), S. 13.

Dieser umfassende Bezugsrahmen hat im wesentlichen die Funktion, Erkenntnisse und empirische Forschungsergebnisse unterschiedlicher Richtung vorläufig zu integrieren und Anregungen für die Untersuchung weiterer Zusammenhänge zu liefern. Die Beziehungen der Variablenbündel untereinander, der Zusammenhang der Variablen, der Variablenklassen und deren Auswahl ist von daher als "offen" zu betrachten und bedarf der weiteren empirischen Fundierung. INDIK formuliert zu den Einflußbeziehungen folgende Hypothesen:

1. Auf dieselbe Untersuchungseinheit bezogene Variablen stehen am stärksten miteinander in Beziehung (z.B. I und II).

2. Die zweitengste Beziehung ist zwischen Variablen unterschiedlicher Untersuchungseinheiten, die jedoch logisch aufeinander folgen, zu erwarten (z.B. II und III).

3. Der Einfluß der Variablen nimmt mit der Entfernung der Untersuchungseinheit, der sie entstammen, von der individuellen Ebene ab.

Insbesondere die dritte Hypothese ist für die Organisationsklima-Forschung bedeutsam, da in ihr der Schlüssel zur Unterscheidung oder auch Interpretation des psychologischen und Organisationsklimas liegt. Dieser Bezugsrahmen läßt die Notwendigkeit der Berücksichtigung von Variablen der individuellen Verarbeitung von Informationen und Wahrnehmungsdaten von mehreren Ebenen klar ersichtlich werden.

JAMES/JONES (1976) entwickeln unter Einbeziehung des psychologischen (sowie des Organisations-)Klimas und in Anlehnung an INDIKs Konzept folgenden Bezugsrahmen (vgl. Abb. 7):

52

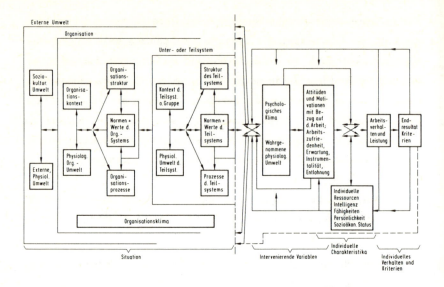

Abb. 7:   Das psychologische Klima im Variablenzusammenhang
            Quelle: JAMES/JONES (1976), S. 96 f., in der Über-
            setzung von WEINERT (1981), S. 165.

Dieses Modell versteht sich ebenfalls als ein gedankliches Gebäude
zur Integration bisher vorliegender Forschungsergebnisse über den
Zusammenhang Struktur–Einstellung–Verhalten; es ist eingestandener-
maßen spekulativ und vorläufig. Konsequent wird das Ergebnis des
individuellen Wahrnehmungsprozesses im weitesten Sinne als das
psychologische Klima gefaßt und an zentraler Stelle in das Modell
einbezogen.

Darüber hinaus werden Interaktionen von Wahrnehmung, Einstellung,
kognitiven und motivationalen Variablen gesehen; eine sys-
tematischere Durchdringung des Einflusses und der Arten individuell
unterschiedlicher Weisen von Wahrnehmung steht jedoch noch aus.
Später konzipieren JAMES et al. (1978) das psychologische Klima
explizit interaktionistisch und verstehen unter ihm "die kognitiven

Abbildungen relativ unmittelbarer situationaler Bedingungen des
Individuums, die in einer Form ausgedrückt werden, die psychologisch bedeutungsvolle Interpretationen der Situation reflektieren"
(S. 786). Der Einbezug des interaktionistischen Erklärungsmodells
führt JAMES et al. zu den folgenden vier Theoremen:

1. "Individuen reagieren primär auf die kognitiven Abbilder der
    Situationen denn auf Situationen per se" (S. 787).

2. "Kognitive Abbilder der Situationen stehen in Beziehung zu
    vorhergehenden Erfahrungen und Lernen, und

3. das meiste menschliche Lernen ist kognitiv vermittelt" (S.
    704).

4. "Kognitionen, Gefühle und Verhalten sind kausal interaktiv.
    Hinzu tritt die Annahme, daß Individuen und Situationen
    kausal interaktiv sind" (S. 704).

Fassen wir die Konsequenzen für die Entwicklung des Klima-
konzeptes zusammen: Der Ansatz des psychologischen Klimas von
JAMES et al. faßt den Wahrnehmungsprozeß so umfassend, daß er
neben der Wahrnehmung auch Kognitions- und Lernprozesse
beinhaltet, die zwar analytisch unterscheidbar, empirisch jedoch
kaum voneinander trennbar erscheinen.

3.4 Der interaktionistische „Climate Approach" von Schneider

Sehr früh wies SCHNEIDER darauf hin, daß Organisationsklima das
Ergebnis einer Interaktion personaler und organisationaler Merkmale
ist (vgl. SCHNEIDER/BARTLETT 1968, 1970; SCHNEIDER/HALL
1972):

"Die globalen Wahrnehmungen der Organisation entstehen als ein Ergebnis zahlreicher Aktivitäten, Interaktionen, Reaktionen und anderer täglicher Erfahrungen, die die Person mit der Organisation macht. Organisationsklima reflektiert damit die Interaktion von personalen und organisationalen Charakteristika" (SCHNEIDER/HALL 1972, S. 447).

Erst in späteren Untersuchungen wurden beide Variablengruppen systematisch miteinbezogen. SCHNEIDER (1980) notiert fünf konzeptionelle Fortschritte und vier Arten methodischer Entwicklung, die in den letzten 15 Jahren auf dem Gebiet des Klimaansatzes stattgefunden haben. Die Fortschritte in der Konzeptentwicklung betreffen:

1. Der Klimaansatz stellt gegenüber den motivationsorientierten Überlegungen das umfassendere Konzept dar, weil die vorgenannten auf dem Wahrnehmungskonzept fußen, ohne dieses im Regelfall einzubeziehen.

2. Der Versuch, Klima mittels objektiv-struktureller Erklärungen zu fundieren, kann als gescheitert angesehen werden; Klima muß als prozeßorientierter Ansatz begriffen werden und ist von daher eigenständig.

3. Die Aufspaltung des summarischen Konstruktes Organisationsklima in ein psychologisches und ein organisatorisches Klima i.e.S. (JAMES/JONES 1974) erweist sich als äußerst hilfreich. Das psychologische Klima wird hierbei als Ergebnis eines Transfer- oder Transaktionsprozesses gesehen, in dem Individuen Situationen psychologische Bedeutung verleihen. Organisationsklima kann als Durchschnittswahrnehmung interpretiert werden.

4. Psychologisches Klima wird als molare Systematisierungsleistung in den Köpfen der Individuen gesehen. Das

Organisationsmitglied abstrahiert aus einer Vielzahl vorhandener Ereignisse persönlich geordnete Muster invarianter Dimensionen, die dann seine Klimawahrnehmung von der Organisation oder ihrer Subsysteme konstituieren; dies hat dann aufgrund der Vielzahl möglicher personaler Systematisierungen eine entsprechende Vielfalt von Klimata zur Folge. Es können einige Belege dafür angegeben werden, daß Individuen nach der Art ihrer Systematisierungsweisen von Umweltereignissen zu Gruppen zusammengefaßt werden können, die in sinnvollem Bezug zu organisatorischen Bezugsgrößen, wie z.B. Organisationseinheit, Manager oder Arbeitsaufgabe stehen.

5. Das Organisationsklima-Konzept wird zunehmend als eigenständiger wissenschaftlicher Ansatz im Bereich der Organisationsforschung akzeptiert. Dieser Forschungsansatz betont den Wahrnehmungsprozeß mit seiner verhaltensintegrierenden Funktion; eine Schwerpunktverlagerung von der Beschäftigung mit Organisationsstrukturen hin zu Prozessen in Organisationen ist zu verzeichnen.

Die methodischen Fortschritte betreffen:

1. Auf Organisationsklima wird nicht mehr induktiv von seinen Folgen her geschlossen, sondern es wird mit Hilfe von Wahrnehmungsmaßen bei den Organisationsmitgliedern erhoben.

2. Organisationsklima wird als ein deskriptives Konstrukt begriffen und als solches vom evaluativen Konzept der Arbeitszufriedenheit unterschieden. Dies gilt auch für Einstellungskonzepte generell; erst wenn Attitüden so definiert werden, daß sie neben affektiven kognitive und konative Komponenten umfassen, kann die Organisationsklima-Forschung mit der Einstellungsforschung systematisch verknüpft werden.

3.   Es ist teilweise erkannt worden, daß allumfassende Organisationsklima-Konzepte nur eine sehr pauschale subjektive Beschreibung von Organisationen liefern. Es kommt nach
Meinung SCHNEIDERs vielmehr darauf an, auf die Beschreibung der gesamten Organisation abzielende Instrumente
('omnibus measures') durch an dem Forschungszweck ausgerichtete, spezifische Erhebunsinstrumente zu ersetzen.

4.   Während die auf die Arbeitssituation bezogene Datenerhebung
relativ problemlos ist, entsteht auf der Ebene der Organisation das Problem der adäquaten Datenaggregation.
Hierzu sind einige Lösungsvorschläge unterbreitet worden, die
auf die Abstraktionsleistung der Betroffenen abstellen.

Da das Organisationsklima-Konzept so umfassend ist, bevorzugt
SCHNEIDER (1980) die Bezeichnung "climate approach" und "work
climate" und subsumiert hierunter sowohl das Konzept des
psychologischen Klimas als auch das des Organisationsklimas im
engeren Sinne, da sich beide Konzepte nur in Bezug auf die
Untersuchungseinheit unterscheiden und beide helfen können,
spezifische Klima-Perzepte zu erklären (vgl. SCHNEIDER 1975a, S.
468 ff.). Wenn hier dennoch der Begriff "Organisationsklima" zur
Kennzeichnung dieser gesamten Forschungsrichtung bevorzugt wird,
so insbesondere deshalb, weil der Ausdruck "Arbeitsklima" im
deutschen Sprachgebrauch bereits anders besetzt ist.

Im Gegensatz zu früheren Arbeiten wird die interaktionstheoretische
Betrachtung des Organisationklimas erst im Zusammenhang mit einer
ausführlichen Schilderung seiner Entstehung von SCHNEIDER
elaboriert. Der situativen Kausalkette (Umwelt ──►Struktur──►
Organisationsklima) stellt er sein interaktionistisches Konzept
gegenüber:

"Klimata entstehen aus den natürlicherweise auftretenden
Mustern zielorientierter Interaktionen der Menschen

miteinander und mit (sich verändernden) Facetten ihrer Arbeitsumgebung" (SCHNEIDER 1980, S. 13).

Dieser Entstehungsprozeß zwischen Personen und Situation ist parallel, bidirektional und durch ständige Feedback-Zyklen gekennzeichnet. Die Charakteristik einer Arbeitsumgebung ist eine relativ direkte Funktion der in einer Organisation arbeitenden Menschen und der von ihnen für sich und für die Organisation verfolgten Ziele (SCHNEIDER 1980, S. 18). Organisationen oder Organisationseinheiten mit ähnlichen Zielen werden deswegen ähnliche Klimata entwickeln, weil ähnliche Individuen durch diese Faktoren angezogen werden. Selbstselektion und Bedeutungstransfer (Attribuierungsprozesse) bilden die beiden Grunddimensionen dieses Konzepts. Sie dienen in diesem Sinne als explanative Konstrukte und bewirken, daß SCHNEIDER im Gegensatz zu JAMES et al. (1978) von der empirischen Relevanz gemeinsamer Klimaperzepte in Organisationseinheiten weit überzeugter ist:

"In Hinblick auf die Wahl von Arbeisplatz und Beruf existiert ein bemerkenswertes Maß an Selbstselektion, das die Spannweite individueller Differenzen, die bei den Inhabern beliebiger Arbeitsplätze oder Berufe zu finden sind, reduziert. Rechnet man zu diesen Selbstselektionskräften die Tendenz von Organisationen hinzu, Klimata zu schaffen, in denen ein angemessenes gemeinsames Verhalten der Organisationsmitglieder gelernt werden kann, kann man die Tendenz für Menschen beobachten, sich in einer Situation ähnlich zu verhalten" (SCHNEIDER 1975a, S. 474; vgl. auch SCHNEIDER et al. 1980, S. 254 und SCHNEIDER/REICHERS 1983).

SCHNEIDER (1975a, S. 469) geht sogar soweit zu vermuten, daß die Auskunft eines Individuums über das, was in der Situation geschieht, nicht sehr zuverlässig ist, während aggregierte Wahrnehmungen eher als reliabel zu betrachten sind. Dennoch billigt er dem Ansatz des psychologischen Klimas eine gewisse Bedeutung für die Erklärung des Zustandekommens des Organisationsklima zu. Diese Ausführungen machen u.E. deutlich, daß SCHNEIDERs Ansatz nicht (mehr) dem psychologischen Klima oder dem "perceptuel measurement – individual attributes approach" zuzurechnen ist. JAMES und JONES (1974, S. 1105 f.) interpretieren SCHNEIDERs nachhaltige Betonung des Wahrnehmungscharakters des Organisationsklimas fälschlicherweise als ausschließlich individuumbezogenes psychologisches Klima.

3.5 Das interaktionistische Verhaltensmodell von Naylor et al.

NAYLOR et al. (1980) entwickeln eine allgemeine Theorie menschlichen Verhaltens in Organisationen, die vom Grundgedanken der Interaktion zweier Systeme (Organismen), nämlich dem Individuum und der Organisation getragen ist (vgl. Abb. 8).

Abb. 8:   Die Organisation–Person–Interaktion im Konzept von NAYLOR et al. (1980)
Quelle: NAYLOR et el. (1980), S. 64.

Der Ansatz analysiert diese Interaktion mittels des S–O–R–Paradigmas. Folgende sieben Grundelemente umreißen seinen Status:

> "1.   Eine nützliche und bedeutungsvolle Definition von Verhalten.
>
> 2.   Der Einfluß der Umwelt auf das Verhalten, einschließlich solcher externer Faktoren oder Einflüsse wie der physische und soziale Kontext, in dem das Verhalten stattfindet. Des weiteren eine explizite Konzeptualisierung der Mittel, die der Umwelt dazu dienen, Verhalten zu beeinflussen.

3. Die Rolle individueller Differenzen (ID) in der
    Beeinflussung von Verhalten. Unbeachtet der per-
    sönlichen Vorurteile im Hinblick auf personale Vari-
    ablen, kann man feststellen, daß keine Verhal-
    tenstheorie vollständig sein kann, ohne den bedeu-
    tungsvollen und offensichtlichen Wegen Rechnung zu
    tragen, auf denen individuelle Parameter auf Verhalten
    einwirken.

4. Die Rolle der Wahrnehmungen. Die Theorie betont
    besonders die Wahrnehmungen, die das konstituieren,
    was wir Rollen nennen werden, welche, durch die
    vermittelnden Mechanismen anderer Wahrnehmungen,
    Kontigenzen und Valenzen genannt, auftreten und
    außerordenlich wichtige Funktonen in der Beein-
    flussung von Verhalten übernehmen.

5. Die Rolle der Motivation, einschließlich der Art, in
    welcher der gegenwärtige affektive Status, die vor-
    übergehenden und grundlegenden Bedürfnisse und die
    durch das Individuum wahrgenommenen Ergebnisse die
    antizipierte Attraktivität zukünftiger Ergebnise,
    Produkte und Handlungen beeinflussen.

6. Die Rolle von Lernen, primär in dem Sinne, wie es
    Veränderungen der individuellen Fähigkeiten und der
    Wahrnehmung von Erwartungen, Valenzen, Ergebnissen
    und Rollen erlaubt.

7. Die Rolle der Gemütsbewegung und ihres Stellenwerts
    im Hinblick auf die Beeinflussung von Verhalten.
    Affekt wird ein zentrales Konzept in der Theorie sein
    und in zwei unterschiedlichen Arten behandelt werden.
    Die Theorie behandelt zum einen den Affekt, der
    direkt mit gegenwärtigen oder vergangenen Ergeb-
    nissen verknüpft ist. Zum anderen behandelt sie den
    Affekt, der mit antizipierten Ergebnissen, jene die
    noch nicht eingetreten sind, in Verbindung steht.
    Darüber hinaus versucht die Theorie, die affektive
    Domäne zu bestimmen, die typischerweise in der
    Organisationsliteratur als Arbeitszufriedenheit be-
    zeichnet wird" (NAYLOR et al. 1980, S. 4 f.).

Das Konzept des Organisationsklimas erscheint den Autoren als
Möglichkeit herauszufinden, wie Individuen ihre Wahrnehmungen der
Arbeitsumgebung strukturieren und organisieren. Dabei gehen sie
davon aus, daß für die individuelle Klimawahrnehmung nicht so sehr

der "wahre" Wert einer organisatorischen Dimension, sondern der individuell wahrgenommene und ihr attribuierte verhaltensentscheidend ist: "Wir sind der Ansicht, daß Klima geeigneterweise als ein Prozeß betrachtet werden sollte, der von Natur aus psychologisch ist. Dieser grundlegende Prozeß ist derjenige des beschreibenden Urteils (descriptive judgement)" (NAYLOR et al. 1980, S. 523).

Dieser deskriptive "Beurteilungs"-Prozeß ist das kognitive Zentrum des Ansatzes. In Abgrenzung zur bewertenden Beurteilung (evaluative judgement) bezieht sich dieser deskriptive Prozeß allein auf die Menge (amount) eines Attributes oder eines Stimulus. Er dient dem Individuum dazu, auf der Grundlage konkreter Wahrnehmungen seiner Arbeitsumgebung globale Wahrnehmungen zu formen und sie ihr in generalisierter Form zu attribuieren.

Änlich wie bei SCHNEIDER wird Klima als molares Abstraktionsergebnis aus einer Vielzahl von Eigenschaften der jeweiligen (Organisations-)Umgebung gesehen, wobei davon ausgegangen wird, daß das Individuum sein kognitives Systematisierungsraster für Organisationen oder für Subsysteme der Organisation ebenso verwendet wie für menschliche Organismen. Dieser Bedeutungstransfer menschlicher Eigenschaften auf die Arbeitsumgebung – ein anthropomorpher Prozeß – ist in der Sicht der Autoren zentral für die Entstehung des Organisationsklimas. Gesamtheiten, wie z.B. Arbeitsgruppen oder auch ganze Organisationen, werden von Individuen mittels personaler Eigenschaftsdimensionen beschrieben (NAYLOR et al. 1980, S. 253 f.).

Der Prozeß der Organisationsklima-Entstehung im Modell von NAYLOR et al. kann kurz folgendermaßen charakterisiert werden: "Von den tatsächlichen, objektiven (und für das Individuum 'externen') Organisationscharakteristika (=Ebene 1) über die vom jeweiligen Individuum wahrgenommenen, subjektiven Attribute der Organisation (=Ebene 2) bis hin zum globalisierten und personalisierten psychologischen Klimakonstrukt (=Ebene 3), das schließlich die Kognition darstellt, die das Individuum über die Organisation bildet (=beschreibendes Urteil über die Organisation)" (WEINERT 1981, S. 169). Die drei Ebenen im Entstehungsprozeß (vgl. Abb. 9) entsprechen in etwa den von JAMES und JONES (1974) vorgenommenen Unterscheidungen von Schulen des Organisationsklimas [13].

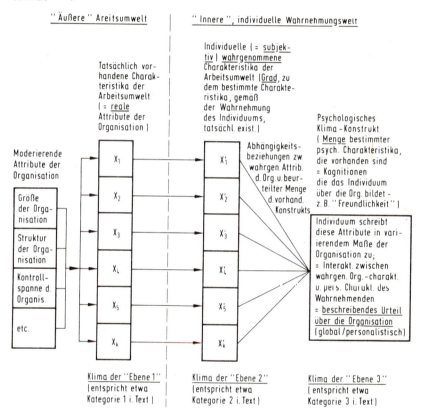

Abb. 9: Der Entstehungsprozeß des Organisationsklimas
Quelle: NAYLOR et al. (1980), S. 255 in der Übersetzung von WEINERT (1981), S. 170.

13) NAYLOR et al. (1980, S. 256) setzen sie sogar mit diesen gleich. Zumindest der auch Wahrnehmungsaspekte umfassende multiple-measurement-organizational attribute approach entspricht nicht ganz der Ebene 1, die keine Wahrnehmungselemente enthält.

Alle drei Ebenen des Klimaansatzes erweisen sich als legitime Zugänge zu diesem Problembereich. Allerdings sollten nach Ansicht der Autoren die verschiedenen Ansätze bei empirischen Untersuchungen nicht umstandslos ineinandergeworfen werden.

Die methodologische und methodische Schwierigkeit, Beschreibung (Klima-Konzept) und Bewertung (z.B. Zufriedenheitskonzept) von einander zu trennen, ist allerdings als nicht gering zu erachten. Sie sollte auf konzeptioneller wie empirischer Ebene angegangen werden. NAYLOR et al. treffen folgende Unterscheidung: "Während Klima instrumentell in bezug auf die Schaffung eines affektiven Response eines Individuums gefaßt werden kann, kann und sollte die Wahrnehmung der Menge einer gegebenen Klimadimension, die in einer Umwelt gegenwärtig ist, von dem Ausmaß an Affekt unterschieden werden, das durch die Wahrnehmung produziert wird, wenn sie erst einmal vorgenommen und bewertet worden ist" (NAYLOR et al. 1980, S. 257).

Die fundamentale Klimaebene ist die Ebene des psychologischen Klimakonstrukts. Die individuelle Bestimmung der Ausprägung von Variablen der Arbeitsumgebung kann nach Ansicht von NAYLOR et al. am besten - wie ausgeführt - als beschreibende Beurteilung verstanden werden. Da unterstellt wird, daß es sich um einen rationalen Prozeß handelt, kann davon ausgegangen werden, daß bestimmte Hinweisreize (Aspekte der Arbeitsumgebung) auch tatsächlich "existent" sind. Die Klimaperzepte der dritten Ebene sind mit den wahrgenommenen relevanten Umweltausschnitten über die individuellen Wertigkeiten, abgeleitet aus dem jeweiligen Wertsystem des Wahrnehmenden, verknüpft. Beispielsweise können die Kriterien (Werte), die ein Organisationsmitglied zur Beurteilung über das Ausmaß an Freundlichkeit (hier verstanden als Bestandteil des psychologischen Klimakonstruktes) in einer Organisation heranzieht, die Zahl der von einer Abteilung veranstalteten Umtrunke sein, oder auch die Häufigkeit, mit der das Organisationsmitglied freundlich gegrüßt oder gelobt wird. Für jeden dieser Werte gilt, daß er in einem bestimmten Verhältnis zum Urteil über das Ausmaß an Freundlichkeit steht. Die Stärke des Zusammenhangs wird nun über den Kontingenzkoeffizienten ausgedrückt, der zwischen Wert/Kriterium und dem Klimaperzept der dritten Ebene besteht. Diese individuellen Operationalisierungen für das Klimakonzept dieser Ebene können nun selbst wiederum Kontingenzen sein.

Der als "moderierende Attribute der Organisation" gekennzeichnete Block struktureller Größen bildet die Grundlage für die Dimensionen der Ebene 1. Eine direkte Einflußbeziehung zu unterstellen ist allerdings verfehlt, da das Individuum sie nicht als direkt verknüpft mit dem psychologischen Klima erachten wird. Wohl aber kann die Ausprägung dieser Variablen erheblichen Einfluß auf die Ausgestaltung von Arten und Größen von Kontingenzen besitzen, die wiederum Grundlage für die Beurteilungsvorgänge auf den anderen Ebenen darstellen.

Wie auch JAMES et al. und SCHNEIDER begreifen die Autoren Organisationklima als einen Prozeß der Bedeutungszuschreibung (Attribuierungsprozeß). Die persönlichen Umweltreize werden jedoch als vollständig idiosynkratisch betrachtet. Diesen Überlegungen zufolge gibt es keinerlei Garantie dafür, daß zwei Individuen, die denselben Umweltreizbedingungen unterliegen, ein und dieselbe Auswahl unter den anthropomorphen Dimensionen zur Beschreibung dieser Umwelt benutzen. Selbst aber wenn sie dies tun, können sich die Ausprägungen der von ihnen verwendeten Dimensionen unterscheiden oder aber auf unterschiedliche Umweltreize beziehen.

NAYLOR et al. billigen selbst dem psychologischen Klima (Ebene 3) kein allgemeines Erklärungspotential bezüglich des Verhaltens von Organisationsmitgliedern zu. Für die Erklärung von Verhalten erscheint den Autoren das Motivationskonzept auf der Grundlage von erwarteten Ergebnissen, Valenzen und Kontingenzen geeigneter

64

(1980, S. 267). Das psychologische Klima hat ihrer Meinung nach allenfalls einen Einfluß auf das Teilnahmeverhalten der Organisationsmitglieder. In dieser Beziehung sei es von der Arbeitszufriedenheit nicht zu unterscheiden. Das wahrgenommene Klima ist weder in Art noch in Intensität an das Leistungsverhalten zu koppeln und deshalb transsituativ relativ stabil. "Aus diesem Grunde empfehlen wir, daß Klima nicht so sehr als Mechanismus von Wert ist, Verhalten von Individuen in Organisationen zu verstehen und vorauszusagen, sondern als Hilfsmittel, das uns ein besseres Verstehen der Art und Weise ermöglicht, in welcher Individuen die Reize, die in ihrer Umwelt gegenwärtig sind, in psychologisch bedeutungsvolle Konstrukte organisieren, die dem Individuum helfen, die Umwelt in menschenähnlichen Begriffen zu beschreiben" (NAYLOR et al. 1980, S. 268). Damit sehen NAYLOR et al. die Nützlichkeit des Organisationsklima-Konstrukt auf eine der eingangs aufgezeigten Funktionen beschränkt.

Insgesamt läßt sich die Entwicklung, die die Organisations-klima-Forschung im Anschluß an die bahnbrechenden Studien von LITWIN und STRINGER genommen hat, in folgender Abbildung zusammenfassen:

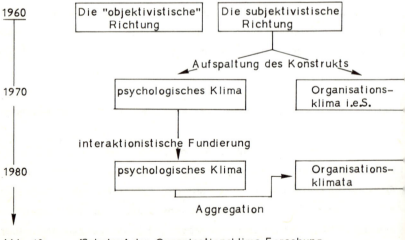

Abb. 10:   'Schulen' der Organisationsklims-Forschung

Es ist die interaktionistische Richtung, auf die sich unser weiteres Interesse konzentrieren wird.

4. Zur Entwicklung einer Theorie des Organisationsklimas

Unverzichtbare Voraussetzung der Entwicklung einer Theorie des Organisationsklimas ist die konzeptionelle Erfassung der Organisation, die in der Einleitung als zweckgerichtetes, soziales Gebilde mit einer formalen Struktur definiert worden ist. Deshalb wird zunächst ein Modell der Organisation skizziert, bevor der Versuch unternommen wird,

- Organisationsklima als Ergebnis eines Wahrnehmungs- und Kognitionsprozesses zu rekonstruieren,
- die Dimensionen des Organisationsklimas herauszuarbeiten,
- die Frage nach der Zahl der Klimata innerhalb einer Organisation zu beantworten,
- das Organisationsklima von anderen Erklärungsansätzen organisationalen Verhaltens auf dieser Grundlage abzugrenzen und
- schließlich einen umfassenden theoretischen Bezugsrahmen unter Einbezug benachbarter Konzepte zu entwerfen.

4.1 Ein Modell der Organisation

Es ist zu erwarten, daß jede Organisation ein Organisationsklima aufweist. Das Organisationsklima ist ein wesentliches Unterscheidungsmerkmal von Organisationen. Außer durch dieses Merkmal lassen sich Organisationen durch die folgenden weiteren Merkmale beschreiben (STAEHLE 1980, S. 94 ff.; ähnlich KIESER/KUBICEK 1983, S. 1 ff.)

- Ziele der Organisation
- Strategien der Organisation
- Struktur der Organisation
- Miglieder der Organisation
- Effizienz der Organisation.

Unternehmungen, Kirchen, Behörden, Parteien, Schulen und Universitäten sind Organisationen; sie weisen die genannten Merkmale auf. KIESER und KUBICEK definieren Organisationen zusammenfassend:

> "Organisationen sind all diejenigen zielgerichteten sozialen Gebilde, die eine Struktur aufweisen, die also organisiert sind" (1977, S. 2).

In der betriebswirtschaftlichen Organisationslehre steht dieser funktionale Aspekt des Organisierens, des Schaffens formaler Organisationsstrukturen durch Differenzierung und Integration, im Vordergrund. Differenzierung umfaßt die Verteilung von Aufgaben, Informationen und Macht; Integration (Koordination) kann grundsätzlich durch Regeln und Programme, durch Planung, durch Hierarchie und durch Selbstabstimmung erfolgen (STAEHLE 1980, S. 406 ff.). Organisation im funktionalen Sinne ist für die Organisationsklima-Forschung von großer Bedeutung, da formale Organisationsstrukturen – unmittelbar – einen wichtigen Einflußfaktor des Organisationsklimas darstellen und – mittelbar – Organisationsklima über ihre verhaltenssteuernde Wirkung beeinflussen. Damit ist die Organisation im funktionalen Sinne mit ihren Subfunktionen der Differenzierung und Integration ein wesentlicher Ansatzpunkt für ein Organisationsklima-Management.

Seit einigen Jahren hat sich in der deutschen Organisationslehre die Erkenntnis durchgesetzt, daß die Schaffung einer effizienten Organisationsstruktur nur unter expliziter Bezugnahme auf die jeweilige Situation erfordern kann. Es lassen sich mehrere Varianten dieses Ansatzes unterscheiden (vgl. Abschnitt 2.11.). An einen verhaltenswissenschaftlich-situativen Ansatz knüpft KUBICEK (1980, S. 42 ff.; vgl. auch KIESER/KUBICEK 1983, S. 369 ff.) an, erweitert ihn um erste sozio-ökonomische Bezüge und formuliert das Konzept der begrenzten Wahl von Begrenzungen strukturbezogener Wahlmöglichkeiten, das im folgenden kurz skizziert wird.

Das Konzept KUBICEKs wird von uns als Grundlage für die Entwicklung eines theoretischen Bezugsrahmens des Organisationsklimas herangezogen, da es erstens ein Modell der Organisation beinhaltet, für das eine enge Verwobenheit der Organisation mit ihrem gesellschaftlich-ökonomischen Kontext kennzeichnend ist, und das damit das Dilemma zwischen Determinismus und Voluntarismus in der Organisationstheorie (vgl. z.B. BURRELL/MORGAN 1979, ASTLEY/VAN DE VEN 1983) überwinden kann. Dieses Dilemma besteht darin, daß weder eine deterministische Konzeption der Einbettung der Organisation in ihren Kontext und die daraus resultierenden Implikationen für ein Managementhandeln, das zum (rationalen) Transmissionsriemen degeneriert, noch eine voluntaristische Konzeption von Organisation und Management, die jedwede Restriktionen von Gestaltungshandeln negiert, der organisationalen Realität gerecht wird. Zweitens ist das Konzept KUBICEKs weniger institutionell orientiert als vielmehr funktional, indem es die Begrenzungsfaktoren des Organisierens explizit hervorhebt. An dieses Modell kann bei einer Erörterung der Möglichkeiten und Grenzen eines Organisationsklima-Managements angeknüpft werden (vgl. dazu Abschnitt 6).

KUBICEK kritisiert, daß die betriebswirtschaftliche Organisationslehre mit dem Versuch der Erklärung von Strukturunterschieden den ersten Schritt vor dem zweiten tut. Für eine Beantwortung der Frage nach den relevanten Situationsfaktoren und der ihnen adäquaten Organisationsstrukturen müssen zunächst "in einem ersten Schritt aufgrund einer gesellschaftlich-historischen Analyse die Gemeinsamkeiten bestehender Organisationsstrukturen erklärt werden" (S. 43). Personalistische und strategieorientierte situative Ansätze können demnach das "Gestaltungssystem", dem sie eine zentrale Rolle zubilligen, nicht losgelöst von den gesellschaftlichen Verhältnissen untersuchen. "Organisationen werden vom Menschen unter den jeweils bestehenden gesellschaftlichen Bedingungen geschaffen und dienen in unterschiedlichem Ausmaß der Aufrecht-

erhaltung dieser Bedingungen. Auf jedweden Fall spiegeln sie diese
Bedingungen und die Auseinandersetzung um sie in ihrem Innenver-
hältnis wider" (S. 43). Da von einer grundsätzlichen Existenz von
Organisationsspielräumen ausgegangen werden kann, muß das
Gestaltungssystem in jedem Fall in ein Modell der Organisation
einbezogen werden. Der vorhandene Organisationsspielraum wird vor
allem durch in der Vergangenheit getroffene, strukturbezogene
Entscheidugen begrenzt. An diese Grundidee knüpft KUBICEKs
Zwei–Stufen–Modell der begrenzten Wahl von Begrenzungen strukturbezogener Wahlmöglichkeiten durch das Management an.

In einer ersten Stufe werden die für eine Organisation konstitutiven
Entscheidungen getroffen. KUBICEK hebt die folgenden vier Entscheidungen besonders hervor:

(1)   die Aufgabe, das Sachziel oder die Domäne der Or-
        ganisation
(2)   das Formalziel, das für Organisationen in kapi-
        talistisch–marktwirtschaftlichen Systemen zumeist die
        Form der langfristigen Gewinnmaximierung annnimmt
(3)   die Organisationsverfassung als legale innere Herr-
        schaftsordnung
(4)   die Sozialstruktur der Organisation, die vor allem die
        Verteilung von Qualifikation, Werten und Normen
        widerspiegelt und in die das Organisationsklima in be-
        sonderem Maße eingebettet ist.

70

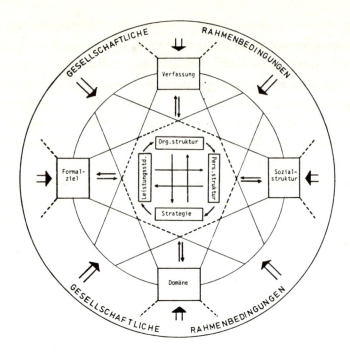

Abb. 11:   Die begrenzte Wahl von Begrenzungen strukturbezogener Wahlmöglichkeiten
Quelle: KUBICEK (1980), S. 49.

Diese konstitutiven Entscheidungen können nicht unabhängig
voneinander getroffen werden. Von besonderer Bedeutung ist für
KUBICEK die Entscheidung über die Organisationsverfassung, von
der die Wahl der Sach- und Formalziele abhängt und die durch die
formale Organisationsstruktur konkretisiert wird. Für die Organisationsverfassung wie für die anderen konstitutiven Entscheidungen
besteht eine Wahlmöglichkeit, die jedoch aufgrund gesellschaft-
lich-ökonomischer Bedingungen begrenzt ist (vgl. Abb. 11). KUBICEK
spricht daher von einer begrenzten Wahl hinsichtlich der eine
Organisation konstituierenden Entscheidungen.

Auf einer zweiten Stufe implizieren diese konstitutiven
Entscheidungen Begrenzungen für nachfolgende Entscheidungen, die
die Vorgabe von Leistungsstandards, die Entwicklung einer
Strategie, die Schaffung einer Organisationsstruktur und den Einsatz
des Personals betreffen. In der Abbildung 11 kommen die Begrenzungen auf dreierlei Weise zum Ausdruck. "Erstens bietet jede
Grundsatzentscheidung über eines der vier konstituierenden Elemente nur einen begrenzten Bereich von Präzisierungsmöglichkeiten.
Diese sind durch die dünn gezeichneten, Korridoren vergleichbaren
Linien gekennzeichnet. Diese Korridore können jedoch nicht voll
ausgeschöpft werden, weil bestimmte Formen in einem Entschei-
dungsbereich nicht mit allen Formen in allen übrigen Bereichen
kompatibel sind. Insofern ergibt sich als zweite Beschränkung eine
Einengung auf den Überschneidungsbereich der vier Korridore
(gestricheltes Achteck). Innerhalb des so ausgegrenzten Bereiches
erfolgt dann die Präzisierung der konstituierenden Elemente"
(KUBICEK 1980, S. 46 f.). Damit ist der Spielraum für Gestaltungs-
möglichkeiten und damit auch für die Konstituierung und für ein
Management des Organisationsklimas konzeptionell abgesteckt.

4.2 Organisationsklima als Wahrnehmungskonstrukt

Die Organisationsklima-Forschung zeichnet sich trotz aller im Detail
bestehenden Differenzen und 'Schulen' heute dadurch aus, daß
Organisationsklima als Ergebnis eines Wahrnehmungs- und kognitiven
Verarbeitungsprozesses organisationaler Variablen aufgefaßt wird.
Der Wahrnehmungscharakter ist das konstitutive Merkmal des Organisationsklimas. Um so mehr überrascht es, daß genau dieser Wahr-
nehmungs- und Kognitionsprozeß, sieht man von neueren interaktionistischen Ansätzen ab, einer nähren theoretischen Untersuchung
verschlossen geblieben ist. Auch in den Beiträgen, die der interaktionistischen Richtung der Organisationsklima-Forschung zuge-
rechnet worden sind, wird der Wahrnehmungs- und Kognitionsprozeß

trotz seines konstitutiven Charakters nur relativ grob skizziert. Daher werden wir uns der Analyse dieser Elemente und Prozesse im folgenden ausführlich zuwenden.

Im Rahmen des kognitiven Ansatzes werden die Vorgänge menschlicher Informationsaufnahme, -verarbeitung und -abgabe und dabei auf psychischer Ebene ablaufende Vorgänge, wie

- Wahrnehmen
- Vorstellen
- Erinnern
- Denken
- Problemlösen
- Handeln

untersucht (vgl. NEISSER 1967). Entscheidend ist die Berücksichtigung der Zusammenhänge von Umweltereignissen, mentalen Prozessen und Verhalten; die Einflüsse bereits im Gedächtnis des Individuums gespeicherter Informationen und ihre Verarbeitungsprozesse sollen möglichst umfassend einbezogen werden (WIMMER/PERNER 1979). Damit sind drei Aspekte zu benennen, die für das Organisationsklima-Konzept von Bedeutung sind:

- die Wahrnehmung organisationaler Variablen durch das Organisationsmitglied
- die Verarbeitung der dabei entstehenden Information und ihre Vernetzung in bereits vorhandene Wissensbestände
- die handlungsleitenden Aspekte dieser Informationen.

Die Betonung niederer und höherer geistiger Prozesse, das Wechselspiel von Informationen, die die von den Sinnesorganen herkommend in der zentralen Verarbeitunseinheit "Gehirn" des "Systems Mensch" (SCHÖNPFLUG 1977) eintreffen, sowie ihre Integration in Netzwerke interner konzeptioneller Informationen und ihre

Bedeutung für Handlungsplanung und -steuerung ist für das Gebiet der betriebswirtschaftlichen Organisationstheorie keineswegs neu. BOULDING (1956) hat bereits frühzeitig auf die Notwendigkeit der Untersuchung mentaler Prozesse zum Verständnis organisierten Handelns hingewiesen. KIRSCH (1971) hat den Informationsverarbeitungs-Ansatz beschrieben, der latentes und manifestes Verhalten zu erklären sucht, und damit die Organisationstheorie entscheidend beeinflußt.

Wenn wir Organisationsklima als ein kognitives Konzept auffassen, so gehen wir von der Vorstellung aus, daß sich Organisationsmitglieder über ihre Sinnesorgane und im Zusammenhang mit den ihnen zur Verfügung stehenden Wissensbeständen mit der Organisation und den ihr gestellten Aufgaben praktisch auseinandersetzten. Dieser Wahrnehmungsprozeß ist zunächst auf der Ebene des Individuums (psychologisches Klima) zu analysieren (Abschnitt 4.21.), bevor die Herausbildung von Organisationsklima als ein kollektives Phänomen diskutiert werden kann. Im Anschluß daran werden die bereits angesprochenen Einzelfragen wie die Anzahl und Eigenschaften des Organisationsklimas erörtert (Abschnitt 4.24. und 4.25.).

4.21 Grundlagen des Wahrnehmungsprozesses

Das Verhältnis von Wahrnehmung, geistigen Prozessen, Verhalten und Handeln ist ein Grundthema psychologischer Forschung (vgl. z.B. NEISSER 1967, ANDERSON 1975, POSNER 1976, NEISSER 1976, COHEN 1977, SHAW/BRANSFORD 1977, STADLER et al. 1977, BOURNE et al. 1979, SOLSO 1979, WIMMER/PERNER 1979, KLIX 1980, THOMAS/BRACKHANE 1980, AEBLI 1980, 1981, MAYER 1981, REED 1982, PRINZ 1983).

Psychologiehistorisch war bis zu Beginn des 20. Jahrhunderts eine Zentrierung auf bewußtseinspsychologische Fragestellungen zu

verzeichnen, die sich in der spezifischen Methode der Intro-
spektionen manifestierte. Die fehlende intersubjektive Vergleichbarkeit solcher Daten über im Inneren der Versuchsobjekte ablaufenden Prozesse führte u. a. zur Ablösung introspektiver Bewußtseinspsychologie durch das behavioristische Modell. Der klassische
Behaviorismus (WATSON 1913) hat gestaltpsychologisches Denken
(WERTHEIMER 1923, KOEHLER 1929, KOFFKA 1935, WERTHEIMER
1933; zusammenfassend NEEL 1969) als theoretischen Gegenentwurf
hervorgebracht. Auch die Psychoanalyse hat sich in Abgrenzung zum
Behaviorismus entwickelt. Der Beginn einer "progressiven
Aufweichung des behavioristischen Verhaltensbegriffs"
(HUBER/BIERBAUMER 1977, S. 514) ist auf die Veröffentlichung
TOLMANs (1932, 1948) zurückzuführen. Als Hauptvertreter des
sogenannten Neobehaviorismus hat er die Grundlagen gelegt, um das
Verhaltenskonzept entscheidend um den Bereich der inneren
Prozesse des Individuums zu erweitern. Verdeckte Verhaltensprozesse
sind nicht unmittelbar beobachtbar, sondern bedürfen der Erschlies-
sung durch manifeste Indikatoren. BOULDING (1956) und MILLER,
GALANTER und PRIBRAM (1960) können als die frühen Vertreter
einer Denkrichtung gesehen werden, die gegen Ende der 60er Jahre
dieses Jahrhunderts geistige Prozesse wieder in den Mittelpunkt
wissenschaftlich-psychologischer Auseinandersetzung treten läßt
(vgl. GROEBEN/SCHEELE 1977).

Diese "neue" Bewußtseinspsychologie, die gern unter "kognitiver
Wende" firmiert, hat ihre introspektiven Grundlagen weitgehend
aufgegeben (vgl. im einzelnen: METZGER 1966, HAJOS 1972, BETZ
1974, WITTLING 1976, HAJOS 1977a, 1977b, STADLER et al. 1977,
MURCH/WOODWORTH 1978, KLIX 1980, AEBLI 1980/81). Der von
den Anfängen (FECHNER 1860, HERING 1861, HELMHOLTZ 1863)
bis heute zu verfolgende Strang der naturwissenschaftlichen Tradition wahrnehmungspsychologischer Forschung ist äußerst ein-
flußreich geblieben. Zunehmend aber setzt sich die Erkenntnis durch,
daß psychologisch-ökologisch valide Erkenntnisse allein auf laborex-

perimenteller Grundlage nicht zu gewinnen sind (NEISSER 1976, GIBSON 1982). Wichtige Grundkenntnisse über Aufbau, Funktion und Wirkung menschlicher Wahrnehmungsleistungen konnten erbracht werden; das Gesamthafte und prozessuale Momente der Wahrnehmung können aber mittels eines solchen Vorgehens nicht adäquat abgebildet werden (vgl. z.B. STADLER et al. 1977, MURCH/ WOODWORTH 1979).

Eine einheitliche Theorie des menschlichen Wahrnehmungsprozesses liegt bis heute jedoch nicht vor (für viele ALLPORT 1955, HAJOS 1972, GIBSON 1982). Den verschiedenen Ansätzen psychologischer Wahrnehmungsforschung ist aber ihre neurophysiologische Bezugs- ebene gemeinsam (vgl. NEISSER 1967, HAJOS 1972, HOLZKAMP 1973, GIBSON 1973, BETZ 1974, ANDERSON 1975, ESTES 1975, NEISSER 1976, POSNER 1976, COHEN 1977, STADLER et al. 1977, BOURNE et al. 1979, GLASS et al. 1979, LACHMANN et al. 1979, SOLSO 1979, WIMMER/PERNER 1979, KLIX 1980, MAYER 1981, GIBSON 1982, PRINZ 1983).

HAJOS kennzeichnet den Gegenstand der Wahrnehmungsforschung als die Prozesse, "die vom Objektiven zum Subjektiven führen, bzw. die Kommunikation zwischen Individuum und Umwelt" (HAJOS 1972, S. 12). In vergleichbarer Weise differenziert SCHMIDT (1973a) zwischen "objektiver Sinnesphysiologie", die die physikalischen und chemischen Vorgänge des Reiztransportes von den Phänomenen der Umwelt bis zur Integration im sensorischen zentralen Nervensystems zum Gegenstand hat, und der "subjektiven Sinnesphysiologie". Der subjektiven Sinnesphysiologie ist das Gebiet der Reaktionen des Nervensystems auf einen Sinnesreiz und der bewußten Empfindung vorbehalten, das nicht durch physikalisch-chemische Prozesse adäquat abzubilden ist. Ähnlich unterscheidet BETZ (1974) zwischen dem kognitiven System im "Rohzustand" (der neurophysiologischen Grundlage) und dem psychologischen und phänomenalen Aspekt des Wahrnehmungsprozesses. Für MURCH und WOODWORTH (1978) stellt sich Wahrnehmung als das Zusammenspiel von Reizen aus der Umwelt und gespeicherten Sinneserfahrungen dar. Die Wahrnehmung als Prozeß ist demzufolge eine Verbindung der Signale aus der Umwelt, der Übersetzung in die "Sprache" des jeweiligen Wahrnehmungssystems und die Verknüpfung mit Erlebnissen, Erkennen, Wissen und Verstehen. STADLER et al. (1977) und GIBSON (1982) konzipieren den Wahrnehmungsprozeß in Abhängigkeit von menschlichem Handeln und arbeiten auf psycho-physiologischer Grundlage die Bedeutung der Wahrnehmung für die menschliche Orientierung in der materiellen und sozialen Umwelt heraus. HOLZKAMP (1973) sieht Wahrnehmung vor allem als Erkenntnistätigkeit, d. h. als aktive Auseinandersetzung mit der inneren und äußeren Umwelt des Individuums; er untersucht die Wechselseitigkeit sozialer und naturgeschichtlicher Ausdifferenzierung menschlicher Orientierungsleistungen in Abhängigkeit von Arbeit. KLIX (1980) möchte die Leistungseigenschaften psycho-nervaler Prozesse interdisziplinär unter naturwissenschaftlicher Grundorientierung vertieft aufklären; für ihn ist die Klärung psycho-physiologischer Grundlagen Baustein für das Verstehen von Verhaltens- und Bewußtseinsprozessen, die in der Aufnahme von Informationen aus der inneren und äußeren Umwelt des Organismus ihren Anfang nehmen.

Trotz unterschiedlicher theoretischer Traditionenen, in der die Autoren stehen, lassen sich Problemfelder der Wahrnehmungsforschung aus der Sicht zweier miteinander verwobener Ebenen bestimmen:

- Perzeptions-Ebene 1: neuro-physiologischer Grundlagenprozeß
- Perzeptions-Ebene 2: kognitiver Prozeß oder eigentliche epistemische Erkennungsleistung unter Einbezug von subjektiven Gedächtnisinhalten und Denkprozessen in ihrer gesellschaftlich-historischen Gebundenheit.

Faßt man Organisationsklima als Ergebnis eines Wahrnehmungs- und

Kognitionsprozesses auf, so ist demnach zu fragen, mittels welcher Systeme sich ein Organisationsmitglied die Sinnesinformationen, wie sie in allen organisationalen Prozessen anfallen, einverleibt. Das "Schicksal von Sinnesinformationen" (NEISSER 1967) muß von der Stimulierung der Wahrnehmungssysteme bis hin zu höheren geistigen Transformationen, Vernetzungen und Handlungssteuerung verfolgt werden. Für das Organisationsklima-Konzept bedeutet dies, die umfassende Informationssammlungstätigkeit des Menschen als Organisationsmitglied entsprechend zu fassen. Damit werden vielfältige situative Gegebenheiten der Organisation zum Bezugspunkt für die Wahrnehmungstätigkeit des Organisationsmitglieds:
Sowohl unmittelbare Aspekte der Arbeitssituation als auch mehr vermittelt auftretende Elemente und Prozesse, wie sie sich aus organisationskulturellen Gegebenheiten herleiten, werden sinnlich erfaßt, individuellen Verarbeitungsvorgängen unterworfen, und schlagen sich in Handlungs- und Verhaltensweisen nieder.

Keineswegs wird die Zugehörigkeit zu einer Organisation aber "nur" über die (zumeist dem Wissenschaftler) am besten vertrauten Wahrnehmungs-Systeme Auge und Ohr (Sehen und Hören; Lesen und Sprechen) vermittelt. Vielmehr sind unmittelbare Umgebungseinflüsse wie chemische und physikalische Zusammensetzung der Luft, Lufttemperatur, Wärme etc. relevante, vom Menschen sehr sensibel registrierte Datengrundlagen (vgl. z.B. SCHMALE 1983), die auch verhaltenswirksam sind. Dies muß einmal mehr festgestellt werden, wenn wir im folgenden dennoch vor allem auf Erkenntnisse über die Funktionsweise der Wahrnehmungssysteme Auge und Ohr zurückgreifen. Dies zum einen deswegen, weil die beiden Systeme als die besterforschten anzusehen sind und zum anderen angenommen werden kann, daß prinzipiell ähnliche Verarbeitungsprinzipien auch in anderen Sinnessystemen des Menschen Anwendung finden (vgl. BARTOSHUK 1971, MOZELL 1971, SCHMIDT 1973b, KLINKE 1973, ALTNER 1973a, 1973b, PALMER 1977, NEISSER 1976, HAJOS 1977b, ROGGE 1981).

4.211. Perzeptions-Ebene 1: Neurophysiologische Wahrnehmung

Innere und äußere Umwelt vermitteln sich dem Menschen über seine spezialisierten Wahrnehmungssysteme. Dabei sind die klassischen fünf Sinne, Auge, Gehör, Tastsinn, Geschmack und Geruch um Sinnesorgane zu ergänzen, die im Körperinneren liegen (vgl. Abb. 12). Auch der Gleichgewichtssinn, der Bewegungssinn und mechano-sensitive Sinnessysteme bearbeiten unterschiedliche Aspekte des Mensch-Umwelt-Systems (WIMMER/PERNER 1979, ROGGE 1981).

Sinnesgebiet	Sinnesorgan	Rezeptoren	Informationen über
Visuelles System	Auge	Photorezeptoren (Stäbchen, Zapfen)	Lage und Bewegung im Raum, Farbe und Form von Objekten (Fernbereich)
Auditives System	Ohr	Cortisches Organ	Geräusche, Klänge, Sprache, Raumlage der Schallquelle
Olfaktorisches System	Nase	Riechzellen	Düfte, ferner Genießbarkeit der Nahrung, Vergiftung der Luft
Geschmack	Gaumen, Zunge	Geschmacksknospen	Geschmack und Genießbarkeit der Nahrung
Tasten	Mund, Hand	Berührungs-, Stellungs-, Spannungs- und Temperaturrezeptoren	Größe, Form, Oberflächen- und Konsistenzeigenschaften von Objekten (Zuordnung im Nahbereich)
Druck- und Berührung	Haut	Tangorezeptoren, freie Nervenendigungen	Kontakt des Körpers mit Objekten
Temperatur	Haut	Thermorezeptoren, freie Nervenendigungen	Außentemperatur
Schmerz	Haut, innere Organe	freie Nervenendigungen	Verletzungen, Krankheit, allgemeine Befindlichkeit des eigenen Körpers
Stellung	Gelenkkapseln, -bänder	Stellungsrezeptoren, Ruffinische Nervenendigungen	Stellung, Ort und Bewegung der Glieder des eigenen Körpers
Spannung/Kraft	Sehnen, Muskeln	Spannungsrezeptoren, Sehnenspindeln, Muskelspindeln	Muskelspannung, Kraft des eigenen Körpers, Gewicht von Objekten
Lage und lineare Bewegung	Vestibularapparat (Sacculus und Utriculus)	Maculae und Statolithen	Lage im Raum und lineare Beschleunigung des eigenen Körpers
Drehbewegung	Vestibularapparat (Bogengänge)	Cupulae	Winkelbeschleunigung des eigenen Körpers

Abb. 12:   Wahrnehmungssystem des Menschen und ihre Funktionen
Quelle: ROGGE (1981), S. 101 (modifiziert).

Die jeweiligen Sinnesorgane sind darauf eingerichtet, spezifische Umweltsegmente wahrzunehmen und die entsprechenden Informationen an das Zentralnervensystem weiterzuleiten. Dabei treten auch Rückkopplungen zwischen den Sinnessystemen auf. In gewisser Weise werden sinnesspezifische Wahrnehmungsergebnisse mit den Ergebnissen anderer Wahrnehmungssysteme ein und desselben Individuums verkoppelt. Spezialisierung und Verkoppelung müssen als Resultate menschlicher Gattungsgeschichte gesehen werden und sind funktional auf Überlebenserfordernisse bezogen (vgl. z.B. DUDEL 1973, NEISSER 1976, GIBSON 1982). Ein Überblick über die Informationskapazität der sensorischen Systeme verweist auf die zentrale Stellung des visuellen Systems (vgl. Abbildung 13).

Modalität	Anzahl der Nervenfasern	Informations-kapazität (bit pro Sekunde)
Gesicht	1-2 000 000	3 000 000
Gehör	10-20 000	20-50 000
Druck, Berührung,	10 000	200 000
Temperatur		2 000
Geruch	2 000	10-100
Geschmack	2 000	10

Abb. 13:   Sensorische Systeme und ihre Informationskapazität
Quelle: ROGGE (1981), S. 99.

Eine genauere Analyse der Prozesse der visuellen Wahrnehmung liefert deutliche Hinweise auf die Organisiertheit der Wahrnehmung bereits auf der Ebene der Reizaufnahme (neuronale Ebene) und gibt Hinweise auf die Strukturiertheit kognitiver Abbildungen und geistiger Erfahrungen überhaupt. Die schematische Darstellung der Reizverarbeitung des Wahrnehmungssystems Auge: Reiz——►erzeugte Nerventätigkeit der lichtempfindlichen Zellen——►Reizweiterleitung und –verarbeitung im Gehirn (visueller Cortex), ist unbefriedigend, weil normales Sehen nicht unter Laboratoriumsbedingungen stattfindet, sondern aktiv-bewegungsmäßig fundiert ist (GRÜSSER/ GRÜSSER-CORNEHLS 1973, NEISSER 1976, WIMMER/ PERNER 1979, GIBSON 1982).

Selbst scheinbar passives Beschauen basiert auf der Aktivität des motorischen Teils des visuellen Systems. Willkürliche und unwillkürliche Augenabtaststrategien (Saccaden) ermöglichen das Erkennen der sichtbaren Umwelt.

Die signalaufnehmende Schicht des menschlichen Auges enthält lichtempfindliche Verbindungen, die sich durch die Lichtenergie-quanten, die auftreffen, in ihrer chemischen Struktur ändern. Aufgrund tierexperimenteller Befunde (HUBEL/WIESEL 1959, HUBEL 1963) läßt sich schließen, daß bestimmte Aspekte der Realität, wie Linien einer bestimmten Richtung, Winkel oder auch die Bewegungsrichtung als Gesamt auf der Netzhaut registriert werden (vgl. zusammenfassend GRÜSSER/GRÜSSER-CORNEHLS 1973, HAJOS 1972, BETZ 1974, WITTLING 1976, HAJOS 1977b).

Zusammenfassend für die Perzeptions-Ebene 1 bedeutet dies, den Menschen als aktiv-explorierendes Wesen zu verstehen, das sich fortwährend mit seiner Umwelt auseinandersetzt. Die stammes-geschichtlich erworbenen menschlichen Wahrnehmungssysteme ge-statten dem Individuum grundsätzlich ein wirklichkeitsgerechtes Erfassen seiner Umwelt. Für das Organisationsklima-Konzept bedeutet dies, von einem Menschenbild nach dem 'Billardball-Konzept' (DeCHARMS 1968) Abschied zu nehmen, denn Organisationsmitglieder sind wesensmäßig aktiv-explorierend. Sie setzen sich mit ihrer Umwelt schon aus rein physiologischen Notwendigkeiten ihres biologischen Apparates fortwährend ausein-ander und sind keineswegs als blind auf Reize reagierende Wesen zu verstehen oder gar zu steuern. Reiz-Reaktions-Konzeptionen des Organisationsmitgliedes gehen also, im wahrsten Sinne des Wortes, an seiner 'Natur' vorbei. Sie führen zu Steuerungsempfehlungen und Gestaltungsmaßnahmen für organisationale Entscheidungsträger, die wenig erfolgversprechend scheinen.

Die im Organisationsmitglied angelegte grundsätzliche Fähigkeit zur Erfassung seiner Umwelt, also auch der Organisation, führt aber prinzipiell nicht dazu, eine Psychologisierung im Sinne einer Einzigartigkeit und Unvergleichlichkeit der Wahrnehmungen der Organisationsmiglieder zur Konsequenz zu haben. Die Wahrnehmungen sind vielmehr an der Wirklichkeit ausgerichtet, überprüfbar und verallgemeinerbar. Dies soll nicht bedeuten, daß es keine Wahrnehmungsunterschiede bezogen auf konkrete Situationen oder Objekte geben kann; diese aber sind vielmehr vor allem in den symbolischen Vermittlungs- und Verarbeitungsprozessen zu sehen, denn in der neurophysiologischen Wahrnehmung. Soziale Beeinflussung und interessengeleitete Steuerung nehmen denn auch an symbolischen Vermittlungs- und Verarbeitungsprozessen ihren Ausgangspunkt.

Die Herausarbeitung der neuro-physiologischen Grundlagen menschlicher Wahrnehmungsleistungen allein wäre eine "Forschung ohne Ziel und ohne eine Richtungsweisung" (HAJOS 1977b, S. 100). Sie muß mit den erlebnishaften Momenten des dynamischen Wahrnehmungsprozesses (Perzeptions-Ebene 2) verknüpft werden (SHAW/BRANSFORD 1977). Erst eine solche Integration ermöglicht eine genauere Einschätzung der kognitiven Leistungsfähigkeit des Menschen als Organisationsmitglied.

Zugleich können erst auf dieser Grundlage organisationale Steuerungspotentiale des personalen Faktors genauer markiert, grundsätzliche Beeinflussungsmöglichkeiten und ihre Grenzen eingeschätzt werden.

SITUATION   PERSON

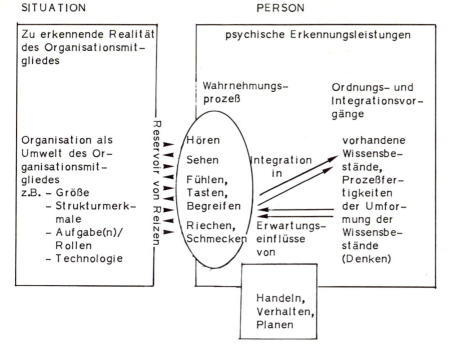

Abb. 14:   Organisationale Umwelt, Wahrnehmungssysteme des
             Menschen und ihre Verknüpfung
             Quelle: WIMMER/PERNER 1979, S. 24 (modifiziert).

4.212. Perzeptions-Ebene 2: Abbild und Ordnung

Aktive Informationsaufnahme durch die Sinnessysteme geschieht
nicht um ihrer selbst willen. Es werden solche Informationen bevorzugt aufgenommen und verarbeitet, die über die natürliche
Umwelt ein Höchstmaß an gattungsspezifischer Information
anzugeben versprechen (vgl. z.B. NEISSER 1967, 1976, OATLEY
1978). Die Verarbeitung der von den Wahrnehmungssystemen
herangeführten Informationen geschieht auf der Grundlage der im
Individuum abgespeicherten Wissensbestände und Erwartungen. Der
Informationsverarbeitungsvorgang geht also nicht nur von den Sin-

nesdaten zur bewußten Erkenntnis, sondern die situativ aktivierten
Wissensbestände und Erwartungen beeinflussen den Wahrnehmungs-
vorgang selber. Unter Zuhilfenahme des Schema-Konzeptes, das im
folgenden kurz erläutert wird, soll dieser Prozeß eingehender
betrachtet werden.

Betrachtet man Schemata aus biologischer Sicht, so lassen sie sich
nur grob als aktive physiologische Strukturen und Prozesse
beschreiben, deren zentralnervöse Grundlagen nur unzureichend
bekannt sind (NEISSER 1976, S. 54). Schemata sind ursächlich
genetisch angelegte Aktivitäten des Zentralnervensystems. Ihre
Ausdifferenzierung erfahren sie in Lernprozessen. Die Abgrenzung
des auf BARTLETT (1932) zurückgehenden Schema-Konzeptes von
Plänen (MILLER et al. 1960), Hypothesen (BRUNER et al. 1956),
cognitive maps (TOLMAN 1948) und kognitiven Strukturen (z.B.
SEILER 1973) ist nicht eindeutig und soll auch hier nicht geleistet
werden. Das Schema-Konzept kann aber als eines der theoretisch
fruchtbarsten Begriffe der neueren Psychologie gekennzeichnet
werden (vgl. BOESCH 1976, S. 174). In Anlehnung an SEILER (1973),
NEISSER (1967, 1976) und BOESCH (1976) können Schemata als
"Modalitäten" des Handelns und Wahrnehmens, die nicht mit einer
konkreten Form einer einzelnen Handlung oder Wahrnehmung zu-
sammenfallen, betrachtet werden. Das Vorhandensein solcher Schemata im Individuum kann dort angenommen werden, wo begriffliche,
verbale oder äußere Verhaltensweisen einen gewissen Grad an
Einheitlichkeit und Geschlossenheit aufweisen. Ihre ursprünglich
senso-motorische Basis wird im individuellen Entwicklungsprozeß
durch die Ausbildung innerer Operationssysteme vor allem verbaler
(propositionaler) Art abgelöst. Ihre Weiterentwicklung durch Lern-
oder Assimilations- und Akkomodationsprozesse, wie sie von PIAGET
(z.B. 1969) bezeichnet werden, führen schließlich zur Verinnerlichung
ganzer Handlungssysteme. Das komplexe Wechselspiel von
Anwendung der Schemata und ihrer Brechung und Anpassung an die
zu bewältigende Realität führen idealerweise zu immer besser
angepaßten inneren Handlungssystemen.

Schemata fungieren

- selektiv: als "Rahmen" begrenzen sie wahrzunehmende und zu verarbeitende Realitätsausschnitte. In aktiven Erkundungsprozessen können sie angepaßt, eingepaßt und umgebaut werden

- ordnungsstiftend: begriffliche Elemente des Schemas erlauben die Zuweisung von Informationen zu Klassen und ihre Vernetzung zu Bezugssystemen. Die Informationsvielfalt kann individuell geordnet werden und weiter verarbeitet werden (vgl. THORNDYKE/HAYES-ROTH 1979)

- bedeutungsstiftend: individuelle und kollektive Vorstellungssymbole und verbale Zeichen können bedeutungshaltig gemacht werden. Die Ausdifferenzierung dieses semantischen Systems ist vom sozialen Kommunikationsprozeß abhängig (vgl. BERNSTEIN 1970)

- im Rahmen des individuellen Entscheidungs- und Problemlöse-Prozesses: als Elemente innerlichen Probehandelns (vgl. DÖRNER 1976)

- als Elemente der individuellen Affekt-Modulierung und Motivation.

Graphisch läßt sich der Zusammenhang zwischen Schema, aktiver Erkundung und dem Gegenstand, auf den sich die Erkundung bezieht, folgendermaßen darstellen:

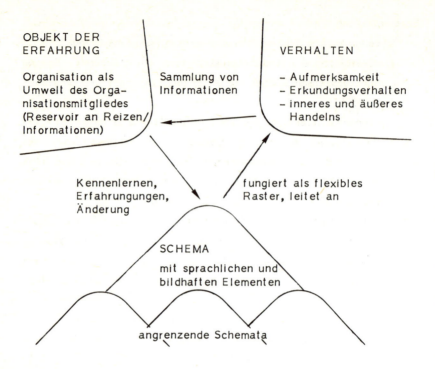

OBJEKT DER
ERFAHRUNG

Organisation als
Umwelt des Orga-
nisationsmitgliedes
(Reservoir an Reizen/
Informationen)

Sammlung von
Informationen

VERHALTEN

– Aufmerksamkeit
– Erkundungsverhalten
– inneres und äußeres
  Handelns

Kennenlernen,
Erfahrungungen,
Änderung

fungiert als flexibles
Raster, leitet an

SCHEMA

mit sprachlichen und
bildhaften Elementen

angrenzende Schemata

Abb. 15:   Schema, Erkundungsverhalten und Objekt
            Quelle: NEISSER (1976), S. 21 (modifiziert).

Schema und Wahrnehmungsobjekt sind dynamisch verknüpft. Erkundungsverhalten führt zu neuen Erkenntnissen über das Objekt und
damit zur Veränderung des Schemas. Schemata entwickeln sich fort-
laufend im Rahmen individueller Aufmerksamkeit, richten dieses aus,
führen zu neuen Informationen und bauen sich dadurch um. Bei Er-
wachsenen sind ihre wesentlichen Elemente bildliche (analoge) und
sprachliche (digitale, propositionale) "Repräsentationen".

Die analoge Form ist im Grenzfall anschaulich-konkret (vgl.
WIMMER/ PERNER 1979, REED 1982). Sie ist prinzipiell dem
Realobjekt ähnlich. Klassische Beispiele dafür sind bildhafte
Vorstellungen, Karten, Grafiken, Zeichnungen etc. Sie werden dann
verwendet, wenn der zu speichernde Gegenstand zu komplex ist, um

durch Sprache alleine abgebildet werden zu können (DOWNS/STEA 1977); es handelt sich aber um keine Miniaturmodelle im Gehirn oder fotografieähnliche Vorstellungsbilder, sondern um bildhaft erlebte Repräsentationen (vgl. KOSSLYN 1975, 1978).

Das klassische Beispiel für die propositionale (digitale) Repräsentation ist die menschliche Sprache. Die Verbindung einzelner Zeichen zu Zeichenfolgen (Worte) und deren Kombination zu Ketten (Sätzen) ist an kulturelle Konventionen gebunden und variiert situativ. Ebensowenig wie im Falle der bildhaften Vergegenwärtigung ist bei der sprachlichen Repräsentation an eine 1-zu-1-Verknüpfung von externer Information und interner Repräsentation zu denken (MILLER 1981). Vielmehr bleibt der Inhalt sprachlicher Äußerungen für den Empfänger auch dann erhalten, wenn er die konkrete Zeichen- und Satzfolge nicht mehr konkret erinnert. Das Verstehen von Äußerungen basiert auf der fortlaufenden Bildung von übergeordneten Zusammenfassungen vorangegangener Inhalte. Solche "Hierarchisierungen" können aufmerksamkeitsgesteuert wieder konkretisiert werden; d.h. eine an inhaltlichen Erfordernissen differenziertere Aufzeichnung kann erneut erstellt werden. Sprachliche Interaktionsprozesse mit sich und anderen können dabei zu vermehrter Differenzierung des vorhandenen Begriffs-Arsenals oder zur Fusion mit verwandten Aspekten führen (LANGER 1974, DEUTSCH/PECHMANN 1982).

Beide Repräsentationsformen sind im Realfall vermischt (vgl. CANTOR 1981). Konkret-anschauliche Repräsentationen werden für die Abbildung statischer Situationen bevorzugt. Bei der Darstellung relativ abstrakter "Gegenstände" sind eher propositionale (aussageartige) Repräsentationen anzunehmen.

Konzentriert man sich auf visuelle und auditorische Wahrnehmungssysteme , die den Organisationsmitgliedern am ehesten die Zugriffsmöglichkeit auf ihre Organisation als "Umwelt" bieten, heißt das nichts anderes, als daß sie sich ein 'Bild' von ihrer Organisation machen, in der sie hören und sehen.

Propositionalen Repräsentationen kommt wesentlich die Funktion zu, die Vielfalt täglicher Wahrnehmungen und Erfahrungen klassenmäßig zusammenzufassen, sie so erinnerbar und intersubjektiv vermittelbar zu machen. Eine Anzahl von Wahrnehmungs- und Erfahrungsobjekten bilden dann eine Kategorie, wenn zwischen den Elementen Gemeinsamkeiten herstellbar sind. Solche Arten der Übereinstimmung können über die Ausbildung kognitiver Prototypen (REED 1972, 1982; WIMMER/PERNER 1979) repräsentiert sein. Diese symbolischen Bezugspunkte (HOLYOAK/MAH 1982) nehmen ihren Ausgang von der vorfindbaren Gegliedertheit natürlicher Objekte (ROSCH 1975, 1978, ROSCH et al. 1976, 1978a, 1978b, BERLIN 1978, STERNBERG 1982) und werden über soziale Schematisierungsprozesse grundlegend erweitert (vgl. CANTOR et al. 1982). Solche kulturgebundenen Gliederungseinflüsse (MILLER 1981, HAMLYN 1981, D'ANDRADE 1981) schlagen sich im Grad unterschiedlicher Differenziertheit des individuell bekannten und verwendeten Begriffsinstrumentariums nieder. Eine besonders weitgehende Ablösung von der sinnlichen Erfahrungsbasis erlangen Begriffe dann, wenn sie sich selbst wieder auf symbolische Elemente und Prozesse beziehen, wie dies für wesentliche Teile organisationaler Realität der Fall ist.

Begriffe und Verknüpfungen von Begriffen zu Sätzen sind wesentliche Bestandteile eines Schemas. Insgesamt kommen ihnen die folgenden Fuktionen zu:

-   Komplexitätsreduzierung
-   Erkennung und sprachliche Benennung von 'Objekten'
-   Erleichterung des Erlernens neuer Gegebenheiten
-   Mithilfe bei der Herstellung einer realitätsadäquaten Verhaltensorganisation
-   Situationstypisierung
-   Kommunikation mit sich und anderen.

Nach ROSCH (1978) finden im wesentlichen zwei Prinzipien bei der Bildung und Ausdifferenzierung von Begriffssystemen Anwendung:

– Zum einen wird davon ausgegangen, daß die Umwelt selber Informationen "anbietet", d.h. die Konzeptbildung hat ihre Grundlage in natürlich vorgegebenen Unterscheidungen. Diese differenzieren sich dann kulturell und sozial aus (vgl. z.B. GIBSON 1982, FODOR/PYLYSHYN 1982).

– Zum anderen ist davon auszugehen, daß Begriffssysteme so ausgebildet werden, daß eine möglichst weitgehende Informationsausbeute über die zu erkennende Umwelt bei geringstmöglichem kognitiven Erkennungsaufwand erfolgt.

Je nach Situation und Zweck der Begriffsverwendung können konkret-anschauliche Begriffe unter abstraktere subsumiert oder abstrakte Konzepte ausdifferenziert werden.

Damit läßt sich der Wahrnehmungscharakter des Organisationklimas unter Rückgriff auf die Perzeptionsebenen 1 und 2 sowie das darin verwendete Schema-Konzept mit seinen Elementen näher umreißen.

Gegenstand der Erfahrung des Organisationsmitgliedes ist die Organisation, moderiert durch seine unmittelbare Arbeitssituation. Die Organisation vermittelt sich ihm über konkrete Anschauung, und wesentlich über sprachliche und bildhafte Äußerungen. Aus der Formalstruktur fließende Erwartungen, die Arbeitsumgebung, Verhaltensweisen und Handlungen von Mitgliedern gleicher und unterschiedlicher hierarchischer Ebenen bilden wichtige organisatorische Aspekte, die sich das Mitglied mittels seiner Sinnessysteme einverleibt. Theoretischer Ausdruck für diese Inbeziehungsetzung von Organisation und Person aus der Sicht des Organisationsmitgliedes ist das Klima.
Organisationsklima als Ergebnis eines Wahrnehmungsprozesses ist ein fließendes, mittels individuell verfügbarer sprachlicher und bildhafter Elemente integrierbares Beschreibungswissen des

betreffenden Organisationsmitgliedes über seine Organisation. Dieses
Beschreibungswissen dient in Form eines Schemas dem Organi-
sationsmitglied zur Wahrnehmung und Interpretation zukünftiger
'Reize'.

Organisationsklima als Schema stellt somit individuell verdichtete
Wissensbestandteile dar, die aus konkreten sinnlichen Erfahrungen
der in und mit der Organisation ablaufenden Prozesse kommen. Die
so gesammelten Erfahrungen schlagen sich grundsätzlich in einem
relativ geschlossenen Gesamteindruck nieder, der aus den täglichen
aktiven Erkundungen des Mitgliedes im Rahmen seiner Verhaltensweisen und Handlungen und den damit im Zusammenhang stehenden Reaktionen anderer herrühren und die Gestalt eines flies-
senden Gleichgewichtes annimmt.

Organisatorische Sozialisationsprozesse führen möglicherweise zu
Typisierungen in der Wahrnehmung, d.h. daß über entsprechend
erworbene Normierungen (z.B. via Zugehörigkeitsdauer, Ausbil-
dungsstand etc.) Realitätsausschnitte zunehmend gleichsinnig wahrgenommen werden und damit zu einem einheitlichen Organisationsklima führen (vgl. Abschnitt 4.222.). Fließend ist dieses
Gleichgewicht deswegen, weil durch sinnlich und kognitiv
fortlaufende Erkundungsprozesse Neuerungen und Änderungen
organisatorischer Sachverhalte registriert und als Wahrnehmungsdaten in das Schema integriert werden. Diese Erkundungsprozesse
verlaufen sowohl konservierend, indem organisatorische Sachverhalte
bereits vorhandenen sprachlichen und bildlichen Elementen
zugeordnet werden; sie verlaufen ebenfalls differenzierend, indem
neue organisatorische Gegebenheiten zur Anpassung des
individuellen Schema-Konzeptes führen. Die Wahrnehmung neuer
organisatorischer Sachverhalte bedingt somit einen kognitiven
Umbau des Schemas, ein individuell differenzierteres Organisationsklima entsteht. Das individuelle Schema Organisationsklima
wirkt somit wahrnehmungsbegrenzend und ordnungsstiftend bezüglich
neu eintreffender Sinnesdaten.

Die individuelle begriffliche und bildliche (symbolische) Ausdifferenzierung ist aber nicht nur rückgebunden an die organi--
satorische Realität, in der ein Organisationsmitglied agiert, sondern
ist wesentlich bezogen auf die beim betreffenden Organisationsmitglied vorhandene Differenziertheit des symbolischen Begriffs-Arsenals. Die dem Organisationsklima zugrunde liegenden sinnlichen
Erfahrungen werden symbolisch repräsentiert und geordnet. Diese
Repräsentation und Ordnungsaufgabe wird – wie festgestellt – vor
allem über Sprache geleistet. Dabei erfolgt die Zuweisung der
Wahrnehmungsdaten zu den organisationsbezogenen Begriffen, über
die der jeweilige Wahrnehmungsträger bereits verfügt; lassen sich
Wahrnehmungen nicht zu bereits vorhandenen Begriffen zuweisen,
muß das vorhandene Begriffsinventar angepaßt werden.

Dies erklärt eine zentrale forschungspraktische Schwierigkeit in der
Erfassung des Organisationsklimas als Ergebnis individuell wahrgenommener und kognitiv bearbeiteter organisationaler Reize, denn
die wissenschaftliche Erkundung der Organisiertheit solcher Wahrnehmungsdaten deutet auf große interindividuelle Unterschiede
dieser im Inidviduum ablaufenden Prozesse hin.

Die Zuweisung von Sinnesdaten zu begrifflichen Elementen, die dann
zu einem Organisationsklima integriert werden, hängt außer vom
Begriffs-Arsenal und dessen Differenzierung von den individuell zur
Verfügung stehenden Prozeßfertigkeiten zur Differenzierung und
Integration ab. Von daher liegt eine zentrale Schranke bei der
Ermittlung des Organisationsklimas in dem Mangel systematischen
Wissens darüber, welche organisatorische Realitätsausschnitte mittels welcher, vor allem begrifflicher Elemente vom Organisationsmitglied abgespeichert werden; welche dann sinnlich
gefüllten Begriffe auf welche Art und Weise mit anderen
begriffliche Elementen verknüpft werden und ein Klima
konstituieren; desweiteren, inwieweit eine Verbindung mit anderen
Schemata existiert, wenn man davon ausgeht, daß zumeist ein Teil

der kognitven Elemente, die Bestandteile des Organisationsklimas als Schema sind, auch Bestandteile anderer kognitiver Schemata darstellen und in soweit stets eine Vernetzung verschiedener Schemata stattfindet.

Aus einer Sichtweise, die Organisationsklima als ein kognitives Schema auffaßt, das aus bildhaft erlebten und begrifflichen Elementen besteht, läßt sich der Zusammenhang verschiedener in der Organisationstheorie Verwendung findender Konzepte ähnlicher aber ungleicher Ausrichtung näher umreißen. Am Beispiel der Konzepte Arbeitszufriedenheit und Organisationsklima läßt sich die immer wieder aufgefundene teilweise Überlappung der Konstrukte dann erklären (vgl. Abschnitt 4.322.).

Einige empirische Belege deuten die grundsätzliche Plausibilität eines Verständnisses von Organisationsklima als Schema an und zeigen, daß sich damit bisher verstreut vorliegene Wissensbestände integrieren lassen.

4.22 Wahrnehmung organisationaler Variablen

Objekt der Wahrnehmung, deren prozeßhafter Verlauf im vorherigen Abschnitt erörtert wurde, ist die Organisation mit ihren Mitgliedern. Die die Organisation und ihre Mitglieder wahrnehmenden Individuen werden den verschiedenen Merkmalen und Aspekten ihres Wahrnehmungsobjekts nicht dieselbe Bedeutung zumessen. Es ist anzunehmen, daß beispielsweise die eigene Arbeitssituation und das Führungsverhalten des unmittelbaren Vorgesetzten für die Konstituierung des Organisationsklimas weitaus größere Bedeutung zukommt als Elementen der Unternehmungsverfassung (z.B. Mitbestimmung im Aufsichtsrat) oder den Formalzielen der Unternehmung (vgl. Abschnitt 4.1.), die nur über die eigene Arbeitssituation vermittelt wahrgenommen werden können. Da jedoch auch diese Aspekte zur Organisation und damit zum unmittelbaren

Erlebnisbereich der Organisationsmitglieder zu rechnen sind – die Unternehmungsverfassung z.B. vermittelt sich nicht nur über das von vielen Organisationsmitgliedern wahrnehmbare Verhalten des Betriebsrats, sondern wirkt beispielsweise auch auf das Führungsverhalten des Vorgesetzten zurück –, sollen sie als unmittelbare, primäre Einflußfaktoren des Organisationsklimas bezeichnet werden. Die Konstitutionsbedingungen dieser Faktoren, die den Organisationsmitgliedern im Regelfall weniger bewußt sind, werden als mittelbare, sekundäre Einflußfaktoren des Organisationsklimas bezeichnet. Hierzu zählen insbesondere die gesellschaftlich-ökonomischen Bedingungen, unter denen Organisationen und ihre Mitglieder existieren. Obwohl diese Bedingungen für die Entstehung des Organistionsklimas von größter Bedeutung sind, finden sich im Schriftum zum Organisationsklima – anders als in der wissenschaftlichen Diskussion über Betriebsklimaforschung – (bisher) keine empirischen Hinweise auf ihr Einflußpotential.

4.221. Primäre Einflußfaktoren

Die unmittelbaren, primären Einflußfaktoren lassen sich in situationale und personale Faktoren unterscheiden. Im Schriftum zur Organisationsklima-Forschung findet sich eine Fülle empirischer Belege für die Abhängigkeit des Organisationsklimas nicht nur von den situationalen, sondern auch von personalen Einflußfaktoren. SIMS und SZILAGYI (1976) konnten beispielsweise einen Einfluß der Stärke höherrangiger Bedürfnisse und des Ausmaßes an Selbst- bzw. Fremdsteuerung (locus of control) auf die Wahrnehmung organisationaler Realität identifizieren. SCHNEIDER (1973) wies den Einfluß unterschiedlicher personaler Wertsysteme auf den Wahrnehmungsprozeß nach. Die weitaus meisten empirischen Belege beziehen sich allerdings noch auf situationale Einflußfaktoren, da eine interaktionistische Konzeption des Organisationsklimas, die die gemeinsame Bedeutung situationaler und personaler Einflußfaktoren für die Entstehung der Klimawahrnehmungen betont, erst seit wenigen Jahren die empirische Forschung leitet (vgl. Abschnitt 3.23.). LAWLER et al. (1974) haben z.B. die relative Einflußstärke von Struktur- und Prozeßvariablen auf das Organisationsklima ermittelt; PATTON (1969) hat den Einfluß des Führungsverhaltens und der Arbeitsaufgabe auf das Organisationsklima untersucht und PETER-SON (1975) hat die Wirkungsweise der angewandten Technologie auf die Klimawahrnehmungen analysiert. Einige Autoren machen zudem die hierarchische Position der Organisationsmitglieder als einen wesentlichen, primären Einflußfaktor des Organisationsklimas aus (u.a. PAYNE/MANSFIELD 1973, ADAMS et al. 1977). Hierbei handelt es sich strenggenommen, ebenso wie bei der Zugehörigkeitsdauer (vgl. JOHNSTON 1976), weder um einen isolierten personalen noch um einen isolierten situationalen Einflußfaktor. Aufgrund der gleichzeitigen Bindung dieser Variablen an Person und Situation sollen sie als Situation-Person-Variablen bezeichnet werden (vgl. zu den Ergebnissen im einzelnen Abschnitt 5.).

POWELL und BUTTERFIELD (1978, S. 154 f.) fassen die Variablen, auf die Wahrnehmungsunterschiede von Organisationsmitgliedern zurückgeführt werden, nach einer Durchsicht zahlreicher empirischer Untersuchungen folgendermaßen zusammen:

1. Hierarchieebene
2. Linien-/Stabstelle
3. Abteilung/Subsystem
4. biograpfische Merkmale
5. Persönlichkeitsmerkmale in Interaktion mit der Struktur
6. Persönlichkeitsmerkmale wie Aktivität/Passivität und Aufgabenorientierung
7. Zugehörigkeitsdauer zur Organisation.

Die Auswahl der bisher in empirische Organisationsklima-Untersuchungen einbezogenen personalen Merkmale ist nicht an einem übergeordneten Bezugsrahmen (vgl. z.B. MISCHEL 1973) orientiert, sondern in den meisten Fällen auf die Erhebung soziodemographischer und einiger weniger psychologischer Merkmale beschränkt. Da in dieser Form die mit der Situation in Interaktion tretende Person nicht hinreichend erfaßt wird, bemerkt JOHNSTON (1976) zu Recht:

"Bis die Forscher in der Lage sind, die Persönlichkeitsdimensionen zu spezifizieren, die das wahrgenommene Klima beeinflussen, wird der Versuch, Organisationsklima und Leistung zueinander in Beziehung zu setzen weiterhin durch die Auslassung wichtiger Persönlichkeitsvariablen vereitelt" (S. 102).

In der Tat können die zum Teil unbefriedigenden Ergebnisse der Untersuchung individueller Differenzen von Persönlichkeiten im Zusammenhang mit organisationalen Phänomen (vgl. MITCHELL 1979) wegen der bisher unzureichenden Konzeptualisierung von Persönlichkeit nicht zum Argument gegen die Einbeziehung personaler Merkmale in der Organisationsklima–Forschung gewendet werden. Wie später zu zeigen sein wird (vgl. Abschnitt 4.23.), kommt es jedoch nicht allein auf die Identifizierung der relevanten personalen und situationalen Einflußfaktoren des Organisationsklimas an, sondern auf eine Durchdringung ihrer Beziehung zueinander.

Gegen die Auswahl der untersuchten situationalen Einflußfaktoren ist einzuwenden, daß bei einer solchen Auflistung die in den Kategorien 1, 2, 3 und 7 möglicherweise enthaltene Gruppe als organisationales Subsystem ihrer besonderen Bedeutung für die Entstehung von Organisationsklima verlustig geht. Die (Arbeits-)Gruppe ist nicht nur ein organisatorisches Subsystem, sondern auch eine soziologische und sozialpsychologische Untersuchungseinheit. Den einer Arbeitsgruppe zugehörigen Individuen kann zum einen aufgrund ihrer Nähe zueinander ein großer Einfluß auf die Herausbildung einer gemeinsamen Klimawahrnehmung zugesprochen werden (vgl. auch den Bezugsramen INDIKs im Abschnitt 3.3.). Zum anderen vermitteln sich gesellschaftliche Stukturen und Normen in der individuellen Arbeitssituation über die Gruppenbeziehung. Obwohl die Konstruktion sozialer Realität in der Organisation wesentlich von der Kommunikation eines Individuums mit seinen Mitmenschen bei der täglichen Arbeit abhängt (vgl. dazu allgemein BERGER/LUCKMANN 1969) haben bisher wenige empirische Untersuchungen dieser Bedeutung der Gruppe für die Herausbildung des Organisationsklimas Rechnung getragen. Welche Einflußfaktoren im einzelnen analysiert worden sind und welches relative Gewicht ihnen für die Konstituierung von Organisationsklima–Wahrnehmungen zukommt, wird bei der Darstellung der empirischen Untersuchungs-ergebnisse deutlich werden (vgl. Abschnitt 5.). Hier gilt es zunächst festzuhalten, daß von den situationalen Einflußfaktoren, den per-sonalen Einflußfaktoren, aber auch von den Situation–Person–Fakto-ren ein unmittelbarer Beitrag zur Entstehung des Organisa-tionsklimas zu erwarten ist (vgl. Abb. 16).

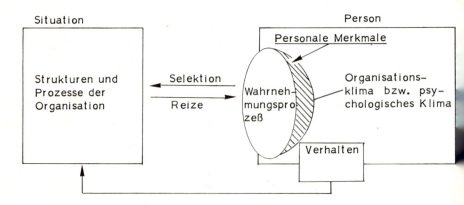

Abb. 16:   Personale und situationale Einflußfaktoren des Orga-nisationsklimas

4.222. Sekundäre Einflußfaktoren

Der empirischen Organisationsklima-Forschung ist – wie überhaupt der Untersuchung menschlichen Verhaltens in Organisationen – gemein, daß sie den Einfluß des gesellschaftlich-ökonomischen Kontexts, in dem Organisation und Organisationsmitglieder existieren, nicht explizit thematisiert. So verwundert es auch nicht, daß die Auflistung realer Einflußfaktoren des Organisationsklimas durch POWELL und BUTTERFIELD (1978) die gesellschaftlich-ökonomischen Bedingungen unberücksichtigt läßt, die sich von den primären Einflußfaktoren des Organisationsklimas dadurch unterscheiden, daß sie beide Variablenbündel, d.h. situationale und personale Faktoren beeinflussen und sich über sie, d.h. auch über den Wahrnehmungsprozeß, vermitteln. Die gesellschaftlich-ökonomischen Bedingungen, die weitgehend außerhalb des Einflußbereichs des Managements liegen, werden von uns deshalb als mittelbare oder sekundäre Einflußfaktoren des Organisationsklimas bezeichnet. Diese Bedingungen prägen den den Organisationsmitgliedern objektiv vorgegebenen Erfahrungs- und Erlebnisbereich in der Organisation. Gemeinsame gesellschaftlich-ökonomische Bedingungen (z.B. die Ableitung von Herrschaftsansprüchen aus Eigentumsverhältnissen, die Kapitalkonzentration, die Internationalisierung und Monopolisierung von Märkten) tragen wesentlich dazu bei, daß sich bei aller Unterschiedlichkeit Organisationen ähneln (z.B. in der hierarchischen Struktur oder der Leistungsorientierung). Nicht zuletzt aufgrund dieser Tatsache fordert KUBICEK – wie oben erwähnt – die Untersuchung von Gemeinsamkeiten vor der Analyse der Unterschiede von Organisationen, die im Mittelpunkt der derzeitigen empirischen Organisations-Forschung stehen.

Der vorgegebene, reale Erlebnis- und Erfahrungsbereich der Organisationsmitglieder steckt ihren Wahrnehmungsspielraum ab, d.h. ihre subjektive Redefinition der Arbeitssituation (HACKMAN 1969) ist abhängig von der Grundstruktur der Situation (vgl. KUDERA 1979, S.

172 ff. und die dort zitierten Beiträge zur objektiven und subjektiven Konstitution von Bewußtsein). Da die Grundstruktur der
Situation durch Handeln der Organisationsmitglieder teilweise
veränderbar ist, und sich damit die Grenzen des Wahrnehmungsspiel-
raumes verschieben können, kann dieser niemals endgültig bestimmt
werden, selbst wenn es gelänge, seine Einflußfaktoren zu erfassen
und in ihrer Wirkungsweise zu bestimmen.

Nicht so offensichtlich wie die prägende Wirkung ökonomisch-gesell-
schaftlicher Bedingungen für die Organisation ist ihr Einfluß auf den
idiosynkratischen Wahrnehmungs- und Informationsverarbeitungspro-
zeß. Aber:

> "Die Situations-Definition einer Person ist zwar idiosyn-
> kratischer Natur und kennzeichnet die Umweltinterpretation
> und -orientierung des Einzelnen, sie wird aber mit de-
> terminiert durch ein Netzwerk von gruppen-, kultur- und
> gesellschaftsspezifischen Typisierungen, d.h. normativen und
> kognitiven Schemata" (LANTERMANN 1980, S. 139).

Diese kognitiven Schemata oder Deutungsmuster bilden sich im
Rahmen der Sozialisation der Organisationsmitglieder in Familie,
Schule und Beruf heraus. Zwar sind kognitive Schemata wesentlich
durch die familiäre Sozialisation vorgeprägt, jedoch gelang es beispielsweise bei Berufsanfängern nachzuweisen, daß ihre berufsbe-
zogenen Einstellungen, anders als ihre gesellschaftliche Orientierung, stark von der aktuellen Arbeitserfahrung geprägt sind
(LEMPERT/THOMSSEN 1974). Die relativen Beiträge familiärer und
organisationaler Sozialisation dürften jedoch kaum zu trennen sein,
da von einer kumulativen Wirkung der Sozialisationsphasen ausgegangen werden kann. Die Wahrnehmung des Organisationsklimas ist
insofern Ergebnis des Zusammenwirkens personaler Merkmale, die in
früherer Sozialisation ebenso erworben worden sind wie sie Resultat
aktueller - aber auch antizipierter - Arbeitserfahrung sind.

Dezidiert weisen insbesondere STADLER et al. (1977) auf die gesellschaftliche Vermitteltheit der Wahrnehmung durch die personalen
Einflußfaktoren der Wahrnehmung und ihrer kognitiven Organisation
hin, wenn sie nachweisen, daß Motive, Werte und Bedürfnisse sich
unter bestimmten Bedingungen konstituiert haben. Diese Bedingungen
wirken auf den Menschen sowohl außerhalb, insbesondere vor
Eintritt in das Arbeitsleben, als auch innerhalb der Organisation ein.
Seine spezifische Arbeitserfahrung mit der Organisation und mit der
in ihr zu verrichtenden Arbeit prägen entscheidend Prozeß und
Ergebnis der Wahrnehmung organisationaler Variablen. Die Abbildung
17 faßt die Einflußfaktoren des Organisationsklimas nach ihrem Ursprung (Person/Situation) und ihrer Wirkungsebene (primär/sekundär)
zusammen:

	personale Einflußfaktoren	situationale Einflußfaktoren
primäre Einflußfak- toren	Werte, Bedürfnisse, Orien- tierung, kognitive Komplex- ität u.v.m.	Größe, Organisationsstruktur, Führung, Gruppenverhalten, Arbeitsbedingungen u.v.m.
sekundäre Einflußfak- toren	ges.-ökonomische Bedingun- gen, die sich über Soziali- sation in kognitiven Sche- mata manifestiert haben	ges.-ökonomische Bedingun- gen, die sich in Strukturmerk- malen der Organisation mani- festiert haben

Abb. 17: Primäre und sekundäre Einflußfaktoren des Organisationsklimas

Die gesellschaftlich-ökonomischen Bedingungen, (z.B. kapitalistische
Wirtschaftsordnung, Beschäftigungssituation) bewirken folglich, daß
sowohl Organisationen als auch ihre Widerspiegelung in den
Organisationsmitgliedern bei aller Unterschiedlichkeit viele Gemeinsamkeiten aufweisen. Mit dem Rückgriff auf diese sekundären Einflußfaktoren bietet sich ein alternativer – oder besser: ergänzender
– Erklärungsansatz für die Entstehung von Organisationsklima,

dessen konstitutives Merkmal gemeinsame Wahrnehmungen sind. Die Gemeinsamkeit der Wahrnehmungen, die zu einem Organisationsklima führen, werden in der Organisationsklima-Forschung traditionell – wenn überhaupt durch einfache Negation individueller Differenzen, mit dem Selbst-Selektions-Theorem der wahrnehmenden Personen (strukturalistischer Ansatz) oder neuerdings auch unter Rekurs auf den symbolischen Interaktionismus erklärt.

Das von SCHNEIDER und REICHERS (1983) als "strukturalistischer Ansatz" bezeichnete Konzept zur Erklärung der Entstehung gemeinsamer Organisationsklima-Wahrnehmungen negiert zwar nicht die Existenz individueller Unterschiede der Organisationsmitglieder, geht jedoch davon aus, daß die Gemeinsamkeit der Wahrnehmungen auf in der Tat objektiv ähnliche Arbeitssituationen (z.B. innerhalb einer Abteilung) zurückzuführen ist. Die Gemeinsamkeiten in der Klima-Perzeption werden ausschließlich auf strukturelle Aspekte der Organisation zurückgeführt. Die Leistungsfähigkeit des strukturalistischen Erklärungsansatzes erscheint vor dem Hintergrund zahlreicher empirischer Untersuchungsergebnisse, die nur einen schwachen korrelativen Zusammenhang zwischen Organisationsstruktur und Organisationsklima belegen können (vgl. Abschnitt 5.2.), zweifelhaft. Konzeptionell gelingt es dem strukturalistischen Ansatz nicht, Wahrnehmungsunterschiede innerhalb von Abteilungen oder von Arbeitsgruppe zu erklären (vgl. dazu auch SCHNEIDER/REICHERS 1983, S. 25 f.).

Das vor allem von SCHNEIDER (1975a, 1980) zur Erklärung von Gemeinsamkeiten in der Organisationsklima-Wahrnehmung verwendete "Selbst-Selektions-Theorem" besagt, daß bestimmte Organisationen ähnliche Organisationsmitglieder anziehen und Individuen ihrerseits nur in bestimmte Organisationen einzutreten bereit sind. Die Organisation muß ihrer Persönlichkeit, ihrem Selbstkonzept, entsprechen, und die Individuen müssen von ihr Belohnungen erwarten können, die ihren Bedürfnissen adäquat sind.

Dieser Selbst-Selektions-Prozeß hat zur Folge, daß Organisationen über psychisch relativ ähnlich strukturierte Mitglieder verfügen. M.a.W.ausgedrückt: Mitglieder einer Organisation gleichen sich mit großer Wahrscheinlichkeit mehr als Mitglieder unterschiedlicher Organisationen. Das Argument, daß aufgrund falscher Information und Interpretation von Informationen Individuen in 'falsche' Organisationen eintreten bzw. Organisationen nicht die zu ihnen passenden Personen eintreten lassen, räumt SCHNEIDER mit dem Hinweis aus dem Weg, daß diese Mitglieder ihre Organisation als erste verlassen (müssen).

Sicherlich muß davon ausgegangen werden, daß sich ein Teil gemeinsamer Wahrnehmungen organisationaler Realität aus der so bedingten Ähnlichkeit der sie wahrnehmenden Organisationsmitgliedern ergibt. Zweifelhaft erscheint unseres Erachtens jedoch, ob dieser Erklärungsansatz in einer Zeit ausreicht, in der Krisenbedingungen der dem Selbst-Selektions-Theorem immanenten Wahlfreiheit zunehmend entgegenstehen. Die Konzipierung von Organisationsmitgliedern als aktiv zielrealisierende, die Art der zu produzierenden Dienstleistungen und Produktionspalette sowie ihre Arbeitsumwelt selbstbestimmende und selbstwählende Individuen, trifft (angesicht der in allen westlichen Industrieländern steigenden Akademiker-Arbeitslosigkeit) nicht einmal auf Manager zu. Die dem Selbst-Selektions-Theorem immanente Annahme, daß Individuen überhaupt eine reale Entscheidungsmöglichkeit zwischen mehreren Organisationen haben, von der sie die ihren Bedürfnissen angepaßteste auswählen können, entspricht nicht der ökonomisch-gesellschaftlichen Realität. Trotz dieser Einschränkungen ist eine Rückführung der größeren Gemeinsamkeit von Klima-Perzepten auf die (wenn auch begrenzte) Ähnlichkeit von Menschen einer Organisation im Grundsatz plausibel und empirisch belegbar (vgl. z.B. DREXLER 1977). Denn einer Organisation gehören im Regelfall Mitglieder an, die ihre Beitrittsentscheidungen unter historischen Bedingungen getroffen haben, die ihnen eine gewisse Selbst-Selektion ermöglichte. Konzeptionell, und darauf weist

SCHNEIDER selbst hin, ist das Selbst-Selektions-Theorem nicht in der Lage, die Unterschiede der Organisationsklima-Wahrnehmungen zwischen Abteilungen oder Gruppen zu erklären (vgl. SCHNEIDER/REICHERS 1983, S. 28).

Einen dritten Ansatz zur Erklärung der Entstehung gemeinsamer Organisationsklima-Perzepte entwickeln SCHNEIDER und REICHERS (1983, S. 28 ff.) unter Rückgriff auf die Arbeiten des symbolischen Interaktionismus von MEAD (1934) sowie auf das Selbst-Selektions-Theorem, das sie um eine Zeitdimension (newcomer sozialisation) erweitern. Der symbolische Interaktionismus betont die Relevanz personaler Interaktion einschließlich des Gebrauchs von Sprache und anderen Symbolen zur Erklärung sozialer Phänomene. SCHNEIDER und REICHERS gehen davon aus, daß dieselben Prozesse, die neu eintretende Organisationsmitglieder der Organisation anpassen, auch für die Entstehung von Organisations-klima verantwortlich sind. "Insbesondere soziale Interaktionen am Arbeitsplatz helfen den Neueintretenden, die Bedeutung verschiedener Aspekte des Arbeitskontextes zu verstehen. Diese sozialen Interaktionen sind es, die dafür Sorge tragen, daß Individuen am Arbeitsplatz zu gemeinsamen Wahrnehmungen über dessen Kontext kommen. Dieser Ansatz zur Herausbildung von Klimata erklärt die Unterschiede in Klimawahrnehmungen, die zwischen verschiedenen Gruppen innerhalb derselben Organisation existieren. Das heißt verschiedene Gruppen innerhalb einer Organisation werden unterschiedliche Klimata oder Bedeutungszuschreibungen für bestimmte Ereignisse, Praktiken und Prozeduren, die innerhalb der ganzen Organisation konstant sein mögen, generieren, weil die Bedeutungszuschreibungen aus den sozialen Interaktionen mit anderen entstehen und weil die Organisationsmitglieder derselben Arbeitsgruppe mit größerer Wahr-scheinlichkeit miteinander interagieren als mit Mitgliedern anderer Gruppen" (SCHNEIDER/REICHERS 1983, S. 31).

SCHNEIDER und REICHERS wollen diese drei Ansätze nicht als Alternativen verstanden wissen, sondern als sich ergänzend. Demzufolge tragen in sich konsistente Organisationsstrukturen und die Ähnlichkeit zwischen Organisationsmitgliedern aufgrund der Selbstselektion zusammen dazu bei, daß die individuellen Unterschiede in Klimawahrnehmungen sich in Grenzen halten; das Ausmaß der Wahrnehmungsunterschiede stellt eine Funktion der Interaktionsintensität innerhalb von Gruppen im Vergleich zur Intensität der Interaktion zwischen Gruppen dar. Der objektive Ansatz zur Erklärung von Klimawahrnehmungen, der Organisationsmitglieder als auf Reize reagierende Individuen begreift, wird ebenso wie der subjektivistische Ansatz, der von der Annahme ausgeht, daß organisationale Realität zu einem großen Ausmaße aus der Projektion menschlicher Vorstellungen resultiert, um diese dritte Position auf der Grundlage des symbolischen Interaktionismus ergänzt, die irgendwo – so SCHNEIDER und REICHERS – zwischen diesen Extremen liegt (vgl. auch MORGAN/SMIRCICH 1980).

Ebenso wie den ersten Ansätzen ist diesem dritten Erklärungsansatzes jedoch vorzuwerfen, daß er zwar Organisationsstrukturen nicht als zufällig begreift, deren gesellschaftlichen Bezug jedoch nicht explizit hervorhebt. Noch weniger wird die Ähnlichkeit von Individuen, obwohl im Konzept der Sozialisation die grundlegenden Voraussetzungen dazu angedeutet werden, nicht auf gesellschaftlich-ökonomische Bedingungen, die diesen Individuen gemeinsam sind, zurückgeführt. Allerdings wird mit diesem dritten Erklärungsansatz der besonderen Bedeutung der Gruppe in der Herausbildung organisatorischer Klimata Rechnung getragen. Eingangs ihres Aufsatzes stellen SCHNEIDER und REICHERS fest:

> "Ein kohärente Erklärung dafür, wie Klimata entstehen, ist bis heute nicht gefunden worden. Eine solche Erklärung der Enstehung von Organisationsklima ist nicht nur für ein vollständiges Verständnis des Konstrukts erfoderlich, sondern auch, um weitere konzeptionelle und methodische Fortschritte zu erleichtern" (SCHNEIDER/REICHERS 1983, S. 25).

Diese Feststellung behält u.E. auch nach Vorstellung des Erklärungsansatzes zur Herausbildung von Organisationsklima auf der Grundlage des symbolischen Interaktionismus von MEAD ihre Gültigkeit.
Mit dem Hinweis auf die Relevanz sekundärer Einflußfaktoren, die
gemeinsame Wahrnehmungen des Organisationsklimas auf zum Teil
gemeinsame Strukturen, gemeinsame Deutungsmuster und gemeinsame
Interaktionsformen, die letztlich gesellschaftlich-ökonomisch bedingt
sind, scheint ein weiterer Schritt zur Erklärung der Entstehung des
Organistionsklimas geleistet (vgl. Abbildung 18).

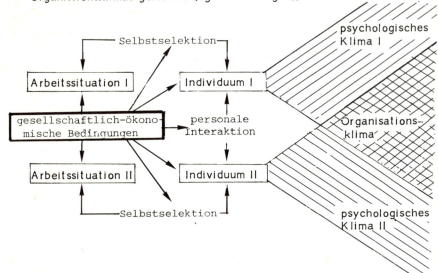

Abb. 18:   Die Herausbildung gemeinsamer Klimawahrnehmungen

Die Darstellung des Kerns des von uns entwickelden Bezugsrahmens
ist deshalb um den Einfluß dieser sekundären Faktoren auf das
Organisationsklima zu ergänzen (vgl. Abbildung 19). Die Rückbindung
des Organisationsklimas an diese gesellschaftlich-ökonomischen
Bedingungen, unter denen Organisationen und ihre Mitglieder
existieren, ist für die Organisationsklima-Forschung von Bedeutung,
wenn sie prinzipell ihre ideologieverdächtige, "psychologistische"
Ausrichtung überwinden will. Die Organisationsklima-Forschung kann

sich auch in der derzeitigen interaktionistischen Konzeptualisierung, die die Wirkung dieser Bedingungen vernachlässigt, nicht des Ideologievorwurfes erwehren, da sie zwar die Realität beschreibt, sie aber ohne Einbezug der gesellschaftlich-ökonomischen Verhältnisse nicht hinreichend erklären kann. Die Abbildung 19 erweitert den in der Abbildung 16 vorgestellten Bezugsrahmen um den Einfluß der gesellschaftlich-ökonomischen Bedingungen.

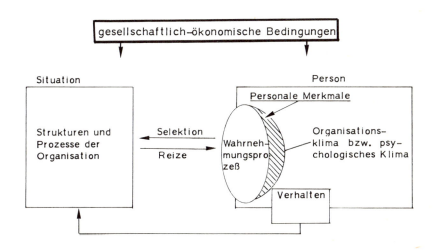

Abb. 19:   Organisationsklima im gesellschaftlich-ökonomischen Kontext

Im sozialtechnologischen Interesse verkürzte Erklärungsansätze, die die Entstehung des Organisationsklimas allein an der Oberflächenerscheinung konkreter situationaler Variablen und personaler Merkmale festmachen, dienen zu ihrer Festschreibung. In diesem Punkt bietet die von der deutschen Industriesoziologie betriebene Betriebsklima-Forschung Einsichten, die die Organisationsklima-Forschung, vermutlich aufgrund ihrer vorwiegend an empirischer Umsetzbarkeit ausgerichteten Methodologie, bislang vermissen läßt:

"Zu leicht wird ... das 'Betriebsklima' auf das Geleise des
mehr oder minder Zufälligen und so zu Recht Manipulierbaren
geschoben. Hier ließe sich die Gegenposition zu den eingangs
berührten Versuchen erkennen, die 'Betriebsatmosphäre' von
zentralen, objektiven Gegebenheiten der Fabrik, den Arbeitsbedingungen und der Herrschaftsstruktur aus zu bestimmen" (FRIEDEBURG 1963, S. 18; vgl. auch TESCHNER 1961,
S. 7 f.).

Der der Industriesoziologie eigene Anspruch, nach den gesellschaftlichen Kräften und Verhältnissen zu fragen, die das Zustandekommen eines spezifischen Betriebsklimas beeinflussen, wurde dabei
jedoch kaum in industriesoziologischen Untersuchungen eingelöst. In
den neueren interaktionistichen Organisationsklima-Ansätzen werden
jedoch mittelbare Einflußfaktoren nicht einmal konzeptionell mit
einbezogen. Eine Einbeziehung dieser Einflußfaktoren scheint uns
konzeptionell unerläßlich und empirisch möglich.

4.23 Interaktion personaler und situationaler Einflußfaktoren

Geht man davon aus, daß personale und situationale Faktoren das
Wahrnehmungsergebnis produzieren, so ist danach zu fragen, in
welchen grundsätzlichem Verhältnis Situation und Person zueinander
stehen können. Dieses Verhältnis kann als Interaktion verstanden
werden. Aufgrund der Bedeutung des gesellschaftlich-ökonomischen
Kontexts für die Entstehung und Wahrnehmung des Organisationsklimas, muß diese Interaktion von Person und Situation im Lichte
der mittelbaren, sekundären Einflußfaktoren reflektiert werden.
Dazu ist es erforderlich, das Interaktionskonzept genauer zu fassen
und den Interaktionsprozeß selbst zu beschreiben.

4.231. Interaktionskonzepte

Die Psychologie, und insbesondere die auf psychologischer Grundlagenforschung entwickelte Führungstheorie, war und ist geprägt von der Diskusion über die Determinanten menschlichen Verhaltens. Der klassischen, eigenschaftstheoretischen Position, daß menschliches Verhalten hauptsächlich von personalen Merkmalen des Individuums abhängt (Personologismus), wurde die einseitige Betonung der Umwelt oder Situation als Hauptdeterminante von Verhalten (Situationismus) gegenüber gestellt. In den letzten Jahren gewinnt eine Position an Bedeutung, dernach menschliches Verhalten Folge einer Interaktion von Person und Situation (Interaktionismus) ist (vgl. Abb. 20). Die interaktionistische Richtung der Psychologie, die vom symbolischen Interaktionismus der Soziologie zu unterscheiden ist, erkennt explizit an, daß Situationen und Personen variieren und zwar im Bezug auf Verhaltensmöglichkeiten und Anreize bzw. in Bezug auf Fähigkeiten, Kognitionen und Motive; sie betont weiterhin die Notwendigkeit sowohl situative als auch individuelle Unterschiede zu erfassen. Die grundlegenden vier Annahmen des Interaktionismus sind:

"1. Das tatsächliche Verhalten ist eine Funktion eines kontinuierlichen Prozesses multidirektionaler Interaktion oder Feedbacks zwischen dem Individuum und der Situation, in der es sich befindet.

2. Das Individum ist in diesem Interaktionsprozeß ein intentionales, aktiv handelndes Wesen, das nicht nur selbst durch Situationen verändert wird, sondern auch selbst Situationen ändert.

3. Soweit die personale Seite der Interaktion betroffen ist, sind kognitive, affektive und motivationale Faktoren sowie die individuelle Fähigkeit die wichtigsten Determinanten des Verhaltens.

4. Auf der situationalen Seite sind die psychologische Bedeutung der Situation für das Individuum und der Verhaltensspielraum der Situationen die bedeutensten

Determinanten individuellen Verhaltens" (TERBORG
1981, S. 70).

Mit dem Interaktionismus wird auf einen verhaltenswissenschaftlichen Erklärungsansatzes zurückgegriffen, der bereits in den frühen
Arbeiten KURT LEWINs (1938, 1951) angelegt war.

Personologismus		Situationismus	Interaktionismus
Klassische Position	Moderne Position		
– Betonung von Personenfaktoren als Hauptdeterminanten des Verhaltens: V = f(P).	– Betonung von Personenfaktoren als Hauptdeterminanten des Verhaltens: V = f(P + S).	– Betonung der Umwelt als Hauptdeterminante des Verhaltens: V = f(S).	– Weder Personenfaktoren noch Situationsfaktoren per se bestimmen das Verhalten, vielmehr die Person-Situation-Interaktion: V = f(PxS).
– Kognitivistisch orientiert.	– Kognitivistisch orientiert.	– Verhalten wird als situationsspezifisch gesehen.	– Kognitivistisch und behavioristisch orientiert.
– Vernachlässigung situativer Faktoren.	– Berücksichtigung von situativen Faktoren.	– Behavioristisch orientiert.	
– Reifikation von Personlichkeitsmerkmalen (Einstellung, Motiv, Bedürfnis etc.).	– Vornehmlich Korrelationsstudien, aber auch Experimentalstudien.	– Vornehmlich Experimentalstudien; S-R-Beziehungen werden als unabhängige und abhängige Variablen untersucht.	– Verh. ist eine Funktion der Interaktion zwischen Individuum u. Situation.
– Persönlichkeitsmerkmale werden als Ursachen des Verhaltens begriffen, ohne ihre Determinanten zu thematisieren.		– Betonung der Antezedentien des Verhaltens und der gesetzmäßigen Beziehungen zw. Antezedentien und Verhalten.	– Das Individuum verhält sich in Interaktionsprozessen intentional.
– Vornehmlich Korrelationsstudien.		– Kognitionen, Einstellungen, Motive, Gefühle etc. sind Mediatoren kausaler Variablen, die außerhalb der Individuen lokalisiert werden.	– Auf der personalen Seite d. Individuums sind motivationale u. kognitive Faktoren wesentliche Determinanten d. Verhaltens; Berucksichtigung von Moderator-Variablen, hypothetischen Konstrukten, von offenem wie verdecktem Verhalten (z. B. Gefühlen), physiologischen Reaktionen sowie Test-Verh. und Rollenspielen.
		– Ähnliches Verhalten bei verschiedenen Personen aufgrund unterschiedlicher Umwelten; u. ähnliche Umwelten, die zu unterschiedlichem Verhalten bei verschiedenen Personen führen, werden auf unterschiedliche Lernerfahrungen zurückgeführt.	– Auf der situationalen Seite ist die psycholog. Bedeutung d. Situation für das Individuum die Hauptdeterminante d. Verhaltens.
			– Experimentalstudien (vornehmlich Varianzanalysen).

Abb. 20:   Konkurrierende Ansätze zur Erklärung von Verhalten
            Quelle: GRUNDWALD (1980), S. 114

Obwohl LEWIN als der wichtigste Vorläufer der Organisationsklima–Forschung bezeichnet wird (z.B. JOYCE 1977, SYDOW 1983),
herrschte auch in dieser Forschungsdomäne eine die Situation

besonders hervorhebende Betrachtungsweise vor. Nur FOREHAND (1968) konzipierte – wenn auch recht rudimentär – Organisationsklima als das Ergebnis einer Person-Situation-Interaktion (vgl. auch Abschnitt 3.23.). Auch in der deutschen Betriebsklima-Forschung finden sich bereits Hinweise auf die Konstituierung des Betriebsoder Organisationsklimas über die Interaktion von objektiven Gegebenheiten der Situation mit der subjektiven Persönlichkeit der Organisationsmitglieder:

"Da das schillernde Phänomen der innerbetrieblichen Stimmung augenscheinlich objektive und subjektive Momente in sich vereint, scheint alles darauf anzukommen, es nicht einfach an dem einen oder dem anderen Pol festzuklammern, sondern es als Produkt der Vermittlung zwischen objektiv Gegebenem und subjektiv Psychologischem zu begreifen ... Die sogenannten Grundbedürfnisse der Arbeiter und Angestellten, deren Befriedigung sie um den Preis der Lohnarbeit im Industriebetrieb anstreben, und die ihre Erwartungen bestimmen, sind weder individuelle Konstanten noch einer abstrakten Natur des Menschen immanent, sondern inhaltlich und in ihrer charakteristischen Ausprägung gesellschaftlich vermittelt, das heißt vom objektiven Zusammenhang der Produktions- und Herrschaftsverhältnisse in einer Gesellschaft abhängig ... Die objektiven Gegebenheiten im Betrieb sind andererseits zum Teil subjektiv vermittelt wie das skalare Herrschaftsverhältnis und die funktionale Arbeitsorganisation, da Personen als Repräsentanten objektiver Funktionen agieren. Aber selbst noch die technischen Bedingungen der Produktion, die es ausmachen, ob die Arbeit schwer oder leicht, monoton oder abwechslungsreich ist, werden nicht unvermittelt Gegenstand der Beurteilung, sondern im Lichte eines historischen sich wandelnden subjektiven Anspruchsniveaus ... Das Resultat der Übereinstimmung oder des Konflikts zwischen den Erwartungen der Arbeiter und Angestellten und den objektiven Arbeitsbedingungen im Betrieb: die Meinungen, Gefühle, Stimmungen und Verhaltensweisen der Inidividuen – all diese subjektiven Momente, können sich schließlich selbst objektivieren, indem sie zur innerbetrieblichen Stimmung sich verdichten, die den Einzelnen, die daran teilhaben, wie ein scheinbar selbständiges Moment der betrieblichen Verhältnisse gegenübertritt und sowohl auf die subjektiven wie die objektiven Momente, denen sie ihre Existenz verdankt, zurückwirkt" (FRIEDEBURG 1963, S. 18 f.).

Die Hinweise auf ein interaktionistisches Erklärungsmodell bleiben jedoch in der Betriebsklima-Forschung ohne Konsequenz, während in neuerer Zeit personale Variablen in empirischen Untersuchungen zum Organisationsklima verstärkt berücksichtigt werden.

Die interaktionistische Richtung der Psychologie arbeitet nach LANTERMANN (1980) mit drei unterschiedlichen Interaktionskonzepten:

"Interakton als statische Interaktion

Hiermit ist eine einsinnig gerichtete Interaktion im Sinne einer Verknüpfung mehrerer unabhängiger Variablen (Personen und Situationen) gemeint, die simultan Beiträge zum Zustandekommen einer abhängigen Variablen (Verhalten) leisten. Zwischen den beteiligten Variablen werden kausale oder auch nur funktionale Abhängigkeiten angenommen. Das Verhalten einer Person ist danach das Resultat eines Zusammenwirkens mehrerer voneinander unabhängiger Faktoren (Person und Situation). Die Person ist unabhängig definiert von der Situation und vice versa. Das aus dem Zusammenwirken situativer und personaler Bedingungen resultierende Verhalten wirkt nicht zurück auf die Person oder auf die Situation.

Interaktion als kognitiv-dynamische Interdependenz

Person und Situation sind einander bedingende Folgen und Ursachen kognitiver Strukturierungsprozesse und können daher nur willkürlich voneinander isoliert werden. Individuelles Verhalten resultiert aus der Interdependenz von Situation und Person, die wiederum als Ergebnis von Akkomodations- und Assimilationsprozessen aufgefaßt werden kann.

Interaktion als Transaktion

Person und Situation beeinflussen sich gegenseitig, indem das Verhalten einer Person auf die Situation einwirkt und dieser Eingriff rückwirkend bei der Person Veränderungen hervorruft. Personen und Situationen sind durch zielgerichtete Aktivitäten ineinander verschränkt. Die Person führt aktiv bestimmte Situationen herbei und verhält sich in diesen in charakteristischer Weise; spezifische Situationen meidet sie. Das Verhalten ist somit einerseits Resultat eines Ineinandergreifens von personalen (kognitiven und aktionalen) sowie situativen Faktoren - es wirkt aber andererseits auf personale und situative Faktoren zurück" (LANTERMANN 1980, S. 11 f.).

Die neueren theoretischen Arbeiten zum Organisationsklima-Konstrukt verwenden den Interaktionsbegriff im Sinne von Transaktion, der am besten dazu geeignet scheint, das Wesen der Interaktion von Person und Situation abzubilden (vgl. SCHNEIDER 1983, S. 10).

4.232. Interaktion als Prozeß

Das von LANTERMANN als Transaktion bezeichnete Interaktionskonzept kann unter Bezugnahme auf die sozial-kognitive Lerntheorie zur Erfassung der Person von MISCHEL (1968, 1969, 1973) und zur Erfassung der Person-Situation-Interaktion von BANDURA (1968, 1977, 1978, 1981) konkretisiert werden.

Der Ansatz von MISCHEL

MISCHEL folgert aus der Situationismuskontroverse in der Psychologie, nicht auf die Einbeziehung der Persönlichkeit zur Erklärung menschlichen Verhaltens verzichten zu können. Dabei kommt es jedoch darauf an, traditionell verwendete Persönlichkeitsdimensionen durch andere zu ersetzen. Dieser Vorschlag einer kognitiven sozialen Lerntheorie der Persönlichkeit ("cognitive social learning approach to personality"; MISCHEL 1973, S. 265) zielt nicht darauf ab, die Individuen mittels komplexer eigenschaftsorientierter Beschreibungsdimensionen zu erfassen. Er stellt vielmehr die Art und Weise psychologischer Aneignung der Realität in den Mittelpunkt:

"Der vorgeschlagene soziale kognitive Lernansatz zur Persönlichkeit verschiebt die Untersuchungseinheit von globalen Eigenschaften, die von Verhalten erschlossen werden, zu den kognitven Aktivitäten und Verhaltensmustern von Individuen, die in Relation zu spezifischen Bedingungen untersucht werden, die sie hervorrufen, erhalten und modifizieren und die sie auf der anderen Seite verändern" (MISCHEL 1968, S. 69).

Zur Beschreibung und Erklärung individueller Unterschiede im Verhalten werden von MISCHEL fünf Variablen bzw. Variablenbündel herangezogen:

"(1)   Kompetenz zur Konstruktion und Generierung von Kognitionen und Verhalten

Hiermit ist die Fähigkeit einer Person zur Informationsintegration sowie zur Entwicklung geeigneter Verhaltensrepertoires gemeint. Sie schließt die aktive Organisation von Informationen über Sachverhalte und Operationen sowie die Herausbildung eines breiten Repertoires an organisiertem Verhalten ein.

(2)   Kodierungsstrategien und personale Konstrukte

Diese Dimension umfaßt kognitive Transformationsprozesse einer Person, insbesondere die selektive Aufmerksamkeit, die Interpretation und Kategorisierung objektiver Stimuli, sowie Transformationen beobachteter Verhaltensweisen, die zur Herausbildung personaler Konstrukte über andere und über sich selbst führen.

(3)   Erwartungen über Verhaltens- und Stimulus-Konsequenzen

Mit dieser Variablen werden Erwartungen über Verhaltenskonsequenzen unter spezifischen Bedingungen und über Situationen zusammengefaßt. Beide Klassen von Erwartungen steuern die individuelle Selektion von Verhalten aus der Menge aller potentiell verfügbaren Verhaltensweisen.

(4)   Subjektive Stimulus-Bewertung

(5)   Fähigkeit zur eigenständigen Handlungsregulation

Gemeint ist die Fähigkeit einer Person, sinnvolle Handlungspläne zur Errichtung selbstgesetzter Ziele aufstellen und realisieren zu können. Sie schließt das Wissen um die eigenen Möglichkeiten ein, gesetzte Ziele mit verfügbaren Mitteln zu erreichen" (LANTERMANN 1980, S. 28 f. in Anlehnung an MISCHEL 1973).

In der Terminologie von MAGNUSSON und ENDLER (1977) handelt es sich bei diesen fünf Variablenbündeln um strukturelle Variablen, die nur geringfügig von situativen Faktoren beeinflußt werden und damit zum transsituativ stabilen Verhalten von Menschen beitragen. Die strukturellen Variablen bestimmen zwar die Differenziertheit und Komplexität der Informationsverarbeitung; der Inhalt des Informationsverarbeitungsprozesses wird hingegen vor allem durch die konkrete Situation (situational cues) bestimmt, die mit Hilfe des bereits vorhandenen Wissens, ausgeprägter Werte u.ä. interpretiert werden. Nach MAGNUSSON und ENDLER ist die Art des Wahrnehmungs- und kognitiven Informationsverarbeitungsprozesses durch komplexe Variablen bestimmt, die als personale Merkmale zu begreifen sind und transsituativ stabil sind, während der Inhalt jener Prozesse situationsabhängig ist. Diese Differenzierung ermöglicht erst die Erklärung zum Teil auch stabilen Verhaltens über unterschiedliche Situationen hinweg. Der Begriff der Situation wird von MAGNUSSON und ENDLER – ebenso wie von MISCHEL – subjektiv gefaßt. Es wird die (subjektive) Gesamtsituation von einzelnen Elementen der Situation (situational cues) unterschieden. Erstere dient als Bezugsrahmen zur Interpretation letzterer. Ganz im Sinne der als Transaktion gefaßten Interaktion führt das Verhalten von Individuen zu realen Veränderungen der 'objektiven' und subjektiv-wahrgenommenen Situation (vgl. LANTERMANN 1980, S. 41 f.). Hier ähnelt der Ansatz der sozial kognitiven Lerntheorie BANDURAs.

Der Ansatz von BANDURA

Die von BANDURA (1968) in die wissenschaftliche Diskussion einge-brachte und von ihm (1977, 1978, 1981) weiterentwickelte soziale Lerntheorie verknüpft die Verhaltensgleichung LEWINs mit dem S-O-R-Paradigma. In ihrem Kern stellt die soziale Lerntheorie BANDURAs eine kognitive Verhaltenstheorie dar, die die Interaktion von Person, Situation und Verhalten betont und deshalb zu den die

Diskussion in der Psychologie zur Zeit beherrschenden interaktionistischen Ansätzen (vgl. ENDLER/MAGNUSSON 1977, PERVIN/LEWIS 1978, LANTERMANN 1980, 1983, SCHNEIDER 1983) gezählt werden kann. Die Interaktionskomponente der sozialen Lerntheorie entstammt der Feldtheorie LEWINs. In Erweiterung seiner Verhaltensgleichung und auch des (unidirektionalen) Interaktionismus sensu ENDLER/MAGNUSSON wird in der sozialen Lerntheorie neben der Interaktion von Person und Situation (bzw. Umwelt) die Interaktion von Person und Verhalten sowie von Situation und Verhalten einbezogen, wobei Interaktion ganz im Sinne der Transaktion als "reziproke Determination" verstanden wird (vgl. Abb. 21). Die Einbeziehung des Verhaltens nicht nur als Ergebnisvariable, sondern als gleichberechtigte Interaktionskomponente bringt es mit sich, daß auch die (Mit-)Gestaltung der Situation durch die sich verhaltende Person und auch die Rückwirkung personalen Verhaltens auf die Person bzw. ihre kognitiven Prozesse vom Modell erfaßt wird. Damit trägt die soziale Lerntheorie zum einen der Tatsache Rechnung, daß Individuen ihre Arbeitssituation beeinflussen können, auch wenn weiterhin gilt, daß ihr Verhalten auch eine Funktion der Arbeitssituation ist. Zum anderen schließt sich mit der Einbeziehung der Rückwirkung des Verhaltens auf Kognitionen der Kreis zu einer Lerntheorie, die mit der Theorie des operanten Konditionierens gemeinsam hat, daß Lernen als Folge von Verhalten gesehen wird. "M.a.W.: die Person lernt von dem Effekt, den ihr spezielles Verhalten auf die Umwelt (Situation) hat" DAVIS/LUTHANS 1980, S. 283). Die soziale Lerntheorie unterscheidet sich von dieser Theorie jedoch dadurch, daß Lernen nicht nur auf das Erkennen von Ursachen-Belohnungs- bzw. -Bestrafungs-Relationen reduziert wird, sondern auch Modellernen erfaßt wird. Des weiteren wird der Relevanz von kognitiven Strukturen Rechnung getragen, die Lernprozesse moderieren. Sozial wird diese Lerntheorie darüber hinaus genannt, weil sie Lernen nicht nur aus den durch die Person selbst erfahrenen Verhaltensfolgen erklärt, sondern auch aus der Beobachtung des Verhaltens Anderer.

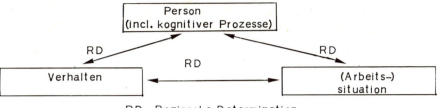

RD = Reziproke Determination

Abb. 21:   Grundmodell der sozialen Lerntheorie
             Quelle:DAVIS/LUTHANS (1980), S. 283.

Lernen wird damit im Gegensatz zu älteren Lerntheorien als kognitiver Prozeß aufgefaßt, der den Menschen ein von der Umwelt bzw. Situation zwar beeinflußtes doch weitgehend selbstgesteuertes Verhalten möglich macht.

Der sozialen Lerntheorie BANDURAs wird in der Organisationstheorie derzeit reges Interesse zuteil. Nachdem DAVIS und LUTHANS (1980) in einem breit angelegten Plädoyer für diese Theorie als basalen Ansatz zur Erklärung organisationaler Verhaltens argumentiert haben, findet er Anwendung auf Fragestellungen aus den Bereichen der Führung (LUTHANS 1979, DAVIS/ LUTHANS 1979, MANZ/SIMS 1980), des strategischen Managements (GINTER/WHITE 1982), der Arbeitsmotivation (WEISS 1978) und des Diskriminierungsverhaltens am Arbeitsplatz (BARCLAY 1982). Bezogen auf die Entstehung des Organisationsklimas geht die soziale kognitve Lerntheorie BANDURAs davon aus, daß

-        Verhalten in Organisationen von situationalen Faktoren genauso bestimmt wird wie von kognitiv-personalen (z.B. Organisationsklima)

- Verhalten auf situationale Faktoren einwirken, aber auch die kognitive Verarbeitung von z.B. klimarelevanten Informationen verändern kann (Lernen)
- Organisationsklima sowohl durch das Verhalten des Organisationsmitgliedes selbst als auch durch das Verhalten anderer beeinflußt wird
- die Wahrnehmung situationaler Faktoren ein in jeder Beziehung aktiver Prozeß ist.

Insbesondere der Gedanke, daß Organisationsklima (auch) durch eigenes Verhalten beeinflußt wird und nicht nur Verhalten eine von Organisationsklima abhängige Variable ist (eben die reziproke Determination), ist von der Organisationsklima-Forschung in Zukunft aufzugreifen, will sie die interaktionistische Konzeption in empirischen Untersuchungen einsetzen.

Zusammenfassend kann in einer vorläufigen, groben Ortsbestimmung des Ergebnisses der Situationismuskontroverse für das Verhältnis von Person und Situation festgehalten werden, daß "die Situationsdefinition ... als ein Prozeß der Umweltinterpretation und Umweltorientierung zu verstehen (ist), der zu einer zunehmenden Strukturierung, Organisation und Durchgliederung des subjektiv wahrgenommenen Handlungsfeldes führt" (LANTERMANN 1980, S. 139). Die individuum-spezifische Reizreaktionsgeschichte führt zu dem Schluß, daß Situationen eine idiosynkratische Bedeutung erlangen. Gleichzeitig findet eine Verschränkung von Gesellschaft und Persönlichkeit dadurch statt, daß die Interpretationsraster, die ein Individuum zur Definition verwendet, aus der umgebenden Kultur entnommen wurden. Diese "soziale Vermitteltheit von individuellen Situations-Definitionen" (LANTERMANN 1980, S. 140) verhindert eine Situationsdefinition, die intersubjektiv nicht mehr vermittelbar erscheint. Das Individuum zeichnet sich durch selbständige Interpretations- und Deutungsleistungen aus, die jedoch nur innerhalb eines gesellschaftlich stukturierten Spielraumes, sowohl auf Seiten des Wahrnehmungsobjektes als auch des Wahrnehmungssubjekts erbracht werden können. Diese strukturellen Grenzen setzen sich über das 'subjektive' hinaus durch (vgl. HACK 1977). Somit sollten sich interpersonale Invarianten als Ergebnis dieses Wahrnehmungsprozesses, das heißt ein Organisationsklima, trotz aller Unterschiedlichkeiten feststellen lassen.

4.233. Zum Aggregationsproblem

Die Ermittlung dieser invarianten Wahrnehmung stellt in letzter Konsequenz ein Aggregationsproblem dar, nachdem die gemeinsamen Wahrnehmungen als zunächst individuell-subjektive Abbilder von Ausschnitten organisationaler Realität ermittelt worden sind. Eine sinnvolle Lösung dieses methodischen Problems setzt eine inhaltliche Klärung dessen voraus, wie es von der – mit Hilfe des Interaktionskonzeptes erklärten – subjektiven Wahrnehmung der Arbeitssituation zum Organisationsklima kommt. Zwei Prozesse sind in diesem Zusammenhang von Bedeutung:

-       der Prozeß der kognitiven Abstraktion
-       der Prozeß der Konsensbestimmung

Zwischen diesen beiden Prozessen liegt der Wechsel von der Untersuchungseinheit des Individuums zur Untersuchungseinheit der Organisationen bzw. ihrer Subsysteme, der bis heute eines der zentralen methodologischen und methodischen Schwierigkeiten der Organisationsklimaforschung darstellt (vgl. ROBERTS et al. 1978, JAMES 1982, MOSSHOLDER/BEDEIAN 1983).

Zunächst sei die Perspektive eines einzelnen Organisationsmitgliedes in seiner Arbeitssituation eingenommen. "Eine Arbeitssituation stellt die Beschreibung eines Arbeitssystems[14) dar, und zwar zum einen als Ergebnis einer Erhebung der realen Gegebenheiten, und zum anderen als subjektive Wahrnehmung desselben Arbeitssystems durch die in ihm arbeitenden Menschen" (ELIAS et al. 1982, S. 2). ELIAS et al. (1982) betonen die Notwendigkeit einer dualen Arbeitssituationsanalyse, weil vorgegebene Arbeitssituation und wahrgenommene Arbeitssituation von einander abweichen können [15). Die einem Organisationsmitglied vorgegebene Arbeitssituation sei durch einen Kreis repräsentiert (vgl. Abb. 22). Das dem Konzept der dualen Arbeitssituationsanalyse zugrundeliegende Modell der Arbeitssituation ist von STAEHLE (1977) in Anlehnung an das Redefinitionsmodell von HACKMAN (1969) entwickelt worden, das die Bedeutung der subjektiv redefinierten Arbeitsaufgabe für die Erklärung von Verhalten in Organisationen betont. Die subjektive Arbeitssituation entspricht in allen wesentlichen Aspekten dem interaktionstheoretisch fundierten Konzept des psychologischen Klimas, wie es insbesondere von JAMES et al. (1978) entwickelt worden ist. Das Modell der subjektiv wahrgenommenen Arbeitssituation gleicht dem Konzept des psychologischen Klimas vor allem darin, daß in der Wahrnehmung der unmittelbaren Organisationsumwelt der entscheidende Ausgangspunkt zur Erklärung individuellen Verhaltens in Organisationen gesehen wird. In einem späteren Aufsatz deuten JONES und JAMES (1979) selbst diese inhaltliche Verbundenheit mit dem Ansatz HACKMANs an, indem sie das psychologische Klima mit der wahrgenommenen Arbeitsumwelt (perceived work environment) sowie mit den wahrgenommenen

---

14) "Ein Arbeitssystem dient der Erfüllung einer Arbeitsaufgabe; hierbei wirken Menschen und Arbeitsmittel im Arbeitsablauf am Arbeitsplatz in einer Arbeitsumgebung unter den Bedingenen des Arbeitssystems zusammen" (DIN 33.400 1975; vgl. hierzu auch KARG/STAEHLE 1982).

15) Auf die Implikationen dieser Annahme für ein Management des Organisationsklimas wird im Abschnitt 6.2. eingegangen.

Aufgabenmerkmalen (perceived job characteristics) gleichsetzten. Das psychologische Klima unterscheidet sich vom Konzept der subjektiven Arbeitssituation, das die wahrgenommenen Aufgabenmerkmale in den Mittelpunkt rückt, vor allem in zweifacher Hinsicht: Zum einen basiert die Formulierung des psychologischen Klimas explizit auf wesentlichen Theorieansätzen der kognitiven Psychologie. Zum anderen, und auf diese Unterscheidung kommt es besonders an, handelt es sich bei dem psychologischen Klima um Abstraktionen von konkreten Elementen der Arbeitssituation und deren Attribuierung auf die Arbeitssituation in ihrer Gesamtheit. Diese Abstraktionsleistung des die Arbeitssituation wahrnehmenden Individuums (I) kommt in der Abbildung 22 durch die Pfeile zum Ausdruck.

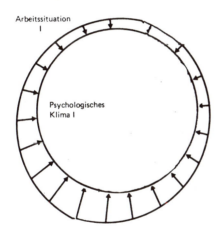

Arbeitssituation
I

Psychologisches
Klima I

Abb. 22:   Wahrgenommene Arbeitssituation und psychologisches Klima

Der kognitive Abstraktionsprozeß läuft in jedem Organisationsmitglied ab und hat zur Folge, daß psychologische Klimata idiosynkratischer Natur sind. Die Einzigartigkeit der Situationswahrnehmung schließt jedoch nicht die Möglichkeit aus, Aspekte der Organisation ähnlich wahrzunehmen. Dies ist aus dem oben ausführlich erörterten Gründen sogar wahrscheinlich (vgl. Abschnitt 4.222.) und gilt insbesondere für den Ausschnitt des psychologischen Klimas, der sich auf die Organisation als Ganze oder auf größere organisatorische Subsysteme bezieht, weil diese Aspekte zunächst einmal von mehreren Organisationsmitgliedern wahrgenommen werden. Das psychologische Klima als unmittelbar auf die Arbeitssituation des einzelnen Organisationsmitglieds bezogenes Abstraktum beinhaltet zum nicht unbedeutenden Teil Wahrnehmungsgegenstände, die faktisch nur diesem einen Organisationsmitglied zugänglich sind. Der Teil des psychologischen Klimas, der dem psychologischen Klima weiterer Personen ähnelt, wird als Organisationsklima bezeichnet. Organisationsklima aus der Perspektive des Individuums ist Bestandteil der Wahrnehmung seiner subjektiven Arbeitssituation und insbesondere des idiosynkratischen psychologischen Klimas. Keineswegs verfallen die dabei entstehenden Daten einem subjektivistischen Verdikt, da die individuell unterschiedlichen Kognitionen (ihre Einzigartigkeit) als Variationen von je zu ermittelnden interindividuell gemeinsamen Variablen oder Variablen-Muster zu verstehen sind (ihre Vergleichbarkeit).

Mit dem nächsten Schritt wird die Perspektive des einzelen Organisationsmitgliedes verlassen und die Gesamtheit der Organisationsmitglieder bzw. ihrer psychologischen Klimata betrachtet, die auf ihren Konsens untersucht wird. Zur Veranschaulichung wird von einer kleinen Organisation ausgegangen, die aus nur vier Mitgliedern besteht (vgl. Abb. 23). Das psychologische Klima des einzelnen Organisationsmitgliedes ist in diesem zweiten Schritt für die Erklärung der Entstehung des Organisationsklimas von Bedeutung (SCHNEIDER 1975a, 1980). Während das psychologische Klima Resultat des dargestellten komplexen Wahrnehmungs- und Kognitionsprozesses ist, ist zwischen dem psychologischen Klima und dem Organisationsklima kein Kognitionsprozeß zwischengeschaltet, sondern ein Prozeß externer Konsensbestimmung. Die in Abbildung 23 schraffierten Flächen repräsentieren die Klimata der Beispielorganisation.

Zunächst kann ein psychologisches Klima also nur Ergebnis eines in einem Menschen ablaufenden Wahrnehmungs- und Kognitionsprozesses sein. Individuelle psychologische Klimata können sodann nach situationalen und/oder personalen Kriterien zu kollektiven Organisationsklimata aggregiert werden:

> "Psychologisches Klima wird zum Organisationsklima, wenn ein signifikanter Konsens hinsichtlich der Klimawahrnehmungen zwischen den Organisationsmitgliedern besteht (GAVIN/ HOWE 1975, S. 228).

Aggregierte Daten supraindividuelle Bedeutung zuzuschreiben, setzt ein bestimmtes Maß an Übereinstimmung (Konsens) in den Klimawahrnehmungen voraus (vgl. MOSSHOLDER/BEDEIAN 1983, S. 552). Wie groß diese Übereinstimmung sein muß, ist noch ebenso ungeklärt wie die Frage nach der adäquaten Methode, um diese Übereinstimmung zu ermitteln.

Die Aggregation der psychologischen Klimata zum Organisationsklima, die keinesfalls als Objektivierung mißverstanden werden darf, kann nach personalen und/oder situationalen Kriterien vollzogen werden. Welche Kriterien im Einzelfall dazu herangezogen werden sollten, um den Grad der Übereinstimmung in der Klimawahrnehmung zu ermitteln, richtet sich nach dem Zweck der Organisationsklima-Erhebung und hat auf der Grundlage einer ersten Auswertung empirischer Untersuchungsergebnisse zu erfolgen. Dieses Vorgehen weicht von dem in den meisten Untersuchungen eingeschlagenen Weg ab, apriori die Existenz eines Organisationsklimas für ein vorher definiertes Kollektiv von Organisationsmitgliedern anzunehmen und die Organisationsklimata daraufhin auf signifikante Unterschiede zu testen. "Das Problem dieses Ansatzes ist, daß man, um Unterschiede herauszufinden, zunächst voraussetzen muß, daß ein Organisationsklima existiert. Ein alternativer Ansatz wäre, sich direkt auf Ähnlichkeiten zu konzentrieren und dann die (psychologischen; Anm.d.Verf.) Klimata auf der Grundlage solcher Ähnlichkeiten zu aggregieren" (JOYCE/SLOCUM 1979, S. 329). Empirische Untersuchungen belegen die Zweckmäßigkeit letzte-

122

ren Vorgehens. Mehrere Untersuchungen konnten die Existenz von Klimata in Organisationen nachweisen, die sich über alle formalen Grenzen (z.B. Abteilungsgrenzen) hinweg herausbilden (z.B. JOHNSTON 1976, JOYCE 1977). Dieser letzte Weg wird hier empfohlen und anhand des erwähnten Beispiels veranschaulicht (vgl. Abb. 23).

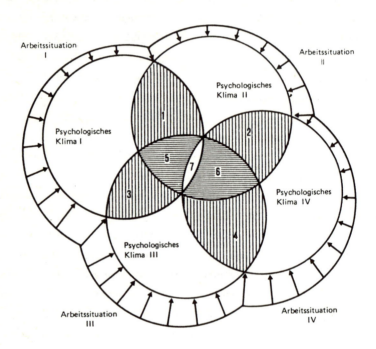

Abb. 23:   Wahrgenommene Arbeitssituation, psychologisches Klima und Organisationsklima

Die Beispielorganisation besteht aus insgesamt vier Mitgliedern, die sich in den Arbeitssituationen I bis IV befinden. Aufgrund der Wahrnehmung der Arbeitssituation durch die Organisationsmitglieder und der kognitiven Verarbeitung der Wahrnehmungsdaten (Abstraktion, Attribution etc.) bilden sich vier psychologische Klimata I bis IV. Es existieren zum Beispiel sieben gemeinsame Klimaperzepte, deren Gemeinsamkeit etwa zurückgeführt werden kann auf:

1: Die Organisationsmitglieder I und II arbeiten mit derselben Technologie.

2: Die Organisationsmitglieder II und IV sind gemeinsam vor fünf Jahren in die Organisation eingetreten.

3: Die Mitglieder I und III arbeiten an derselben Aufgabe.

4: Die Mitglieder III und IV weisen eine ähnliche instrumentelle Arbeitsorientierung auf.

5: Die Organisationsmitglieder I, II und III arbeiten in einer Gruppe (Gruppenklima).

6: Die Mitglieder II, III und IV sind ausländische Arbeitnehmer.

7: Alle vier sind Mitglieder derselben Organisation (Organisationsklima im engeren Sinne).

Obwohl nur der siebte Fall dem Organisationsklima im engeren Sinne entspricht, soll von Organisationsklima immer dann die Rede sein, wenn es sich um kollektive, gemeinsame Wahrnehmungen von Organisationsmitgliedern handelt. Der hier vorgeschlagene zweistufige Ansatz für die theoretische Lösung des Aggregationsproblems wirft erhebliche methodische Probleme auf:

1. Die subjektive Arbeitssituation bzw. das psychologische Klima sollte möglichst umfassend vom Individuum aus konzipiert und erhoben werden. Ein standardisiertes Erhebungsinstrument kann diesem Anspruch nicht gerecht werden, wenn nicht in qualitativen Vorstudien versucht worden ist, die zu erhebende Arbeitssituation vom Individuum aus zu konzipieren (vgl. hierzu CONRAD/SYDOW 1984).

Die von SCHNEIDER als methodischer Fortschritt bezeichnete Verwendung standardisierter Instrumente zur direkten Erfassung des Organisationsklimas ist vor dem Hintergrund dieser Forderung zwar als Schritt in die richtige Richtung zu beurteilen, jedoch wurde der zweite Schritt vor dem ersten getan.

2. Sofern überhaupt mit standardisierten Fragebogen gearbeitet werden kann, befindet man sich in dem Dilemma, sich durch die Art der Item-Formulierung und auf die Untersuchungseinheit von vornherein festzulegen, und damit zu bestimmen, wo die Grenzen für das Organisationsklima zu ziehen sind. SCHNEIDER und REICHERS (1983, S. 24) geben dazu folgendes Beispiel:

> "Wenn ein Forscher Klima für unterstützende Führung in verschiedenen Subsystemen untersuchen will, ist die geeignete Untersuchungseinheit die Arbeitsgruppe und die Antworten der Organisationsmitglieder innerhalb der Arbeitsgruppen werden aggregiert und verglichen mit den Antworten von anderen Arbeitsgruppen innerhalb derselben Organisation. Items, die dazu formuliert worden sind, das Führungsklima zu erheben, sollten in einer solchen Weise formuliert werden, daß sie die Aufmerksamkeit der Befragten auf ihren eigenen Vorgesetzten fokussiert und nicht auf die mehr globale Beschreibung des Führungsstils in einem organisationsweiten Sinne. Wenn andererseits ein Forscher eine Variable organisationsweit messen will, vielleicht um eine Organisation mit einer anderen zu vergleichen, dann ist die Untersuchungseinheit die gesamte Organisation. Items, die Arbeitsplatztypen z.B. über verschiedene Organisationen vergleichen sollen, müssen ein Abstraktionsniveau repräsentieren, das allgemein genug ist, einen solchen Vergleich zu ermöglichen."

Damit aber sind die Grenzen für ein Organisationaklima bereits a priori gezogen. Wir teilen zwar die Ansicht von ROSENSTIEL et al. (1982, S. 65) nach der die Untersuchungseinheit "nicht die Arbeitsbedingungen oder der Arbeitsinhalt sein sollen, sondern der umgreifende organisatorische Rahmen. Auf die Arbeit, die konkrete

Position des Einzelnen, sollten sich Arbeitszufriedenheitsbogen beziehen" (S. 65). Wir halten es jedoch für falsch, dieses Argument dazu zu benutzen, die unmittelbaren Arbeitsbedingungen als wesentliche Facette der wahrgenommenen Arbeitssituation aus einer Organisationsklima-Untersuchung auszuschließen, stellt doch die wahrgenommene Arbeitssituation – wie dargelegt – das Fundament zur Entstehung von Organisationsklima-Wahrnehmungen dar. Außerdem – und dies bemerken die Autoren selbst – verlangt "die Makroperspektive" selbstverständlich vom einzelnen Befragten einen sehr viel höheren Grad an Abstraktion, ein Absehen von vielleicht zufälligen, individuellen Erfahrungen" (S. 65). Gerade aber über die unmittelbare Arbeitssituation werden organisatorische Regelungen für das Organisationsmitglied erfaßbar und erfahrbar. Organisationsmitglieder verfügen über eine große Erfahrung in der Wahrnehmung und Interpretation organisationaler Realität, insbesondere auf der Ebene ihrer individuellen Arbeitssituation. Außerdem dürften sie aufgrund größerer Betroffenheit der Wahrnehmung ihrer individuellen Arbeitssituation mehr Bedeutung beimessen, als weniger unmittelbaren Wahrnehmungen. Die Wahrnehmung einer restriktiven Arbeitssituation in einer ansonsten eher unbürokratischen Organisation hätte bei der Realisierung der Konzeption ROSENSTIELs et al. das unbefriedigende Ergebnis zur Folge, daß das Organisationsklima als offen und partizipativ wahrgenommen würde. LAWLER et al. (1974) fordern denn auch: " Am fruchtbarsten wäre es, die Variablen zu untersuchen, die direkt das organisationale Leben der Organisationsmitglieder beeinflussen (im Gegensatz zu weniger direkt wirkenden Variablen wie z.B. Organisationsstruktur, geographischem Ort oder Erscheinung der Organisation). Zu diesen Variablen mögen insbesondere die Aufgabenmerkmale der Arbeit gehören, für die das Organisationsmitglied verantwortlich ist" (S. 153).

Im Lichte dieser Argumente scheint das bisherige Vorgehen zur Lösung des Aggregationsproblems mit Hilfe von Durchschnittsbildungen (und zusätzlicher Berücksichtigung der Standardabweichung) unbefriedigend. Zwar haben die meisten empirischen Untersuchungen den Mittelwert zur Bestimmung der gemeinsamen Klimaperzepte auf der Ebene der Organisation herangezogen (vgl. PAYNE et al. 1976, SCHNEIDER/REICHERS 1983, S. 21). Dies erscheint jedoch problematisch, wenn – wie theoretisch begründet und empirisch vielfach ermittelt – Klimata für verschiedene nach personalen und/oder situationalen Merkmalen gebildete Kollektive ermittelt werden können. Mittlerweile werden in zahlreichen Studien Subklimata ermittelt, die jedoch ebenfalls zumeist nur durch den Durchschnittswert repräsentiert werden. "Wir sind der Ansicht, daß diese Ergebnisse die beträchtliche Heterogenität der Klimawahrnehmungen selbst auf derselben hierarchischen Ebene einer Organisation belegen und daß der Gebrauch eines ebenspezifischen Mittelwertes konzeptionell nicht gerechtfertigter erscheint, als die Verwendung von Mittelwerten für die gesamte Organisation" (PAYNE et al. 1976, S. 46). Die Übereinstimmung bzw. der Konsens hinsichtlich der Klimawahrnehmungen kann folglich nur ein relativer sein und ist um so größer, je homogener die untersuchten Personen und Situationen sind. MANSFIELD und PAYNE (1977, S. 158) weisen denn auch die Forderung GUIONs (1973, S. 124) zu Recht zurück, daß ein Organisationsklimakonzept sich nur dann als sinnvoll erweise, wenn alle Organisationsmitglieder in ihrer Klimawahrnehmung ein hohes Maß an Übereinstimmung wahrnähmen. Ein solcher Ansatz sei zumindest für große Organisationen unrealistisch. Tatsächlich wurde in ihrer Studie nur ein Item von insgesamt 160 Items von ca. 90% der befragten Organisationsmitgliedern einer jeden der 14 untersuchten Organisationen übereinstimmend beantwortet und nur vier Items erlangten 2/3 Konsens. " Dieses Ergebnis überrascht nicht, wenn man in Betracht zieht, daß verschiedene Personen sehr unterschiedliche Erfahrungen mit verschiedenen Positionen in diesen großen Organisationen gesammelt haben. Im Gegenteil würde es überraschen, wenn die Breite an Erfahrungen nicht Unterschiede in der Wahrnehmung mit sich bringen würde, selbst bei Verwendung rein deskriptiver Items" (MANSFIELD/PAYNE 1977, S. 158). Dieselben Autoren empfehlen aufgrund der zu erwartenden Wahrnehmungsunterschiede die Verwendung des (gewogenen und ungewogenen) Durchschnitts- wertes und der Standardabweichung.

Während es keine zusätzliche Schwierigkeit bedeutet, neben dem Mittelwert auch die Standardabweichung zu berechnen, um die relative Übereinstimmung zwischen den Organisationsmitgliedern zu ermitteln, ist ein Höchstmaß an Standardabweichungen kaum bestimmbar, von dem an nicht mehr von einer "relativen" Über- einstimmung der Wahrnehmungen und damit auch nicht mehr von Existenz eines wie auch immer aggregierten Organisationsklimas ausgegangen werden kann. Die Forderung von SCHNEIDER und REICHERS (1983, S. 24) ist die Variation um den Mittelwert so gering wie möglich sein sollte, ist nicht operational.

Eine Datenaggregation im Wege der Durchschnittsbildung ist u.E. auch deshalb unbefriedigend, weil wesentliche Voraussetzungen dazu in den allermeisten Fällen nicht gegeben sind. Diese Form der Datenaggregation und anschließenden Interpretation der so gewonnenen "Übereinstimmung" erweist sich aber nur dann als sinnvoll, wenn die Bezugsgröße für die Wahrnehmungsleistung eindeutig die "Situation" sein kann und keine irgendwie wahrnehmungsträgerbezogene Aspekte unbemerkt in die Messung eingehen.

JONES und JAMES (1979) arbeiten drei Voraussetzungen heraus, die erfüllt sein müssen, damit die Aggregation perzeptionsorientierter Daten gerechtfertigt erscheint:

- die aufgezeichneten Zahlenwerte beschreiben die wahr- genommene Situation

- die situativen Bedingungen werden durch die sich darin befindenden Organisationsmitglieder tatsächlich ähnlich be- schrieben

- die Aggregation der Individualzahlenwerte betont die wahr-
  nehmungsmäßige Ähnlichkeit und verringert individuelle
  Unterschiede.

Wird eine oder werden mehrere dieser Grundvoraussetzungen
verletzt, so finden unzulässige Inferenzen von der Erhebungseinheit
auf die Untersuchungseinheit statt. JONES und JAMES (1979, S. 208)
schlagen zur Absicherung gegenüber unzulässigen Inferenzen die
Anwendung von vier Kriterien vor:

- das Vorliegen signifikanter Unterschiede der aggregierten
  Werte oder Mittelwerte zwischen Abteilungen oder Organisationen
- das Vorliegen von Übereinstimmungen zwischen verschiedenen
  Wahrnehmungsträgern (inter-perceiver agreement)
- homogene situative Charakteristik (wie z.B. hoher Grad an
  Ähnlichkeit in der Ausprägung von Kontextdimensionen etc.)
  und
- ein sinnvoll interpretierbarer Zusammenhang zwischen
  aggregierten Größen und verschiedenen Bezugsgrößen auf der
  Ebene der Organisation, Abteilung etc.

Legt man dieses Raster an die beispielsweise von POWELL und
BUTTERFIELD (1978) einbezogenen Untersuchungen an, so bleibt
nur der Schluß, daß diese angeführten Randbedingungen in den ver-
arbeiteten Studien in der Regel nicht verwirklicht werden.

Des öfteren wird in empirischen Untersuchungen, bevor individuelle
Wahrnehmungsdaten zu Organisationsklimata aggregiert werden, die
relative Übereinstimmung der Perzeptionen innerhalb von Organisationen bzw. innerhalb ihrer Subsysteme durch Korrelationsanalysen
überprüft. Die Homogenität der Klimawahrnehmungen sollte innerhalb der Organisationen bzw. ihrer Subsysteme größer sein als
zwischen ihnen (ROBERTS et al. 1978). Die erhaltenen Korrelations-
koeffiziente bewegen sich zwischen 0.00 und 0.50 mit einem

häufigsten Wert von 0.12 (vgl. JAMES 1982, S. 224). Dabei ist allerdings zu beachten, daß diese Werte häufig durch die Verwendung von Durchschnittswerten inflationiert sind (aggregation bias). Dies gilt sowohl für Untersuchungen, die auf diese Weise eine hohe Übereinstimmung der Klimawahrnehmungen ermittelt haben (z.B. DREXLER 1977) als auch für solche, die sich mit niedrigen Korrelationskoeffizienten begnügen mußten (z.B. SCHNEIDER/ BARTLETT 1970). Aufgrund der tendenziellen Inflationierung der ermittelten Übereinstimmung plädiert JAMES (1982) für eine sorgfältige Beachtung des Aggregationsproblems und der zugrunde gelegten Untersuchungseinheit.

Eine bisher in der empirischen Organisationsklima-Forschung kaum zur Anwendung gekommenen Methode zur Datenaggregation ist die Clusteranalyse (z.B. SCHLOSSER 1976), die u.E. aus zwei Gründen besonders geeignet scheint, die Ähnlichkeit von psychologischen Klimawahrnehmungen zu bestimmen. Erstens treffen clusteranalytische Verfahren weniger Annahmen über die Homogenität der Stichprobe und die Linearität der Merkmalszusammenhänge als beispielsweise die Korrelationsanalyse. Zweitens setzt die Verwendung der Clusteranalyse als multivariates Verfahren nicht die a priori Festlegung auf die das Organisationslima bzw. die Organisationsklimata konstituierenden Merkmale voraus. Die aufgedeckten Cluster repräsentieren eine Zusammenfassung von Merkmalsprofilen (hier: psychologische Klimata) nach den Kriterien der Ähnlichkeit. Ob die Anwendungsvoraussetzungen der Clusteranalyse bei Organisationsklima-Erhebungen in jedem Fall gegeben sind, bedarf noch der näheren Untersuchung.

Die Frage nach der Sinnfälligkeit, Klimata innerhalb einer Organisation zu untersuchen wird ungeachtet der unbefriedigenden Lösung des Aggregationsproblems im nächsten Abschnitt nachzugehen versucht.

4.24 Organisationsklima vs. Organisationsklimata

Es wurde bisher unterstellt, daß jedes zweckgerichtete, soziale System mit einer formalen Struktur (mindestens) ein Organisationsklima hat. Einigt man sich darauf, welches System (z.B. Betrieb, Division, Konzern) als Organisation zu bezeichnen ist, kann dessen Organisationsklima ermittelt werden. So ist zu vermuten, daß auch auf der Ebene von Konzernen ein für eine Organisation typisches Klima nachgewiesen werden kann. Das Organisationsklima auf Konzernebene wird, so ist zu erwarten, vor allem von der allen Subsystemen gemeinsamen Unternehmungsphilosophie geprägt (vgl. z. B. IBM). Auch wenn infolge einer Selbstselektion sogar mehrere personale Merkmale auf dieser Analyseebene übereinstimmen, und strukturelle Ähnlichkeiten in größerem Umfang vorhanden sind, wird aufgrund der Unterschiedlichkeit anderer Einflußfaktoren auf dieser Analyseebene ein solches Organisationsklima nicht so umfassend oder verdichtet sein, wie auf der Ebene von Subsystemen. Bereits an diesem Beispiel wird deutlich, daß eine Organisation mehr als nur ein Organisationsklima aufweisen kann. Während die empirische Organisationsklima-Forschung diese überbetriebliche Ebene unberücksichtigt läßt, wird die Frage Organisationsklima versus Organisationsklimata auf der Ebene einzelner Unternehmungen, Universitäten, Schulen und Verwaltungen relativ ausführlich diskutiert und empirisch zu beantworten gesucht (vgl. den Überblick bei POWELL/BUTTERFIELD 1978).

Die Frage nach der Anzahl der Organisationsklimata auf dieser Ebene ist zunächst methodischen Ursprungs. Da die Organisationsklima-Forschung zur Messung des Klimas auf die einzelnen Organisationsmitglieder als Erhebungseinheiten angewiesen ist, kann eine Organisation potentiell soviele (psychologische) Klimata aufweisen, wie sie Mitglieder hat (JOHANNESSON 1971, S. 20). Die meisten theoretischen Organisationsklima-Konzepte stellen jedoch auf die Tatsache ab, daß ein Organisationsklima auf mehreren Mitgliedern gemeinsamen Wahrnehmungen von organisationalen Variablen basiert. Demzufolge existiert ein spezifisches Organisationsklima gerade dann, wenn Organisationsmitglieder bestimmte Variablen gleich oder zumindest ähnlich wahrnehmen. Ist dies nicht der Fall, läßt sich aufgrund einer Erhebung bestenfalls konstatieren, daß das Organisationsklima diffus ist. Dies impliziert jedoch nicht, daß eine Organisationsklima-Studie mit einem solchen Ergebnis nicht nützlich sein kann: "Gerade auch dort, wo die Wahrnehmungen der einzelnen Mitglieder erheblich auseinanderklaffen, können interessante Rückschlüsse auf Eigenschaften der Organisation gezogen werden" (FORSTER 1978, S. 23). Andere Autoren gehen sogar soweit zu behaupten, daß die Variationnen in der Klima-Wahrnehmung die eigentlich interessanten Untersuchungsgegenstände sind (z.B. LANGDALE 1974). Zweck der Organisationsklima-Forschung ist es, zunächst die mehreren Mitglieder einer Organisation gemeinsamen Wahrnehmungen zu ermitteln sowie die Ursachen für diese gemeinsamen Wahrnehmungen zu ergründen. Unterschiede, die in Organisationsklimata gefunden werden können, begründen sich grundsätzlich auf Unterschiede in der Umwelt der Organisation, ihrer Struktur und den Prozessen, die in ihr ablaufen, aber – gemäß der Rekonstruktion des Organisationsklima als Ergebnis eines Wahrnehmungs- und kognitiven Verarbeitsungsprozesses – vor allem auf Unterschiede in den wahrnehmenden Individuen.

4.241. Diffenzierung nach personalen und situationalen Faktoren

In empirischen Untersuchungen lassen sich diese spezifischen Unterschiede zumeist auf die von POWELL und BUTTERFIELD (1978, S. 154) ermittelten Variablen (vgl. Abschnitt 4.221.) zurückführen. Danach liegen Ursachen für gemeinsame Klima-Wahrnehmungen sowohl in Ähnlichkeiten der Situation als auch der Person begründet.

Situative Ähnlichkeiten sind vor allem bezüglich hierarchischer

Gliederungskriterien nachgewiesen worden. Abgesehen von den bei POWELL/BUTTERFIELD angeführten Studien, haben beispielsweise HEMPHILL/WESTIE (1950) und HOWE (1977) in ihren Organisationsklima-Untersuchungen Gruppenklimata nachweisen können, während STERN (1970) signifikante Unterschiede von Organisationsklimata auf der Ebene von Abteilungen ermitteln konnte. Den wohl am weitesten ausgearbeiteten Vorschlag zu einer Hierarchisierung des Organisationsklima-Konzepts hat FORSTER (1978) vorgelegt. Er erhebt das Organisationsklima auf vier Ebenen, auf denen er teilweise unterschiedliche Dimensionen vermutet und auch bestätigt findet (vgl. Abbildung 22).

theoretisch abgeleitete Dimensionen	empirisch nach Faktorenanalyse gebildete Faktoren
1. Ebene des Management	
– Formalismus	– Bürokratie
– Innovations- und Risikobereitschaft	– Flexibilität im Kommunikationsfluß
	– Sachliche Partizipation
– Zentralisierung	– Turbulenz
– Turbulenz	
2. Ebene der Vorgesetzten-Mitarbeiter-Beziehungen	
– Kontrolle	– Gewährung von Gestaltungsspielraum
– Partizipation	– Defensive Kommunikation
– Unterstützung	– Emotionale Distanz
– Kommunikationsstil	– Sachbezogen-distanzierter Umgang
– Psychologische Distanz	
3. Ebene der Arbeitsgruppe	
– Konkurrenz vs. Kooperation	– Konkurrenz
– Kommunikationsstil	– Kooperation
– Kohäsion	– Kohäsion
4. Ebene der individuellen Reaktionen	
– Adäquater Einsatz	– Autonomie
– Veränderungswünsche	– Veränderungswünsche
– Resignationssymptome	– Distanzmangel
– Leistungsdruck	– Leistungsdruck
– Rollensicherheit	– Unsicherheit
– Zielübereinstimmung	– Identifikation
– Integration	– Integrationsschwierigkeit

Abb. 24:   Dimensionen des Organisationsklimas auf unterschiedlichen hierarchischen Ebenen nach FORSTER (1978)
Quelle: STAEHLE (1980), S. 523.

FORSTERs Konzept weist u.E. einige inhaltliche Probleme auf. Die Ebene der Vorgesetzten–Mitarbeiter–Beziehung überschneidet sich mit dem Gruppenklima, dessen Existenz HEMPHILL/WESTIE und HOWE nachweisen konnten, entspricht ihm jedoch nicht. Eine Hervorhebung bzw. Isolierung dieser Klima–Ebene im Rahmen einer hierarchischen Konzeptualisierung des Organisationsklimas ist u.E. nicht gerechtfertigt, da wahrgenommenes Führungsverhalten eine wesentliche Determinante des Organisationsklimas auf jeder hierarchischen Ebene ist. Zahlreiche empirische Untersuchungen bestätigen die Bedeutung des Führungsverhaltens des Vorgesetzten für das Organisationsklima, auch wenn die Wirkungsrichtung noch nicht vollkommen geklärt ist (vgl. Abschnitt 5.23.).

Neben diesem Problem scheint uns die Konzeptualisierung FORSTERs zu eng gefaßt. Beispielsweise vernachlässigt auch FORSTER, daß sich Organisationsklimata auch auf die oben angesprochene überbetriebliche Ebene, auf andere Subsysteme der Organisation als die Arbeitsgruppe (z.B. Abteilung, Filiale) oder aber auf nach personalen Merkmalen zu unterscheidende Gruppen von Organisationsmitgliedern beziehen kann. Tatsächlich kann beispielsweise HOWE (1977) im Rahmen seiner Organisationsklima–Untersuchung in einer Organisation keine gemeinsamen Klima–Wahrnehmungen für die untersuchten Arbeitsgruppen feststellen. HOWE zieht daraus den Schluß, daß sich kein Organisationsklima nachweisen läßt. JOYCE und SLOCUM (1979) halten diese Schlußfolgerung mit Recht für übereilt, da die a priori Annahme, daß ein Organisationsklima nach situationalen Kriterien (hier: Arbeitsgruppe) identifiziert werden kann, von vornherein den Nachweis eines Organisationsklimas verhindert, das z.B. von den neu eingetretenen Organisationsmitgliedern oder den Organisationsmitgliedern mit ausgeprägten Leistungsmotiven gemeinsam wahrgenommen wird.

Die hierarchische Konzeptualisierung FORSTERs impliziert, daß das Organisationsklima der höheren Ebene das auf der daruntergelegenen

Ebene beeinflußt (vgl. auch die Vorstellungen von HOD-
GETTS/ALTMAN 1979, dargestellt in Abb. 25). PHEYSEY et al.
(1971) gelang es jedoch beispielsweise nicht, den Einfluß des
Organisationsklimas (gemessen mit BOCI[16)]) auf die Klimata organisatorischer Subsysteme (gemessen mit GDDQ) im vollen Umfang
nachzuweisen. Die erwartete Abhängigkeit der Gruppenklimata vom
Organisationsklimata konnten nur für zwei Dimensionen des Klimas
bestätigt werden.

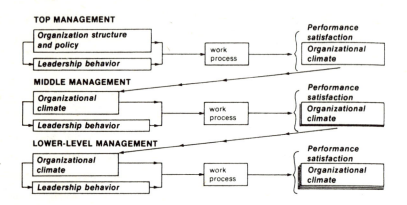

Abb. 25:   Einflußfaktoren des Organisationsklimas auf unterschiedlichen hierarchischen Ebenen
Quelle: HODGETTS/ALTMAN (1979), S. 344.

Welches Organisationsklima den größten Erklärungswert besitzt, ist
in einigen Studien empirisch untersucht worden. Die Ergebnisse
mehrerer Autoren belegen, daß signifikante Untschiede zwischen den
Organisationsklimata auf der Ebene der Gesamtorganisation bestehen
(vgl. u.a. GORMAN/MOLLOY 1973, PAYNE/MANSFIELD 1972,
PRITCHARD/KARASICK 1973). Zwei Untersuchungen von MANS-

16) Mit dieser und den folgenden Abkürzungen werden Fragebögen bezeichnet, die zur Messung des Organisationsklimas
verwendet werden. Informationen zu und Beispiels-Items
aus diesen Fragebögen finden sich im Abschnitt 5.1.

FIELD und PAYNE (1977) und von DREXLER (1977) weisen sogar nach, daß interorganisationale Klimaunterschiede größer sind als Klimata von Abteilungen innerhalb der untersuchten Organisationen. Beide Autoren ziehen aus diesem Ergebnis den Schluß, daß das Konzept und der Begriff "Organisationsklima" sehr wohl angemessen ist. U.E. lassen sich jedoch keine Gründe dafür anführen, daß ein ähnliches Resultat auch für andere Samples zwingend ist. Nicht so eindeutig, wie die Hierarchisierung der Klimata durch FORSTER wie auch durch HODGETT und ALTMAN unterstellt, erscheint der Zusammenhang verschiedener Subklimata innerhalb einer Organisation im Lichte anderer empirischer Untersuchungen. Nicht nur PHEYSEY et al. (1971) finden ihre Hypothese, daß das Gruppenklima von Organisationsklima beeinflußt wird, in ihrem Sample nicht bestätigt. FRANKLIN (1975a) untersucht den Einfluß von Organisationsklima und von drei weiteren sozialpsychologischen Einflußfaktoren einer höheren Hierarchieebene auf dieselben Faktoren einer daruntergelegenen Hierarchieebene. Als stärkste Einflußgröße kristallisiert sich nicht jeweils derselbe Faktor der nächsthöheren Ebene heraus sondern die Variable "Gruppenprozeß". Welches der Organisationsklimata mehr Varianz erklärt, hängt wesentlich von der Organisation, ihrer Umwelt und ihren Mitgliedern ab und wird deshalb von Fall zu Fall verschieden sein.

Die Relation von Organisationskima i.e.S. und dem Klima in organisatorischen Subsystemen wird auch von POWELL/BUTTERFIELD (1978, S. 154 f.) diskutiert. Akzeptiert man die grundsätzliche Verschiedenartigkeit von organisatorischem und psychologischem Klima, stellt sich für sie die Frage, ob

1. Organisationsklimata auf der Ebene der Gesamtorganisation und auf der Ebene von Subsystemen unabhängig voneinander existieren,

2. Organisationsklima nur auf der Ebene von Subsystemen nachweisbar ist und ein auf die Gesamtorganisation bezogenes Organisationsklima einfach ein Aggregat der Subsysteme–Klimata ist oder

3. Organisationsklima allein auf der Ebene der Gesamtorganisation existiert.

Es ist die dritte Alternative, die von den meisten Organisationsklima–Forschern unterstellt worden ist. Andere Autoren haben nicht zwischen der ersten und zweiten Alternative unterschieden (z.B. JOHNSTON 1976, SCHNEIDER 1975a). POWELL und BUTTERFIELD selbst argumentieren für die erste Betrachtungsweise, daß Organisationsklimata auf beiden Ebenen unabhängig voneinander existieren. Dabei ist Unabhängigkeit wohl in dem Sinne zu verstehen, daß Abteilungsklimata von dem Klima der Gesamtorganisation verschieden sein können; Unabhängigkeit kann trotz der Untersuchungsergebnisse von PHEYSEY et al. und FRANKLIN u.E. nicht heißen, daß das Klima der Gesamtorganisation grundsätzlich keinen Einfluß auf die Klimata in Subsystemen hat oder umgekehrt. POWELL und BUTTERFIELD jedoch sind der Meinung, daß das Klima auf der Ebene der Subsysteme von größerer Bedeutung ist:

> "Wahrnehmungen werden signifikant beeiflußt von demjenigen Teil der Umwelt, die am unmittelbarsten von den Organisationsmitgliedern erfahren wird, wie z.B. die Abteilung, Arbeitsguppe, hierarchische Ebene oder Bezugsgruppe. Weil sie nicht Zugang zu allen ihren Subsystemen haben, ist es schwierig für die Organistionsmitglieder globale Perzeptionen über die gesamte Organisation zu entwickeln" (POWELL/BUTTERFIELD 1978, S. 155).

Diese Ansicht befindet sich in Übereinstimmung mit dem Bezugsrahmen INDIKs und dem darauf aufbauenden interaktionstheoretischen Organisationsklima–Konzept. Inwieweit dennoch ein auf die gesamte Organisation bezogenes Klima von Mitgliedern wahrgenommen wird, hängt besonders ab von:

- ihrer Zugehörigkeitsdauer zur Organisation,
- der hierarchischen Ebene, der sie zuzuordnen sind,
- den Stellenaufgaben,
- der Interaktionshäufigkeit zu Mitgliedern anderer Subsysteme der Organisation,
- der Anzahl von Abteilungen, denen sie angehört haben, und nicht zuletzt von
- den Strategien der Organisation, ein bestimmtes Klima nach innen gerichtet zu schaffen und nach außen zu kommunizieren.

Zusammenfassend soll bis hierhin festgehalten werden: Der Organisationsklima-Ansatz umfaßt jedes organisierte System und Subsystem, aber auch nach personalen Merkmalen abgegrenzte Gruppen von Organisationsmitgliedern. Insofern stützt sich der Organisationsklima-Ansatz auf kollektive Wahrnehmungen. Solche Wahrnehmungen sind aufgrund von situativen und/oder personalen Merkmalen ähnlich bzw. verschieden. Innerhalb einer wie auch immer definierten Organisation lassen sich demnach (potentiell) zahlreiche Organisationsklimata nachweisen. Ihre Anzahl ist durch die Zahl der Organisationsmitglieder begrenzt, ohne daß jedoch zu erwarten ist, daß diese Grenze in empirischen Untersuchungen jemals erreicht wird. Denn in jeder Organisation werden organisationale Variablen aufgrund tatsächlicher Ähnlichkeiten in der objektiven Situation oder aufgrund der in den wahrnehmenden Organisationsmitgliedern begründeten Ähnlichkeiten gleich wahrgenommen. Nicht zuletzt ist jedes Organisationsmitglied und jede individuelle Arbeitssituation von den gesellschaftlich-ökonomischen Bedingungen eines Landes oder eines Kulturkreises geprägt.

4.242. Differenzierung nach dem Untersuchungszweck

Organisationsklimata können sich nicht nur aufgrund verschiedener, in der Situation oder der wahrnehmenden Person begründeter Wahrnehmungen unterscheiden, sondern auch bezüglich des Untersuchungszwecks. Dieser Zweck kann grundsätzlich speziell oder allgemein sein. Wie in den weitaus meisten empirischen Untersuchungen so ist auch hier zunächst unterstellt worden, daß es darum geht, das Organisationsklima (sei es der gesamten Organisation oder auch bestimmter Subsysteme) allgemein zu ermitteln, beispielsweise um seinen Einfluß auf das Leistungs- oder Teilnahmeverhalten der Organisationmitglieder zu analysieren oder um eine Ist-Analyse vor der Realisation von Organisationsentwicklungsmaßnahmen durchzuführen. Der Zweck einer Organisationsklima-Untersuchung kann jedoch auch ein viel speziellerer sein, der es rechtfertigt, die Erhebung auf bestimmte Dimensionen zu beschränken.

Ein solcher Ansatz wird vor allem von SCHNEIDER (1975a, 1980, vgl. aber auch GIBSON et al. 1973) propagiert, indem er fragt: "Climate for what?" Am Beispiel einer Untersuchung von PRITCHARD/KARASICK (1973) demonstriert er die Sinnfälligkeit, die Erhebung des Organisationsklimas für bestimmte Fragestellungen auf einige Dimensionen zu beschränken: "Omnibus climate measures should not be indiscriminately used in hopes of 'finding something'" (SCHNEIDER 1975a, S. 471). Fragestellungen dieser Art, wie sie im Rahmen von empirischen Untersuchungen zu beantworten versucht worden sind, beziehen sich auf ein kreativitätsförderndes Organisationsklima (TAYLOR 1972), das Organisationsklima für neu eingetretene Organisationsmitglieder (SCHNEIDER/BARTLETT 1968, 1970), das für die Lösung von Konflikten geeignete Klima (RENWICK 1975), ein Leistungs-, Macht- und Kontaktmotive stimulierendes Organisationsklima (LITWIN/STRINGER 1968) ein Industrial-Relations-Klima, ein für Dienstleistungen optimales Organisationsklima (SCHNEIDER et al. 1980), ein Intergruppenklima (BARTH 1974), ein Kommunikationsklima (REYNOLDS/JOHNSON 1983) sowie auf ein Klima für Sicherheit (ZOHAR 1980) und ein

Klima für Absentismus (JOHNS/NICHOLSON 1983). Ebenso wie Organisationsklimata lassen sich auch außerhalb von Organisationen existierende Klimata ("Umweltklima") nach dem Untersuchungszweck differenzieren (vgl. Abbildung 26)

Umweltklima	Organisationsklima
politisches Klima	Planungsklima
Geschäftsklima	Führungsklima
Meinungsklima	Motivationsklima
Konjunkturklima	Gruppenklima
Familienklima	Abteilungsklima
Werteklima	Personalentwicklungs- klima
Sozioklima	Innovationsklima
Industrial Relations-Klima (extern),	Sicherheitsklima
etc.	Industrial Relations- Klima (intern), etc.

Abb. 26:   Umweltklima und Organisationsklima – Differenzie- rungen nach dem Untersuchungszweck

SCHNEIDER (1980) sieht in der Spezifizierung des Zweckes, für den eine Klimauntersuchung durchgeführt wird, einen wesentlichen konzeptionellen Fortschritt in der Organisationsklima-Forschung der letzten Jahre: "Von Organisationsklima per se zu sprechen, ohne auf den Untersuchungszweck abzustellen, ist sinnlos" (SCHNEIDER/ REICHERS 1983, S. 21). Ein spezifisches Organistionsklima (z.B. Planungsklima, Sicherheitsklima) wird auch nur mit einem bestimmen Verhaltensausschnitt korreliert sein (z.B. Planungsverhalten bzw. Arbeitsunfälle). Auch DACHLER (1974) hält es für nahezu unmöglich und wenig zweckmäßig, jeden nur möglichen Aspekt der Ar- beitssituation zu messen und zu klassifizieren. NICHOLSON (1978) sieht darin eine Möglichkeit, das globale Organisationsklimakonzept auf gestaltbare Proportionen zu reduzieren.

Auch wenn der Untersuchungszweck u.E. ein sinnvolles Kriterium ist,
um das Organisationsklimakonzept zu differenzieren, liegt hierin die
Gefahr, den Ansatz seiner integrier.enden Funktion teilweise zu
berauben. Im Unterschied zur Differenzierung nach personalen
und/oder situationalen Merkmalen, die Folge des Strebens nach einer
möglichst umfassenden und realen Erfassung des Organisationsklimas
ist, entscheidet beim Untersuchungszweck allein das Erkennt-
nisinteresse über die Anzahl der nachweisbaren Organisationsklimata. Potentiell lassen sich auch zweckgerichtete Organisationsklimata innerhalb einer Organisation in großer Vielzahl nachweisen. Das wahrgenommene Planungsklima oder Sicherheitsklima
kann von Abteilung zu Abteilung, von Arbeitsgruppe zu
Arbeitsgruppe oder zwischen neu in die Organisation eingetretenen
und den langjährigen Organisationsmitgliedern variieren.

4.25 Eigenschaften des Organsationsklimas

Während die Auffassungen der Autoren bezüglich der Anzahl und
Art der Klimata innerhalb einer Organisation differieren, besteht
weitgehende Einigkeit darüber, daß das Organisationsklima als ein
mehrdimensionales Konzept aufgefaßt und operationalisiert werden
muß (vgl. für viele FORSTER 1978, WOODMAN/KING 1978). Außer
durch seinen mehrdimensionalen Charakter zeichnet sich das Organisationsklima noch durch die Eigenschaft der Stabilität aus. Diese
Eigenschaft gilt es in diesem Abschnitt ebenso zu untersuchen wie
die Zweckmäßigkeit der Unterscheidung von realem und idealem
Organisationsklima.

4.251. Dimensionen des Organisationsklimas

Der Erklärungswert eines eindimensionalen Organisationsklimakonzepts ("over all climate": das gut/schlecht, organisch/mechanistisch,

offen/geschlossen, autoritär/partizipativ) muß als gering bezeichnet
werden, da qualitativ verschiedene Aspekte des Organisationsklimas
miteinander verrechnet werden. Einblicke in die Konsistenz beziehungsweise Inkonsistenz eines Organisationsklimas können auf diese
Weise beispielsweise nicht gewonnen werden (HELLRIEGEL/SLOCUM
1974). Dennoch legen einige wenige empirische Untersuchungen ein
eindimensionales Konzept des Organisationsklimas zugrunde (z.B.
LANGDALE 1974); einige andere Untersuchungen lassen aufgrund
des verwendeten Erhebungsinstrumentariums (z.B. nur ein (!) Item)
keine mehrdimensionale Analyse des Organisationsklimas zu.

Das Gegenstück zum eindimensionalen Organisationsklimakonzept
bieten Untersuchungen, die auf eine wie auch immer geartete Zusammenfassung von erhobenen Merkmalen der Organisation und ihrer
Umwelt verzichten. Der Nachteil einer solchen Operationalisierung
des Organisationsklima-Konzepts besteht in der Unübersichtlichkeit
der Ergebnisse bei der Beschreibung realer Organisationsklimata.
Dies gilt insbesondere für Erhebungsinstrumente mit mehr als 30
Items. Desweiteren ist die Validität der Messung fraglich, da jede
'Dimension' in diesem Fall mit nur einem Item erfaßt wird.

Die Möglichkeiten einer mehrdimensionalen Beschreibung des Organisationsklimas sind allein durch die den Beantwortenden maximal
zumutbare Anzahl von Fragebogenitems begrenzt, denn letztendlich
könnten eine sehr große Anzahl verschiedener Aspekte der
Organisation und ihrer Umwelt bzw. ihrer Wahrnehmung durch die
Organisationsmitglieder erhoben werden. Die weitaus meisten Studien zum Organisationsklima legen denn auch ein mehrdimensionales
Konzept zugrunde; die Anzahl der ausgewiesenen Dimensionen
schwankt zwischen zwei (PAYNE/ PHEYSEY 1971) und sechzehn
(HOWE 1977). Mehrdimensionale Konzeptionen des Organisationsklimas sind bereits des öfteren auf Anzahl, Art und teilweise
auf die Methodik der Gewinnung der Dimensionen analysiert worden.

Auf der Grundlage von (nur) vier empirischen Untersuchungen wagen z.B. CAMPBELL et al. (1970, S. 393) den Schluß, daß den meisten empirischen Untersuchungen zum Organisationsklima vier Dimensionen gemein sind:

(1)   inidviduelle Autonomie

(2)   Strukturierungsgrad

(3)   Belohnungsorientierung

(4)   Beziehungsorientierung, Wärme und Unterstützung.

Diesen Katalog halten CAMPBELL et al. keineswegs für erschöpfend. WEINERT (1981, S. 171) ergänzt ihn um die Dimension der

(5)   Kooperation und des Konfliktlösevermögens

und NEUBERGER (1973, S. 53 ff.) aufgrund einer Durchsicht von sieben empirischen Untersuchungen um drei Dimensionen:

(6)   Leistungsorientierung

(7)   Flexibilität

(8)   hierarchische Unterordnung.

DeCOTIIS und KOYS (1980) finden sogar insgesamt 54 unterschiedliche Bezeichnungen für Organisationsklimadimensionen. Die Autoren weisen jedoch darauf hin, daß sich diese Anzahl erheblich reduziert, wenn diejenigen Dimensionen ausgeklammert werden, die der Nominaldefinition des Organisationsklimas nicht entsprechen (z.B. Zufriedenheit, Moral). Die mehrstufige Selektion endet mit insgesamt acht Dimensionen, die in etwa dem Katalog von NEUBERGER entsprechen und wie folgt interpretiert werden:

(1)	Autonomie	Die Wahrnehmung der Selbstbestimmung in Bezug auf Arbeitsmethoden, Ziele und Prioritäten.
(2)	Vertrauen	Die Wahrnehmung der Freiheit, offen mit Mitgliedern höherer hierarchischen Ebenen über diffizile und/oder persönliche Angelenheiten zu

reden mit der Erwartung, daß die Integrität solcher Kommunikation nicht verletzt wird.

(3) Kohäsion   Die Wahrnehmung eines Zusammengehörigkeitsgefühls oder der Bereitschaft innerhalb der Organisation anderen etwas abzugeben, einschließlich der Bereitschaft der Mitglieder, sich gegenseitig materielle Unterstützung zu gewähren.

(4) Druck   Die Wahrnehmung der Zeitanforderungen in Bezug auf Aufgabenerfüllung und Leistungsstandards.

(5) Unterstützung   Die Wahrnehmung der Toleranz des Vorgesetzten gegenüber dem Verhalten der Mitglieder, einschließlich der Bereitschaft die Organisationsmitglieder durch ihre Fehler ohne Furcht vor Repressalien lernen zu lassen.

(6) Anerkennung Die Wahrnehmung, daß die Beiträge der Mitglieder von der Organisation anerkannt werden.

(7) Fairness   Die Wahrnehmung, daß organisationale Praktiken gleich und nicht willkürlich oder unberechenbar sind.

(8) Innovationen Die Wahrnehmung, daß zu Veränderung und Kreativität ermutigt wird, einschließlich des Eingehens von Risiken in neuen Gebieten oder Gebieten, in denen Organisationsmitglieder wenig oder keine Erfahrung haben.

Ob damit in der Tat das "Universum der Klimawahrnehmungen" abgedeckt ist, wie DeCOTIIS und COYS behaupten, ist unseres Erachtens fraglich.

Zwei weitere Beispiele sollen den Eindruck von der Vielzahl unterschiedlicher Zusammenstellung der Klimadimensionen bekräftigen. GAVIN und HODAPP (1973) extrahieren aus den vier auch von

CAMPBELL et al. zugrunde gelegten und elf weiteren emprischen Organisationsklimauntersuchungen folgende elf Dimensionen:

(1)   Arbeitsmoral (Esprit)

(2)   Ermutigung zur Verantwortungsübernahme

(3)   Risiko und Herausforderung

(4)   Beziehungsorientierung und Unterstützung

(5)   Belohnungen

(6)   Charakteristika des Kommunikationssystems

(7)   Rahmenbedingungen (constraints)

(8)   Klarheit der Struktur

(9)   Aufgabenorientierung

(10) Interpersonelle Atmosphëre

(11) Konflikt- und Krisenverhalten.

WATERS et al. (1974) versuchen, statt auf theoretisch-analytischem Wege, empirisch die wichtigsten Dimensionen aus vorliegenden Untersuchungen herauszufiltern. Sie unterziehen dazu insgesamt 22 Dimensionen aus drei Studien einer Faktorenanalyse, die drei verschiedene Lösungen mit vier, fünf und sechs Dimensionen erbringt. Eine fünf-dimensionale Faktorenstruktur des Organisations-klimakonzepts erscheint diesen Autoren am aussagekräftigsten:

(1)   Organisationsstruktur

(2)   Autonomie

(3)   autoritäre Führung

(4)   offene, herausfordernde Arbeitsumwelt

(5)   Beziehungsorientierung

Die Ergebnisse dieser Analyse zeigen einerseits, daß die empirischen Studien zum Organisationsklima fast ohne Ausnahme mit ihren durchschnittlich sechs Dimensionen die Variablen Organisationsstruktur und Führungsverhalten umfassen. Eine Beschränkung des Organisationsklimakonzepts auf die wahrgenommene Organisationsstruktur dürfte daher eher die Ausnahme als die Regel sein (vgl. aber NEUBERGER 1980a, S. 851). Die Ansicht WEINERTs (1981, S. 171), daß die Operationalisierungen des Organisationsklimakonzepts im wesentlichen der von LEAVITT (1965) vorgeschlagenen Typologie: Mensch, Organisationsstruktur, Aufgaben und Technologie folgen, wird hiermit nicht bestätigt. Die Tatsache, daß die Technologie und mit Einschränkung auch die Aufgabe sich nicht in der Benennung der Klimadimension niederschlägt, bedeutet jedoch nicht, daß sie nicht einen erheblichen Einfluß auf das Organisationsklima haben können (vgl. Abschnitt 5.22. und 5.24.).

Die Ergebnisse zeigen aber auch, daß die Anzahl der für relevant erachteten Dimensionen mit der Anzahl der in die Analyse einbezogenen empirischen Untersuchungen steigt. Dies gilt insbesondere dann, wenn in den zusätzlich in die Analyse einbezogenen Untersuchungen andere Erhebungsinstrumente verwendet worden sind. Der dennoch relativ große Anteil gleicher oder ähnlicher Dimensionen, die in zumeist faktorenanalytischen Wege aus empirischen Untersuchungen gewonnen worden sind, resultiert nicht zuletzt aus der Verwendung derselben Erhebungsinstrumente oder der Adaption einzelner Items aus anderen Fragebögen bei der Konstruktion des eigenen. Es stellt sich somit die Frage, ob nicht eine umfassendere Konzeptualisierung des Organisationsklimas, die bisher noch nicht erfolgt ist (HUSE/BOWDITCH 1977), zum Beispiel unter konsequenter Einbeziehung der Organisationsumwelt und der Organisationsmitglieder, die Anzahl der Dimensionen bei der Konzeptoperationalisierung noch weiter ausdehnt. Mehr 'Theorie' bei der Entwicklung der Meßinstrumente, wie sie beispielsweise MAYNARD (1974) fordert, hätte vermutlich diese Konsequenz, zumindest wenn es darum geht, das allgemeine Organisationsklima zu ermitteln, d.h. wenn die Untersuchung nicht auf die Erfassung bestimmter Aspekte des Organisationsklimas beschränkt wird. NEUBERGERs (1973, S. 72) Aussage, daß die zumeist vorhandenen sechs bis acht Dimensionen zusammengenommen in der Regel nur etwa die Hälfte der gesamten Varianz erklären, stützt diese Vermutung sowie die Forderung nach mehr 'Theorie' in der Konzeptoperationalisierung.

Während die Gewinnung der Dimensionen des Organisationsklimas in den weitaus meisten empirischen Untersuchungen ausschließlich statistisch-empirisch erfolgte, wurde in mindestens vier Studien (PAYNE 1971, PRITCHARD/KARASICK 1973, FORSTER 1978 und ROSENSTIEL et al. 1982) ein theoriegeleiteter Ansatz bei der Konzeptoperationalisierung verwendetet, in dem zunächst eine (zumindest größere) Anzahl von Dimensionen a priori formuliert und begründet wurde, bevor ihre Anzahl und Bezeichnung faktoren-analytisch überprüft und modifiziert wurde.

Im Zusammenhang mit der Formulierung einer operationalen Definition des Organisationsklima muß auf mehrere Probleme hingewiesen werden. Erstens werden Dimensionen zwar oft mit ähnlichen oder sogar denselben Begriffen belegt; die sich dahinter verbergenden Items mögen jedoch unter Umständen etwas anderes messen. Insofern spiegelt sich in den Dimensionen eine Unzulänglichkeit statistischer Auswertungsverfahren (Cluster- und Faktorenanalyse) wider, deren Ergebnisse auf einer inhaltlichen Interpretation durch den Forscher angewiesen sind. Letztlich hängt die Interpretierbarkeit der gewonnenen Faktoren-Struktur(en) von der Art der zugrunde liegenden Items ab. Darüber hinaus ist sowohl die Zahl der Dimensionen als auch die interne Abhängigkeit bzw. Unabhängigkeit der Faktoren eine Frage, die mit statistischen Methoden allein nicht befriedigend beantwortet werden kann. In die Interpretation und Auswahl der Dimensionen fließen demzufolge häufig unexplizierte und/oder mangelhaft reflektierte Vorannahmen ein. So liegt beispielsweise eine besondere Gefahr unkritisch angewandter Faktorenanalyse darin, "Ursache- und Wirkungs-variablen, die naturgemäß hoch miteinander korrelieren, zu einem nicht mehr überblickbaren Klumpen zu verschmelzen" (FORSTER

1978, S. 59). Schließlich gibt es Überschneidungen zwischen den in einer Studie gewonnenen Dimensionen in Form von Cluster-Interkorrelationen (vgl. JOHANNESSON 1973, S.128 f.).

Die vorliegenden Versuche, die wesentlichsten Dimensionen des Organisationsklimas auf der Grundlage der Konzeptoperationalisierung zu extrahieren, sehen sich zweitens dem Problem gegenüber, eine Vielzahl unterschiedlich benannter und zum Teil auch tatsächlich unterschiedliche Aspekte beschreibender Dimensionen einem Raster von vier, sieben oder 18 Dimensionen zuzuordnen. Diese Schwierigkeit verdeutlicht anschaulich der Versuch von GIBSON et al. (1970, S. 323), die Beziehung zwischen Dimensionen aus drei empirischen Untersuchungen zu visualisieren (vgl. Abbildung 27 sowie PAYNE/PUGH 1976, S. 1140 f.).

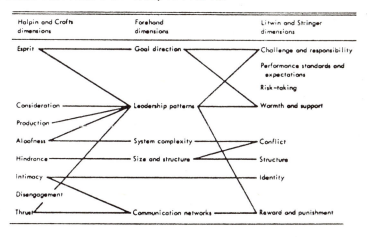

Abb. 27:   Dimensionen des Organisationsklimas in drei Studien
             und ihre Beziehung zueinander
             Quelle: GIBSON et al. (1973), S. 323.

Drittens ist bei dem Vergleich der Dimensionen zu berücksichtigen, daß das Klima, das sie beschreiben, in sehr unterschiedlichen Organisationen (Labors, Schulen, Universitäten, Krankenhäuser, Banken, Behörden, Versicherungsagenturen und Industrieunternehmungen; vgl. die Übersicht bei WEINERT 1981, S. 167) erhoben worden sind. Zum einen existieren zwischen diesen Organisationstypen tatsächlich erhebliche Unterschiede, zum anderen sind die Fragebogen speziell für diese Organisationen entwickelt worden (vgl. zum Beispiel den OCDQ von HALPIN/CROFT 1962 für Schulen oder den ACI von SCHNEIDER/BARTLETT 1970 für Versicherungsagenturen). Unterschiedliche Dimensionen sind in beiden Fällen eine logische Folge.

Viertens ist zu berücksichtigen, daß sich eine Vielzahl von empirischen Untersuchungen nicht eindeutig auf das Klima in der gesamten Organisation bezieht. Während das Klima für Management (managerial climate) nur eine alternative Bezeichnung für Organisationsklima auf der Ebene des Managements ist, beschreibt Gruppenklima (goup climate) die Erhebung des Organisationsklimas auf der Ebene der Arbeitsgruppe. Führungsklima (leadership climate) Sicherheitsklima (climate for safety) oder Klima für Dienstleistungen (climate for service) bringen auf der anderen Seite zum Ausdruck, daß das Organisationsklima allein zur Verfolgung eines bestimmten Zwecks untersucht wurde. Eine dazu erforderliche und an dem Untersuchungszweck ausgerichtete Item-Formulierung führt bei Verwendung der Faktorenanalyse konsequenterweise ebenfalls zu unterschiedlichen Klimadimensionen.

Die oft begrenzte Zwecksetzung einer Organisationsklima-Erhebung, entweder in bestimmten Organisationen oder in Bezug auf Teilaspekte des Organisationsklimas wirft in praktischer ebenso wie in theoretischer Hinsicht die Frage auf nach der Erwünschtheit einer einheitlichen, operationalen Definition des Organisationsklimas. Ein Bestandteil der formulierten Nominaldefinition des Organisationsklimas ist die Eigenschaft, eine Organisation von anderen zu unterscheiden. Nun läßt sich theoretisch nicht begründen, warum sich die Unterschiedlichkeit des Klimas in Organisationen auf Ausprägungen einzelner Dimensionen zu beschränken hat; es ist vielmehr wahrscheinlich, daß einige Klima-Dimensionen (z.B. Risikoneigung) für einige Organisationen völlig unwichtig sind, während sie für das Verhalten von Mitgliedern anderer Organisationen große Prognosekraft besitzen mögen. In pragmatischer Absicht wäre es darüber hinaus sogar unter bestimmten Umständen wünschenswert, die zu erhebenden Dimensionen bewußt auf diejenigen zu beschränken, die für die Effizienz der Organisation von großer Relevanz sind und sich darüber hinaus in wirtschaftlicher Weise im Sinne eines Managements des Organisationsklimas gestalten lassen (z.B. Dimensionen, die durch Führungsverhalten stark beeinflußt werden).

Erfoderlich ist aus wissenschaftlicher Perspektive sodann nicht eine operational einheitliche Definition des Organisationsklimas, sondern eine situationsspezifisch geeignete. Das Fehlen einer Taxonomie denkbarer Situationen und Personenmerkmale behindert eine derartige Vorgehensweise. Es lassen sich jedoch einige Kriterien formulieren, die eine solche operationale Definition erfüllen sollte:

- Dimensionen einbeziehen, die auf eine andere Ebene (Subsysteme) starke Auswirkungen haben und ihrerseits durch die Konstellationen auf unteren Ebenen wesentlich mitbedingt sind (FORSTER 1978, S. 72),
- eine möglichst große Varianzerklärung in der spezifischen Anwendungssituation leisten,
- die Disponibilität der Dimensionen berücksichtigen, und
- den Sichtweisen verschiedener Organisationsmitglieder oder Interessengruppen Rechnung tragen (Perspektivenintensität; vgl. WOLLNIK 1978, S. 4).

Aufgrund der Einbeziehung personaler Faktoren bietet gerade die Organisationsklima-Forschung die Möglichkeit, dem Kriterium der Perspektivenintensität Rechnung zu tragen. "Die vermutlichen Interessenunterschiede der Gruppen, die der Organisation einer Unternehmung Aufmerksamkeit widmen sowie die unterschiedliche Art der Beziehung dieser Gruppen zur Unternehmung legen die Annahme nahe, daß in der Tat Organisation kein einheitliches

Phänomen ist, sondern selektiv konstruiert ist" (WOLLNIK 1978, S. 20). Zur Erfassung dieser Perspektivendifferenzen wäre es jedoch notwendig, systematisch unterschiedliche Interessengruppen in Organisationsklima-Studien einzubeziehen. Die oft vorzufindende Begrenzung solcher empirischer Untersuchungen, auf hierarisch Gleichgestellte beispielsweise, läßt solche Differenzen kaum hervortreten.

Diese für eine situative Operationalisierung des Organisationsklima-Konzepts sprechenden Vorteile müssen gegenüber dem Mehraufwand bei der Erhebungen und dem Nachteil abgewogen werden, daß Organisationsklima-Untersuchungen mit unterschiedlicher dimensionaler Operationalisierung schwieriger in ihren Ergebnissen vergleichbar sind. Hinter diesem Problem verbirgt sich die methodische Entscheidung für eine eher qualitative, situative oder "maßgeschneiderte" Methode der Organisationsklima-Messung, im Gegensatz zur Erhebung von Organisationsklimata mit Hilfe standardisierter Fragebogen, die im Rahmen größerer Querschnittsuntersuchungen verwendet werden können (vgl. Abschnitt 5.1.).

4.252. Stabilität des Organisationsklimas

Schon früh hat TAGIURI (1968) die relative Stabilität des Organisationsklimas als eine seiner bedeutendsten Eigenschaften herausgestellt (vgl. CAMPBELL et al. 1970). Und LITWIN und STRINGER (1968) konnten in ihrem klassischen Experiment zeigen, daß sich zwar ein Organisationsklima (in einer Laborsituation) innerhalb von zwei Tagen etablieren kann. Dieses Experiment zeigt jedoch auch, daß das Organisationsklima sich dann über die gesamte Zeit, über die das Experiment durchgeführt wurde, als relativ stabil erwies. Im Rahmen einer Felduntersuchung, die den Einfluß des Organisationsklimas auf innovatives Verhalten von Organisationsmitgliedern in Forschung- und Entwicklungsabteilungen zum

Gegenstand hatte, untersuchten ABBEY und DICKSON (1983) unter anderem auch die Stabilität der Kimawahrnehmung über einen Zeitraum von zehn Jahren. Dazu baten sie die 37 Organisationsmitglieder von den insgesamt 99 Befragten, die bereits vor zehn Jahren Mitglied der Organisation waren, die Veränderung von zehn Klimadimensionen anhand einer Drei-Punkte-Skala (1 = keine Veränderung, 2 = gewisse Veränderung, 3 = deutliche Veränderung) einzuschätzen. Die Stabilitätsmessung erbringt Punktwerte zwischen 1.39 und 2.17, d.h. aus der Sicht der Befragten hatte sich kein Organisationsklima deutlich in der angegebenen Periode verändert. Da dieses Untersuchungsdesign im hohen Maße auf dem Erinnerungsvermögen der Befragten basiert, muß die Reliabilität dieses Ergebnisses bezweifelt werden. ABBEY und DICKSON weisen zu Recht auf die Notwendigkeit einer Längsschnittstudie hin, um die Stabilität von Klimawahrnehmungen zu belegen.

Einer Gruppe von Forschern um GOLEMBIEWSKI (vgl. GOLEMBIEWSKI/ CARRIGAN 1970, GOLEMBIEWSKI et al. 1971) bot sich im Rahmen einer Untersuchung zum Einfluß eines Human-Relations-Trainings auf das Organisationsklima die Möglichkeit einer nochmaligen Messung des Organisationsklimas nach 12 und 18 bzw. nach 6, 12, 18 und 20 Monaten. Über diesen Zeitraum konnte die Stabilität des durch das Training veränderten Organisationsklimas im wesentlichen belegt werden.

Zwar ist die empirische Evidenz zur Stabilität des Organisationsklimas noch unzureichend; sie bestätigt aber die dem Organisationsklima als besondere Eigenschaft zugeschriebene relative Stabilität zumindest in der Tendenz.

4.253. Ideal- und Realklima

Einige Autoren haben neben dem tatsächlich herrschenden Organisationsklima (Realklima) die Vorstellung der Organisationsmitglieder
über das von ihnen gewünschte Organisationsklima (Idealklima)
erhoben (z.B. LANGDALE 1974, HOWE 1977). Die Unterscheidung
von idealem und realem Organisationsklima innerhalb eines Erhe-
bungsinstruments wird unter anderem mit der Absicht durchgeführt,
die Beschreibung des tatsächlich herrschenden Organisationsklimas
weitestgehend von evaluativen Stellungnahmen frei zu halten. Die
Erweiterung einer Organisationsklimauntersuchung um die Erhebung
auch des Idealklimas ist vor allem für die Analyse des Zusammenhangs von Organisationsklima und Arbeitszufriedenheit sinnvoll.
Darauf wird im nächsten Abschnitt zurückzukommen sein, in dem
das Organisationsklimakonzept von anderen Konstrukten unterschieden wird, die in der Management- und Organisationstheorie
größere Bedeutung erlangt haben.

4.3 Organisationsklima und andere Erklärungs-
ansätze organisationalen Verhaltens

Die Management- und Organisationstheorie hat in jüngster Zeit
vermehrt auf verhaltenswissenschaftliche Konzepte zugegriffen und
in ihre Aussagesysteme mehr oder weniger integriert (vgl. z.B.
SCHANZ 1978, 1982, STAEHLE 1973, 1980, KIESER/KUBICEK
1983). Besondere Bedeutung haben in diesem Zusammenhang das
Einstellungskonzept, das Rollenkonzept und motivationstheoretische
Konzepte erlangt, deren Verhältnis zum Organisationsklima-Konstrukt zu klären ist, da alle diese Konzepte ebenso wie dieses
beanspruchen, die Verhaltenswirkung organisationaler Variablen
integrieren und erklären zu können. Im Anschluß daran hat eine
Auseinandersetzung mit dem Arbeitszufriedenheitskonzept zu
erfolgen, dessen Verbundenheit mit dem Organisationsklima zum Teil
derart eng gesehen wird, daß die Vermutung einer
Konzept-Redundanz geäußert wird.

4.31 Zum Verhältnis des Organisationsklimas zu anderen integrativen Konzepten

Anders als das Verhältnis von Organisationsklima und Arbeitszufriedenheit ist die Stellung des Organisationsklima-Konstrukts
zum Einstellungskonzept, zum Rollenkonzept und zu moti-
vationstheoretischen Konzepten u.W. bisher nicht reflektiert worden.
Eine Reflektion dieses Verhältnisses ist jedoch erforderlich, um
erstens die Stellung des Organisationsklimas als eigenständige
Forschungsdomäne zu rechtfertigen und – viel wichtiger – den
systematischen Zusammenhang von Klimawahrnehmung, Rollen-
wahrnehmung, Einstellung und Motivation theoretisch aufzuhellen.

4.311. Einstellungskonzept

Das Einstellungskonzept gilt als klassisches Gebiet sozial-
psychologischer Forschung (ROSCH/FREY 1983). THOMAS und
ZNANIECKI (1918) führten den Einstellungsbegriff in die Soziologie
und Sozialpsychologie ein. Im 'Polish Peasant" wird dieser Begriff
zur Erklärung unterschiedlicher Lebensgewohnheiten polnischer
Bauern verwendet; auf ALLPORT (1935) gehen erste Ver-
einheitlichungsversuche des damals bereits umfangreichen Materials
zum Einstellungskonzept zurück. Stets ist dabei bis heute eine
Einstellungs-Verhaltens-Relation als zentral angesehen worden (vgl.
HORMUTH 1979, S. 5). Sofern Einstellungen Informationen über
soziale Umwelten beinhalten, werden sie auch als "soziale
Attitüden" (IRLE 1975) oder "soziale Einstellungen" (STROEBE 1980)
gekennzeichnet. Sie sind als Ergebnis von Sozialisationsprozessen
und Erfahrungen zu sehen und bestimmen die Bewertung von
Objekten und das Verhalten ihnen gegenüber zumindest mit (BEM
1968, IRLE 1975, TRIANDIS 1975, BIERBRAUER 1976, SIX 1975,
WITTE 1977, HORMURTH 1979, MUMMENDEY 1979, STROEBE
1980, HERKNER 1981, BRANDSTÄTTER 1983, ROSCH/FREY 1983).

154

Einstellungsobjekte können dabei Personen, Personenmehrheiten, Situationen, Handlungen und physische Gegenstände sein. Einstellungen anderer fungieren ebenfalls als Einstellungsobjekte. Drei Funktionen von Einstellungen werden genannt:

- Reduktion der Komplexität von Umwelt
- Ausdruck des Gefühls der Zugehörigkeit zu einer Referenzgruppe
- Rechtfertigung des Verhaltens durch eine Einstellung (vgl. WITTE 1977, S. 104).

Weit verbreitet ist die Darstellung des Einstellungskonzeptes in seiner Drei-Komponentenform nach ROSENBERG/HOVLAND (1960). Dabei werden Einstellungen als Reaktionstendenzen mittels

- kognitiver Aspekte, die Wahrnehmungsurteile und Meinungen enthalten, und
- affektiver Aspekte, die Bewertungsreaktionen auf verbaler und physiologischer Ebene umfassen, und
- verhaltensbezogener Aspekte, die manifestes Verhalten und Verhaltensbeschreibungen enthalten, gefaßt.

Schwerpunkte der Forschung und Theorie des Einstellungskonzeptes betreffen

- den Erwerb von Einstellungen
- die Stabilisierung von Einstellungen im Sinne der Urteilsbildung
- Umsetzen der Einstellung in Handlung im Sinne der Handlungsbereitschaft.

WITTE (1977) expliziert den Begriff der Einstellung folgendermaßen: "Eine Einstellung eines psychologischen Subjekts gegenüber einem psychologischen Objekt ist seine sozial vermittelte Stellungnahme diesem Objekt gegenüber, durch die in systematischer Weise Prozesse im Bereich des Erkennens, Erlebens und Handelns ausgelöst werden" (S. 103).

Einstellungen lassen sich, verglichen mit der Protokollierung und Messung manifesten Verhaltens, relativ ökonomisch erfassen. Zumeist wird eine Erfassung über Fragebögen und Selbstberichte auch dann versucht, wenn eigentlich offene Verhaltensweisen Gegenstand der Untersuchung sind. Dabei ist das zentrale Problem der Konsistenz des manifesten Verhaltens und der das Verhalten zumindest mitbestimmenden Einstellung ungelöst und durch die Frage nach der grundsätzlichen praktischen Relevanz des Einstellungskonzeptes unter dem Gesichtspunkt der Verhaltensvorhersage äußerst bedeutsam (vgl. DeFLEUR/WESTIE 1963, CAMPBELL 1963). FISHBEIN (1967) kommt zu dem Ergebnis, daß die traditionellen Einstellungsmaße wahrscheinlich in keiner konsistenten Beziehung zum Verhalten des Einstellungsträgers stehen. Verhalten erweist sich vielmehr in hohem Maße durch situationale Faktoren oder individuelle Unterschiede bedingt. WICKER (1969) gelangte in einer kritischen Analyse empirischer Untersuchungen zum Einstellungs-Verhaltens-Zusammenhang aus den Jahren 1934 bis 1969 zum Ergebnis, daß Einstellungen nur in einer niedrigen statistischen Relation zu manifesten Verhaltensweisen stehen. Ebenso konnte BENNINGHAUS (1976) bei einer Durchsicht von insgesamt 102 Untersuchungen nur zu einem Drittel statistisch bedeutsame Korrelationen (0.30 und mehr) von Einstellungsmaßen mit Verhalten auffinden. Die Analyse empirischer Studien von AIZEN und FISHBEIN (1977) erbrachte ebenfalls nur geringe Korrelationen zwischen allgemeinen Einstellungsmaßen und Verhaltensweisen. Die Stärke des statistischen Zusammenhangs zwischen Einstellung und Verhalten verbesserte sich allerdings dann, wenn sich Verhaltensweisen und Einstellungen auf ein und dasselbe Ziel und ein und dieselben Handlungsweisen bezogen. Dies deutet darauf hin, daß eine Verfeinerung des Meßinstrumentariums sowie eine situative

Relativierung des Einstellungskonzeptes verwertbarere Ergebnisse liefert. SIX (1975) fand in seiner Analyse von Untersuchungen zum Einstellungskonzept eine Vielzahl methodischer und konzeptioneller Mängel. Dabei sieht er vor allem das Defizit in einer brauchbaren Verhaltenskonzeption, die vorliegen müßte, um die Relation von Einstellung und Verhalten überhaupt adäquat meßbar zu machen. Von ihm wird auf die Bedeutsamkeit des Einbezuges weiterer personaler Verhaltensvariablen mit der möglichen Konsequenz einer Erhöhung der Konsistenz zwischen personalen Merkmalen und situativen Gegebenheiten hingewiesen. MUMMENDEY (1979) schlägt neben dem verstärkten Einbezug personaler, nicht notwendigerweise einstellungsbezogener Größen und situativer Faktoren eine Prozeßanalyse vor, um unter Beibehaltung des Einstellungskonzeptes zu einer verbesserten Verhaltensvorhersage zu gelangen.

Insgesamt kann aber wohl die Feststellung gelten, "daß sich die Hoffnungen nicht erfüllten, mit diesem Konzept der Einstellung einen wesentlichen Beitrag zur Erklärung menschlichen Verhaltens zu leisten" (ROSCH/FREY 1983, S. 304). Vielmehr ist aufgrund der vorliegenden empirischen Ergebnisse zu sehen, daß Einstellungen und Einstellungssysteme unter jeweiligen spezifizierten situativen Bedingungen nur eine unter einer Vielzahl von Einflußgrößen darstellen (vgl. FISHBEIN 1967).

Das Einstellungskonzept hat auch in die Organisationsforschung breiten Eingang gefunden. PORTER und LAWLER (1965) untersuchten den Zusammenhang von strukturellen Variablen, Einstellungen und Verhaltensweisen in Organisationen. Dabei ließen sich unterschiedlich starke statistische Zusammenhänge zwischen Strukturdimensionen und Einstellungen feststellen; diese fielen insgesamt deutlicher aus als die Zusammenhänge zwischen Strukturvariablen und Verhaltensgrößen. HERMAN und HULIN (1972) verknüpften 17 Einstellungsfragen mit strukturellen Variablen, wie Funktionsbereich, Hierarchieebene und Abteilungszugehörigkeit. Strukturelle Variablen und biographische Daten, wie Dauer der Zugehörigkeit des Organisationsmitgliedes zur Organisation, Alter und Qualifikation fungierten als gruppenbildende Merkmale. Einstellungsunterschiede ließen sich sowohl organisationsstrukturell als auch biographisch aufklären: Die strukturorientierte Gruppenbildung konnte insgesamt größere Anteile an erklärter Varianz verbuchen als biographisch angelegte Systematisierungen. Demzufolge wäre die organisatorische Stellung eines Individuums ein guter Indikator für den individuellen Bezugsrahmen mittels dessen ein Organisationsmitglied seine Einstellungen formiert.

BERGER und CUMMINGS (1979) stellten in ihrem Übersichtsartikel über den Zusammenhang struktureller Variablen, Einstellungen und Verhaltensvariablen ein Übergewicht zu Gunsten der Verknüpfung von Strukturgrößen und Einstellungsvariablen fest. Das Wissen um die damit im Zusammenhang stehende Verhaltensbeeinflussung erachten sie als gering. Für den Einstellungsbereich selber konnten keine konsistenten Ergebnisse verzeichnet werden. Statt weiterer konzeptionsloser Untersuchungen schlagen sie für diesen Bereich vor, Bezugsrahmen zu entwickeln, die Organisationsstruktur, Einstellungsvariablen und Verhaltensmaße integrieren, und besonders auf die psychologisch fundierten Zwischenschritte struktureller Dimensionen als situativen Reizen und Einstellungsgrößen und Verhaltensweisen als personalen Faktoren, zu zentrieren. Damit deutet sich auch für den Bereich der Organisationstheorie an, daß Einstellungsvariablen allein nur sehr beschränkt Prediktoren für Verhaltensweisen von Organisationsmitgliedern darstellen können. Der Einbezug weiterer personaler Veriablen scheint notwendig, um zu geeigneten Verhaltensvorhersagen in Organisationen zu gelangen.

Einen derartigen Integrationsversuch unternehmen CALDER/SCHURR (1981). Sie versuchen die Kontroverse um die Nützlichkeit des Einstellungskonzeptes in der Organisationstheorie durch die Inbeziehungsetzung von Einstellungen zur Informationsverarbeitung des

Organisationsmitgliedes zu lösen. Dabei ergeben sich systematische Anbindungsmöglichkeiten an den von uns vorgetragenen Organisationsklima-Ansatz. Attitüden werden als Informationsprozesse angesehen; eine Einstellung stellt eine verallgemeinerte bewertende Zusammenfassung einfacherer kognitiver Einheiten dar. Sie basiert auf relativ wenigen, vorausgewählten Gedanken. Diese Grundgedanken, auf denen Einstellungen basieren, werden durch die Wahrnehmungsinterpretation der Situation geleitet. Diese Interpretationen leiten nun die einfließenden Gedanken und die aus dem Gedächtnisspeicher herrührenden Informationen. Von daher sind Attitüden Produkte eines gedanklichen Konstruktionsprozesses, auf der Grundlage relevanter gespeicherter Informationen und der aus dem Wahrnehmungsprozeß einfließenden Informationen. Für Organisationsklima als schemagesteuerte Wahrnehmung bedeutet dies, daß es die Grundlage für Bewertungsreaktionen abgibt, indem Wahrnehmungsdaten mit Bewertungsstandards verkoppelt werden. Einfließende Informationen initiieren einerseits die Schemadifferenzierung, andererseits aber wirken bereits ausgebildete Schemata auch selektiv auf die weitere Informations-Aufnahme und Weiterverarbeitung.

Schemata[17] fungieren steuernd und integrieren Einstellungen. Bereits ausgebildete Schemata werden durch situative Hinweisreize angeregt; auf diesem Hintergrund können Organisationen dann über situative Gestaltungsmaßnahmen das Dominantwerden von Schemata regulieren und somit auf relativ globaler Ebene Bewertungsreaktionen (als Auftauchen von Einstellungen) steuern. Schemata leiten Attitüdenprozesse, sie determinieren sie nicht. Aus diesen Überlegungen ergibt sich für den Zusammenhang von Organisationsklima als Beschreibungskomponente auf der Grundlage des Schemakonzeptes und Einstellungen als Bewertungskomponenten ein Verhältnis von Vor- und Nachordnung. Die schemabezogenen

17) Vgl. zu diesem Konzept Abschnitt 4.212.

Beschreibungsaspekte des Organisationsklimas fungieren als Leitlinie für einstellungsbezogene Bewertungsreaktionen, während sich der kognitive Aspekt der Einstellung kaum vom Organisationsklima trennen läßt. Im Gegensatz zum Einstellungsbegriff mit seinem verhaltensbezogenen Aspekt kann Organisationsklima nicht als Substitut für (beobachtbares) Verhalten dienen.

Geht man davon aus, daß Wahrnehmung und Beschreibung organisationaler Aspekte ihrer individuellen Bewertung vorausgehen, liefert das Organisationsklima die notwendigen Beschreibungsdaten, die dann individuellen Bewertungsreaktionen im Sinne des Einstellungskonzeptes unterworfen werden.

4.312. Rollenkonzept

Rollenkonzepte werden ebenso wie Einstellungskonzepte dazu verwendet, spezifische Aspekte des Verhaltens von Individuen in sozialen Situationen zu beschreiben, zu erklären und vorherzusagen. In soziologischer Perspektive wird dabei vor allem auf den Zusammenhang von Rolle und Macht (CLAESSENS 1970) abgezielt; es werden die Sanktionsmöglichkeiten und Herrschaftsaspekte, die sich in und durch soziale Konstellationen ergeben, thematisiert (vgl. KIRCHHOFF-HUND 1978). Die sozialpsychologische Perspektive hingegen ist mehr auf die Frage der Rollenübernahme und auf das Verhältnis von Erwartungen, die aus der Rolle fließen, sowie der Person, die mit diesen Erwartungen konfrontiert ist und mit ihnen "umgehen" muß, befaßt (vgl. GOFFMAN 1961; JOAS 1978, 1980).

LINTON (1936) hat das Rollenkonzept in die Soziologie eingeführt. Er bezieht Rolle und Status aufeinander; in der Rolle als dem manifesten Verhaltensteil eines gegenwärtigen oder erwarteten Status sind Wertvorstellungen, Einstellungen und Verhaltensweisen gemeint, die dem Inhaber eines Status zugeschrieben werden. Status meint den Platz, den ein Individuum zu einem bestimmten Zeitpunkt und in einem bestimmten sozialen System einnimmt (vgl. LINTON 1945, zit. nach HOFMANN 1973). Rolle und Status (oder Position) beschreiben dabei die von einer konkreten Person losgelösten Verhaltenserwartungen, die von Bezugspersonen/-gruppen deren Position/Positionen strukturell auf diese bezogen sind, herangetragen werden (vgl. JOAS 1978). Diese Verhaltenserwartungen können auf inhaltliche, stilistische, sequentielle und situative Aspekte des Verhaltens bezogen sein (SPITZNAGEL 1977, S. 403). Nach BIDDLE (1979) beruht die Verwendung des Rollenkonzeptes auf folgenden Annahmen:

- Verhaltensweisen folgen Regelmäßigkeiten. Sie sind als Muster darstellbar und typisch für Personen in Kontexten.
- Rollen sind oft verbunden mit einer Zahl von Personen, die gemeinsame soziale Identitäten teilen.
- Dem Individuum ist es bewußt, daß Rollen existieren und diese werden durch den Umstand ihrer Bekanntheit über die Ausbildung von Erwartungen determiniert.
- Rollen erhalten sich aufgrund ihrer Funktion und weil sie in größere soziale Bezüge eingebettet sind.
- Rollen sind das Ergebnis von Lernprozessen; sie können vom Rollenträger "genossen" und "erlitten" werden.

Mittels des Rollenkonzeptes werden also Personen und Institutionen (Gesellschaften) funktional aufeinander bezogen. Rollen als gelernte Verhaltenserwartungen (ursprünglich) anderer sind als Mengen spezifischer Informationen im Persönlichkeitssystem des Individuums abgelagert und sichern als generelle Verhaltenszumutung zielorientiertes Verhalten von Personen und Personenmehrheiten. Demzufolge sind sie Basiselemente des sozialen Handelns (vgl. JOAS 1980).

Rollen als Erwartungssysteme lassen sich aber selten widerspruchsfrei formulieren oder aber werden als in sich widersprüchlich wahrgenommen (SPITZNAGEL 1977). Erwartungsformulierungen, Übermittlung von Erwartungen und ihre Wahrnehmung beim Empfänger der Erwartungsinformation lassen sich dabei als Orte von Konfliktentstehung ausmachen. Nach KATZ und KAHN (1966) können vier Arten von Rollenkonflikten unterschieden werden:

- Von ein und derselben Bezugsperson/-gruppe gehen Erwartungen aus, die in sich bereits konflikthaltig sind (Intra-Sender-Konflikt)
- Die von verschiedenen Bezugspersonen/-gruppen ausgehenden Erwartungen sind nicht miteinander vereinbar (Inter-Sender-Konflikt)
- Verschiedene Positionen bedingen verschiedene Rollen; ein und dieselbe Person sieht sich unterschiedlichen Verhaltenserwartungen ausgesetzt aufgrund seiner situativen Positionszugehörigkeit (Inter-Rollen-Konflikt)
- Erwartungshorizonte der Bezugspersonen/-gruppen als funktionale Aspekte lassen sich mit persönlichen Werthaltungen und Einstellungen des Rollenträgers als Person nicht integrieren (Person-Rollen-Konflikt)

NEUBERGER (1976) nennt sechs Beschreibungsdimensionen des Rollenkonzepts.

- Der Verpflichtungscharakter einer Rolle bezeichnet den unterschiedlichen Verbindlichkeitsgrad von Erwartungen an einen Positionsinhaber.
- Der Identifikationsgrad mit der Rolle gibt an, inwieweit sich eine Person als Träger einer Rolle mit den Verhaltenszumutungen der Bezugspersonen/-gruppen eins fühlt. Rollendistanz und Auflösung der Grenze zwischen Person und Rolle bilden die Endpunkte dieser Variablen.

- Der Allgemeinheitsgrad einer Rolle gibt den unterschiedlichen Entfaltungsspielraum an, über den ein Rollenträger verfügt, wenn er Rollenverhalten zeigt.

- Der Bekanntheitsgrad einer Rolle benennt die Sichtbarkeit oder die öffentliche Bekanntheit von Verhaltenserwartungen.

- Die Reichweite einer Rolle kennzeichnet den Erstreckungsbereich und gibt somit an, welche Lebensbereiche von den Verhaltenserwartungen insgesamt betroffen sind.

- Der Konsens kennzeichnet das Ausmaß an Übereinstimmung oder Widersprüchlichkeit der Erwartungen an Positionsinhaber.

Entscheidender Ansatzpunkt für die Inbezugsetzung des Rollenkonzepts und der Organisationsklima-Konzepte ist die Redefinition der die Rolle konstituierenden Erwartungen. Rollenperzeption ist das Ergebnis der im Individuum ablaufenden psychologischen Interpretationen bezugsgruppenspezifischer (Rollen)-Erwartungen. Entwicklungspsychologisch stellen redefinierte Rollenerwartungen anderer für das Individuum die zentrale Größe zur Herausbildung der individuellen Persönlichkeit und des Selbst (vgl. WYLIE 1974, WYLIE et al. 1979, CONRAD 1983b) dar, wirken auf die Herausbildung des Bildes der Person von sich selbst ein und werden verhaltenswirksam. Aus betriebswirtschaftlich-organisationstheoretischer imponieren mehr die Rollenübernahmeprozesse Erwachsener in arbeitsteilig organisierten Sozialgebilden. Formulierte und legitimierte Erwartungen an Organisationsmitglieder fungieren dabei als Integrationsinstrument.

Ingesamt stellen organisationale Rollen Erwartungssysteme dar, die durch den jeweiligen Rolleninhaber redefiniert werden. Damit diese Erwartungen konfliktfrei handlungsleitend wirken können, müssen sie zumindest gleichsinnig wahrgenommen werden. Erwartungen an Organisationsmitglieder als Funktionsträger beziehen sich vor allem auf die jeweiligen Aufgabendurchführung und -erfüllung des Positionsinhabers; daneben bestehen nicht aufgabenbezogene, organisationsinterne soziale Rollenerwartungen. Diese formulieren Ausprüche, die außerhalb der eigentlichen Aufgabenerfüllung liegen. Beide Erwartungsbündel sind einem individuellen internen Wider- spiegelungsprozeß unterworfen, der als Wahrnehmungsergebnis Bestandteil des Organisationsklimas für das Organisationsmitglied ist. Somit sind formal-strukturelle Regelungen, aus denen sich Rollenerwartungen konkretisieren, wichtige Einflußgrößen auf das wahrgenommene Klima. Das jeweilige Wahrnehmungsergebnis be- stimmter struktureller Regelungen muß aber auf die individuellen Unterschiede der Verarbeitung objektiv gleicher Wahrnehmungsdaten bei konkreten Organisationsmitgliedern bezogen sein. Von daher sind strukturelle Regelungen aus Verhaltensbeeinflussungs- und Steue- rungsgesichtspunkten heraus nicht abstrakt zu bestimmen, sondern müssen aus individuell wahrgenommener Perspektive rekonstruiert werden. Wahrgenommene Rollenerwartungen stellen also eine zen- trale Dimension des Organisationsklimas dar. In empirischen Unter- suchungen werden Rollenperzeptionen zumeist jedoch nicht geson- dert ausgewiesen; sie werden aufgrund ihrer Mehrdimensionalität unter Dimensionen wie Strukturierung und Autonomie subsumiert. Dabei werden Rollenerwartungen ohne Aufgabenbezug tendenziell vernachlässigt, obwohl sie gleichwohl einen erheblichen Einfluß auf das Organisationsklima ausüben können.

4.313. Motivationstheoretische Konzepte

Motivationstheoretische Ansätze werden zur Erklärung offenen und verdeckten Verhaltens dann herangezogen, wenn

- interindividuelle Unterschiede in Verhaltensweisen bei gleichen situativen Gegebenheiten vorhanden sind
- eine relative Situationsunabhängigkeit von Verhaltensweisen beobachtbar ist
- ein starker und langanhaltender Kräfteeinsatz beobachtbar

ist, besonders, wenn sich Hindernisse zur Zielerreichung auftun

- sich ein gerichteter und geordneter Phasenverlauf psychischer und motorischer Gesamttätigkeit bis zu einem als natürlich empfundenen Abschluß ergibt
- auffällige Abweichungen psychischer Funktionsleistungen von üblichen Erwartungen (Fehlleistung) auftreten
- das Binnenerleben der Person emotional/dranghaft auf bestimmte Objekte und Ereignisse gerichtet ist (vgl. HECKHAUSEN 1963)

Motivation stellt somit einen Aspekt aus der Vielzahl wirkender Bedingungsfaktoren des Verhaltens dar.

Grundsätzlich können die Determinanten des Verhaltens und Erlebens im Organismus des Handlungsträgers angesiedelt sein; sofern es sich um relativ überdauernde Dispositionen handelt, nennt man sie Motive. Die situativen Determinanten des Verhaltens werden als Reize oder Anreize bezeichnet. Im Motivationsprozeß sind Motive und Anreize aufeinander bezogen. Damit ergeben sich für motivationstheoretische Überlegungen drei Modellgrößen

- Anreize in der Umwelt
- organismische Bedingungsfaktoren
- überdauernde Wertungsdispositionen (Motive)
  (vgl. SCHNEIDER/SCHMALT 1981).

Die überdauernden Wertungsdispositionen zerfallen in die Klassen der

- biogenen Motive, d.h. Verhaltens- und Wertungsaspekte auf genetischer Basis, und
- soziogenen Motive, d.h. solche, für die ein überzeugender Nachweis ihrer genetischen Basis fehlt
  (vgl. SCHNEIDER/SCHMALT 1981).

Biogene Motive sind kulturell und kognitiv überformt.

Gegenstand der kognitiven Motivationspsychologie sind die Bereiche kognitiver Prozesse und kognitiven Verhaltens (KRIEGER 1977). Bei kognitiven Prozessen wird von der Zielgerichtheit menschlichen Verhaltens und seiner inneren Lenkung über Erwartungen ausgegangen. Am besten erforscht sind dabei die erwartungsvalenztheoretischen Ansätze, wie sie vor allem bei Aussagen zur Leistungsmotivation Anwendung finden (HECKHAUSEN 1980). Im Bereich kognitiven Verhaltens wird spontanes Explorationsverhalten erforscht. Zentraler Gegenstand ist hier die sogenannte Neugierforschung (vgl. z.B. BERLYNE 1960). Leistungsmotivationsmodelle aus der Erwartungs-Valenz-Familie sind durch Ansätze der (naiven) Ursachenzuschreibung (Attributionstheorie) als weiteren kognitven Prozessen ergänzt worden (WEINER et al. 1971, WEINER 1980, HECKHAUSEN 1980).

Verhaltensanalysen alleine mittels Erwartungs- und Bewertungsvorgängen sind unzureichend, weil individuelle Urteilsprozesse zwischen Anreizen und Reaktionen eingebettet sind. Kausalattribuierungen (HEIDER 1958, LAUCKEN 1974) als solche Zwischengrößen haben die Funktion naive Ursachenerklärungen für Handlungen und Handlungsfolgen zu liefern (vgl. KRIEGER 1977, S. 132); von daher ergibt sich auch die Anknüpfung des Organisationsklimas als Schema zu Aussagen kognitiver Motivationstheorie. Kausalattribuierungen sind selbst wieder Schemata, die vom Organisationsmitglied zur 'Erklärung' eigener und fremder Verhaltensweisen benutzt werden, egal wie unvollständig oder fehlerhaft sie 'objektiv' sein mögen (KRIEGER 1977, HECKHAUSEN 1980). Entscheidend ist, wie sie aus der Sicht des Individuums wahrgenommen werden. Daraus ergibt sich dann ein Verhältnis von Vor- und Nachordnung zwischen Organisationsklima und Kausalattribuierung als Bestandteil motivationstheoretischer Aussagen. Kausalattribuierungsprozesse schließen sich an wahrgenommene Handlungen und Ereignisse an; auf das Organisationsklima bezogen bedeutet es, daß dieses die 'Wahrnehmungsdaten' liefert, auf die sich die Interpretationsprozesse im Sinne der naiven Ursachenzuweisung beziehen.

Motivation ist der Klimawahrnehmung auch insofern nachgeordnet, als das (psychologische) Klima als erste Stufe eines kognitiven Informationsverarbeitungsprozesses eine Abstraktion von der wahrgenommenen Arbeitssituation repräsentiert und damit Informationen zusammenfaßt, die zur Weiterverarbeitung (z.B. zur Herausbildung von Erwartungen und Valenzen) genutzt werden können (vgl. JAMES et al. 1978, S. 785). Die in empirischen Untersuchungen aufgefundenen nur relativ schwachen korrelativen Zusammenhänge zwischen Organisationsklima und Verhalten der Organisationsmitglieder (vgl. Abschnitt 5.411.) sprechen ebenfalls dafür, den Motivationsprozeß in einen theoretischen Bezugsrahmen zur Erklärung organisationalen Verhaltens mit einzubeziehen[18]. Tatsächlich finden sich in der Literatur einige Versuche, das Organisationsklima-Konstrukt mit einem erwartungsvalenztheoretischen Motivationskonzept zu integrieren (DACHLER 1974, GAVIN/HOWE 1975, JAMES et al. 1977).

4.32 Zur Unterscheidung des Organisationsklimas vom Konzept der Arbeitszufriedenheit

Eine große Anzahl empirischer Studien hat den Zusammenhang von Organisationsklima (bzw. psychologischen Klima) und Arbeitszufriedenheit als nur einen von mehreren Variablenzusammenhang untersucht (vgl. z.B. KACZRA/KIRK 1968, LITWIN/STRINGER

---

18) Eine solche Foderung findet sich auch z.B. bei NAYLOR et al. (1980) und MILTON (1981, S. 460).

19) Dieser Abschnitt beruht im wesentlichen auf einer überarbeiteten Fassung eines Aufsatzes (vgl. SYDOW/CONRAD 1982, S. 212 ff.).

1968, PRITCHARD/KARASICK 1973, LYON/INVANCEVICH 1974, MOTAMEDI 1974, WATERS et al. 1974, MUSCHINSKY 1977, BATLIS 1980, LAVAN et al. 1981, ROSENSTIEL et el. 1982). In diesen Untersuchungen ist Arbeitszufriedenheit als eine vom Organisationsklima abhängige Variable konzipiert und in den meisten Fällen eine direkte Kausalbeziehung unterstellt worden (vgl. Abb. 28).

Abb. 28:   Ein (naives) Modell der Beziehung zwischen Organisationsklima und Arbeitszufriedenheit

Die Untersuchung der Arbeitszufriedenheit als eine vom Organisationsklima abhängige Variable ist von großer praktischer Relevanz. Zwar wird dem Organisationsklima auch ein direkter Einfluß auf Fluktuation und Absentismus zugeschrieben, der auch empirisch belegt werden konnte (z.B. GUNDERSON 1978). Der Zusammenhang zwischen Organisationsklima und Fluktuation bzw. Absentismus scheint jedoch durch Arbeitszufriedenheit vermittelt, da sie in der Regel stärker mit diesen Variablen korreliert ist (z.B. SCHNEIDER/SNYDER 1975), auch wenn die ermittelten Korrelationen zwischen diesen Variablen zumeist niedriger waren als erwartet (vgl. NEUBERGER 1974b, S. 154 ff.). Die niedrigen Korrelationen sind jedoch insofern von großer Bedeutung, weil wichtige andere Einflußfaktoren des Absentismus- und Fluktuationsverhaltens der Organisationsmitglieder weitgehend außerhalb der Beeinflussungsmöglichkeiten durch die Organisation liegen (z.B. Arbeitsmarktlage).

Die vermutete Beziehung zwischen dem Konzept des Organisationsklimas und der Arbeitszufriedenheit reicht von der Annahme einer fast vollständigen Identität (JOHANNESSON 1971, 1973, GUION 1973) bis hin zu einer Unterscheidung beider Ansätze sowohl auf theoretischer als auch empirischer Basis (z.B. SCHNEIDER/SNYDER 1975, NAYLOR et al. 1980). Eine konzeptionelle und empirische Identität von Arbeitszufriedenheit und Organisationsklima hätte nicht nur eine beliebige Substituierbarkeit sondern auch die Nutzlosigkeit eines der Konzepte zur Folge. Eine notwendige, wenn auch nicht hinreichende Bedingung für die Begründung des Organisationsklimas als wichtiges Konstrukt für die Theorie und Praxis des Managements ist daher der Nachweis der Unterschiedlichkeit beider Konzepte auf theoretischer aber auch empirischer Ebene.

4.321. Empirische Untersuchungsergebnisse

Einige Untersuchungen haben sich auf empirischem Wege speziell einer Analyse des Zusammenhangs von Organisationsklima und Arbeitszufriedenheit zugewandt (vgl. FRIEDLANDER/MARGULIES 1969, JOHANNESSON 1971, 1973, DOWNEY et al. 1975, La-FOLLETTE/SIMS 1975, NEWMAN 1975, SCHNEIDER/SNYDER 1975, PAYNE et al. 1976, CHURCHILL et al. 1976, SHAPIRO et al. 1976, HOWE 1977, GAVIN/KELLEY 1978 und JAMES /JONES 1980). Diese Studien konnten, sofern sie diesen Vergleich anstellten, zumeist einen stärkeren korrelativen Zusammenhang zwischen Organisationsklima und Arbeitszufriedenheit als zwischen Organisationsklima und Leistung nachweisen (vgl. u. a. PRITCHARD/KARASICK 1973, LAWLER et al. 1974, DOWNEY et al. 1975 aber auch ZULTOWSKI et al. 1978). Dieses Resultat verwundert nicht, denn erstens werden sowohl Organisationsklima als auch Arbeitszufriedenheit über Wahrnehmungsdaten erhoben, während die Leistung fast ausnahmslos wahrnehmungsunabhängig und in diesem Sinne 'objektiv' gemessen wird. Zweitens enthalten Fragebögen zur Messung des Organisationsklimas nicht nur – wie insbesondere von SCHNEIDER (1975a, 1980) gefordert – deskriptiv formulierte Items sondern auch evalutive, die eigentlich nur zur Messung der Arbeitszufriedenheit verwendet werden sollten. Teilweise handelt es sich dabei sogar um dieselben Items, weil Fragebögen zur Messung des Organisationsklimas häufig aus Fragebögen zur Messung der Arbeitszufriedenheit entwickelt werden (vgl. CAMPBELL et al. 1970, JOHANNESSON 1973). Umgekehrt enthalten Instrumente zur Ermittlung der Arbeitszufriedenheit neben evaluativen auch deskriptive Items. Der insbesondere von JOHANNESSON vorgetragene Redundanzverdacht ist, geht man von der faktischen Operationalisierung der Konzepte aus, durchaus begründet.

Der Zusammenhang von Organisationsklima und Arbeitszufriedenheit wurde in empirischen Untersuchungen jedoch in sehr unterschiedlicher Stärke nachgewiesen. PRITCHARD und KARASICK (1973) finden mittelstarke bis starke Zusammenhänge zwischen Klima-Dimensionen und Aspekten der Arbeitszufriedenheit (gemessen mit dem Minnesota Satisfaction Questionnaire), wie Sicherheit, Arbeitsbedingung und Aufstiegsmöglichkeiten. Sie schließen daraus ebenfalls auf eine Redundanz der beiden Konzepte. LAWLER et al. (1974) ermitteln einen Korrelationskoeffizienten von immerhin 0.47, sehen sich jedoch nicht veranlaßt, daraufhin eine Identität der Konzepte anzunehmen. ROSENSTIEL et al. (1982) überprüfen in einer Validierungstudie ihres theoriegeleitet entwickelten EEB bei 268 Mitgliedern von vier Organisationen folgende Hypothesen zum Zusammenhang von Organisationsklima und Arbeitszufriedenheit:

- Die Korrelation von Organisationsklima und Arbeitszufriedenheit ist kleiner als r = 0.50, denn Organisationsklima unterscheidet sich von Arbeitszufriedenheit bezüglich Untersuchungseinheit und Untersuchungsansatz.

–   Die Korrelation zwischen den sich inhaltlich entsprechenden Dimensionen des Organisationsklimas und
der Arbeitszufriedenheit ist kleiner als die gesamte
Korrelation von Organisationsklima und Arbeitszufriedenheit.

Die Ergebnisse, die die Abbildung 29 zeigt, belegen diese
Hypothesen. Die Korrelation von Organisationsklima und Arbeitszufriedenheit ist mit 0.428 geringer als erwartet und keine der
dimensionenspezifischen Korrelationen ist größer oder gleich diesem
Wert. Ebenfalls der Erwartung entsprechend ist die Korrelation
zwischen dem Organisationsklima (ORG) und der Zufriedenheit mit
der Tätigkeit (ZJOB), die im engeren Sinne als Arbeitszufriedenheit
bezeichnet werden darf, mit r = 0.264 besonders gering ausgefallen"
(S. 292 f.).

			ZUFRIEDENHEIT					
	KOL	VOR	JOB*	INF	INT	LEI	Z	*= Zufriedenheit mit der Tätigkeit
ALG*	.218	.211	.382	.147	.178	.128	.252	*= Allgemeine Fragen
KOL*	.165	.299	.319	.205	.246	.266	.301	*= Kollegenbeziehung
VOR*	.110	.274	.344	.308	.291	.317	.332	*= Vorgesetzte
ORG*	.082	.110	.264	.224	.216	.366	.338	*= Organisation
INF*	.114	.349	.350	.321	.322	.464	.417	*= Information
INT*	.184	.271	.342	.302	.321	.493	.520	*= Interessenvertretung
LEI*	.170	.349	.350	.301	.241	.395	.345	*= Betr. Leistungen
BK*	.166	.149	.283	.276	.309	.417	.428	*= Betriebsklima

Abb. 29:   Beziehungen zwischen Dimensionen des Organisationsklimas und der Arbeitszufriedenheit
Quelle: ROSENSTIEL et al. (1982), S. 292.

Eine weitere Validierungsstudie unter Verwendung des ABB von
NEUBERGER und ALLERBECK (1978) der sich nicht durch
evalutive Items sondern durch eine andere Untersuchungseinheit

(Individuum statt Organisation) auszeichnet, führen ROSENSTIEL et al. (1982) in einem Betrieb mit 99 Befragten durch und ermittelten ebenfalls einen geringen Korrelationskoeffizenten (r = 0.39). Noch niedrigere Korrelationen wurden erwartungsgemäß mit dem auf evalutive Items abstellenden Arbeitszufriedenheitskurzbogen (AZK) von BRUGGEMANN (1976) ermittelt (r=0.158), da dieser der konzeptionellen Unterscheidung von Organisationsklima und Arbeitszufriedenheit am ehesten gerecht wird (vgl. ROSENSTIEL et al. 1982, S. 293 ff.). Die Ergebnisse belegen, daß zwar einerseits die Instrumente zur Messung der Arbeitszufriedenheit etwas anderes erheben als der EEB, daß aber andererseits statistisch bedeutungsvolle Beziehungen zwischen den Konstrukten bestehen.

Eine dritte Validierungstudie in fünf Organisationen mit insgesamt ebenfalls 99 Teilnehmern an der Erhebung setzte sich zum Ziel, den Zusammenhang von Organisationsklima und Organisationszufrieden-heit zu testen. Zusätzlich zum EEB wurde ein selbstentwickelter Fragebogen zur Messung der Zurfriedenheit mit der Organisation eingesetzt und ein Korrelationskoeffizient von r= 0.88 ermittelt. Aus diesem Ergebnis kann man folgern, "daß zwar Betriebsklima (in unserer Terminologie: Organisationsklima) und Arbeitszufriedenheit relativ unabhängige Konzepte sind, deren getrennte Erfassung sich lohnt, während sich Betriebsklima und Organisationszufriedenheit so sehr ähneln, daß die getrennte Messung kaum lohnend erscheint" (ROSENSTIEL et al. 1982, S. 301).

Zahlreiche Untersuchungen demonstrieren, daß die in fast allen Organisationsklima-Studien nachgewiesene Dimension 'Beziehungs-orientierung, Wärme und Unterstützung' oft sehr eng mit der Zu-friedenheit mit der Art der interpersonellen Beziehungen assoziert ist (z.B. FRIEDLANDER/MARGULIES 1969, WATERS et al. 1974, aber auch LYON/IVANCEVICH 1974). Ein ähnliches Ergebnis weist eine Studie von LaFOLLETTE und SIMS (1975) aus, die sich speziell der Redundanz-These widmet. Die Hälfte der sechs identifizierten

Dimensionen des Organisationsklimas korreliert stark positiv, eine
negativ mit jeder der vorgefundenen Arbeitszufriedenheits-Dimen-
sionen (vgl. auch LYON/IVANCEVICH 1974, MUCHINSKY 1977).
Anders als PRITCHARD und KARASICK sowie JOHANNESSON
sehen diese Autoren aufgrund ihres Untersuchungsergebnisses die
Redundanz-Hypothese nicht als bewiesen an. Sie weisen vielmehr
darauf hin, daß Korrelationenen grundsätzlich weder eine Kausalität
noch eine Redundanz beweisen können. Eine Redundanz der
korrelierten Variablen ist nur eine von vier möglichen Erklärungen:

1. Redundanz von Organisationsklima und Arbeitszufriedenheit
2. Organisationsklima als kausale Determinante von Arbeitszufriedenheit (bzw. umgekehrt)
3. Scheinkorrelation von Organisationsklima und Arbeitszufriedenheit
4. Zufallskorrelation von Organisationsklima und Arbeitszufriedenheit.

LaFOLLETTE/SIMS neigen aufgrund einiger Ergebnisse aus metho-
disch anspruchsvollen Studien mit experimentellem Charakter
(LITWIN/STRINGER 1968, FREDERIKSEN et al. 1972, DIETERLY/
SCHNEIDER 1974), mit einem Längsschnitt-Design (HAND et al.
1973) oder mit der Kausalitäten eher offenlegenden Cross-lag
Korrelations-Technik (TAYLOR/BOWERS 1972; vgl. aber auch
ROGOSA 1980) zu dem Schluß, daß Organisationsklima mit größerer
Wahrscheinlichkeit Arbeitszufriedenheit beeinflußt als umgekehrt.
Auch aufgrund der Ergebnisse ihrer eigenen empirischen Unter-
suchung zum Einfluß des Organisationsklimas als auch der
Arbeitszufriedenheit auf die Leistung der Organisationsmitglieder,
der sich als unterschiedlich stark erwies, halten LaFOLLETTE und
SIMS die Redundanz-These JOHANNESSONs für übereilt; denn eine
inhaltlich begründete Redundanz hätte in etwa gleich starke
Korrelationen beider Variablen mit der Arbeitsleistung zur Folge
haben müssen. Die vorliegende Evidenz spricht nach ihrer Ansicht

eher gegen diese Hypothese auch wenn die Diskussion noch nicht als abgeschlossen betrachtet werden kann. Auch PAYNE et al. (1976, S. 47) halten JOHANNESSONs Schlußfolgerung für übereilt, da die von ihnen ermittelten Durchschnittskorrelationen dazu nicht hoch genug scheinen.

SCHNEIDER und SNYDER (1975), die sich ebenfalls der Redundanz-Hypothese zuwenden, kritisieren, daß vorliegende empirische Untersuchungen zum Zusammenhang von Organisationsklima und Arbeitszufriedenheit entweder beide Variablen nicht angemessen konzeptualisiert oder nicht auf der richtigen Ebene analysiert haben. Trotz ähnlicher Nominaldefinitionen besteht gerade über die Untersuchungseinheit Verwirrung. Studien, die die Redundanz-These untersuchten und bestätigten, haben vorwiegend oder häufig Individuen nicht nur als Erhebungs- sondern auch als Untersuchungseinheit aufgefaßt (vgl. SCHNEIDER/SNYDER 1975, S. 318). Eine problemadäquate Operationalisierung hat nach Ansicht von SCHNEIDER und SNYDER zur Folge, daß die Mitglieder einer Organisation bezüglich der Beschreibung des Organisationsklimas mehr übereinstimmen als in ihrer Arbeitszufriedenheit (Hypothese 1). Außerdem korreliert Organisationsklima mit Arbeitszufriedenheit in diesem Fall nicht notwendigerweise hoch, d.h. Organisationsmitglieder, die ein Organisationsklima beispielsweise als stark beziehungsorientiert und innovativ beschreiben, sind nicht notwendigerweise die zufriedensten (Hypothese 2). In einem empirischen Test mit 522 Beschäftigten von 50 Versicherungsagenturen konnten beide Hypothesen tendenziell bestätigt werden. Dabei wurden neben dem Organisationsklima (gemessen mit dem ACQ) und der Arbeitszufriedenheit (mit Job Description Index und einem revidierten Bedürfnisbefriedigungs-Fragebogen von ALDERFER 1972) die organisationale Effizienz (mit Hilfe von sieben Indikatoren) gemessen und im einzelnen folgende Ergebnisse erzielt:

1. Die beiden Arbeitszufriedenheitsmaße korrelierten stärker miteinander als mit dem Organisationsklima.

2. Organisationsmitglieder auf derselben hierarchischen Ebene innerhalb einer Organisation stimmten mehr bezüglich der Beschreibung des Organisationsklimas als in ihrer Zufriedenheit überein.

3. Die Stärke der Korrelation von Organisationsklima und Arbeitszufriedenheit variiert bei den Befragten zwischen $r = 0.55$ und $r = 0.00$ mit einem Durchschnittskorrelationskoeffizienten von nur $r = 0.21$.

4. Die Befragten, die das Organisationsklima ihrer Agenturen am positivsten beschrieben, waren nicht notwendigerweise die zufriedensten.

5. Weder Organisationsklima- noch Zufriedenheits-Daten korrelierten stark mit den Effizienzmaßen.

6. Arbeitszufriedenheit war tendenziell stärker mit Fluktuationsdaten korreliert als Organisationsklima.

Jedoch auch SCHNEIDER und SNYDER lassen sich nicht aufgrund dieser Ergebnisse auf ein abschließende Zurückweisung der Redundanz-Hypothese ein. Sie sehen sie nur als Beweis dafür an, daß noch sorgfältiger entwickelte Maße größere Unterschiede zwischen den Konzepten bestätigen werden. In der Tat weist auch das von ihnen verwendete ACQ Items auf, bei denen sich der Beantworter kaum einer Bewertung enthalten kann ("In the agency there is a spirit of cooperation among the agents"). Kritisch einzuwenden ist u.E. weiterhin, daß eine umfassendere Operationalisierung des Organisationsklimas, zum Beispiel unter Einbezug der Belohnungsorientierung der Agenturen, möglicherweise stärkere Korrelationen zwischen dem Klima und der Zufriedenheit und damit auch erstgenannter zur Fluktuation zur Folge gehabt hätte.

Auf empirischer Basis läßt es sich demnach bis heute nicht klären, ob das Konzept des Organisationsklimas tatsächlich mit dem der

Arbeitszufriedenheit redundant oder von ihm verschieden ist:

> "Die Frage, ob Organisationsklima (besonders wenn es über
> Wahrnehmungsmaße erfaßt wird) Arbeitszufriedenheit verur-
> sacht, moderiert oder dasselbe Konzept repräsentiert, ist
> derzeit noch unbeantwortet. Empirische Forschungsergebnisse
> sind widersprüchlich und ermöglichen eine Vielzahl sub-
> jektiver Interpretationen. Weil das Querschnittdesign der
> Korrelationsuntersuchungen, die in vielen der Feldunter-
> suchungen zu diesem Zusammenhang benutzt worden sind,
> rivalisierende Hypothesen für viele der Ergebnisse ermög-
> lichen, scheint die definitive Untersuchung zur Lösung dieses
> Problems immer noch auszustehen" (WOODMAN/KING 1978,
> S. 822).

Die wenigen Ergebnisse der methodisch anspruchsvolleren Studien lassen jedoch erwarten, die Redundanz der beiden Konzepte schließlich doch empirisch widerlegen zu können. Auf der theoretischen Ebene ist die Unterscheidung der beiden Konzepte u.E. erheblich weiter gediehen; dennoch muß letztlich die noch nicht endgültig angemessene Konzeptualisierung für die Tatsache verantwortlich gemacht werden, daß das Verhältnis beider Konzepte empirisch noch nicht überzeugend begründet werden konnte.

4.322. Einige theoretische Unterscheidungen

Die Konzeptualisierung des Organisationsklimas als Ergebnis eines Wahrnehmungs- und kognitiven Verarbeitunsprozesses läßt Gemein-samkeiten mit dem Konzept der Arbeitszufriedenheit deutlich werden:

- Kennzeichnung als hypothetisches Konstrukt
- organisationsinterne Situation als Bezugspunkt
- Situationswahrnehmung als 'vorgängiger' Prozeß
- Relevanz personaler Merkmale

   –   Beziehung zum beobachtbaren Verhalten, insbesondere zum Teilnahmeverhalten von Organisationsmitgliedern.

Dennoch hat sich eine konzeptionelle Unterscheidung der beiden Konstrukte anhand von zwei Kriterien in der theoretischen Diskussion durchgesetzt und sich zum Teil auch schon in oben zitierten empirischen Untersuchungen niedergeschlagen (vgl. SCHNEIDER/ SNYDER 1975, PAYNE et al. 1976):

1.   Organisationsklima ist ein <u>deskriptives,</u> Arbeitszufriedenheit ein <u>evaluatives</u> Konzept.

2.   Untersuchungseinheit zur Erfassung des Organisationsklimas ist die <u>kollektive Einheit,</u> für die Messung der Arbeitszufriedenheit das <u>Individuum.</u>

ad 1.

Organisationsklima als Ergebnis eines Wahrnehmungs- und Kognitionsprozesses soll demnach beispielsweise auf die Organisation als eine mögliche kollektive Einheit bezogen sein, obwohl es beim Individuum erhoben wird. Die Tatsache, auf das Individuum als Erhebungseinheit rekurrieren zu müssen, indiziert bereits die grundlegende Schwierigkeit der Organisationsklima-Forschung, dem ersten Kriterium gerecht zu werden: "Selbst wenn die Forscher die Mühe auf sich genommen hätten, neue Items zu formulieren und ein neues Item-Format zu entwickeln (was sie nicht getan haben), wäre dennoch das psychologische Problem existent, Beschreibungen von Gefühlen frei zu halten" (JOHANNESSON 1973, S. 142), denn beide Prozesse laufen im Inneren des Menschen ab (NAYLOR et al. 1980, S. 257; vgl. auch NEUBERGER 1974a, S. 164). Ihr Verhältnis zueinander wird demzufolge angemessener durch eine reziproke Beziehung dargestellt (vgl. Abb. 30).

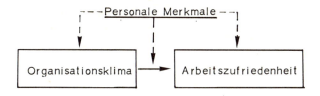

Abb. 30:   Die reziproke Beziehung von Arbeitszufriedenheit
             und Organisationsklima

"Die angenommene reziproke Beziehung zwischen den Konstrukten
schließt mit ein, daß die Messung jedes dieser Konstrukte zu einem
gewissen Ausmaß den kausalen Einfluß des anderen miteinschließt...
Zum Ausdruck gebrachte Wertschätzungen und Gefühle (die von
Arbeitszufriedenheit bzw. -unzufriedenheit verursacht sind;
Anm.d.Verf.) könnten das Individuum dazu veranlassen, Wahrnehmungen einer spezifischen Situation zu verzerren, zu
redefinieren, zu rekonstruieren etc., um die Selbst-Wertschätzung zu
beschützen, das positive Selbstbild zu erhalten usw." (JAMES et al.
1978, S. 881; zu Beispielen und empirischen Belegen vergleiche
JAMES/JONES 1980, S. 102 ff.). Bei einer solchen reziproken
Beziehung zwischen Arbeitszufriedenheit und Organisationsklima
wird jedoch erstens davon ausgegangen, daß letzteres direkt von
den Merkmalen der 'objektiven' Arbeitssituation mitbestimmt wird,
während Arbeitszufriedenheit nur in indirekter Beziehung (vermittelt über das Klima) mit diesen steht. Zweitens unterscheiden
sich beide Konstrukte trotz ihrer reziproken Beziehung hinsichtlich
der Relevanz bestimmter personaler Merkmale, die, über einen
kurzen Zeitraum betrachtet, im Vergleich zu Klima-Perzepten und
Arbeitszufriedenheit als relativ stabil anzusehen sind (vgl. zur
empirischen Evidenz JAMES/ JONES 1980, S. 105 f. und 113); erst
in längerfristiger Perspektive ist zu vermuten, daß Arbeitszufriedenheit als kognitiver Filter für Klima-Wahrnehmungen wirkt.

Die Rekonstruktion des Organisationsklimas als Ergebnis eines Wahrnehmungs- und kognitiven Verarbeitungsprozesses hat in Übereinstimmung mit den Ergebnissen empirischer Untersuchungen gezeigt, daß die Komplexität der Interaktion bzw. Transaktion von personalen Merkmalen (unter Einschluß von Werten, Normen und Anspruchsniveaus) und situationalen Faktoren unbewertete Stellungnahmen selbst zu rein deskriptiven Items nicht zuläßt. Dieses Ergebnis weist auf die Möglichkeit, daß individuelle Arbeitszufriedenheit als Ergebnis eines Vergleichs von Wahrnehmungen mit Wertstandards die Beschreibung des Organisationsklimas beeinflussen kann. Organisationsklima stellt nur eine weitgehend affektfreie Kognition dar:

> "Während Klima instrumentell bezüglich der Schaffung von affektiven Reaktion eines Individuums sein mag, wenn eine, bestimmte Klimawahrnehmung erst formiert worden ist, kann und sollte die Wahrnehmung des Ausmaßes einer in der Arbeitssituation gegebenen Klimadimensionen von dem Affekt freigehalten werden, der durch diese Wahrnehmung produziert wird, wenn sie erstmal gemacht und bewertet worden ist gleichgültig, wie schnell der Affekt produziert wird" (NAYLOR et al. 1980, S. 257).

Darüber hinaus beinhaltet jede Beschreibung durch ein Individuum wegen der vorgenommenen Selektion basale Werturteile.

Dennoch zerfließen die hypothetischen Konstrukte Organisationsklima und Arbeitszufriedenheit nicht zu einem unauflösbaren Ganzen. Sinnvoll und anstrebenswert ist eine möglichst unbewertete Beschreibung des Organisationsklimas.

ad 2.

Das Kriterium unterschiedlicher Untersuchungseinheiten scheint u.E. in theoretischer wie praxeologischer Hinsicht zur Abgrenzung von Organisationsklima und Arbeitszufriedenheit von größerer Bedeutung. Die Forderung nach organisationsbezogener Erhebung des Organisationsklimas ist einleuchtend. Die Notwendigkeit, aufgrund des Wahrnehmungssachverhaltes des Organisationsklimas auf die Organisationsmitglieder als Erhebungseinheit zurückgreifen zu müssen, erzwingt eine angemessene Aggregation der Individualdaten, der psychologischen Klimata. Eine vollkommene Abgrenzung von dem Konzept der Arbeitszufriedenheit wird jedoch auch nicht auf der Grundlage dieser Forderung gelingen; sie ist bei der Mehrheit der vorliegenden Untersuchungen auch nicht erfüllt (HELLRIEGEL/SLOCUM 1974). Denn auch Instrumente zur Messung der Arbeitszufriedenheit umfassen nicht selten Fragen zur Zufriedenheit mit der gesamten Organisation (vgl. z.B. den ABB von NEUBERGER/ALLERBECK 1978).

Von Vorteil ist jedoch, daß eine Zufriedenheit mit der gesamten Organisation zumeist nur eine Facette der gesamten Arbeitszufriedenheit eines Individuums repräsentiert (wie z.B. das Organisationsklima als ein Bestandteil der subjektiven Arbeitssituation), während Organisationsklima häufig auf die Beschreibung überindividueller Sachverhalte in der Organisation abstellt. Die Tatsache, daß dennoch auch Untersuchungen zur Zufriedenheit mit der gesamten Organisation (vgl. z.B. KATZ/VAN MAANEN 1976) sowie zur Erhebung der subjektiven Arbeitssituation (vgl. z.B. HACKMAN/LAWLER 1971) oder des psychologischen Klimas (z.B. JAMES et al. 1978) durchgeführt worden sind, veranlaßt PAYNE et al. (1976, S. 55) Arbeitszufriedenheit und Organisationsklima nur als Endpunkte eines die Kriterien deskriptiv/evaluativ, Untersuchungs- und Erhebungseinheiten umspannende Kontinuums zu begreifen (vgl. Abb. 31).

Diese Auffassung weist auf die Schwierigkeit, empirische Untersuchungen zum Organisationsklima – erschwert durch oft unzureichende Angaben über Erhebungs- und Auswertungsmethodik – als solche zu identifizieren und ihre Ergebnisse in einen theoretischen Bezugsrahmen mit der Absicht zu integrieren, in Hypothesenform formulierte Wirkungszusammenhänge empirisch zu belegen.

Konzept	A	B	C	D	E	F	G	H
Erhebungseinheit	Individuum	Individuum	Individuum	Individuum	Soziales Kollektiv (aggregiert)	Soziales Kollektiv (aggregiert)	Soziales Kollektiv (aggregiert)	Soziales Kollektiv (aggregiert)
Untersuchungseinheit	Arbeitsplatz	Arbeitsplatz	Organisation (o.Subsystem)	Organisation (o.Subsystem)	Arbeitsplatz	Arbeitsplatz	Organisation (o.Subsystem)	Organisation (o.Subsystem)
Eigenschaft des Maßes	Affektiv	Deskriptiv	Affektiv	Deskriptiv	Affektiv	Deskriptiv	Affektiv	Deskriptiv

ARBEITS-ZUFRIEDENHEIT

WAHRGENOMMENE ARBEITSSITUATION (perceived job characteristics)

ZUFRIEDENHEIT MIT DER ORGANISATION

WAHRGENOMMENE ORGANISATION (perceived organizational characteristics)

ROLLENMORAL (role moral)

ROLLENKLIMA (role climate)

MORAL (organizational morale)

ORGANISATIONS-KLIMA

Abb. 31: Organisationsklima und Arbeitszufriedenheit als Endpunkte eines bipolaren Kontinuums
Quelle: PAYNE et al. (1976), S. 55.

Auf konzeptioneller Ebene können zwei weitere Unterscheidungen des Organisationsklimas von der Arbeitszufriedenheit getroffen werden :

3. Organisationsklima ist ein molares hypothetisches Konstrukt; Arbeitszufriedenheit ist auf die konkreten Elemente der Arbeitssituation bezogen.

4. Organisationsklima ist in einem übergeordneten Bezugsrahmen zur Erklärung organisationalen Verhaltens immer ein zwischen realen Strukturen und Prozessen und dem Individuum vermittelnde Variable, Arbeitszufriedenheit hingegen zumeist eine Ergebnis-Variable.

ad 3.

Die Trennschärfe des dritten Unterscheidungskriteriums ist kaum höher zu beurteilen als die der beiden zuvor genannten Kriterien (Deskription/Evaluation und Organisation/Individuum). Tatsächlich handelt es sich beim Organisationsklima um eine deskriptive Abstraktion von der konkreten Arbeitssituation, der zum Teil menschliche Eigenschaften (z.B. "freundlich") attribuiert werden. Aber auch eine Gesamtzufriedenheit mit der Arbeitssituation (LAWLER 1973, S. 77 ff.) oder die Zufriedenheit mit der gesamten Organisation (wie mit dem ABB erhoben) unterstellt eine gewisse Abstraktionsleistung des Individuums.

ad 4.

Ein größeres Differenzierungspotential weist das vierte Unterscheidungskriterium auf. Unterstellt man einen die Gesamtheit der Strukturen und Prozesse einer Organisation umfassenden Bezugsrahmen (vgl. Abschnitt 4.4), muß Organisationsklima als ein zwischen Realstruktur und Individuum vermittelndes, hypothetisches Konstrukt aufgefaßt werden. Diese Stellung des Organisationsklima-Konstrukts zwischen organisationaler Situation und Arbeitszufriedenheit konnte auch empirisch belegt werden (z.B.

NEWMAN 1975). Arbeitszufriedenheit kann zwar in einzelnen Untersuchungen, abhängig vom Design, ebenfalls als eine solche (intervenierende) Variable konzipiert werden; eingebettet in einen umfassenden Bezugsrahmen ist sie jedoch in jedem Falle eine Ergebnisvariable. Ein Weg zur konzeptionellen Unterscheidung von
Organisationsklima und Arbeitszufriedenheit liegt demnach in der
Formulierung einer Verknüpfungstheorie, die nicht nur die Redundanz der beiden Konzepte anhand der oben genannten Unter-
scheidungskriterien zweifelhaft erscheinen läßt, sondern auch eine
kausale Einflußbeziehung zwischen Organisationsklima und
Arbeitszufriedenheit modelliert. Eine solche Modellbildung scheint
auch dann angemessen, wenn die monokausale Verknüpfung beider
Konzepte (vgl. Abb. 28) vor dem Hintergrund der Rekonstruktion des
Organisationsklimas als Ergebnis eines Wahrnehmungs- und Kognitionsprozesses in oben beschriebener Form nicht aufrecht erhalten
werden kann. Die Rückwirkung der Arbeitszufriedenheit auf das
Organisationsklima über personale Merkmale wie Werte und
Erwartungen ist bereits thematisiert worden.

Arbeitszufriedenheit steht jedoch nicht in einer einfachen reziproken Beziehung zum Organisationsklima unter Einbezug personaler
Faktoren, wie in Abbildung 30 nahegelegt; sie ist vielmehr auch ein
Ergebnis des Vergleichs von (realem) Organisationsklima mit einer
idealen Vorstellung des Individuums darüber, wie das Organisationsklima sein sollte (vgl. Abb. 32). Das wahrgenommene reale Organisationsklima wird hinsichtlich seines Übereinstimmungsgrades mit dem
idealen Organisationsklima bewertet (GAVIN/HOWE 1975, S. 230 ff.;
vgl. ähnlich auch BRUGGEMANN et al. 1975, S. 52 bei der
Formulierung einer Theorie der Arbeitszufriedenheit). Die Resultante ist Zufriedenheit bzw. Unzufriedenheit mit der Arbeitssituation bzw. Organisation.

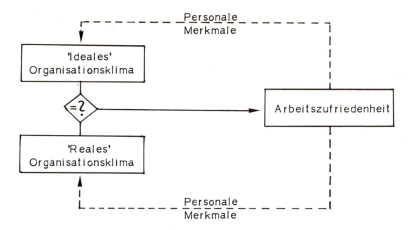

Abb. 32:   'Reales' und 'Ideales' Organisationsklima und Arbeitszufriedenheit

Zu den personalen Merkmalen, die die Bildung der Idealvorstellung
beeinflussen, gehören vor allem die in der gegenwärtigen und in
anderen Arbeitssituationen gemachten Erfahrungen. Eine Veränderung dieses Ideals ist im Rahmen der organisationalen Sozialisation gegeben (vgl. dazu LEMPERT 1979, FISCHER/WEEKLEY
1982). Art und Inhalt einer solchen Idealvorstellung vom Organisationsklima sind aber auch stark durch die objektiven Verhältnisse
geprägt. So ist zum Beispiel anzunehmen, daß vor dem Hintergrund
hoher Arbeitslosigkeit in marktwirtschaftlich-kapitalistisch organisierten Systemen Organisationsmitglieder zu einer Revision ihrer
Idealvorstellung veranlaßt werden. In jedem Fall kann die aus dem
Vergleich mit dem realen Organisationsklima resultierende Arbeitszufriedenheit die von BRUGGEMANN et al. (1975) unterschiedenen
Formen annehmen; dabei ist Arbeitszufriedenheit bzw. - Unzufriedenheit nicht allein durch den Vergleich von idealem und realem
Organisationsklima bestimmt.

Auch unter Bezugnahme auf Organisationsklima als Schema (vgl. Abschnitt 4.212. und dort Abb. 15) läßt sich Arbeitszufriedenheit von
Organisationsklima unterscheiden. Gleichzeitig deutet diese Auffassung von Organisationsklima und Arbeitszufriedenheit als Schemata
auf die innere Verbundenheit beider Konzepte.

Denn die Einzelfragen, die die verschiedenen Dimensionen der Konzepte bilden, werden als kognitve Elemente verstanden, die in den Köpfen der Befragten Wahrnehmungsaspekte ihrer organisationalen Situation repräsentieren. Teilweise sind diese kognitiven Elemente wiederum Bestandteile beider Schemata; es werden also aus dem Blickwinkel 'Erhebungseinheit Individuum' Elemente erfragt, die gleichzeitig in verschiedenen Schemata Verwendung finden. Damit muß sich aus der Wahrnehmungsperspektive her eine gewisse Affinität der Schemata ergeben, die sich auch in statistischen Kennzahlen (signifikante Korrelationen von Items und Dimensionen der beiden Konzepte) niederschlägt.

PAYNE et al. ziehen aus der Diskussion einiger der hier angeführten Argumente und Belege einen Schluß, dem wir uns anschließen wollen:

> "Insgesamt sind die Konzepte der Organisationsklima und Arbeitszufriedenheit verschieden und keine empirische Ähnlichkeit macht sie konzeptionell zu Gleichem" (PAYNE et al. 1976, S. 46).

Wir können deshalb WISWEDE (1981) nicht zustimmen, der im Zweifelsfalle empfiehlt, auf Ergebnisse und Instrumente der Arbeitszufriedenheitsforschung zurückzugreifen. Ein solch unkritischer Rückgriff auf in der Arbeitszufriedenheitsforschung erfolgte Vorarbeiten würde die Verwirrung, die über das konzeptionelle und empirische Verhältnis von Arbeitszufriedenheit und Organisatonsklima herrscht, auf Gestaltungsempfehlungen ausdehnen, die zwar auf empirisch überprüften Hypothesen basieren, die zur Überprüfung verwendeten Daten jedoch sowohl aus Organistionsklima- als auch Arbeitszufriedenheituntersuchungen stammen.

Die Abbildung 33 veranschaulicht noch einmal das Verhältnis das Organisationsklimas zu anderen Erklärungsansätzen organisationalen Verhaltens.

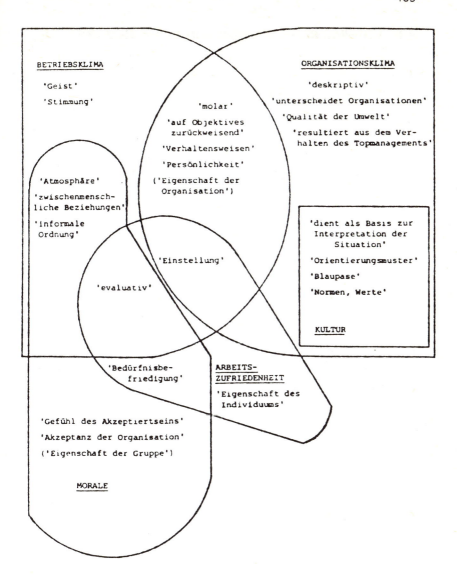

Abb. 33:   Verhältnis ausgewählter Konzepte zueinander
             Quelle: ROSENSTIEL et al. (1982), S. 84.

4.4 Entwurf eines theoretischen Bezugsrahmens

In diesem 4. Abschnitt sind Fragmente einer Theorie des Organisationsklimas entwickelt worden, die in der Abbildung 34 noch einmal überblickartig im Sinne eines theoretischen Bezugsrahmens zusammengefaßt werden. Ein theoretischer Bezugsrahmen stellt ein provisorisches Erklärungsmodell dar, das "sowohl den weiteren Forschungsprozeß steuern als auch unmittelbar Orientierungshilfen für die Lösung praktischer Probleme liefern soll" (KUBICEK 1977, S. 18).

Grundlage des von uns entwickelten theoretischen Bezugsrahmens ist die mit Transaktion oder reziproker Determination bezeichnete Interaktion von Situation, Person und Verhalten. In diesem Interaktionsprozeß bildet sich beim individuellen Organisationsmitglied ein psychologisches Klima durch Wahrnehmung der und Abstraktion von der Arbeitssituation, moderiert durch andere kognitive Prozesse, heraus. Gemeinsamkeiten in den psychologischen Klimata mehrerer Organisationsmitglieder bilden die Grundlage für die Aggregation des Organisationsklimas bzw. der Organisationsklimata. Organisationsklimata können sowohl nach personalen als auch nach situationalen Merkmalen aggregiert werden. Ist ein Organisationsklima entstanden, dient es dem einzelnen Organisationsmitglied als kognitives Bezugssystem zur Suche, Selektion und Interpretation weiterer situationaler Reize und beeinflußt in diesem Sinne individuelles Verhalten in Organisationen. Organisationsklima nimmt dabei eine zwischen der Ebene der Organisation (und ihrer Subsysteme) und der Ebene des Individuums vermittelnde Position ein. "Theoretisch sorgt es für eine Verbindung zwischen den organisationalen und individuellen Ebenen der Analyse. Als solches kann es in jedem Bezugsrahmen Verwendung finden, der sich auf eine dieser Ebenen konzentriert. Die theoretischen und methodischen Probleme, die im Zuge des Wechsels von einer Analyseebene auf die andere entstehen, sind jedoch alles andere als trivial zu nennen" (PAYNE/MANSFIELD 1978, S. 209).

Die Abbildung 34 beschränkt sich jedoch auf die Ebene des Individuums, d. h. auf die Entstehung des psychologischen Klimas aus der Interaktion von Situation, Person und Verhalten im Sinne des oben beschriebenen Transaktionsprozesses. Diese drei basalen Elemente des Bezugsrahmens werden in der Abbildung entsprechend der theoretischen Überlegungen zur Entwicklung einer Theorie des Organisationsklimas und unter Vorgriff auf empirische Untersuchungsergebnisse differenziert. Damit werden gleichzeitig mögliche Ansatzpunkte für ein Management des Organisationsklimas systematisch aufgezeigt.

188

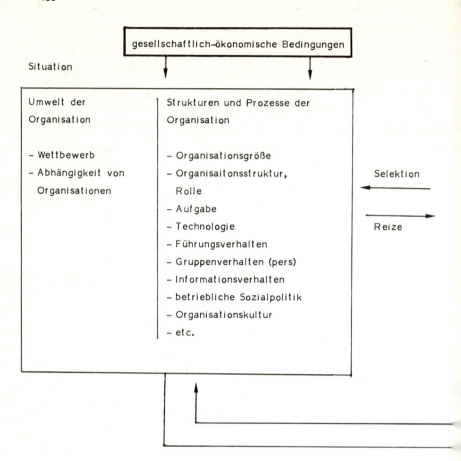

Abb. 34: Ein theoretischer Bezugsrahmen

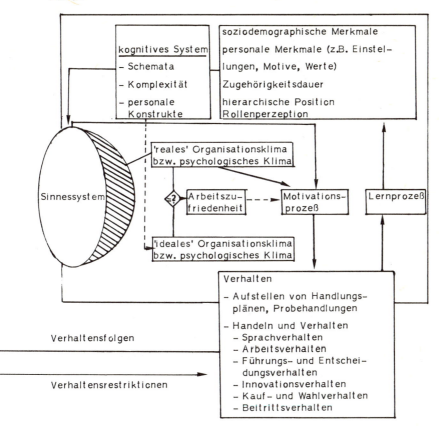

gesellschaftlich–ökonomische Bedingungen

Person

kognitives System
- Schemata
- Komplexität
- personale Konstrukte

soziodemographische Merkmale
personale Merkmale (z.B. Einstellungen, Motive, Werte)
Zugehörigkeitsdauer
hierarchische Position
Rollenperzeption

Sinnessystem

'reales' Organisationsklima
bzw. psychologisches Klima

Arbeitszu-
friedenheit

Motivations-
prozeß

Lernprozeß

'ideales' Organisationsklima
bzw. psychologisches Klima

Verhalten
- Aufstellen von Handlungs-
plänen, Probehandlungen
- Handeln und Verhalten
  - Sprachverhalten
  - Arbeitsverhalten
  - Führungs- und Entschei-
    dungsverhalten
  - Innovationsverhalten
  - Kauf- und Wahlverhalten
  - Beitrittsverhalten

Verhaltensfolgen

Verhaltensrestriktionen

5. Empirische Ergebnisse der Organisations-klima-Forschung

Eine Mehrzahl der in dem Bezugrahmen vorgestellten Variablenbeziehungen ist im Rahmen der Organisationsklima-Forschung empirisch untersucht worden. Insgesamt sind heute mehr als 100 empirische Studien durchgeführt worden, in denen Organisationsklima entweder abhängige, unabhängige oder intervenierende Variable war. Ein Großteil dieser Untersuchungen ist von HELLRIEGEL und SLOCUM (1974) sowie JOYCE und SLOCUM (1979) zusammengestellt worden. Der nachfolgende Bericht über empirische Untersuchungsergebnisse bezieht diese Studien nur insoweit mit ein, wie sie uns zugänglich waren; darüber hinaus werden auch neuere empirische Untersuchungen berücksichtigt. Nicht einbezogen werden allerdings Untersuchungen, die nicht Organisationsklima in dem oben entwickelten, umfassenden Sinn erfassen, sondern nur Aspekte der (wahrgenommenen) Organisationsstruktur, des (wahrgenommenen) Vorgesetztenverhaltens u.ä. Deshalb haben wir darauf verzichtet, solche Studien wie z.B. diejenige von BURNS und STALKER (1961) in die Auswertung mit einzubeziehen, obwohl sie manchmal als Organisationsklima-Studie zitiert werden. Einbezogen werden aber außer als Organisationsklima-Studie i.e.S. zu bezeichnende Studien auch empirische Untersuchungen zum psychologischen Klima.

Die Darstellung der empirischen Ergebnisse umfaßt neben der Angabe des Untersuchungsziels eine grobe Charakterisierung des Samples, Angaben zu den verwendeten Meßinstrumenten und zum Untersuchungsdesign, einen Überblick über die wichtigsten Untersuchungsergebnisse und ihrer Interpretation. Auf eine systematische Kritik der einzelnen Untersuchungen wird verzichtet, da dafür eine detaillierte Darstellung der gesamten Studien erforderlich wäre, die den Rahmen dieses Buches sprengen würde. Fallweise werden jedoch einige kritische Bemerkungen gemacht und am Schluß dieses Kapitels wird eine zusammenfassende Würdigung der empirischen Ergebnisse der Organisationsklima-Forschung auf dem Hintergrund der im Abschnitt 4 entwickelten Überlegungen zu einer Theorie des Organisationsklimas versucht (Abschnitt 5.5.).

Zweck der Darstellung empirischer Untersuchungsergebnisse der Organisationsklima-Forschung ist es, dem Leser einen Überblick über vorliegende, empirische Studien zum Organisationsklima zu vermitteln und in Ergänzung zu den im Abschnitt 2 angestellten Überlegungen zur Relevanz des Organisationsklimas für die Theorie und Praxis des Managements einige empirische Belege für die Relevanzbehauptungen anzuführen. Des weiteren, und dies ist das Hauptanliegen des folgenden Berichts, soll deutlich werden, welche situationalen und personalen Einflußfaktoren tatsächlich zur Entstehung des Organisationsklimas beitragen (Abschnitt 5.2. und 5.3.) und welche Wirkungen Organisationsklima auf betriebswirtschaftlich wie organisationstheoretisch relevante Ergebnisvariablen hat (Abschnitt 5.4.). Dabei ist jedoch zu beachten, daß Organisationsklima eigentlich ein intervenierendes hypothetisches Konstrukt darstellt. Es ist keine Ergebnisvariable im eigentlichen Sinn (wie z.B. Leistung, Arbeitszufriedenheit), aber auch keine wirklich unabhängige Variable, da sie nicht direkt manipuliert werden kann (SCHNEIDER/HALL 1972). In den einzelnen Untersuchungsdesigns jedoch kann Organisationsklima sowohl als abhängige als auch als unabhängige Variable konzipiert werden.

Um die Darstellung der empirischen Untersuchungen etwas verkürzen zu können, wird zunächst auf einige Methoden und Probleme der empirischen Erhebung des Organisationsklimas eingegangen (Abschnitt 5.1.). Insbesondere werden die wichtigsten, d.h. am meisten verwendeten Erhebungsinstrumente tabellarisch vorgestellt, damit im folgenden auf diese Instrumente mit Hilfe der Fragebogen-Bezeichnung (Kurzform) verwiesen werden kann.

5.1 Methoden der Organisationsklima-Messung

Die empirische Organisationsklima-Forschung hat, sieht man von den allerfrühesten Untersuchungen ab, u.W. ausnahmslos standardisierte Fragebögen zur Messung des Organisationsklimas verwendet. Läßt man die vielfältig vorgenommenen geringeren Modifikationen standardisierter Fragebögen unberücksichtigt, wurde in den meisten empirischen Untersuchungen eines von etwa 20 standardisierten Erhebungsinstrumenten verwendet. Die weitaus meisten standardisierten Erhebungsinstrumente bestehen aus 50 bis 150 geschlossenen Fragen bzw. Statements, zu denen in der Regel auf einer 5-Punkte-Skala Stellung genommen werden soll. Die meisten dieser Fragebögen erfüllen die traditionellen meßtheoretischen Erfordernisse der Objektivität, Reliabilität und Validität. Da der überwiegende Teil von ihnen in mehreren empirischen Untersuchungen zur Anwendung gekommen ist, stützen sich die Angaben zu diesen meßtheoretischen Daten nicht nur auf die Angaben der Autoren, die den Fragebogen entwickelt haben [20].

Auf den folgenden Seiten findet sich eine Auswahl derjenigen Erhebungsinstrumente, die in ursprünglicher oder modifizierter Form am häufigsten im Rahmen empirischer Organisationsklima-Studien zur Anwendung gekommen sind. Zusätzlich wurden die zwei einzigen deutschsprachigen Fragebögen mit aufgenommen. Der Überblick besteht aus einer Tabelle und einem Auszug aus dem jeweiligen Fragebogen. Die Tabelle [21] enthält Informationen über

---

[20] Zur grundsätzlichen Problematik eines rein quantitativen Vorgehens bei der Messung des Organisationsklimas vgl. BOSETZKY (1982) und CONRAD/SYDOW (1984).

[21] Die Aufbereitungsform ist KARG/STAEHLE (1982) entnommen, die nach diesem Schema Erhebungsinstrumente zur Analyse von Arbeitssituationen zusammenstellen.

- Bezeichnung des Fragebogens

- Ziel

- Bezugsquelle

- Anwendungsbereich

- theoretischer Rahmen

- formaler Aufbau (Dimension, Zahl der Items, Skalen)

- meßtheoretische Daten

- Hinweise zur Anwendung

- Verwendung des Fragebogens in anderen Untersuchungen.

Dieser Überblick erlaubt es, die Fragebögen mit ihren Kurzbezeichnungen nur zu benennen, wenn über empirische Untersuchungen zum Organisationsklima und ihre Ergebnisse berichtet wird.

Der dann folgende Bericht empirischer Ergebnisse der Organisationsklima-Forschung beginnt mit den Studien, in denen Organistionsklima als abhängige Variable konzeptualisiert worden ist. Die unabhängigen Variablen dieser Studien lassen sich entsprechend des von uns entwickelten theoretischen Bezugsrahmens in situationale und personale Einflußgrößen des Organisationsklimas unterscheiden. Im Anschluß daran werden Ergebnisse zu den Wirkungen des Organisationsklimas berichtet. In jenen Studien ist Organisationsklima als entweder unabhängige oder als intervenierende Variable konzeptualisiert worden. Der Bericht empirischer Ergebnisse der Organisationsklima-Forschung schließt mit einer kritischen Würdigung.

1. BEZEICHNUNG/TITEL	AGENCY Climate Questionnaire (ACQ)			
2. ZIEL	Messung des Organisationsklimas			
3. BEZUGSQUELLE 3.1 HERAUSGEB./JAHRG.	SCHNEIDER/BARTLETT (1970)			
3.2 ZUGÄNGLICHKEIT	VORGESEHEN ☐ NICHT VORGESEHEN ☒	3.3 BEGLEITMATERIAL/ AUSWERTUNGSHILFEN	VORHANDEN ☐ NICHT VORHANDEN ☒	
3.4 KONTAKTADRESSE	Professor B. Schneider University of Maryland College Park, Maryland, U.S.A.			
4. ANWENDUNGSBEREICH/ ZIELGRUPPE	Versicherungsagenturen			
5. THEORETISCHER RAHMEN	Subjektivistischer Organisationsklima-Ansatz			
6. FORMALER AUFBAU 6.1 DIMENSIONEN DER ANALYSE	- Unterstützung durch das Management - Konflikt zwischen den Agenturen - Hierarchische Struktur - Engagement für neue Mitarbeiter - Interdependenzen zwischen Agenturen - Allgemeine Zufriedenheit			
6.2 ZAHL DER ITEMS	80			
6.3 SKALEN	5-Punkt-Skala (nie - immer charakteristisch)			
7. MESSTHEORETISCHE DATEN 7.1 OBJEKTIVITÄT DER AUSWERTUNGSMETHODE	gegeben			
7.2 RELIABILITÄT UND VALIDITÄT	teilweise Messung der Arbeitszufriedenheit			
7.3 QUANTIFIZIERBARKEIT	gegeben			
7.4 STANDARDISIERUNG DER DURCHFÜHRUNG	gegeben			
7.5 ERHEBUNGSUMFANG	511 Angestellte von 69 Versicherungsagenturen			
8. HINWEISE ZUR ANWENDUNG 8.1 INSTRUMENT LIEGT VOR IN	DEUTSCH ☐ ENGLISCH ☒ FRANZÖSISCH ☐ .... ☐ .... ☐	8.2 FEEDBACK AN BEFRAGTE	VORGESEHEN ☐ NICHT VORGESEHEN ☐ KEINE ANGABE ☒	
8.3 AUSWERTUNGSMODALITÄTEN				
8.4 BESONDERE HINWEISE ZUR ANWENDUNG				
9. ANWENDUNG	SCHNEIDER (1975b), SCHNEIDER/SNYDER (1975)			
10. BEMERKUNGEN				

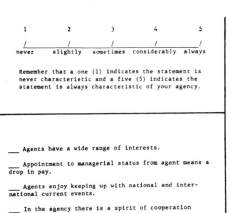

1	2	3	4	5
never	slightly	sometimes	considerably	always

Remember that a one (1) indicates the statement is never characteristic and a five (5) indicates the statement is always characteristic of your agency.

___ Agents have a wide range of interests.

___ Appointment to managerial status from agent means a drop in pay.

___ Agents enjoy keeping up with national and international current events.

___ In the agency there is a spirit of cooperation among the agents.

___ Agents call managers by their first names.

___ Managers take an active interest in agents as individuals.

___ Agents who are "choosy" about their associates within the agency are better all-around agents.

___ Managers are willing to help agents solve personal problems.

___ Teamwork among agents is more important to the agency than individual agent ambition.

___ Managers personally examine individual agents' lapse records.

___ Managers insist that activities be accomplished in the manner they prescribe.

___ Agents feel that the best reason for becoming an agent is to help others achieve security.

___ Agents receive sufficient field training prior to being left on their own.

___ Special field training with the manager leads to high agent satisfaction.

___ Becoming a life insurance agent requires a lot of study on the part of the new agent.

___ There are definite "in" and "out" groups of agents within the agency.

___ Agents are informal with their fellow agents.

___ Agents always have grievances no matter what is done to correct them.

___ Ineffective agents are told to "get busy or get out."

___ Managers impress agents with the importance of the means to the end, as well as the end result itself.

___ Agents keep themselves informed on many topics besides life insurance.

___ New agents are hired through the referral of old, established agents.

___ Life insurance agents believe their status to be high in relation to that of other businessmen.

___ Poor agent work is privately criticized by managers.

___ When all members of the agency contribute to the solution of an agency problem, it is solved more effectively.

___ Managers make efforts to smooth out personal dislikes between agents.

___ Most agents become agents because the amount of money they can make is limited only by their own effort.

___ Appointment as a manager means an increase in pay.

___ Agents are prone to overstate and exaggerate their accomplishments.

___ Agents who make few mistakes when writing policy applications, computing premiums, etc., are rewarded for their efforts by the manager.

___ Agents must keep many of their own records.

___ The best training device is to allow a new agent to "sink or swim".

___ Agents look upon managers as being necessary evils.

___ Managers require that agents strictly adhere to budgets.

___ The more education an agent has, the more satisfied he is with his job as a life insurance agent.

___ Problem clinics are held for agents by home office personnel.

___ Technical problems that agents have are corrected through joint effort on the part of the agent and the manager.

___ Managers attempt to rate agent effort, as well as agent production, when writing performance appraisals.

___ Managers take an active interest in the progress their agents.

___ Agents receive an accurate picture of job potential when they are contracted.

PLEASE REMEMBER TO RESPOND TO EACH STATEMENT AS IT APPLIES TO, AND AS TO HOW WELL IT CHARACTERIZES, YOUR AGENCY.

1. BEZEICHNUNG/TITEL	Business Organization Climate Index (BOCI)		
2. ZIEL	Messung des Organisationsklimas		
3. BEZUGSQUELLE 3.1 HERAUSGEB./JAHRG.	PAYNE/PHEYSEY (1971)		
3.2 ZUGÄNGLICHKEIT	VORGESEHEN ☐ NICHT VORGESEHEN ☒	3.3 BEGLEITMATERIAL/ AUSWERTUNGSHILFEN	VORHANDEN ☐ NICHT VORHANDEN ☒
3.4 KONTAKTADRESSE	R.L. Payne MCR Social and Applied Psychology Unit University of Sheffield, Sheffield, England.		
4. ANWENDUNGSBEREICH/ ZIELGRUPPE	Unternehmungen		
5. THEORETISCHER RAHMEN	Situativer Ansatz (Aston-Konzept)		
6. FORMALER AUFBAU 6.1 DIMENSIONEN DER ANALYSE	24 Dimensionen, zusammengefaßt zu sechs Subscalen: - Autoritätsskala - Beschränkungsskala - Arbeitsinteressen - Gemeinschaft - Routineskala - Persönlichkeit		
6.2 ZAHL DER ITEMS	254 ja/nein		
6.3 SKALEN	5-Punkt-Skala (Grad der Zustimmung)		
7. MESSTHEORETISCHE DATEN 7.1 OBJEKTIVITÄT DER AUSWERTUNGSMETHODE	gegeben		
7.2 RELIABILITÄT UND VALIDITÄT	gegeben		
7.3 QUANTIFIZIERBARKEIT	gegeben		
7.4 STANDARDISIERUNG DER DURCHFÜHRUNG	gegeben		
7.5 ERHEBUNGSUMFANG	120 Organisationsmitglieder		
8. HINWEISE ZUR ANWENDUNG 8.1 INSTRUMENT LIEGT VOR IN	DEUTSCH ☐ ENGLISCH ☒ FRANZÖSISCH ☐ .... ☐ .... ☐	8.2 FEEDBACK AN BEFRAGTE	VORGESEHEN ☐ NICHT VORGESEHEN ☒ KEINE ANGABE ☐
8.3 AUSWERTUNGSMODALITÄTEN			
8.4 BESONDERE HINWEISE ZUR ANWENDUNG			
9. ANWENDUNG	PAYNE/MANSFIELD (1973)(mod.), MANSFIELD (1980) PAYNE/PHEYSEY (1971), MANSFIELD/PAYNE (1977)		
10. BEMERKUNGEN	Entwickelt aus STERNs (1970) Organizational Climate Index (OCI).		

Examples of items from the 24 BOCI Scales, and means and standard
deviations for each scale ($N = 120$)

Scale title	Mean	SD
Authority scales		
Leaders' psychological distance	3·13	1·88
Senior personnel are frequently jealous of their authority		
There is a lot of bootlicking (apple polishing) here		
Questioning authority	3·29	2·21
People avoid direct clashes with senior personnel at all costs		
People who get pushed around here are expected to fight back		
Egalitarianism	3·26	1·82
There are no favourites in this place — everyone gets treated alike		
Management concern for employee involvement	6·38	2·83
There are few opportunities for informal conversation with senior personnel		
Senior personnel will go out of their way to help you with your work		
Restraint scales		
Open-mindedness	4·36	2·46
People here speak out openly		
Criticism is taken as a personal affront in this organization		
Emotional control	3·38	1·97
People here tend to hide their deeper feelings from each other		
Physical caution	2·49	1·29
Everyone here is safety conscious, anxious to avoid accidents and put right the conditions which produce them		
Work interest scales		
Practical orientation	4·05	1·61
The work atmosphere emphasizes efficiency and usefulness		

1. BEZEICHNUNG/TITEL	Climate Questionnaire (CQ)
2. ZIEL	Messung des Organisationsklimas
3. BEZUGSQUELLE 3.1 HERAUSGEB./JAHRG.	LITWIN/STRINGER (1968)

3.2 ZUGÄNGLICHKEIT	VORGESEHEN ☐ NICHT VORGESEHEN ☒	3.3 BEGLEITMATERIAL/ AUSWERTUNGSHILFEN	VORHANDEN ☐ NICHT VORHANDEN ☒

3.4 KONTAKTADRESSE	abgedruckt in LITWIN/STRINGER (1968), S. 204 ff.
4. ANWENDUNGSBEREICH/ ZIELGRUPPE	Organisationen
5. THEORETISCHER RAHMEN	Feldtheorie, Motivationstheorie, subjektivistischer Organisationsklima-Ansatz
6. FORMALER AUFBAU 6.1 DIMENSIONEN DER ANALYSE	- Struktur - Risiko - Verantwortung - Identität - Wärme - (Konflikt) - Unterstützung - Belohnung - Leistungsstandards
6.2 ZAHL DER ITEMS	50
6.3 SKALEN	4-Punkt-Skala (Grad der Zustimmung)
7. MESSTHEORETISCHE DATEN 7.1 OBJEKTIVITÄT DER AUSWERTUNGSMETHODE	gegeben
7.2 RELIABILITÄT UND VALIDITÄT	gegeben, Validität der Dimension 'Konflikt' jedoch ungewiß
7.3 QUANTIFIZIERBARKEIT	gegeben
7.4 STANDARDISIERUNG DER DURCHFÜHRUNG	gegeben
7.5 ERHEBUNGSUMFANG	div. Untersuchungen mit je ca. 50 Befragten

8. HINWEISE ZUR ANWENDUNG 8.1 INSTRUMENT LIEGT VOR IN	DEUTSCH ☐ ENGLISCH ☒ FRANZÖSISCH ☐ .... ☐ .... ☐	8.2 FEEDBACK AN BEFRAGTE	VORGESEHEN ☐ NICHT VORGESEHEN ☐ KEINE ANGABE ☒

8.3 AUSWERUNGSMODALITÄTEN	
8.4 BESONDERE HINWEISE ZUR ANWENDUNG	
9. ANWENDUNG	SORCHER/DANZIG (1969), CAWSEY (1973), COSTLEY et al. (1973), MUCHINSKY (1977), HITT (1976), HITT/MORGAN (1977) (o.Konflikt), BATLIS (1980)(mod.), YLÄ-ANTTILA (1980)
10. BEMERKUNGEN	

ITEMS IN THE REVISED OR IMPROVED CLIMATE QUESTIONNAIRE
(FORM B) LISTED BY SCALE

Note: The subject could respond Definitely Agree, Inclined to Agree, Inclined to Disagree, or Definitely Disagree.

1. *Structure*

The jobs in this Organization are clearly defined and logically structured.

In this Organization it is sometimes unclear who has the formal authority to make a decision.

The policies and organization structure of the Organization have been clearly explained.

Red-tape is kept to a minimum in this Organization.

Excessive rules, administrative details, and red-tape make it difficult for new and original ideas to receive consideration.

Our productivity sometimes suffers from lack of organization and planning.

In some of the projects I've been on, I haven't been sure exactly who my boss was.

Our management isn't so concerned about formal organization and authority, but concentrates instead on getting the right people together to do the job.

2. *Responsibility*

We don't rely too heavily on individual judgment in this Organization; almost everything is double-checked.

Around here management resents your checking everything with them; if you think you've got the right approach you just go ahead.

Supervision in this Organization is mainly a matter of setting guidelines for your subordinates; you let them take responsibility for the job.

You won't get ahead in this Organization unless you stick your neck out and try things on your own sometimes.

Our philosophy emphasizes that people should solve their problems by themselves.

There are an awful lot of excuses around here when somebody makes a mistake.

One of the problems in this Organization is that individuals won't take responsibility.

3. *Reward*

We have a promotion system here that helps the best man to rise to the top.

In this Organization the rewards and encouragements you get usually outweigh the threats and the criticism.

In this Organization people are rewarded in proportion to the excellence of their job performance.

There is a great deal of criticism in this Organization.

There is not enough reward and recognition given in this Organization for doing good work.

If you make a mistake in this Organization you will be punished.

4. *Risk*

The philosophy of our management is that in the long run we get ahead fastest by playing it slow, safe, and sure.

Our business has been built up by taking calculated risks at the right time.

1. BEZEICHNUNG/TITEL	Erhebungsbogen zur Erfassung des Betriebsklimas (EEB)
2. ZIEL	Messung des Organisationsklimas
3. BEZUGSQUELLE 3.1 HERAUSGEB./JAHRG.	ROSENSTIEL et al. (1982)

3.2 ZUGÄNGLICHKEIT	VORGESEHEN [X] NICHT VORGESEHEN [ ]	3.3 BEGLEITMATERIAL/ AUSWERTUNGSHILFEN	VORHANDEN [X] NICHT VORHANDEN [ ]

3.4 KONTAKTADRESSE	Abdruck in ROSENSTIEL et al. (1982)
4. ANWENDUNGSBEREICH/ ZIELGRUPPE	Organisationen, insbesondere Unternehmungen
5. THEORETISCHER RAHMEN	Facettenanalyse, subjektivistischer Organisations-klima-Ansatz
6. FORMALER AUFBAU 6.1 DIMENSIONEN DER ANALYSE	- Allgemeine Fragen - Kollegen - Vorgesetzte - Organisation - Information und Mitsprache - Interessenvertretung - Betriebliche Leistungen
6.2 ZAHL DER ITEMS	78
6.3 SKALEN	5-Punkt-Skala (stimmt - stimmt nicht)
7. MESSTHEORETISCHE DATEN 7.1 OBJEKTIVITÄT DER AUSWERTUNGSMETHODE	gegeben
7.2 RELIABILITÄT UND VALIDITÄT	gegeben
7.3 QUANTIFIZIERBARKEIT	gegeben
7.4 STANDARDISIERUNG DER DURCHFÜHRUNG	gegeben
7.5 ERHEBUNGSUMFANG	16 Betriebe, 2570 Befragte

8. HINWEISE ZUR ANWENDUNG 8.1 INSTRUMENT LIEGT VOR IN	DEUTSCH [X] ENGLISCH [ ] FRANZÖSISCH [ ] .... [ ] .... [ ]	8.2 FEEDBACK AN BEFRAGTE	VORGESEHEN [ ] NICHT VORGESEHEN [X] KEINE ANGABE [ ]

8.3 AUSWERUNGSMODALITÄTEN	
8.4 BESONDERE HINWEISE ZUR ANWENDUNG	
9. ANWENDUNG	keine außer in Ursprungsuntersuchung
10. BEMERKUNGEN	

Bitte beantworten Sie jetzt die Fragen zum Bereich Kollegen

	stimmt				stimmt nicht
7. Das Betriebsklima ist zu unpersönlich.	☐1	☐2	☐3	☐4	☐5
8. Wenn jemand Schwierigkeiten bei der Arbeit hat, wird ihm ganz sicher von den Kollegen geholfen.	☐1	☐2	☐3	☐4	☐5
9. So etwas wie Gemeinschaftssinn fehlt in unserem Betrieb - hier denkt jeder nur an sich selbst.	☐1	☐2	☐3	☐4	☐5
10. Wenn bei uns jemand persönliche Schwierigkeiten hat, kann er mit Verständnis und Hilfe der Kollegen rechnen.	☐1	☐2	☐3	☐4	☐5
11. Das gegenseitige Vertrauen ist bei uns so groß, daß wir offen über alles, auch ganz persönliche Sachen reden können.	☐1	☐2	☐3	☐4	☐5
12. In unserem Betrieb behält man seine persönliche Meinung über innerbetriebliche Vorgänge besser für sich: Man kann ja nie wissen, wie einem ein offenes Wort einmal ausgelegt wird.	☐1	☐2	☐3	☐4	☐5
13. Wer sich in unserem Betrieb vor Intrigen schützen will, hält am besten ständig den Mund.	☐1	☐2	☐3	☐4	☐5
14. Hinter Höflichkeitsfloskeln und Komplimenten wird all das versteckt, was in unserem Betrieb schief läuft.	☐1	☐2	☐3	☐4	☐5
15. Bei uns gibt es häufig Spannungen zwischen älteren und jüngeren Kollegen.	☐1	☐2	☐3	☐4	☐5
16. Bei uns kann jeder seine Meinung und seine Gefühle frei ausdrücken.	☐1	☐2	☐3	☐4	☐5
17. In unserem Betrieb gibt es zwar Konflikte, sie werden aber beschönigt und vertuscht: Nach außen und nach oben hin ist alles in schönster Ordnung.	☐1	☐2	☐3	☐4	☐5
18. Persönliche, den anderen verletzende Kritik gibt es bei uns Kollegen nicht.	☐1	☐2	☐3	☐4	☐5

Bitte beurteilen Sie nun den Bereich
"Beziehungen zwischen den Kollegen" insgesamt

	gut				schlecht
Die Beziehungen zwischen den Kollegen bei uns sind	○	○	○	○	○
	besonders wichtig				nicht so wichtig
Daß die Beziehungen zwischen den Kollegen gut sind, halte ich für	○	○	○	○	○

202

1. BEZEICHNUNG/TITEL	Group Dimension Description Questionnaire (GDDQ)
2. ZIEL	Messung des Gruppen- und Organisationsklimas
3. BEZUGSQUELLE 3.1 HERAUSGEB./JAHRG.	HEMPHILL (1956)

3.2 ZUGÄNGLICHKEIT	VORGESEHEN [x] NICHT VORGESEHEN [ ]	3.3 BEGLEITMATERIAL/ AUSWERTUNGSHILFEN	VORHANDEN [x] NICHT VORHANDEN [ ]

3.4 KONTAKTADRESSE	abgedruckt in HEMPHILL (1956)
4. ANWENDUNGSBEREICH/ ZIELGRUPPE	Gruppen in verschiedenen Organisationen
5. THEORETISCHER RAHMEN	Subjektivistischer Organisationsklima-Ansatz
6. FORMALER AUFBAU 6.1 DIMENSIONEN DER ANALYSE	-Autonomie -Stabilität -Kontrolle -Statusdifferenzierung -Formale Prozeduren -Kohäsion -Freundliche Atmosphäre -Klarheit der Ziele -Homogene Struktur der -Eintrittsvoraussetzungen Mitglieder -Einteilung der Mitglieder -Wissen der Mitglieder -Partizipation übereinander
6.2 ZAHL DER ITEMS	150
6.3 SKALEN	5-Punkt-Skala (definitiv richtig - definitiv falsch)
7. MESSTHEORETISCHE DATEN 7.1 OBJEKTIVITÄT DER AUSWERTUNGSMETHODE	gegeben
7.2 RELIABILITÄT UND VALIDITÄT	für einen Teil der Dimensionen gegeben
7.3 QUANTIFIZIERBARKEIT	gegeben
7.4 STANDARDISIERUNG DER DURCHFÜHRUNG	gegeben
7.5 ERHEBUNGSUMFANG	100 Mitgl. von 100 Gruppen u.weitere 850 aus 92 Grupp

8. HINWEISE ZUR ANWENDUNG 8.1 INSTRUMENT LIEGT VOR IN	DEUTSCH [ ] ENGLISCH [x] FRANZÖSISCH [ ] .... [ ] .... [ ]	8.2 FEEDBACK AN BEFRAGTE	VORGESEHEN [ ] NICHT VORGESEHEN [ ] KEINE ANGABE [x]

8.3 AUSWERUNGSMODALITÄTEN	
8.4 BESONDERE HINWEISE ZUR ANWENDUNG	
9. ANWENDUNG	HEMPHILL/WESTIE (1950), RUSH (1953)(mod.), PHEYSEY/ PAYNE (1970)
10. BEMERKUNGEN	

49. The group has support from outside.

50. The group is an active representative of a larger group.

51. The group's activities are influenced by a larger group of which it is a part.

52. People outside the group decide on what work the group is to do.

53. The group follows the examples set by other groups.

54. The group is one of many similar groups which form one large organization.

55. The things the group does are approved by a group higher up.

56. The group joins with other groups in carrying out its activities.

57. The group is a small part of a larger group.

58. The group is under outside pressure.

59. Members are disciplined by an outside group.

60. Plans of the group are made by other groups above it.

61. The members allow nothing to interfere with the progress of the group.

62. Members gain a feeling of being honored by being recognized as one of the group.

63. Membership in the group is a way of acquiring general social status.

64. Failure of the group would mean little to individual members.

65. The activities of the group take up less than ten per cent of each member's waking time.

66. Members gain in prestige among outsiders by joining the group.

67. A mistake by one member of the group might result in hardship for all.

68. The activities of the group take up over ninety per cent of each member's waking time.

69. Membership in the group serves as an aid to vocational advancement.

70. Failure of the group would mean nothing to most members.

71. Each member would lose his self-respect if the group should fail.

72. Membership in the group gives members a feeling of superiority.

73. The activities of the group take up over half the time each member is awake.

74. Failure of the group would lead to embarrassment for members.

75. Members are not rewarded for effort put out for the group.

76. There are two or three members of the group who generally take the same side on any group issue.

77. Certain members are hostile to other members.

78. There is constant bickering among members of the group.

79. Members know that each one looks out for the other one as well as for himself.

80. Certain members of the group have no respect for other members.

81. Certain members of the group are considered uncooperative.

82. There is a constant tendency toward conniving against one another among parts of the group.

83. Members of the group work together as a team.

84. Certain members of the group are responsible for petty quarrels and some animosity among other members.

85. There are tensions between subgroups which tend to interfere with the group's activities.

1. BEZEICHNUNG/TITEL	Organizational Climate Description Questionnaire (OCDQ)
2. ZIEL	Messung des Organisationsklimas
3. BEZUGSQUELLE 3.1 HERAUSGEB./JAHRG.	HALPIN/CROFT (1962)

3.2 ZUGÄNGLICHKEIT	VORGESEHEN ☐ NICHT VORGESEHEN ☒	3.3 BEGLEITMATERIAL/ AUSWERTUNGSHILFEN	VORHANDEN ☐ NICHT VORHANDEN ☒

3.4 KONTAKTADRESSE	abgedruckt in HALPIN/CROFT (1962)
4. ANWENDUNGSBEREICH/ ZIELGRUPPE	Schulen
5. THEORETISCHER RAHMEN	Subjektivistischer Organisationsklima-Ansatz
6. FORMALER AUFBAU 6.1 DIMENSIONEN DER ANALYSE	– Engagement – Druck – Behinderung – Beziehungsorientierung – Gemeinschaftsgeist – Intimität – Reserviertheit – Produktionsorientierung
6.2 ZAHL DER ITEMS	80
6.3 SKALEN	4-Punkt-Skala (selten - sehr oft)
7. MESSTHEORETISCHE DATEN 7.1 OBJEKTIVITÄT DER AUSWERTUNGSMETHODE	gegeben
7.2 RELIABILITÄT UND VALIDITÄT	gegeben Validität problematisch
7.3 QUANTIFIZIERBARKEIT	gegeben
7.4 STANDARDISIERUNG DER DURCHFÜHRUNG	gegeben
7.5 ERHEBUNGSUMFANG	71 Schulen

8. HINWEISE ZUR ANWENDUNG 8.1 INSTRUMENT LIEGT VOR IN	DEUTSCH ☐ ENGLISCH ☒ FRANZÖSISCH ☐ .... ☐ .... ☐	8.2 FEEDBACK AN BEFRAGTE	VORGESEHEN ☐ NICHT VORGESEHEN ☐ KEINE ANGABE ☒

8.3 AUSWERUNGSMODALITÄTEN	
8.4 BESONDERE HINWEISE ZUR ANWENDUNG	
9. ANWENDUNG	MARGULIES (1965), FRIEDLANDER/MARGULIES (1969)(mod.), GEORGE/BISHOP (1971), STIMSON/LABELLE (1971), FRIESEN (1972)
10. BEMERKUNGEN	Kritik bei GAUTHIER (1974, S. 37 ff.)

Questionnaire Items

1. Teachers' closest friends are other faculty members at this school.
2. The mannerisms of teachers at this school are annoying.
3. Teachers spend time after school with students who have individual problems.
4. Instructions for the operation of teaching aids are available.
5. Teachers invite other faculty members to visit them at home.
6. There is a minority group of teachers who always oppose the majority.
7. Extra books are available for classroom use.
8. Sufficient time is given to prepare administrative reports.
9. Teachers know the family background of other faculty members.
10. Teachers exert group pressure on non-conforming faculty members.
11. In faculty meetings, there is the feeling of "let's get things done."
12. Administrative paper work is burdensome at this school.
13. Teachers talk about their personal life to other faculty members.
14. Teachers seek special favors from the principal.
15. School supplies are readily available for use in classwork.
16. Student progress reports require too much work.
17. Teachers have fun socializing together during school time.
18. Teachers interrupt other faculty members who are talking in staff meetings.
19. Most of the teachers here accept the faults of their colleagues.
20. Teachers have too many committee requirements.
21. There is considerable laughter when teachers gather informations.
22. Teachers ask nonsensical questions in faculty meetings.
23. Custodial service is available when needed.

1. BEZEICHNUNG/TITEL	Profile of Organization Characteristics (POCh)
2. ZIEL	Messung des gegenwärtigen und früheren Organisationsklimas
3. BEZUGSQUELLE 3.1 HERAUSGEB./JAHRG.	LIKERT (1967)

3.2 ZUGÄNGLICHKEIT	VORGESEHEN [X] NICHT VORGESEHEN [ ]	3.3 BEGLEITMATERIAL/ AUSWERTUNGSHILFEN	VORHANDEN [X] NICHT VORHANDEN [ ]

3.4 KONTAKTADRESSE	abgedruckt in LIKERT (1967)
4. ANWENDUNGSBEREICH/ ZIELGRUPPE	Organisationen
5. THEORETISCHER RAHMEN	Theorie Y, Michigan Studien: System 1 - 4
6. FORMALER AUFBAU 6.1 DIMENSIONEN DER ANALYSE	- Führungsprozesse - Leistungsziele und - Motivationale Kräfte Training - Kommunikationsprozeß - Interaktionsprozesse - Entscheidungsprozeß - Zielsetzungsprozeß - Kontrollprozesse
6.2 ZAHL DER ITEMS	51
6.3 SKALEN	20-Punkt-Skala (inkl. jetzt/früher)
7. MESSTHEORETISCHE DATEN 7.1 OBJEKTIVITÄT DER AUSWERTUNGSMETHODE	gegeben
7.2 RELIABILITÄT UND VALIDITÄT	gegeben
7.3 QUANTIFIZIERBARKEIT	gegeben
7.4 STANDARDISIERUNG DER DURCHFÜHRUNG	gegeben
7.5 ERHEBUNGSUMFANG	zahlreiche Organisationen

8. HINWEISE ZUR ANWENDUNG 8.1 INSTRUMENT LIEGT VOR IN	DEUTSCH [ ] ENGLISCH [X] FRANZÖSISCH [ ] .... [ ] .... [ ]	8.2 FEEDBACK AN BEFRAGTE	VORGESEHEN [X] NICHT VORGESEHEN [ ] KEINE ANGABE [ ]

8.3 AUSWERUNGSMODALITÄTEN	
8.4 BESONDERE HINWEISE ZUR ANWENDUNG	
9. ANWENDUNG	PATTON (1969)(mod.), HAND et al. (1973), BUTTERFIELD/ FARRIS (1974), GAUTHIER (1974), GOLEMBIEWSKI/CARRIGAN (1970), GOLEMBIEWSKI et al. (1971), LANGDALE (1974) (mod.), MARROW et al. (1967), MOTAMEDI (1974)(mod.) HOLLMANN (1976)(mod.)
10. BEMERKUNGEN	Kritik bei LANGDALE (1974, S. 165 ff.) und PAYNE/ PUGH (1976, S. 1147).

Organizational variable				
d. Extent to which superiors behave so that subordinates feel free to discuss important things about their jobs with their immediate superior	Subordinates feel completely free to discuss things about the job with their superior	Subordinates feel rather free to discuss things about the job with their superior	Subordinates do not feel very free to discuss things about the job with their superior	Subordinates do not feel at all free to discuss things about the job with their superior
e. Extent to which immediate superior in solving job problems generally tries to get subordinates' ideas and opinions and make constructive use of them	Always gets ideas and opinions and always tries to make constructive use of them	Usually gets ideas and opinions and usually tries to make constructive use of them	Sometimes gets ideas and opinions of subordinates in solving job problems	Seldom gets ideas and opinions of subordinates in solving job problems
Character of motivational forces				
a. Underlying motives tapped	Physical security, economic needs, and some use of the desire for status	Economic needs and moderate use of ego motives, e.g., desire for status, affiliation, and achievement	Economic needs and considerable use of ego and other major motives, e.g., desire for new experiences	Full use of economic, ego, and other major motives, as, for example, motivational forces arising from group goals
b. Manner in which motives are used	Fear, threats, punishment, and occasional rewards	Rewards and some actual or potential punishment	Rewards, occasional punishment, and some involvement	Economic rewards based on compensation system developed through participation; group participation and involvement in setting goals, improving methods, appraising progress toward goals, etc.
c. Kinds of attitudes developed toward organization and its goals	Attitudes are strongly favorable and provide powerful stimulation to behavior implementing organization's goals	Attitudes usually are favorable and support behavior implementing organization's goals	Attitudes are sometimes hostile and counter to organization's goals and are sometimes favorable to the organization's goals and support the behavior necessary to achieve them	Attitudes usually are hostile and counter to organization's goals
d. Extent to which motivational forces conflict with or reinforce one another	Marked conflict of forces substantially reducing those motivational forces leading to behavior in support of the organization's goals	Conflict often exists; occasionally forces will reinforce each other, at least partially	Some conflict, but often motivational forces will reinforce each other	Motivational forces generally reinforce each other in a substantial and cumulative manner

1. BEZEICHNUNG/TITEL	Fragebogen zum Organisationsklima
2. ZIEL	Messung des Organisationsklimas auf drei Ebenen
3. BEZUGSQUELLE 3.1 HERAUSGEB./JAHRG.	FORSTER (1978)
3.2 ZUGÄNGLICHKEIT VORGESEHEN ☒ NICHT VORGESEHEN ☐	3.3 BEGLEITMATERIAL/ VORHANDEN ☒ AUSWERTUNGSHILFEN NICHT VORHANDEN ☐
3.4 KONTAKTADRESSE	Abdruck in FORSTER (1978)
4. ANWENDUNGSBEREICH/ ZIELGRUPPE	Organisationen
5. THEORETISCHER RAHMEN	Hierarchisches Organisationsklima-Konzept
6. FORMALER AUFBAU 6.1 DIMENSIONEN DER ANALYSE	1. Ebene des Management: -Bürokratie; -Flexibilität im Kommunikationsfluß; -Sachliche Partizipation; -Turbulenz; 2. Ebene der Vorgesetzten-Mitarbeiterbeziehung: -Gewährung von Gestaltungsspielraum; -Defensive Kommunikation; -Emotionale Distanz; -Sachbezogen-distanzierter Umgang 3.Ebene der Arbeitsgruppe: -Konkurrenz; -Kooperation; -Kohäsion
6.2 ZAHL DER ITEMS	131
6.3 SKALEN	5-Punkt-Skala (trifft ganz zu - trifft gar nicht zu)
7. MESSTHEORETISCHE DATEN 7.1 OBJEKTIVITÄT DER AUSWERTUNGSMETHODE	gegeben
7.2 RELIABILITÄT UND VALIDITÄT	gegeben
7.3 QUANTIFIZIERBARKEIT	gegeben
7.4 STANDARDISIERUNG DER DURCHFÜHRUNG	gegeben
7.5 ERHEBUNGSUMFANG	191 Mitglieder von 28 Gruppen aus 4 Organisationen
8. HINWEISE ZUR ANWENDUNG 8.1 INSTRUMENT LIEGT VOR IN DEUTSCH ☒ ENGLISCH ☐ FRANZÖSISCH ☐ .... ☐ .... ☐	8.2 FEEDBACK AN BEFRAGTE VORGESEHEN ☐ NICHT VORGESEHEN ☐ KEINE ANGABE ☒
8.3 AUSWERTUNGSMODALITÄTEN	
8.4 BESONDERE HINWEISE ZUR ANWENDUNG	
9. ANWENDUNG	keine außer Ursprungsuntersuchung
10. BEMERKUNGEN	

1.11 Der Dienstweg muss bei uns nicht stur eingehalten werden; wir können ein Problem nötigenfalls direkt an höherer Stelle besprechen. (Formalismus)

1.12 Man merkt es den Entscheidungen dieser Firma an, dass man an höherer Stelle mit unseren Problemen bestens vertraut ist. (Zentralisierung)

1.13 Ich empfinde organisatorische Veränderungen hier manchmal als überflüssig. (Turbulenz)

1.14 In unserer Firma besteht nur geringe Bereitschaft, neue Wege einzuschlagen, deren Erfolg ungewiss ist. (Innovations- und Risikobereitschaft)

1.15 Neuen Mitarbeitern wird bei uns rasch beigebracht, was hier erlaubt ist und was nicht. (Formalismus)

1.16 Weisungen an unsere Abteilung sind durch eingehende und verständliche Begründungen ergänzt. (Zentralisierung)

1.17 Anweisungen von höheren Stellen werden manchmal nach kurzer Zeit widerrufen oder abgeändert. (Turbulenz)

1.18 Im Zweifelsfalle lässt man in unserer Firma die Dinge lieber so, wie sie bisher waren, als etwas zu verändern. (Innovations- und Risikobereitschaft)

1.19 Für den Aufstieg in unserer Firma zählen Initiative und Leistung mehr als Dienstalter und Schulbildung. (Formalismus)

1.20 In unserer Firma ist man sehr bemüht, auf die Anliegen und Vorschläge der Mitarbeiter einzugehen. (Zentralisierung)

1.21 In den verschiedenen Entscheidungen der Firma ist für uns manchmal keine klare Linie erkennbar. (Turbulenz)

1.22 Notwendige Veränderungen des Betriebsablaufs werden bei uns oft hinausgezögert. (Innovations- und Risikobereitschaft)

1.23 Vorschriften gelten hier eher als Richtlinien, d.h. sie müssen nicht stur eingehalten werden. (Formalismus)

1.24 Wir werden gut darüber informiert, was an höherer Stelle vor sich geht. (Zentralisierung)

1.25 Wenn unsere Abteilung eine Entscheidung von höherer Stelle erwartet, wissen wir meistens zum voraus, wie diese ausfallen wird. (Turbulenz)

1.26 Unsere Firma ist sehr flexibel in der Anpassung an neue Gegebenheiten. (Innovations- und Risikobereitschaft)

1.27 Gute Ideen scheitern bei uns oft an der Bürokratie. (Formalismus)

1.28 Wir werden in unserer Arbeit manchmal wesentlich behindert, weil Entscheide, die wir selber treffen könnten, noch von höherer Stelle genehmigt werden müssen. (Zentralisierung)

5.2 Situationale Einflußfaktoren des Organisationsklimas

Zu den situationalen Einflußfaktoren des Organisationsklimas, die am häufigsten untersucht worden sind und von denen deshalb angenommen werden kann, daß sie wesentliche Bestimmungsfaktoren des Organisationsklimas repräsentieren, gehören die Organisation und ihre Umwelt, ihre Technologie, das in der Organisation praktizierte Führungsverhalten sowie die Aufgabe. Den situationalen Einflußgrößen des Organisationsklimas wurde traditionell eine größere Bedeutung zugemessen als personalen Einflußgrößen. Die Zahl der empirischen Untersuchungen, die den Einfluß situationaler Größen auf das Organisationsklima untersuchen ist deshalb nicht nur größer, sondern auch älteren Datums. Das größere Interesse am Einfluß situationaler Faktoren auf das Organisationsklima resultiert u.E. aus dem bis heute die empirische Organisationsforschung dominierenden situativen Ansatz.

5.21 Organisation und Umwelt

Der situative Ansatz der Organisationstheorie postuliert eine Umweltabhängigkeit der Organisationsstruktur. Diese Abhängigkeit ist im Anschluß an die wegweisenden Studien von BURNS und STALKER (1961) sowie LAWRENCE und LORSCH (1967) im Rahmen der empirischen Organisations-Forschung — trotz vieler widersprüchlicher Ergebnisse im Detail — vielfach belegt worden (vgl. z.B. KIESER/KUBICEK 1983, S. 317 ff.).

Eine unmittelbare Abhängigkeit des Organisationsklimas von der Organisationsumwelt ist im Anschluß an den oben entwickelten Bezugsrahmen nicht zu erwarten; es ist vielmehr davon auszugehen, daß diese Beziehung durch die Organisationsstruktur und andere organisationale Variablen vermittelt wird. Der Einfluß der Organisationsstruktur auf das Organisationsklima ist denn auch weitaus häufiger untersucht worden als der der Organisationsumwelt und -größe.

5.211. Organisationsumwelt und -größe

Im Anschluß an diese Überlegungen verwundert es wenig, daß der Zusammenhang von Umwelt und Organisationsklima in bisherigen empirischen Untersuchungen eine untergeordnete Rolle gespielt hat. In der Tat ist davon auszugehen, daß ein Großteil des Einflusses der Organisationsumwelt auf das Organisationsklima über Strukturmerkmale vermittelt wird. Inwiefern sie nicht dennoch einen unmittelbaren Einfluß auf das Organisationsklima ausübt, ist eine empirisch zu untersuchende Frage, die bisher unseres Erachtens ungerechtfertigter Weise vernachlässigt wurde[22]. Dies gilt insbesondere dann, wenn Organisationsumwelt nicht nur in ihrer Dynamik und Komplexität (vgl. z.B. den Überblick bei KIESER/KUBICEK 1983, S. 318 ff.) begriffen wird, sondern als gesellschaftlich-ökonomische Bedingung der Gestaltung von Organisation und des Handelns in Organisationen. Eine historisch-spezifische Konzeptualisierung der Umwelt (HAGE 1978) würde die aktuelle Arbeitsmarktlage ebenso erfassen wie die gegenwärtige Konjunktur- und Strukturkrise.

Ein Beitrag in "Die Zeit", der im folgenden in kurzen Auszügen wiedergegeben wird, veranschaulicht den Einfluß dieser gesellschaftlich-ökonomischen Bedingung auf das Klima in Organisationen:

22) Eine Ausnahme stellt die Untersuchung von MANSFIELD (1980) dar, in der jedoch kein Einfluß der Intensität des Wettbewerbs auf das mit den BOCI gemessenen Organisationsklimas von 52 Unternehmungen gefunden werden konnte.

"Nicht nur Arbeitslose erfahren die Entwertung von Arbeit, sondern auch die regulär Beschäftigten, und zwar als eine Verschlechterung der Konditionen, zuerst und vor allem als eine Verschlechterung des Klimas ....Auf jeden verlorengegangenen Arbeitsplatz kommen in der Praxis zwei bis drei latent, vielleicht auch nur vermeintlich gefährdete. Das tut seine atmosphärische Wirkung in Betrieb und Büro ... Sie (die labil Beschäftigten; d.Verf.) erfahren erstens, daß die Skala der Zumutbarkeiten breiter wird, und zweitens, daß die berufliche Leistung an Wert und Wichtigkeit verliert ... Kollegialität ist schweren Belastungen ausgesetzt, wenn jeder Kollege selbst als mögliche Belastung angesehen wird ... Wichtiger als die Sacharbeit wird die tägliche Übung im Absichern und Rechtfertigen, im Wegducken und Ausweichen ..." (KRAFT 1982, S. 37).

Die akute Gefahr des Arbeitsplatzverlustes beispielsweise erhöht sicherlich nicht nur die Akzeptanzschwelle der Organisationsmitglieder gegenüber einem nicht ihren Bedürfnissen entsprechendem Organisationsklima, sondern führt bereits im Vorfeld der Wahrnehmung des Organisationsklimas zu "Verfälschungen". Entsprechende empirische Belege für diesen Variablenbereich konnten von uns allerdings nicht aufgefunden werden.

Die zentrale Hypothese zum Zusammenhang von Organisationsgröße und Organisationsklima lehnt sich ebenfalls an die Ergebnisse der empirischen Organisationsforschung im Rahmen des situativen Ansatzes an. Es gilt als eines der wenigen gesicherten Erkenntnisse der empirischen Organisationsforschung, daß mit zunehmender Organisationsgröße der Bürokratisierungsgrad von Organisationen zunimmt (vgl. KIESER/KUBICEK 1983, S. 261 ff.).

Da das Organisationsklima seinerseits unter anderem von dem Charakter der Organisationsstruktur geprägt ist (vgl. Abschnitt 5.212.), ist zu erwarten, daß mit zunehmender Organisationsgröße ein klassisch-bürokratisches, weniger offenes Organisationsklima von den Mitgliedern der Organisation wahrgenommen wird. Interessanter ist jedoch die Fragestellung, ob die Organisationsgröße auch einen unmittelbaren Einfluß auf das Organisationsklima ausübt.

In einer Studie, die vor allem den Einfluß der Organisationsstruktur auf das Organisationsklima untersucht und deshalb im nächsten Abschnitt (5.212.) ausführlich referiert wird, nahmen sich PAYNE und MANSFIELD (1973) auch dieser Frage an. Die Größe der 14 untersuchten Organisationen, in denen das Klima mit Hilfe eines leicht modifizierten BOCI untersucht wurde, variierte zwischen 262 und 4580 Mitgliedern. PAYNE und MANSFIELD erwarteten, daß eine größere Organisation ceteris paribus höhere Werte hinsichtlich der folgenden Organisationsklimadimensionen aufweisen würde:

- wissenschaftlich intellektuelle Betätigung
- Interesse des Managements an der Einbindung der Mitarbeiter
- Innovationsbereitschaft
- interpersonale Aggression
- emotionale Kontrolle
- Distanziertheit des Vorgesetzten
- Regelorientierung.

Außer für die Dimension 'interpersonelle Aggression' konnte diese Erwartung bestätigt werden.

Die Wirkung der Organisationsgröße auf das Organisationsklima ist nach Ansicht der Autoren größtenteils direkter Natur, aber auch durch die Organisationsstruktur vermittelt. PAYNE und MANSFIELD erwarteten deshalb stärke Korrelationen zwischen Organisationsgröße und Organisationsklima als zwischen Strukturvariablen und Organisationsklima; diese Erwartung wurde ebenfalls bestätigt. Da PAYNE und MANSFIELD neben der Organisationsgröße auch die Abhängigkeit der Organisation von anderen Organisationen in die Untersuchung des Organisationsklimas einbezogen haben, stellen sie zusammenfassend fest, daß "Organisationsklima signifikant von der Organisationsgröße und der Abhängigkeit von anderen Organisationen beeinflußt zu sein scheint" (S. 524). Dieses Ergebnis finden

PAYNE und MANSFIELD (1978) in einer weiteren Analyse desselben Datenmaterials in Hinblick auf die individuelle Wahrnehmung des Organisationsklimas bestätigt, während eine jüngere Untersuchung (vgl. MANSFIELD 1980) keinen bedeutsamen Zusammenhang zwischen Organisationsgröße und -klima findet.

Der Einfluß der Organisationsgröße auf das Organisationsklima ist auch von ROSENSTIEL et al. (1982) untersucht worden. ROSEN-STIEL et al. haben in 16 bayrischen Betrieben insgesamt 2570 Organisationsmitglieder hinsichtlich ihrer Wahrnehmung des Organisationsklimas mit Hilfe des von ihnen selbst entwickelten EEB befragt, der im Aufbau dem Arbeitsplatzbeschreibungsbogen (ABB; vgl. NEUBERGER/ALLERBECK 1978) ähnelt und auch eine summarische Gesamtbeurteilung des Organisationsklimas ermöglicht. Eine Differenzierung der Untersuchungsergebnisse nach vier Betriebsgrößen zeigt, daß das Organisationsklima mit zunehmender Betriebsgröße "schlechter" wird (ROSENSTIEL et al. 1982, S. 334 ff.). Dieses Ergebnis hat im wesentlichen auch für die einzelnen Dimensionen des Organisationsklimas Gültigkeit.

CRANE (1982) untersuchte das Organisationsklima von Schulen in Abhängigkeit von ihrer Größe, der Position und Erfahrung der Lehrer und der Zugehörigkeit zur Schule mit Hilfe des von ihnen selbst entwickelten SCQ (School Climate Questionnaire). CRANE ermittelte zwar nur einen geringen empirischen Zusammenhang zwischen Organisationsgröße und -klima, jedoch erwies sich die Größe als der beste Prädiktor für das Klima der untersuchten Schulen, sowohl hinsichtlich des realen als auch des idealen Organisationsklimas. Für eine empirische Bestätigung der Hypothese, daß das Organisationsklima in großen Schulen als schlechter wahrgenommen wird als in kleineren, reicht die Evidenz jedoch nicht aus.

Die empirische Untersuchung des Zusammenhangs von Organisationsgröße und Organisationsklima ist insgesamt betrachtet defizitär. Da es in der empirischen Organisationsklima-Forschung an Längsschnittstudien mangelt, ist auch die Größe von Organisationen nur statisch erfaßt worden. Gerade vom Prozeß des Organisationswachstums und mehr noch von dem der Schrumpfung (vgl. dazu CHILD/KIESER 1981) ist jedoch ein erheblicher Einfluß auf das Organisationsklima zu erwarten. Schrumpfende Organisationen haben beispielsweise mit großer Wahrscheinlichkeit erhöhten Streß und zunehmende interpersonelle Konflikte insbesondere zwischen Abteilungen zur Folge (LEVINE 1978, 1979), die ebenso wie das Ausscheiden von Mitgliedern und/oder sinkende Absentismusraten nicht ohne Auswirkung auf das Organisationsklima sein können. Hier liegt neben der direkten Einbeziehung der Organisationsumwelt in ihrem historisch spezifischen Sinne ein weiteres interessantes Untersuchungsfeld für die empirische Organisationsklima-Forschung.

5.212. Organisationsstruktur

In der Organisationsklima-Forschung wird die Organisationsstruktur ähnlich operationalisiert wie in kontingenztheoretischen Untersuchungen zum Einfluß des internen und externen Kontextes auf die Organisationsstruktur. KIESER und KUBICEK (1983) unterscheiden in Anlehnung an das ASTON-Konzept folgende Merkmale der Organisationsstruktur:

- Spezialisierung
- Koordination
- Konfiguration
- Entscheidungsdelegation
- Formalisierung.

Die empirischen Studien zur Bedeutung der Organisationsstruktur als situationaler Einflußgröße des Organisationsklimas beziehen im Regelfall nur einige dieser Strukturmerkmale mit ein. Bevor auf eine Auswahl dieser Studien im einzelnen eingegangen wird, sei auf fünf Untersuchungen verwiesen, die die relative Bedeutung organisationsstruktureller und personaler Merkmale für die Herausbildung des Organisationsklimas zum Gegenstand haben. Des weiteren wird eine Studie referiert, die die relative Bedeutung von organisationsstrukturellen Merkmalen und von Verhaltens- oder Prozeßvariablen zu ermitteln sucht.

GEORGE und BISHOP (1971) untersuchten den Einfluß der (wahrgenommenen) Formalisierung, Entscheidungszentralisierung, Spezialisierung und den Grad der Einflußnahme auf die Strukturgestaltung (personal latitude) in Interaktion mit Persönlichkeitsvariablen bei 296 Lehrern in 15 Grundschulen. Die Mehrzahl der Dimensionen des Organisationsklimas, das mit dem OCDQ gemessen wurde, erwies sich als abhängig sowohl von Strukturmerkmalen der Organisation als auch von den erhobenen psychologischen Merkmalen der Lehrer. "Allgemein bestätigt dieses Ergebnis die Hypothese, daß die Persönlichkeit in Interaktion mit der Wahrnehmung auf die Organisationsstruktur stärker mit Organisationsklima in Beziehung steht als entweder Persönlichkeitsmerkmale oder Strukturmerkmale für sich allein genommen" (GEORGE/BISHOP 1971, S. 472).

GAVIN (1975) bildete aus einem Sample von Organisationsmitgliedern Cluster nach diversen biographischen und organisationsstrukturellen Merkmalen und fand heraus, daß beide Variablenbündel in etwa gleichem Maße varianzerklärend für Organisationsklima wirkten (vgl. auch die Schlußfolgerung von JOYCE et al. 1982, S. 279). Eine ähnliche Untersuchung des Organisationsklimas von HERMAN et al. (1975) bei 392 Mitgliedern einer Druckerei ermittelt hingegen eine stärkere Erklärungskraft organisationsstruktureller Merkmale.

NEWMAN (1975) untersuchte den relativen Beitrag von wahrnehmungsunabhängig gemessenen Strukturmerkmalen und sozio-demographischen Merkmalen (Alter, Geschlecht, Bildungsabschluß) zur Entstehung des Organisationsklimas. Dazu legte er 710 Angestellten einer Versicherung einen von ihm selbst entwickelten Fragebogen zum "perceived work environment" (PWE) vor und maß die Organisationsstruktur durch Ermittlung der Spezialisierung, der Anzahl der Abteilungen und Arbeitsgruppen und der Hierachie-ebenen. NEWMAN erwartete, daß die unterschiedliche räumliche und hierachische Position der Befragten in der Organisation unterschiedliche Klimawahrnehmungen zur Folge hat. In der Tat erwies sich der Einfluß der Strukturvariablen als bedeutend größer als derjenige soziodemographischer Merkmale.

PAOLILLO (1982) schließlich untersuchte nicht nur die Relevanz personaler und situativer Variablen für die Entstehung des Orga-nisationsklimas, sondern auch die Bedeutung von Situation-Per-son-Variablen. Dazu legte er insgesamt 105 Mitgliedern von 7 Forschungs- und Entwicklungsabteilungen einen von PELZ und ANDREWS (1966) entwickelten Klimafragebogen vor. Die folgenden Einflußfaktoren wurden erhoben:

- personale Variablen: Alter, Bildungsabschluß, Geschlecht
- situative Variablen: Abteilungs- und Organisationsgröße, Anzahl der Hierachieebenen und Spezialisierungsgrad
- Situation-Person-Variablen: Hierachische Position, Zuge-hörigkeitsdauer, anteilige Zeit für die Forschungs- und Entwicklungsarbeit.

Die gemessene Organisationsstruktur erwies sich als wichtigste Einflußgröße des Organisationsklimas, die Situation-Person-Variable von untergeordneter und die personalen Variablen ohne Bedeutung.

Faßt man die Ergebnisse dieser fünf Untersuchungen zur relativen Bedeutung von situativen Merkmalen (insbesondere Organi-sationsstruktur) und personalen Merkmalen zusammen, weisen die

Ergebnisse von drei empirischen Untersuchungen (NEWMAN 1975, HERMAN et al. 1975, PAOLILLO 1982) auf eine relativ größere Bedeutung struktureller Bedingungen für die Entstehung des Organisationsklimas hin; eine Untersuchung (GAVIN 1975) zeigt eine gleichgroße Bedeutung personaler und situationaler Einflußgrößen und die Ergebnisse von GEORGE und BISCHOP (1971) deuten auf die besondere Relevanz der Interaktion von Person und Situation zur Entstehung des Organisationsklimas hin. Insgesamt sind die Ergebnisse dieser fünf Studien mit Vorsicht zu interpretieren, weil die Größe der ermittelten Korrelationskoeffizienten im hohen Maße von der Art und Anzahl der einbezogenen Variablen abhängt. Dies wird insbesondere bei den Studien von NEWMAN und PAOLILLO deutlich, die zwar wichtige Strukturmerkmale erheben; die in die Untersuchung einbezogenen personalen Merkmale der Organisation erweisen sich jedoch von zweifelhafter Wichtigkeit. Ein so umfassendes Strukturkonzept, wie das eingangs dieses Abschnitts referierte, wurde u.W. keiner empirischen Untersuchung des Einflusses der Organisationsstruktur auf das Organisationsklima zugrunde gelegt.

Die relative Bedeutung von organisationsstrukturellen Merkmalen im Vergleich zu Prozeßvariablen gingen LAWLER et al. (1974) nach, indem sie das Klima in Forschungs- und Entwicklungslaboratorien bei insgesamt 117 Direktoren und 291 Wissenschaftlern mit Hilfe eines semantischen Differentials erhoben. Ein Teil der Direktoren, direkte Vorgesetzte der Wissenschaftler, wurde gebeten, Angaben zur Organisationsstruktur und zu Prozeßvariablen zu machen sowie die Arbeitsleistung der Wissenschaftler zu bewerten. Die Direktoren wurden aufgefordert, ein Organisationsschaubild nach bestimmten Richtlinien zu erstellen, das Informationen über die Anzahl der Hierarchieebenen, die Leitungsspanne, die Größe des Labors und über die hierarchische Eingliederung des Direktors enthielt. Zur Messung der Prozeßvariablen wurden die Direktoren gebeten, Fragen zur Häufigkeit der Leistungsbeurteilung und ihr Verhältnis zur Entgeltfestsetzung, zur Autonomie der Wissenschaftler, zum Charakter der Aufgabenzuweisung, zum Ausmaß der gegenseitigen Unterstützung und zur Existenz eines informellen Forschungsbudgets zu beantworten. Einige Strukturvariablen korrelierten sehr stark miteinander, während die einzelnen Prozeßvariablen relativ unabhängig voneinander waren. Die schwächsten Korrelationen bestanden jedoch zwischen Struktur- und Prozeßvariablen, woraus geschlossen werden kann, daß diese beiden Variablenbündel wirklich zwei unterschiedliche Gruppen situationaler Variablen repräsentieren. Im Gegensatz zum Einfluß der Prozeßvariablen erwies sich die Bedeutung organisationsstruktureller Merkmale für die Varianzerklärung des Organisationsklimas als überraschend gering. Letztere korrelierte mit dem Organisationsklima nur mit 0.12, während der Korrelationskoeffizient von Prozeßvariablen und Organisationsklima immerhin 0.34 betrug. LAWLER et al. nehmen an, daß dieses Ergebnis darauf zurückzuführen ist, daß unmittelbar arbeitsplatzbezogene Einflußgrößen, die für die Entstehung des Organisationsklimas von größerer Wichtigkeit sein dürften, weil sie den Eindruck der Mitglieder von ihrer Organisation unmittelbar prägen, unter Prozeßvariablen subsumiert wurden. Die insgesamt relativ geringen Korrelationen können darin begründet liegen, daß in dieser Studie die Einflußfaktoren des Organisationsklimas im Gegensatz zu den meisten anderen Untersuchungen von der Wahrnehmung eines Großteils der befragten Organisationsmitglieder (den Wissenschaftlern) unabhängig erhoben und nicht wie das Organisationsklima selbst über Wahrnehmungsmaße operationalisiert wurde. Allerdings dürfte das überwiegend affektive Organisationsklimamaß eine Interpretation der Ergebnisse dieser Untersuchung erschweren.

Dem Zusammenhang von Organisationsstrukturen und Organisationsklima widmen sich mehrere Studien von PAYNE (PAYNE/PHEYSEY 1971, PAYNE/MANSFIELD 1973, 1978, MANSFIELD/PAYNE 1977), die im Rahmen der für die Entwicklung des situativen Ansatzes grundlegenden ASTON-Studien durchgeführt wurden (vgl. PUGH/PAYNE 1977).

In einer ersten Teilstudie wendeten PAYNE und PHEYSEY (1971) den von ihnen (weiter-)entwickelten BOCI bei 50 bzw. 22 Managern zweier vergleichbarer Unternehmungen an, die sich jedoch in der Organisationsstruktur erheblich voneinander unterschieden: Während sich die eine Organisation durch eine hohe Standardisierung und Entscheidungszentralisation auszeichnete, war die andere durch wenig Regeln und Standardprogramme sowie durch eine hohe Entscheidungsdezentralisation gekennzeichnet. Die Organisationsstruktur wurde durch Interviews mit dem Top-Management erhoben. Die Autoren erwarteten, daß sich die Organisation mit hoher Standardisierung und Entscheidungszentralisation durch ein Organisationsklima auszeichnen würde, daß mehr an Regeln und administrativer Effizienz orientiert und insgesamt konventioneller ist. Die Ergebnisse bestätigen die Hypothese für die meisten der 24 Dimensionen des mit dem BOCI erhobenen Organisationsklimas. Ein Vergleich der bürokratischeren dieser beiden Organisationen mit einer dritten, die dieser in allen wesentlichen Merkmalen mit Ausnahme der Organisationsgröße entsprach, erbrachte signifikant höhere Werte auf den meisten Dimensionen des Organisationsklimas für die kleinere der beiden Organisationen.

In einer zweiten Studie untersuchten PAYNE und MANSFIELD (1973) ebenfalls den Einfluß der Organisationsstruktur (sowie der hierarchischen Position, der Technologie und der Organisationsgröße) auf das Organisationsklima. Die Organisationsstruktur wurde mit Hilfe mehrerer Standardisierungs-, Formalisierungs-, Zentralisierungs- und Konfigurationsmaße beim Top-Management erhoben, das Organisationsklima wiederum mit einem leicht modifizierten BOCI gemessen. Die Autoren erwarteten, daß die Organisationsstruktur auch unabhängig von der Organisationsgröße einen eigenständigen Einfluß auf das Organisationsklima hat. Dieser Einfluß konnte nachgewiesen werden, war jedoch weitaus geringer als der für die Organisationsgröße ermittelte. Dies gilt auch für die später durchgeführte Analyse individueller Organisationsklimata (PAYNE/ MANSFIELD 1978). Die Richtung des Einflusses war jedoch anders als erwartet: In Organisationen mit hohem Zentralisierungsgrad wurde eine geringere Distanziertheit des Vorgesetzten und ein weniger bürokratisch-konventionelles Organisationsklima wahrgenommen. Derartig widersprüchliche und schwer deutbare Ergebnisse, die auch für Subklimata der Organisation gefunden wurden (MANSFIELD/PAYNE 1977) sind für die empirische Organisationsklima-Forschung nicht untypisch.

YLÄ-ANTTILA (1980) untersuchte den Zusammenhang von Organisationsstruktur und Organisationsklima ebenfalls unter Verwendung wahrnehmungsunabhängiger Strukturmaße für den Spezialisierung-, Formalisierungs- und Zentralisationsgrad, erhob diese Variablen jedoch zusätzlich unter Verwendung von Wahrnehmungsmaßen. Das Organisationsklima wurde mit Hilfe des CQ erhoben. Die ermittelten Korrelationen weisen darauf hin, daß ein hoher Zentralisierungsgrad mit einem "schlechten" Organisationsklima assoziiert ist. Bezüglich des Formalisierungsgrades konnte diese Beziehung nicht nachgewiesen werden. Spezialisiertere Abteilungen hatten ebenfalls öfter kein so "gutes" Organisationsklima, jedoch war dieses Ergebnis nicht signifikant. Im Vergleich mit den wahrnehmungsunabhängig erhobenen Strukturvariablen wiesen die mit Hilfe von Wahrnehmungsmaßen ermittelten Strukturmerkmale so starke Korrelationen mit dem Organisationsklima auf, daß der Verdacht der Redundanz aufkommt.

Mitte der siebziger Jahre wies DREXLER (1975) zu Recht darauf hin, daß eine systematische Untersuchung der Beziehungen zwischen Organisationsstruktur und deskriptiv gemessenen Organisationsklima die empirische Forschung noch in Zunkunft zu beschäftigen hat. Diese Feststellung hat auch noch für die achtziger Jahre ihre

Gültigkeit, zumal in letzter Zeit verstärkt der Einfluß personaler Größen auf das Organisationsklima in den Vordergrund trat.

5.22 Technologie

Eine weitere situationale Einflußgröße des Organisationsklimas, deren Bedeutung für die Ausprägung der Organisationsstruktur häufig belegt werden konnte (vgl. den Überblick bei STAEHLE 1980, S. 505 ff, SCHANZ 1982, S. 579 ff., KIESER/KUBICEK 1983, S. 273 ff.), ist die von der Organisation angewandte Technologie. Während der Einfluß der Fertigungs- und Informationstechnologie auf die Organisationsstruktur im Rahmen der empirischen Organisationsforschung häufig untersucht worden ist, ist der Zusammenhang von Technologie und Organisationsklima Gegenstand von nur drei Studien gewesen worden, auch wenn sich erste Hinweise zur Wirkung der Technologie auf das Organisationsklima und - vermittelt über das Organisationsklima - auf das Verhalten von Organisationsmitgliedern schon in der klassischen Studie von TRIST und BAMFORTH (1951) im englischen Kohlebergbau finden, mit der die Entwicklung des soziotechnischen Ansatzes der Arbeits- und Organisationsgestaltung eingeleitet worden ist (vgl. SYDOW i.V.).

Die bereits oben referierte Studie von PAYNE und MANSFIELD (1973) untersuchte den Einfluß der Technologie, die mit Hilfe des ASTON-Maßes "Integration des Fertigungsflusses" gemessen wurde, auf das Organisationsklima nur am Rande. Als Ergebnisse dieser Studie lassen sich festhalten: Eine höhere Integration des Fertigungsflusses, bei dem sich die Technologie durch ein hohen Mechanisierungsgrad, große Starrheit, gute Kontrollierbarkeit und erhebliche Interdependenz auszeichnet, ging einher mit als besser wahrgenommenen interpersonellen Beziehungen, eine als geringer wahrgenommenen Distanziertheit des Vorgesetzten, einem egalitären und eher herausfordernden Organisationsklima.

PETERSON (1975) untersuchte in 18 norwegischen Unternehmungen mit Serienfertigung, Massenfertigung und Prozeßfertigung den Einfluß dieser unterschiedlichen Technologien auf das Organisationsklima. Als Technologiemaß verwendete er die genannten Fertigungstypen und zur Messung des Organisationsklimas einen aus Instrumenten von MYERS (1966) und LIKERT (1961) konstruierten Fragebogen, der neben Zufriedenheitsfragen und Fragen zur Organisationsstruktur enthielt und die Wahrnehmung der Organisationspolitik (organizational style) und des Führungsstils durch die Organisationsmitglieder ermittelte. Der Fragebogen, der von 1336 Organisationsmitgliedern ausgefüllt wurde, stellt also nur zu einem Teil ein Instrument zur Organisationsklima-Messung dar. Die zentrale Hypothese, die PETERSON zu testen suchte, lautete:

> "Die Wahrnehmung des Organisationsklimas wird mit dem Fertigungstyp variieren. Insgesamt wird das Organisationsklima in Serien- und Prozeßfertigungen als unterstützender wahrgenommen als bei der Verwendung von Massenproduktionstechnologien" (PETERSON 1975, S. 290).

Die empirische Evidenz stützt diese Hypothese in soweit, als sich der Zusammenhang zwischen Fertigungstechnologie und der wahrgenommenen Organisationspolitik und des wahrgenommenen Führungsstils als eng erwies. PETERSON weist allerdings zu Recht darauf hin, daß auf Grund des Untersuchungsdesigns keine fundierten Rückschlüsse über die Wirkungsrichtung dieses Zusammenhangs aufgestellt werden können.

Jüngste Entwicklungen in der Untersuchung des Zusammenhangs von Technologie und Organisationsstruktur im Rahmen des situativen Ansatzes deuten auf eine Entwicklung hin, die eine zunehmende Konzentration auf diejenigen organisationalen Subsysteme zum Gegenstand hat, die die Technologie unmittelbar anwenden (vgl. z.B. MAHONEY/FROST 1974). Diese methodologische Umorientierung erfolgt mit der Absicht, auf diese Weise stärkere Zusammenhänge zwischen Technologie und Struktur ermitteln zu können. Eine solche Umorientierung wäre u.E. auch für die Untersuchung des Zusammenhangs von Technologie und Organisationsklima wünschenswert, da es fraglich scheint, ob die angewendete Technologie außerhalb der unmittelbar betroffenen Subsysteme (insbesondere Produktionsabteilung) einen direkten Einfluß auf das Klima ausüben kann. Andererseits ist davon auszugehen, daß die Technologie für das Klima in diesen Subsystemen von größter Bedeutung ist.

Einer etwas anderen Fragestellung ging HITT (1976) nach, der den möglicherweise moderierenden Einfluß einer (weiter gefaßten) Technologie auf die Beziehung von Organisationsklima und organisationaler Effizienz untersucht. HITT greift die aufgeworfene Frage nach der adäquaten Untersuchungseinheit auf und untersucht den Variablenzusammenhang auf der Subsystemebene von 14 Fertigungsabteilungen einer nordamerikanischen Großunternehmung, die von ihm nach der Art der angewandten Technologie klassifiziert wurden. In Anlehnung an eine Klassifikation von THOMPSON (1967), die von MAHONEY und FROST (1974) spezifiziert worden ist, unterscheidet HITT drei dominante Technologien:

- periodisch-verknüpfte Technologie (long-linked technology), deren Kennzeichen sind: einzeln vorgeschriebene, periodisch interdependente, einfache Aufgaben; Aktivitäten oder Prozesse mit einem Ermessensspielraum hinsichtlich Timing und Geschwindigkeit der Prozesse; klare Ziele und ein kurzfristiger Zeithorizont (7 Abteilungen, z.B. Datenerfassung, Textverarbeitung)
- vermittelnde Technologie (mediating technology), deren Kennzeichen sind: Verfügbarkeit mehrerer Standardprogramme, aus denen eines ausgewählt werden kann; mittlerer Zeithorizont; etwas komplexere Aufgaben (4 Abteilungen, z.B. Personalabteilung)

– intensive Technologie (intensive technology), deren Kennzeichen sind: keine Standardprogramme; großer Handlungsspielraum, sequenzielle Entscheidungen auf der Grundlage der Analyse vorausgegangener Entscheidungen; weiter Zeithorizont, komplexe Aufgaben und vage Ziele (3 Abteilungen, z.B. Consulting-Gruppe).

Die Daten zur Klassifizierung der organisationalen Subsysteme wurden bei den Abteilungsleitern und deren unmittelbar Vorgesetzten erhoben. Das Organisationsklima wurde mit Hilfe des CQ ebenso wie die (wahrgenommene) Effizienz bei allen Abteilungsmitgliedern erhoben. HITT findet seine zentrale Hypothese, daß, abhängig von der angewandten Technologie, unterschiedliche Dimensionen des Organisationsklimas die Effizienz der Organisation beeinflussen, bestätigt: In den Abteilungen, in denen periodisch-verknüpfte Technologien zur Anwendung kommen, erwies sich die Klimadimension der Wärme und Belohnung als besonders wichtig für die organisationale Effizienz, da die Aufgabe bereits durch die Technologie strukturiert ist. In Abteilungen mit vermittelnder Technologie erwies sich die Klimadimension Leistungsstandard von größter Bedeutung; die Wahrnehmung von Leistungsstandards ist für die organisationale Effizienz dieser Abteilungen von Bedeutung, da ein gewisser Handlungsspielraum besteht. In Abteilungen mit intensiver Technologie waren nicht nur hohe Werte auf den Dimensionen der Wärme, Belohnung und des Leistungsstandards von Bedeutung, sondern auch niedrige in Hinblick auf die wahrgenommene Verantwortung. Während erstere Ergebnisse aufgrund des großen Handlungsspielraumes zu erwarten gewesen sind, ist die Bedeutung niedriger Verantwortung bei der Anwendung intensiver Technologien wenig plausibel und wird auch in Untersuchungen zum Einfluß der Technologie auf die Organisationsstruktur nicht gestützt. Insgesamt weisen die Ergebnisse von HITT jedoch eine hohe Plausibilität auf. Einschränkend ist jedoch anzumerken, daß das in dieser Untersuchung angewendete Technologiemaß sehr umfassend ist und neben der Technologie im engeren Sinne auch Struktur- und Aufgabenvariablen beinhaltet. Des weiteren ist die Validität der selbst berichteten organisationalen Effizienz fragwürdig.

5.23 Führungsverhalten

Weit häufiger als die Beziehung von strukturellen Merkmalen der Organisation und ihrem Klima ist der Zusammenhang von Organisationsklima und Führung untersucht worden. Führung bzw. Führungsverhalten, verstanden als unmittelbare, zielgerichtete Einstellungs- und Verhaltensbeeinflussung von Individuen und Gruppen durch dazu formal legitimierte Organisationsmitglieder, wird durch die drei voneinander unabhängigen Dimensionen der Personenorientierung, der Aufgabenorientierung und der Partizipation beschrieben (vgl. NEUBERGER 1976, OPENS/SYDOW 1980). Diese Dimensionen sind im Zusammenhang mit der Untersuchung des Einflusses des Führungsverhaltens auf das Organisationsklima von besonderer Bedeutung, da auch das Organisationsklima seinerseits durch mehrere Dimensionen beschrieben werden kann (vgl. Abschnitt 4.251.) und zu erwarten ist, daß bestimmte Dimensionen des Führungsverhaltens mit bestimmten Dimensionen des Organisationsklimas besonders stark korrelieren. Im Zusammenhang mit Führungsverhalten ist Organisationsklima als unabhängige, als abhängige und als intervenierende Variable untersucht worden. Im Zentrum dieses Abschnitts stehen empirische Untersuchungsergebnisse zum situationalen Einfluß des Führungsverhaltens (als unabhängige Variable) auf das Organisationsklima (als abhängige Variable).

Der Einfluß des Führungsverhaltens auf das Organisationsklima ist bereits in der für die Organisationsklima-Forschung bahnbrechenden Studie von LITWIN und STRINGER (1968) untersucht worden, die schon im Zusammenhang mit der Schilderung der historischen

Entwicklung der Organisationsklimaforschung in ihren Grundzügen vorgestellt wurde (vgl. Abschnitt 3.1.). Hier sei nur daran erinnert, daß es LITWIN und STRINGER gelang, durch die experimentelle Simulation eines autoritär - aufgabenbezogenen, eines beziehungs- orientierten und eines partizipativ-delegierenden Führungsstils drei unterschiedliche Organisationsklimata zu kreieren, die sie als machtorientiert, interaktionsorientiert und leistungsorientiert be- zeichneten. Bereits in empirischen Untersuchungen, die vor Ini- tiierung dieser Experimente in Organisationen durchgeführt worden waren, hatten die Autoren herausgefunden, daß insbesondere das praktizierte Führungsverhalten für die Unterschiedlichkeit der Kli- mata in und von Organisationen verantwortlich ist.

Die Bedeutung des Führungsverhaltens für die Entstehung und den Charakter des Organisationsklimas konnte ebenso in anderen Untersuchungen belegt werden. Auch PATTON (1969) hatte den Einfluß des Führungsverhaltens (und der Arbeitsaufgabe) auf das Organisationsklima untersucht. Das Führungsverhalten der Vorge- setzten wurde bei den 1032 Geführten einer großen Unternehmung der Luft- und Raumfahrttechnik mit Hilfe eines 10-Items-Fra- gebogen erhoben, der einen entwicklungsorientierten Führungsstil (developmental style) und einen zurückdrängenden Führungsstil (reductive style) differenziert; das Organisationsklima wurde mit einem verkürztem POCh erhoben. PATTON erwartete, daß der Füh- rungsstil das Organisationsklima beeinflußt und zwar in dem Sinne, daß ein entwicklungsorientierter Führungsstil ein eher partizipatives Organisationsklima schafft. Der Zusammenhang zwischen Füh- rungsstil und Organisationsklima konnte zwar bestätigt werden (r=0.60), eine Aussage über die Wirkungsrichtung läßt die von PATTON angewandte Regressionsanalyse allerdings nicht zu.

In einer anderen empirischen Untersuchung ermittelte GAUTHIER (1974) die Organisationsklimata von fast 60 Grundschulen mit Hilfe desselben Fragebogens. Das Führungsverhalten des jeweiligen

Schulleiters erhob er bei den ihm unterstellten Lehrern mit Hilfe des LBDQ (Leader Behavior Description Questionnaire). Die Varianzanalyse der Ergebnisse ergab, daß das Führungsverhalten des Schulleiters etwa 23% der Varianz der Organisationsklimata der verschiedenen Schulen erklärt.

Die referierten Untersuchungsergebnisse belegen neben dem grundsätzlichen Zusammenhang zwischen Organisationsklima und Führungsverhalten auch die relative Bedeutung des Führungsverhaltens als situationale Einflußgröße des Organisationsklimas. Dabei bleibt aufgrund der angewendeten statistischen Analyseverfahren jedoch ungeklärt, ob das Führungsverhalten wirklich als Determinante des Organisationsklimas aufgefaßt werden kann, zumal die umgekehrte Wirkungsrichtung auch einige Plausibilität für sich verbuchen kann.

Andere empirische Untersuchungen widmen sich zwei spezielleren Fragestellungen: (1) dem Zusammenhang von Organisationsklima und bestimmten Führungstechniken und (2) dem Einfluß von Führungstraining auf das Organisationsklima.

MOTAMEDI (1974), HOLLMANN (1976) und ZULTOWSKI et al. (1978) haben den Zusammenhang von Organisationsklima und dem Erfolg der Führungstechnik "Management by Objektiv" (MBO) untersucht.
MOTAMEDI (1974) untersuchte den Zusammenhang von MBO, Organisationsklima, Arbeitszufriedenheit und dem Leistungsmotiv von Managern. Dazu legte er 133 Managern, die MBO benutzten, unter anderem einen Fragebogen zur Effizienz dieser Führungstechnik und eine Kurzform des POCh vor. Die zentrale Hypothese seiner Untersuchung lautete: je effektiver MBO desto partizipativer das Organisationsklima. Diese Hypothese fand MOTAMEDI bestätigt; der Autor merkt jedoch an, daß die Kausalbeziehung zwischen diesen beiden Variablen alles andere als klar ist und beschränkt sich deshalb auf die Feststellung, daß in dem untersuchten Sample ein

effektives MBO-System dazu tendierte, mit einem partizipativen Organisationsklima einherzugehen.

Auch HOLLMANN (1976) untersuchte die Frage, welches Organisationsklima eine positive Bewertung des MBO durch das Management fördert. Dazu bat er 111 Manager aus drei Abteilungen einer Unternehmung, in denen MBO seit mehr als zwei Jahren praktiziert wurde, die Effektivität dieser Führungstechnik anhand von sieben Dimensionen zu bewerten und das Organisationsklima auf einem verkürzten POCh zu beschreiben. Die Effektivität des MBO wurde um so höher eingeschätzt, je mehr das Organisationsklima als unterstützend wahrgenommen wurde. Dieses Ergebnis impliziert, daß die erfolgreiche Einführung des MBO in der Praxis von der Schaffung eines unterstützenden Klimas begleitet sein sollte. Der Autor weist jedoch selbst darauf hin, daß seine Studie aufgrund des ex post facto-Designs kaum Aussagen über die zugrunde liegenden Kausalitäten machen kann, die zudem noch durch die Aufgabe und das Bedürfnis der Manager nach Zusammenarbeit moderiert werden. Es ist daher nicht auszuschließen, ja zu erwarten, daß MBO selbst das Organisationsklima beeinflußt.

ZULTOWSKI et al. (1978) untersuchten Organisationsklima als Moderator der Wirkung des MBO auf Leistung und Zufriedenheit. Die Autoren vermuteten, daß das Organisationsklima ebenso wie beispielsweise die Spezifität der formulierten Ziele oder die Partizipation bei der Zielformulierung für den Erfolg des MBO im Sinne gesteigerter Arbeitszufriedenheit und -leistung ausschlaggebend ist. Die Evidenz aus dieser Untersuchung, in der das Organisationsklima mit Hilfe des Fragebogens von CAMPBELL und BEATY (1971) gemessen wurde, reicht jedoch nicht aus, eine generell moderierende Wirkung des Organisationsklimas in diesem Zusammenhang zu belegen. Die Autoren führen dieses Ergebnis jedoch teilweise auf die extreme Homogenität der 245 Befragten und auf die verwendeten Instrumente zurück.

Der Einfluß von Führungstraining auf das Organisationsklima wurde von zwei Forschergruppen untersucht. GREINER et al. (1968) untersuchten den Einfluß eines auf der Grundlage des Managerial Grid (vgl. BLAKE/MOUTON 1968) konzipierten Führungstrainings auf das Organisationskima von zunächst zwei Behörden, das mit Hilfe eines auf der Grundlage des Managerial Grid entwickelten Klimafragebogens gemessen wurde. Das herrschende Organisationsklima – und später auch das präferierte Organisationsklima – wurde entsprechend der fünf GRID-Stile als integrierend (9.9), anweisend (9.1), ausgleichend (1.9), laissez faire (1.1) und als kompromißfördernd (5.5) beschrieben, wobei die jeweils erste Ziffer für den Aufgabenaspekt und die zweite Ziffer für den Beziehungsaspekt des Organisationsklimas steht. Die Messung des Organisationsklimas wurde zu einen Zeitpunkt vorgenommen, als das GRID-Training in den zwei Behörden bereits seit einem Jahr durchgeführt worden war. Gleichzeitig wurde es in sechs anderen, aber vergleichbaren Behörden gemessen, von denen zwei ihre Mitglieder ein Jahr später in ein GRID-Training entsandten und zwei Behörden zwei Jahre später, sodaß letztlich nur zwei Behörden ohne GRID-Training verblieben und als Kontrollgruppe dienen konnten. Entsprechend dem GRID-Modell wurde vermutet, daß das Organisationsklima sich aufgrund des Trainings in Richtung auf ein integrierendes Klima entwickeln würde. Tatsächlich konnten nur sehr geringe Veränderungen des Organisationsklimas über den untersuchten Zeitraum von insgesamt drei Jahren nachgewiesen werden. Die Häufigkeit der Klimata, wie sie über alle Behörden ermittelt wurde, nämlich

1. anweisend
2. integrierend
3. laissez faire
4. kompromißfördernd
5. ausgleichend,

änderte sich in den drei Jahren, in denen GRID-Trainings durchgeführt wurden, kaum. Obwohl das Training auf die Etablierung

eines integrierenden Organisationsklimas zielte, fiel das so be-
schriebene Klima teilweise von dem zweiten auf den dritten Rang-
platz zurück. GREINER et al. ziehen aus diesem Ergebnis den
Schluß, daß das Organisationsklima sehr stabil und grundsätzlich
schwer zu verändern ist. Eine andere Erklärung dieses Ergebnisses
greift auf die Unzulänglichkeit des GRID-Trainings für eine
Veränderung des Organisationsklimas zurück. So sehr wie das
GRID-Training in seiner Wirkung für das Führungsverhalten umstrit-
ten ist (vgl. STAEHLE 1980, S. 359 f.), erscheint auch seine klima-
verändernde Wirkung fraglich. Die Ergebnisse der Untersuchungen
der zweiten Forschergruppe, denen eine Veränderung des Organisationsklimas durch ein Human-Relation-Training gelang, sprechen
für eine solche Interpretation.

Die Gruppe von Forschern um GOLEMBIEWSKI (vgl. GOLEMBIEWSKI
1970, GOLEMBIEWSKI/ CARRIGAN 1970, GOLEMBIEWSKI et al.
1971) untersuchten u.a. - der Studie von GREINER et al. vergleichbar - den Einfluß eines mit zehn Managern durchgeführten
Führungstrainings auf das Organisationsklima. Das Organisationsklima wurde eine Woche vor dem Training und vier, fünf, zwölf
und achtzehn Monate nach der Durchführung des Trainings mit Hilfe
des POCh (Ist und Soll) gemessen (GOLEMBIEWSKI/CARRIGAN
1970). Das Organisationsklima veränderte sich in der angestrebten
Richtung; die Veränderung verstärkte sich für einige Dimensionen
sogar leicht über den Untersuchungszeitraum hinaus und stabili-
sierte sich schließlich, obwohl einige Probleme in der Organisationsumwelt auftraten, die jedoch durch die Einführung einer neuen
Produktlinie aufgefangen werden konnten. Das gewünschte
Organisationsklima (Soll) erwies sich durchweg als ausgeprägter als
das tatsächliche Klima (Ist). Eine Replikationsstudie mit 43
Managern aus 6 Abteilungen, die ebenfalls an einem
Human-RelationsTraining teilgenommen hatten, bestätigt die
Ergebnisse der Pilotstudie, obwohl die Veränderungen im tatsächlich
wahrgenommenen und erwünschten Organisationsklima generell
geringer waren (GOLOMBIEWSKI et al. 1971).

Eine Untersuchung mit vergleichbarem Anliegen führten schließlich HAND et al. (1973) durch. Ein Human–Relations–Training wurde 90 Minuten pro Woche über einen Zeitraum von 28 Wochen mit 21 Mitgliedern des mittleren Managements durchgeführt. Die abhängigen Variablen, Personen- und Aufgabenorientierung der Manager und des Organisationsklimas, wurden unmittelbar nach Abschluß des Trainings, drei Monate später und 18 Monate später in der Experimentalgruppe und in einer Kontrollgruppe mit dem auch von GOLEMBIEWSKI benutzen Fragebogen gemessen. Während unmittelbar sowie auch drei Monate nach dem Training keine Veränderungen feststellbar waren, zeigte sich nach 18 Monaten, daß die Geführten der Experimentalgruppe das Organisationsklima als personenorientiert empfanden, während die Geführten in der Kontrollgruppe eine Abnahme der Personenorientierung wahrnahmen. Der im Vergleich zur Studie von GOLEMBIEWSKI ermittelte geringere Einfluß des Führungstrainings auf das Organisationsklima erklärt sich unseres Erachtens aus der Struktur des Trainings. Ein in 90 Minuten–Einheiten zerstückeltes Training dürfte kaum in der Lage sein, zur Veränderung von Einstellung und Verhalten bei-zutragen.

Einen etwas spezielleren Aspekt des Führungsverhaltens unter-suchten DIETERLY und SCHNEIDER (1974) in einer Simulations-studie mit Studenten: den Einfluß der Entscheidungspartizipation auf die wahrgenommene Macht und auf bestimmte Dimensionen des Organisationsklimas, das mit Hilfe eines selbsterstellten Fragebogens gemessen wurde. Partizipation, so ein Ergebnis der Studie, steigert zwar die wahrgenommene Macht, hat jedoch auf die Dimensionen des Organisationsklimas nur in Interaktionen mit anderen Variablen (hierarchische Position, Kundenorientierung) einen gewissen Einfluß.

SHERIDAN et al. (1984) schließlich untersuchten den Einfluß von Führung, personalen Merkmalen der Geführten und deren Aufgabenstruktur auf ihr Leistungsverhalten und nehmen an, daß die Wirkung der Führung auf das Leistungsverhalten der Geführten durch das Organisationsklima, wie es von den Führern wahrgenommen wird, moderiert wird, da diese Personen mit vielen Subsystemen der Organisation in Kontakt stehen. Der Test dieser Hypothese in vier Krankenhäusern, in denen 483 Krankenschwestern und ihren insgesamt 107 Vorgesetzten aus 80 Krankenhausabteilungen der Fragebogen von PRITCHARD und KARASICK (1973) in modifizierter Form vorgelegt wurde, bestätigt die moderierende Wirkung des Organisationsklimas. Ein leistungsorientiertes Organisationsklima legitimierte die Führungsrolle der Vorgesetzten; ein wenig leistungsorientiertes Organisationsklima hingegen begünstigte die Entstehung informaler Führung innerhalb der Gruppen, die formale Führung tendenziell ersetzen konnte. Die Wirkung einer mit Unsicherheiten belasteten Aufgabenerfüllung konnte durch die Vorgesetzten nur in einem leistungsorientierten Organisationsklima aufgefangen werden. Die Wirkung des Führungsverhaltens wurde nicht nur durch ein ihm entgegenstehendes Organisationsklima aufgehoben, sondern zum Teil ins Gegenteil verkehrt. Dieses Ergebnis der Untersuchung von SHERIDAN et al. bestätigt eine frühere Annahme von BASS et al. (1975), daß die Führungsforschung ohne eine Einbeziehung des Organisationsklimas kaum mehr auszukommen scheint.

Die Ergebnisse der empirischen Studien zum Einfluß des Führungsverhaltens auf das Organisationsklima sind nicht nur – aufgrund der geringen Sample-Größe – nicht verallgemeinerbar, sondern auch nur eingeschränkt vergleichbar. Diese einschränkende Anmerkung wird auch noch im Zusammenhang mit anderen empirischen Organisationsklima-Untersuchungen wiederholt werden müssen. Im Fall der Untersuchung des Führungsverhaltens wird dieses Problem jedoch besonders deutlich. Die empirischen Untersuchungen unterscheiden sich nicht nur hinsichtlich der Erhebungsinstrumente, die sie bei der Messung des Organisationsklimas heranziehen und hinsichtlich der Messung des Führungsverhalten, die teils auf Selbstwahrnehmung, teils auf Fremdwahrnehmung zurückgreift; sie unterscheiden sich auch hinsichtlich der diesen unterschiedlichen Meßmethoden zu Grunde liegenden theoretischen Konstrukte. In einigen Studien wird Führungsverhalten beispielsweise als Attribut der Organisation konzeptualisiert, das heißt, die entsprechenden Daten sind nicht direkt einem bestimmten Vorgesetzten zurechenbar (z.B. PATTON 1969), während in anderen Führungsverhalten als Attribut einer Person, in der Regel des Vorgesetzten einer Arbeitsgruppe oder einer Abteilung, konzeptualisiert wird. Diese methodischen Differenzen sind für einen Teil der Inkonsistenz der empirischen Ergebnisse zur Bedeutung des Führungsverhaltens als Einflußgröße des Organisationsklimas verantwortlich.

5.24 Aufgabe

Da es konzeptionelle Schwierigkeiten bereitet, Aufgabe, Technologie und Struktur präzise zu unterscheiden und in empirischen Untersuchungen operational auseinander zu halten, ist der Einfluß der Aufgabe auf das Organisationsklima bei einigen der oben referierten Studien implizit mit untersucht worden (vgl. Abschnitt 5.212. und 5.22.). Dennoch widmen sich einige wenige Organisationsklima-Untersuchungen speziell diesem Zusammenhang.

Die bereits zur Illustration des Einflusses des Führungsverhaltens auf das Organisationsklima referierte Studie von PATTON (1969) untersuchte auch den Einfluß der Aufgabenstellung auf das Organisationsklima. Die Aufgabenstellung einzelner Subsysteme der untersuchten Organisationen wurden klassifiziert nach der Direktheit ihrer Beziehung zur Produkterstellung (mittelbar 331 Befragte, unmittelbar 701 Befragte). PATTON stellte die Hypothese auf, daß unmittelbar an der Produktion beteiligte Subsysteme der Organisation ein weniger partizipatives Organisationsklima aufweisen. In keinem Fall konnte jedoch ein signifikanter Unterschied der Organisationsklimata ermittelt werden.

SCHNEIDER und HALL (1972) untersuchten die Abhängigkeit der Klimawahrnehmung von der Aufgabe bei 373 Diözesan- Priestern. Das Organisationsklima wurde mit Hilfe eines selbsterstellten 35-Item-Fragebogen erhoben und die Aufgabe mit Hilfe eines Aufgabenbeschreibungsbogens hinsichtlich der Intensität und Wichtigkeit der Aufgabenerfüllung durch bzw. für die Priester bzw. Assistenzpriester gemessen. Als relevante Aufgaben stellten sich heraus: Pfarrarbeit, Verwaltungsarbeit, Gemeindearbeit und persönliche Weiterbildung; die sich herauskristallisierenden Dimensionen des Organisationsklimas bezeichneten SCHNEIDER und HALL als

- Effizienz des Vorgesetzten
- Herausforderung durch die Arbeit
- persönliche Akzeptanz
- unterstützende Autonomie.

Als Ergebnis der Untersuchung seien hier nur die signifikanten Beziehungen zwischen Aufgabe und Klimadimensionen festgehalten: Priester mit mehr administrativen Aufgaben beschrieben ihre Vorgesetzten eher als effizient und unterstützend und ihre Arbeit als herausfordernd. Die Stärke der Einbindung in die Gemeindearbeit und die empfundene Herausforderung durch die Arbeit korrelieren ebenfalls recht stark miteinander. Obwohl auch Intensität und Bedeutung der Arbeit stark miteinander korrelieren, ist die Beziehung für erstere mit dem Organisationsklima stärker als für letztere. Da die der Arbeit zugebilligte Bedeutung eine persönliche Wertung widerspiegelt und Werte relativ überdauernd sind, vermuten SCHNEIDER und HALL folgende Kausalbeziehung:

Bedeutung der Arbeit———►Intensität der Arbeit—►Organisationsklima

Insgesamt betrachten sie als das wichtigste Ergebnis ihrer

Untersuchung den Befund, das die empfundene bzw. wahrgenommene Herausforderung durch die Arbeit empirisch wie logisch am stärksten zur Aufgabe in Beziehung steht. Dieser Befund mag SCHNEIDER veranlaßt haben, in späteren Untersuchungen für eine zweckorientierte Differenzierung des Organisationsklima–Konstrukts in spezifische Organisationsklimata "für etwas" zu plädieren (vgl. Abschnitt 4.242.).

Da nach SCHNEIDER und HALL die Aufgaben von Priestern denen von Personen anderer Berufe als vergleichbar angesehen können, halten sie die Ergebnisse ihrer Untersuchung für auf andere Berufsgruppen verallgemeinerbar. Sie weisen jedoch darauf hin, daß der Zusammenhang zwischen Aufgabe und Organisationsklima durch die Stellung der Befragten in der Priesterschaft moderiert wurde und daß auch von anderen personalen Variablen erwartet werden kann, daß sie diese Beziehung beeinflussen.

GAVIN und KELLEY (1978) untersuchten u.a. den Einfluß der Arbeitsaufgabe (des Alters und der Organisationzugehörigkeit) auf das psychologische Klima, das sie mit Hilfe eines selbstentwickelten 65–Item–Fragebogen bei 469 Bergarbeitern und 32 Schichtführern einer Grube erhoben. Die Befragten wurden nach der Art ihrer Aufgabe (Produktion/Wartung) in zwei Gruppen aufgeteilt. Trotz der sehr verschiedenen Aufgaben unterschied sich das von diesen beiden Gruppen wahrgenommene Klima nicht. Genauso wenig konnte für dieses Sample ein Einfluß des Alters und der Zugehörigkeitsdauer zur Organisation auf das Klima ermittelt werden. GAVIN und KELLEY folgern aus diesem Ergebnis, daß die Arbeitssituation unter Tage und damit auch das psychologische Klima durch andere Faktoren bestimmt sein muß. Dieses Untersuchungsergebnis und die daraus gezogene Schlußfolgerung zeigen, wie problematisch es sein dürfte, empirische Ergebnisse zum Einfluß der Arbeitsaufgabe auf das Organisationsklima über verschiedene Situationen und Personen hinweg zu verallgemeinern. Welche Arbeitsaufgabe unter welchen

Bedingungen einen Einfluß auf das Organisationsklima hat, müßte intensiver empirisch untersucht werden, zumal der Arbeitsaufgabe im Rahmen des entwickelten Bezugsrahmens als wesentliche Determinante der wahrgenommenen Arbeitssituation (vgl. STAEHLE 1977) große Bedeutung beigemessen wurde.

5.3 Personale Einflußfaktoren des Organisationsklimas

Im Zuge der subjektivistischen, insbesondere aber der interaktionistischen Ausrichtung der Organisationsklima-Forschung sind neben situationalen Einflußfaktoren vermehrt auch personale Merkmale der Organisationsmitglieder in ihrer konstitutiven Bedeutung für die Herausbildung von Klimata in Organisationen erkannt und empirisch untersucht worden. Bei den untersuchten personalen Merkmalen handelt es sich überwiegend um soziodemographische Variablen. Aber auch psychologische Merkmale wie Einstellungen, Werte und Motive sind in einigen Untersuchungen einbezogen worden. Zu den personalen Merkmalen werden hier auch Variablen wie die hierarchische Position gerechnet, die streng genommen als Person-Situation-Variablen zu bezeichnen sind.

5.31 Situation-Person-Variablen

Die in empirischen Studien häufig in ihrem Einfluß auf das Organisationsklima untersuchten Situation-Person-Variablen sind die hierarchische Position, von der schon allein aufgrund der damit häufig verbundenen räumlich-spezifischen Situation und den sich differenziert darstellenden Kommunikationsmöglichkeiten ein bedeutender Einfluß auf das Organisationsklima zu erwarten ist, sowie die Zugehörigkeitsdauer der Organisationsmitglieder zu ihrer Organisation.

5.311. Zugehörigkeitsdauer

Die Untersuchung organisationsdemographischer Merkmale wie der Zugehörigkeitsdauer der Organisationsmitglieder zu ihrer Organisation scheint jüngst an Bedeutung zugewinnen (vgl. PFEFFER 1983). JOHNSTON (1976) führte eine empirische Studie durch, die die Untersuchung der wahrgenommenen Qualität des Beziehungsgefüges von Organisationsteilnehmern zum Gegenstand hatte. Nicht direktive Interviews wurden zur Datenermittlung über das Beziehungsverhältnis der Organisationsmitglieder eingesetzt. 19 Angestellte mit einer Zugehörigkeitsdauer von länger als drei Jahren und 20 Angestellte mit einer Zugehörigkeitsdauer zwischen sechs Monaten und zwei Jahren wurden befragt. Die wahrgenommene Beziehungsqualität wurde als abhängig von der Dauer der Organisationszugehörigkeit konzipiert.

Es zeigte sich, daß Organisationsmitglieder mit hoher Zugehörigkeitsdauer die Organisation in ihrem Gefüge als sinnvoll strukturiert betrachteten; gleichzeitig gewährte die Organisation aus dieser Sicht entsprechende Unterstützung zur sachgerechten Aufgabenerfüllung. Die Beziehungen zwischen Vorgesetzten und Untergebenen werden als insgesamt verständnisvoll wahrgenommen. Mitglieder mit geringerer Zugehörigkeitsdauer sahen die Organisation als weniger innovationsfreudig, weniger kreativ und weniger verständnisvoll an. Die Länge der Zugehörigkeit zu dieser Organisation erwies sich demnach als prägende Einflußgröße auf das wahrgenommene Klima. Der Richtung, wenn auch nicht der Intensität nach, konnte die Zugehörigkeitsdauer beispielsweise auch in der Untersuchung von NEWMAN (1975) bestätigt werden.

5.312. Hierarchische Position

In der Untersuchung von MARGULIES (1965) wurden Interkor-

relationen zwischen den Variablen Organisationskultur, Selbstaktualisierung, Arbeitszufriedenheit und Organisationsklima interpretiert.
Dabei gelangte der OCDQ in modifizierter Fassung zur Anwendung.
Das Maß für die Selbstaktualisierung wurde auf der Grundlage von
Überlegungen aus der Humanistischen Psychologie entwickelt. Für
den uns hier interessierenden Teil der Ergebnisse ergibt sich ein
schwacher statistischer Zusammenhang zwischen Variablen der Organisationskultur und des Organisationsklima-Konzeptes. Dieser Zusammenhang wird stärker, wenn die Gruppe der Manager nicht getrennt
ausgewertet wird. Dies deutet auf Klimaunterschiede zwischen den
hierarchischen Gruppen der untersuchten Organisation hin.

Auch die bereits referierte Untersuchung von LANGDALE (1974)
widmete sich speziell dem Einfluß der hierarchischen Position auf
das (gewünschte und wahrgenommene) Organisationsklima. Diese
Erhebung bei 120 Vorgesetzten und 120 Untergebenen in 17
Organisationen kam zu dem Ergebnis, daß sich die Vogesetzten nicht
nur öfter als die Untergebenen ein beziehungsorientiertes und
partizipatives Organisationsklima wünschten, sondern ein solches
Klima auch wahrnahmen. LANGDALE führte für dieses Ergebnis
zwei Interpretationsmöglichkeiten an: Zum einen bezieht er es auf
die reale Arbeitssituation der Vorgesetzten, die in der Tat mehr
Partizipationsmöglichkeiten bietet, zum anderen auf die soziale
Erwünschtheit und die tatsächliche Präferenz der Vorgesetzten für
ein solches Organisationsklima.
Des weiteren zeigte die Untersuchung, daß das von den Vorgesetzten wahrgenommene Organisationsklima in stärkerem Maß mit
personalen und situativen Einflußfaktoren variierte. Eine Erklärung
dafür mag in der höheren Sensitivität von Vorgesetzten gegenüber
Situationsfaktoren liegen, die für ihre Entscheidungsfindung von
grundsätzlicher Bedeutung sind.

FRIESEN (1972) untersuchte die Klimawahrnehmungen von drei
hierarchisch unterschiedlichen Gruppen in zwei Schulen: von

Verwaltungsangestellten, Lehrern und Schülern. Die beiden Organisationen unterschieden sich im Ausmaß der Reglementierung, denen Schüler unterworfen waren. Bei dem als "offen" gekennzeichneten Schultyp besaßen die Schüler ein relativ hohes Maß individueller Gestaltungsfreiheit hinsichtlich z.B. der Teilnahme am Unterricht und Wahl der Kleidung. Der mehr traditionell orientierte Schultyp ermöglichte geringere Freiheiten.

Die Ergebnisse der Befragung durch standardisierte Instrumente erbrachte Unterschiede in den Wahrnehmungen der verschiedenen hierarchischen Gruppen. Die Wahrnehmungsunterschiede der Schüler zwischen den beiden Schultypen waren aber insgesamt gering, auch wenn andere Hierarchieebenen wie Lehrer und Schulverwaltung ihre Institution als "offen" oder mehr "traditionell" einstuften.

SCHNEIDER und HALL (1972) setzten berufsspezifische Verhaltensweisen und individuelle Charakteristika zur Wahrnehmung des Arbeitsklimas in ihrer Studie bei römisch-katholischen Priestern in Beziehung. Die hierarchische Postition der Priester hatte Einfluß darauf, welche Tätigkeit sie als herausfordernd betrachteten. Während Hilfsgeistliche sich zur Gemeindearbeit hingezogen sahen, präferierten Priester allgemeine Leitungstätigkeiten. SCHNEIDER (1972) sowie GORMAN und MALLOY (1972) konnten ebenfalls die differenzierende Wirkung der hierarchischen Position auf Organisationsklimawahrnehmungen empirisch belegen.

Die in ihren wesentlichen Teilen bereits referierte Studie von PAYNE und MANSFIELD (1973) zum Einfluß der Organisationsgröße und -struktur auf das Organisationsklima (vgl. Abschnitt 5.211. und 5.213.) untersuchte ebenfalls den Einfluß der hierarchischen Position der 387 Befragten aus 14 Organisationen auf das Klima in diesen Organisationen. Ihre Hypothese, daß die Wahrnehmung des Organisationsklimas in Abhängigkeit von der hierarchischen Position der Organisationsmitglieder variierte, konnte jedoch nur teilweise bestätigt werden. Weder das wahrgenommene Ausmaß, in dem

Autoritäten infrage gestellt werden, noch die Orientierung an Regeln und administrativer Effizienz oder die wahrgenommene Soziabilität erwiesen sich als von der hierarchischen Position der Organisationsmitglieder abhängig. Insbesondere überrascht hier, daß die Orientierung an Regeln von Organisationsmitgliedern der unteren hierarchischen Ebenen nicht als stärker wahrgenommen wird. Ansonsten bestätigten die Ergebnisse die naheliegende Vermutung, daß hierarchisch Höhergestellte ihre Organisation als weniger autoritär, aber als herausfordernder, freundlicher und innovativer wahrnehmen.

GAVIN (1975) konnte belegen, daß Organisationsmitglieder in höheren hierarchischen Positionen eine größere Ambiguität des Klimas wahrnahmen.

Eine weitere Auswertung desselben Datenmaterials durch MANSFIELD und PAYNE (1977) ergab, daß das Organisationsklima innerhalb der Organisationen nach hierarchischen Positionen variierte. Die hierarchisch unterschiedliche Wahrnehmung des Organisationsklimas stand jedoch in keiner statistisch engen Beziehung mit der organisationsweiten Varianz der Wahrnehmungen.

SCHNEIDER und SNYDER (1975) untersuchten die Beziehungen zwischen zwei Maßen für Zufriedenheit, einem Instrument zur Messung des Organisationsklimas (ACQ) und sieben Produktivitäts- und Kündigungsindikatoren. Die Ergebnisse der Interkorrelationen aus Fragebögen von 522 Mitarbeitern in 50 Lebensversicherungsagenturen lassen den Schluß zu, daß Organisationsmitglieder gleicher hierarchischer Ebenen zu ähnlichen Klimawahrnehmungen tendieren; die Übereinstimmungen für die Zufriedenheitsmaße erwiesen sich als geringer. Statistisch signifikante Verknüpfungen von Organisationsklima-Variablen und Zufriedenheitsmaßen mit Produktivität und Kündigung konnten nicht belegt werden.

GAVIN und HOWE (1975) widmeten sich der Unterscheidung von psychologischem Klima und Organisationsklima. Empirisch standen die Moderatoreneffekte des psychologischen Klimas bei Instrumenten zur Messung von Motivation, Zufriedenheit und Leistung im Vordergrund. Der Fragebogen zur Erfassung psychologischen Klimas umfaßte sechs Faktoren, die auf der Grundlage von 106 Fragen entwickelt wurden. Die Daten wurden anhand von vier Stichproben bei insgesamt 794 Managern unterschiedlicher Organisationen gewonnen. Zum einen wurden organisationale Variablen und Aspekte der Mangement-Ebene als unabhängige Größen konzipiert und die Organisationsklima-Wahrnehmungen als davon abhängig betrachtet; zum anderen wurden Interkorrelationen von psychologischem Klima, Erwartungen, Zufriedenheit und Bewertung des Führungsprozesses erstellt. Dabei wurden teilweise Klimawahrnehmungen als Moderatorvariable gefaßt. Die Studie konnte zeigen, daß sich Organisationen anhand des Klimas unterscheiden lassen; für unterschiedliche hierarchische Ebenen wurden in einigen Klimadimensionen statistisch signifikante Unterschiede festgestellt. Moderatoreffekte des psychologischen Klimas ließen sich teilweise belegen.

HERMAN, DUNHAM und HULIN (1975) untersuchten unter anderem die varianzaufklärende Wirkung der hierarchischen Position von Organisationsmitgliedern für Arbeitszufriedenheit, motivationale Aspekte der Arbeit und Organisationsklima. Zur Messung des Organisationsklimas wurden aus 47 Items zwei statistisch voneinander unabhängige Dimensionen faktorenanalytisch ermittelt. 392 Angestellte einer Druckerei wurden befragt. Die Ergebnisse zeigten in der Tendenz, daß ähnliche Ausprägungen sozio-demographischer und organistionsstruktureller Variablen als summarische Beurteilung für Erfahrungen dienen können, die sich dann in Verhaltensreaktionen niederschlagen.

RAO, JOHN und MOHIUDDIN (1976) betrachteten Wahrnehmungsunterschiede von Vorgesetzten und Arbeitnehmern in bezug auf das Organisationsklima. Dabei standen die Aspekte Macht, Führung, Organisationsklima, Arbeitszufriedenheit, Entfremdung, Ausmaß des Arbeitsengagements und Grad der Konflikthaltigkeit der Arbeit im Vordergrund. Zu jedem dieser Bereiche wurden bereits vorhandene Untersuchungsinstrumente eingesetzt; zur Auswertung gelangten die Fragebogenantworten von 104 Vorgesetzten und 104 Arbeitnehmern aus 34 Organisationen der indischen Kleinindustrie. Die Korrelationsanalysen erbrachten für den Bereich des Organisationsklimas Unterschiede in den Wahrnehmungen der Vorgesetzten und Arbeitnehmer für die Aspekte: Ausmaß der Behinderung in der Arbeit, den Grad der Vertraulichkeit und der Anreizgestaltung.

SMIRCICH und CHESSER (1981) wählten Wahrnehmungsunterschiede zwischen Untergebenen und leitenden Angestellten in bezug auf den Grad der Aufgabenerfüllung zum Ausgangspunkt ihrer empirischen Untersuchung. 58 Führungskräfte und 83 Untergebene wurden auf Wahrnehmungsunterschiede in den Bereichen Qualität der Arbeit, Quantität der Arbeit, Grad der Abhängigkeit in der Arbeit, Fähigkeit zur Kooperation, Ausmaß der Initiative und Gesamtleistung aus dem Gesichtswinkel der befragten Gruppen hin untersucht. Dieser Perspektivenvergleich geschah durch die Aufzeichnung der Wahrnehmung der Leistung aufgrund der Einschätzung der Vorgesetzten; die Geführten hatten anzugeben, wie sie meinten, daß ihre Vorgesetzten ihre Leistung einschätzen würden. Im Ergebnis ließen sich klare Perspektivendifferenzen zwischen Vorgesetzten und Geführten in Bezug auf die Leistung festhalten. Untergebene nahmen an, daß ihre Vorgesetzten ihre Leistungen höher bewerten würden.

ANSARI, BAUMGARTEL und SULLIVAN (1982) untersuchten die Wirkung des Ausmaßes an Übereinstimmung zwischen personaler Arbeitsorientierung und vorhandenem Organisationsklima in Hinblick auf Karriereerfolge von Mittel- und Top-Managern. Die Interaktion von vier Persönlichkeitsvariablen und vier Klimadimensionen in den einzelnen hierarchischen Gruppen sollte Auskunft darüber geben, inwiefern z.B. hoch Leistungsmotivierte in leistungsorientierten Situationen sich tatsächlich als erfolgreicher erweisen würden als wenig Leistungsmotivierte. Der Hypothesensatz wurde an 310 Mittel-Managern und 101 Top-Managern in 28 verschiedenen organisatorischen Situationen überprüft. Das Ausmaß der Übereinstimmung (fit) zwischen personaler Orientierung und entsprechendem Organisationsklima konnte nur für die hierarchische Gruppe der Mittelmanager nachgewiesen werden. Leistungsstrebige Persönlichkeitsorientierung und Neigung zur Risikoübernahme verknüpft mit den entsprechenden organisationsklimatischen Bedingungen zeigte sich als geeigneter Prädiktor zur Bestimmung der Relation Alter zu Einkommen, die als Indikator für den Karriereerfolg genommen wurde. Ein ähnlicher Vorhersageerfolg konnte für die hierarchische Gruppe der Top-Manager nicht verbucht werden.

Von ROSENSTIEL et al. (1982), die das Organisationsklima von 16 Unternehmungen mit Hilfe des von ihnen entwickelten EEB erhoben, konnten für den Teilaspekt hierarchische Stellung (Position) unter gewissen Vorbehalten folgende Ergebnisse ermittelt werden: Arbeiter und Vorarbeiter zeigten keine signifikanten Unterschiede in den abgefragten Bereichen; teilweise ergaben sich statistisch schwache Unterschiede für Angestellte und Meister bei der Beantwortung allgemeiner Fragen, sowie den Fragen zum Vorgesetzten, zur Interessenvertretung und betrieblichen Leistung. Arbeiter und Vorarbeiter als eine Gruppe unterschieden sich signifikant in faktisch allen Dimensionen von der Gruppe der Angestellten und Meister. Die Organisationsklimawerte für Angestellte und Meister waren durchgehend stärker ausgeprägt als die entsprechenden Werte für Arbeiter und Vorarbeiter.

5.32 Sozio-demographische Merkmale

FREDERIKSEN, JENSEN und BEATON (1972) betrachteten in einer Simulationsstudie die Wirkungen unterschiedlicher Organisations- klimata auf die Leistung. Experimentell induzierte Klimata vari- ierten zum einen im Grad der Regelgebundenheit des Verhaltens, zum anderen im Umfang der ausgeübten Führungskontrolle. Als abhängige Variablen wurden Leistungen in verschiedenen Aufgaben- bereichen herangezogen. Die Ergebnisse von Persönlichkeits- fragebögen wurden auf ihre moderierenden Wirkungen für Lei- stungsvariable erfaßt. Ein umfangreiches Arsenal von Persönlich- keitsfragebögen, kognitiven Leistungstests und biographischen Daten wurde faktorenanalytisch auf 23 Variablen reduziert. 260 männliche Versuchspersonen wurden per Zufallsauswahl auf die einzelnen Expe- rimentalgruppen verteilt; die Versuchspersonen hatten in den unter- schiedlich konstellierten Klimata Sachbearbeiteraufgaben zu über- nehmen.

Für den Gesamtzusammenhang von Organisationsklima mit Leistung zeigten sich dann statistisch bedeutsame Ergebnisse, wenn die beiden verwendeten Ausprägungen der unabhängigen Variablen gleichsinnig lagen. Hoher Grad an Regelgebundenheit und hoher Grad an kontrollierendem Führungsstil erbrachten ebenso hohe statistische Zusammenhänge mit Produktivität wie geringer Grad an Regelgebundenheit mit wenig kontrollierendem Führungsstil. Somit stellte sich die Konsistenz der Klimadimension als die Hauptein- flußgröße der erbrachten Leistung heraus.

Die Untersuchung der Frage, inwieweit bestimmte Ausprägungen des Organisationsklimas differierende Wirkung auf Individuen infolge ihrer Persönlichkeitsunterschiede bedingten, erbrachte nur sehr be- scheidene statistische Belege; erst eine meßtechnische Aufspaltung der globalen und umfaßenden Situationsgröße Organisationsklima in kleinere Einheiten und die Anwendung faktorenanalytischer Klassifikationsverfahren für die Leistungs- und Persönlichkeitsitems konnte eine Interaktion personaler und situativer Aspekte in Bezug auf die erbrachte Leistung demonstrieren. Sechs Gruppen von Individuen, die sich in ihren Verhaltensweisen bei der Aufgabenbewältigung unterschieden, wurden identifiziert; insgesamt zeigt sich, daß sich Klimaunterschiede bei Individuen mit verschiedenen Eigenschaften differierend auf Problemlösungsverhalten niederschlugen.

MAYNARD (1974) zog biographische Daten, strukturelle und kontextuelle Variablen als Prädiktoren für sieben faktorenanalytisch gewonnene Klima-Faktoren heran. Hier zeigte sich, daß strukturelle Variablen mit Klima-Variablen enger korreliert waren als biographische Faktoren. Organisationale Faktoren konnten einen Anteil von rund zehn Prozent erklärter Varianz für sich verbuchen; für die biographischen Daten wurde nur ein Prozentsatz von neun ermittelt.

In der bereits angeführten Untersuchung von HERMAN, DUNHAM und HULIN (1975) (vgl. Abschnitt 5.312.) wurden neben der Bestimmung der varianzaufklärenden Wirkung von Variablen der hierarchischen Position demographische Aspekte miterfaßt. Die als unabhängig konzipierten Strukturvariablen wurden um demographische Variablen erweitert (wie Alter, Geschlecht etc.) und im Hinblick auf ihre Vorhersagekraft für Arbeitszufriedenheit, Führungsverhalten und Organisationsklima untersucht. Aufgrund des aufgefundenen Zusammenhanges zwischen demographischen Variablen und psychologischen Antwortkategorien konnte geschlossen werden, daß Individuen ihre Arbeitserfahrungen mittels ihres individuellen Wertsystems abtasten und bewerten. Die sozio-demographischen Variablen können demnach Hinweise auf sozial-strukturelle Bezugs- und Interpretationsrahmen für Arbeitserfahrungen geben.

NEWMAN (1975) versuchte in einer Feldstudie die Wirkungsstärke personaler und organisationaler Charakteristika in bezug auf Einstellungsunterschiede von Arbeitnehmern zu bestimmen. Des weiteren wurde die Wirksamkeit der Variablen "wahrgenommene

Arbeitsumwelt" als intervenierende Größe zwischen objektiven strukturellen Aspekten der Organisation und Einstellungen von Organisationsmitgliedern herangezogen. Sozio-demographische Variablen wie Alter, Geschlecht, Art der Ausbildung und Zugehörigkeitsdauer zu der Organisation gingen in die Auswertung mit ein. Statistisch beeinflußten organisationsstrukturelle Variablen die gemessenen Einstellungen eindeutig stärker als die sozio-demographischen Größen; durch den Einbezug des Variablenbündels zur Erfassung der wahrgenommenen Arbeitsumwelt ließ sich die Stärke des Zusammenhangs noch erhöhen. Sozio-demographische Variablen erwiesen sich in diesem Zusammenhang nur mäßig erfolgreich zur Vorhersage von Attitüdenausprägungen. Neben der Zugehörigkeitsdauer erwies sich allein das Alter der Organisationsmitglieder von gewisser Relevanz (vgl. auch GAVIN / KELLEY 1978).

In der Studie von PAOLILLO (1982) wurden die Wahrnehmungen von Angestellten aus dem Forschungs- und Entwicklungsbereich in ihrer möglichen Abhängigkeit von personalen, situationalen und interaktiven Aspekten erfaßt. Unter den sozio-demographischen Variablen wurden Geschlecht, Ausbildungsniveau und Alter genannt. Für die sozio-demographischen Variablen konnte insgesamt ebenfalls nur ein schwacher Einfluß festgestellt werden. Die Strukturgrößen der Abteilungen erwiesen sich als wichtigstes Korrelat des psychologischen Klimas der Abteilungen.

In der bereits erwähnten Studie von ROSENSTIEL et al. (1982) wurden ebenfalls sozio-demographische Unterschiede mit erfaßt und zu den Organisationsklima-Ergebnissen in Beziehung gesetzt. Es konnten keine nennenswerten geschlechtsgruppenspezifischen Unterschiede festgestellt werden. Für die verschiedenen Altersgruppen zeichnete sich eine U-förmige Beziehung zwischen Alter und Organisationsklima ab. Junge und ältere Arbeitnehmer tendierten, verglichen mit der mittleren Altersgruppe, zu positiveren Einschätzungen des Betriebsklimas. Für den Bereich der Schulbildung ließ

sich das Einhergehen von höherer Qualifikation mit höheren Ausprägungen der Organisationsationsklimadimensionen nachweisen.

5.33 Psychologische Merkmale

FOREHAND (1968) untersuchte den Einfluß von Situationsvariablen
auf das Vorhandensein und die Ausprägung personaler Merkmale wie
z.B. Intelligenz, geistige Aufmerksamkeit, persönliche Präferenzen
und Werthaltungen. Zwei Klima-Situationen, die eine verlangte
strikte Regelbefolgung und bot wenig persönlichen Handlungsspielraum, die andere bot großen Handlungsspielraum und eine
Vielzahl von Partizipationsmöglichkeiten, wurden identifiziert und
mit Persönlichkeitsvariablen korreliert. Spezifische intellektuelle
Leistungsfähigkeiten, z.B. die Fähigkeit zur Lösung von Problemen,
eigneten sich besser zur Vorhersage von Leistung in einem nicht
regelorientierten Klima als in regelorientierten Situationen.

FRIEDLANDER und MARGULIES (1969) erforschten die Wirkung von
Organisationsklima-Komponenten und individuellen Werten auf
Arbeitszufriedenheit; es wurden 95 Angestellte einer Forschungs-
und Entwicklungsorganisation befragt. Organisationsklima erwies sich
nicht nur als statistisch gesicherte Einflußgröße von Arbeitszufriedenheit; auch die Wirkungsstärke variierte je nach Art des
untersuchten Klimas und dem bezogenen Arbeitszufriedenheitsaspekt
und die moderierende Wirkung der Wertsystem-Items konnte gezeigt
werden.

LANGDALE (1974) erhob im Rahmen seiner umfangreichen
Organisationsklima-Studie neben acht situationalen Faktoren und
einer Situation-Person-Variable mit der Variablen "Autoritarismus"
auch einen personalen Einflußfaktor. Im Gegensatz zu den anderen
Faktoren, die nur mit Hilfe eines Ein-Item-Maßes erhoben wurden,
fanden zur Messung des Autoritarismus-Konzeptes sieben Items

Verwendung, die nach Angaben von LANGDALE ein in sich konsistentes und zuverlässiges Maß dieser Persönlichkeitsdisposition repräsentierten. Organisationsmitglieder mit großer Autoritätsneigung präferierten nicht nur ein eher klassisch-bürokratisches Organisationsklima, sondern nahmen ein solches mit größerer Wahrscheinlichkeit tatsächlich auch wahr. Dieses Phänomen kann mit dem in der Organisationsklima-Forschung präferierten Selbst-Selektions-Theorem (vgl. Abschnitt 4.222.) ebenso erklärt werden, wie mit einer grundsätzlichen Persönlichkeitsabhängigkeit der Organisationsklima-Wahrnehmung, wie sie insbesondere die interaktionistische Richtung der Organisationsklima-Forschung nahelegt. Zusätzlich belegt die Studie von LANGDALE die Relevanz personaler Einflußfaktoren, die kognitive und affektive Persönlichkeitsmerkmale repräsentieren: Autoritarismus wies unter den untersuchten Faktoren die mit Abstand höchsten Korrelationen mit dem Organisationsklima auf.

Zu den wenigen Organisationsklima-Studien, die zahlreiche personale Einflußfaktoren in das Untersuchungs-Design miteinbeziehen, gehört auch die schon im Zusammenhang mit der Diskussion des Einflusses der Organisationsstruktur auf das Organisationsklima (vgl. Abschnitt 5.212.) referierte Untersuchung von GEORGE und BISHOP (1971). Die Autoren verwendeten ein standardisiertes Instrument mit insgesamt 16 personalen Merkmalen. Dazu gehörten: Intelligenz, Sensibilität, emotionale Stabilität, Zuversichtlichkeit, Ernsthaftigkeit, Scheu und Ängstlichkeit. GEORGE und BISHOP vermuteten, daß eine Kombatibilität der ermittelten Persönlichkeitsmerkmale mit der (wahrgenommenen) Organisationsstruktur die Möglichkeit bietet, ein offenes, gesundes und authentisches Interaktion förderndes Organisationsklima entstehen zu lassen. Bei mangelnder Kongruenz personaler und situationaler Variablen vermuteten sie ein eher als geschlossen, ungesund und hemmend wahrgenommen zu beschreibendes Organisationsklima. In der Tendenz ließen sich diese Hypothesen empirisch stützen.

PRITCHARD und KARASICK (1973) untersuchten die Wirkungen des Organisationsklimas und die Effekte der Interaktion von Klima und individuellen Bedürfnissen auf Leistung und Zufriedenheit. Dazu wurden 76 Manager in zwei Organisationen befragt. Es zeigte sich, daß die Größe des Zusammenhangs zwischen individuellen Bedürfnissen und Werten einerseits und dem Organisationsklima andererseits positiv mit der Zufriedenheit variierte. Tendenziell war Organisationsklima statistisch enger mit Zufriedenheit als mit Leistung verknüpft.

JOHNSTON (1974) befragte 39 Mitarbeiter einer Beratungsfirma mit dem Ziel, den Zusammenhang der drei Pesönlichkeitsvariablen Aktivität-Passivität, Aufgabenorientierung und interpersonale Orientierung mit der individuell wahrgenommenen Beziehung zur Organisation herauszufinden. Die varianzaufklärende Wirkung der verwendeten Persönlichkeitsvariablen in bezug auf affektive Reaktion und des wahrgenommenen Verhältnisses Individuum – Organisation konnte nachgewiesen werden.

WATERS, ROACH und BATLIS (1974) unternahmen eine Faktorenanalyse von 22 wahrnehmungsorientierten Klimaskalen; diese führten zu fünf interpretierbaren Faktoren. Die so gewonnenen Dimensionen wurden mit Selbstberichtdaten – bezogen auf Zufriedenheit, Engagement, intrinsische Motivation, Anstrengung und Leistung – einer Korrelationsanalyse unterzogen. Die Untersuchung von 105 Angestellten aus sieben Radio- und Fernseh-Stationen förderte erhebliche Unterschiede zwischen den verschiedenen Stations-Klimata und -Einstellungen zutage. Keine statistisch befriedigenden Ergebnisse hingegen konnten in den Verknüpfungen der unterschiedlichen Klimata mit Selbstberichtdaten zu Anstrengung und Leistung gefunden werden.

GAVIN (1975) zog die Interaktion personaler und organisationaler Faktoren zur Bestimmung von Organisationsklima-Unterschieden her-

an. Antworten von 140 Managern einer Bank bildeten die Daten-
grundlage. Die in die Auswertung eingehenden Organisationsklima-
und psychologischen Variablen wurden aus Faktorenanalysen
gewonnen. Univariate und multivariate Varianzanalysen brachten
keine Bestätigung für Interaktionseffekte; sowohl personale als auch
organisationale Variablen alleine erbrachten kleine aber signifikante
Beiträge zur Varianzaufklärung von Organisationsklima-Wahrnehmungen.

SCHNEIDER (1975b) konzipierte die Variable"Erfolg in der Arbeit"
als abhängige Größe vom Ausmaß der Übereinstimmung von
Erwartungen und Präferenzen des Individuums im Vergleich zu dem
Klima der Organisation, der es angehört. Für 914 Mitarbeiter in 125
Versicherungsagenturen, deren Organisationsklima mit dem ACQ
gemessen worden war, konnten keine signifikanten Ergebnisse bezüglich der Übereinstimmung zwischen Präferenzen und Erwartungen
einerseits und dem jeweiligen Klima der Versicherungsagentur
andererseits als Prädiktor für die Dauer der Zugehörigkeit zur
Organisation und die Einkommenshöhe gewonnen werden.

SIMS und SZILAGYI (1976) gingen der Frage nach, inwieweit
Charakteristika des Individuums zwischen der Wahrnehmung von
Faktoren der Arbeitssituation sowie Erwartungen, Zufriedenheit und
Leistung moderieren. Dabei gelangten 776 Fragebögen nichtmedi-
zinischer Angestellter eines Gesundheitszentrums zur Auswertung.
Es zeigte sich, daß die individuelle Bedürfnisstärke als Persönlich-
keitsvariable den Zusammenhang zwischen wahrgenommener
Arbeitssituation und Zufriedenheit moderierte.

OFFENBURG und CERNIUS (1978) versuchten eine adäquate
Beschreibung eines Sozialsystems (Schule) zu entwickeln. Als
Dimensionen wurden das Ausmaß persönlicher Verpflichtung, das
wahrgenommene Anreiz-Beitrags-Gleichgewicht bezogen auf mehrere
Austauschaspekte zwischen Mitgliedern und ihrer Organisation sowie

einige Persönlichkeitsvariablen herangezogen. In die Untersuchung wurden 24 Lehrer einer mehr innovativen und 26 Lehrer und Verwaltungsbeamte einer mehr traditionell orientierten Schule befragt. Ein faktorenanalytisch gewonnenes Instrument zur Beschreibung organisationaler Aspekte wurde entwickelt. Die Faktorenladungen der in die Auswertung eingegangenen Dimensionen zeigten ein jeweils charakteristisches Bild für die mehr innovative und die eher traditional orientierte Organisation. Einer Zufallsauswahl von Mitgliedern dieser beiden Organisationen gelang es aufgrund der unterschiedlichen Ladungsmuster der Faktoren für die beiden Sozialsysteme die jeweils gegensätzlichen Schultypen zu identifizieren. Damit konnte die Relevanz psychologischer Merkmale als Einflußgrößen des Organisationsklimas demonstriert werden.

Die zusammenfassende Darstellung empirischer Ergebnisse der Organisationsklima-Forschung gibt einen Überblick über bisher untersuchte Variablenzusammenhänge.

Dabei bedeuten

(+) deutlicher statistischer Zusammenhang der Variablen mit dem Organisationsklima aufgefunden und

(o) kein oder kein deutlicher statistischer Zusammenhang der Variablen mit dem Organisationsklima aufgefunden.

Häufig werden eine Mehrzahl der Variablen in die Untersuchung einbezogen; die Einteilung in die Ergebnisgruppen stellt nur auf die wichtigsten Ergebnisse ab; Einzelheiten müssen den Studien selbst entnommen werden.

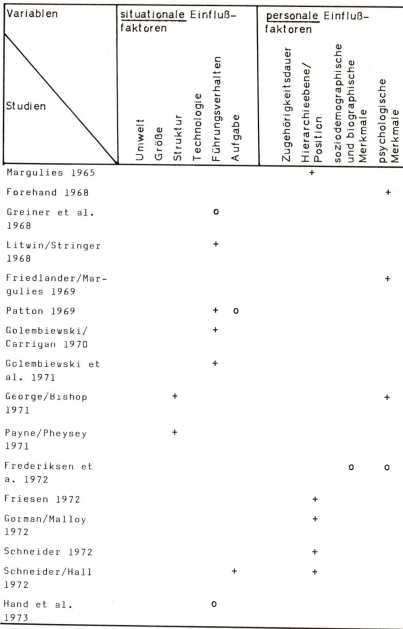

Variablen / Studien	situationale Einflußfaktoren						personale Einflußfaktoren			
	Umwelt	Größe	Struktur	Technologie	Führungsverhalten	Aufgabe	Zugehörigkeitsdauer	Hierarchieebene/Position	soziodemographische und biographische Merkmale	psychologische Merkmale
Margulies 1965								+		
Forehand 1968										+
Greiner et al. 1968				o						
Litwin/Stringer 1968				+						
Friedlander/Margulies 1969										+
Patton 1969				+	o					
Golembiewski/Carrigan 1970				+						
Golembiewski et al. 1971				+						
George/Bishop 1971			+							+
Payne/Pheysey 1971			+							
Frederiksen et a. 1972									o	o
Friesen 1972								+		
Gorman/Malloy 1972								+		
Schneider 1972								+		
Schneider/Hall 1972					+			+		
Hand et al. 1973				o						

Abb. 35 a: Empirische Ergebnisse zu den Einflußfaktoren des Organisationsklima

Variablen / Studien	situationale Einflußfaktoren						personale Einflußfaktoren			
	Umwelt	Größe	Struktur	Technologie	Führungsverhalten	Aufgabe	Zugehörigkeitsdauer	Hierarchieebene/ Position	soziodemographische und biographische Merkmale	psychologische Merkmale
Payne/Mansfield 1973	+	+	+	+				o		
Pritchard/Karasik 1973										+
Dieterly/Schneider 1974					o					
Gauthier 1974					+					
Johnston 1974										+
Langdale 1974								+		+
Lawler et al. 1974	o									
Maynard 1974									o	
Motamedi 1974					+					
Waters et al. 1974										+
Gavin 1975			+					+		o
Gavin/Howe 1975								+		
Herman et al. 1975			+					+	+	
Newman 1975			+				+		o	
Peterson 1975				+						
Schneider 1975b										o
Schneider/Snyder 1975								+		
Hitt 1976				+						
Hollmann 1976						+				
Johnston 1976							+			

Abb. 35 b: Empirische Ergebnisse zu den Einflußfaktoren des Organisationsklimas

Variablen / Studien	situationale Einflußfaktoren						personale Einflußfaktoren			
	Umwelt	Größe	Struktur	Technologie	Führungsverhalten	Aufgabe	Zugehörigkeitsdauer	Hierarchieebene/Position	soziodemographische und biographische Merkmale	psychologische Merkmale
Rao et al. 1976								+		
Sims/Szilagyi 1976										+
Mansfield/Payne 1977								+		
Gavin/Kelley 1978						o	o		o	
Payne/Mansfield 1978		+	+							
Offenburg/Cernius 1978										+
Mansfield 1980	o	o								
Ylä-Anttila 1980			+							
Zultowski et al. 1978					o					
Crane 1982			+							
Smircich/Chesser 1981								+		
Ansari et al. 1982								+		+
Paolillo 1982			+						o	
Rosenstiel et al. 1982	+							o	o	
Sheridan et al. 1984						+				
Summe der Berücksichtigung in den Untersuchungen	2	5	10	3	12	3	3	16	7	13
– davon +	1	4	9	3	8	1	2	14	1	10
– davon o	1	1	1	0	4	2	1	2	6	3

Abb. 35 c: Empirische Ergebnisse zu den Einflußfaktoren des Organisationsklimas

5.4 Wirkungen des Organisationsklimas

In einer großen Anzahl von empirischen Studien ist Organisationsklima als unabhängige Variable konzipiert und ihr Einfluß auf das Verhalten von Organisationsmitgliedern und von Organisationsexternen untersucht worden.

5.41 Verhalten von Organisationsmitgliedern

Das Organisationsklima ist insbesondere in Hinblick auf seine Wirkung für die Arbeitsmotivation und -leistung, das Führungs- und Entscheidungsverhalten, die Innovationsneigung, die Einstellung zur Arbeit und die Arbeitszufriedenheit untersucht worden. Die Untersuchungsergebnisse werden in dieser Reihenfolge berichtet.

5.411. Arbeitsmotivation und -leistung

Der vermeintliche Einfluß des Organisationsklimas auf die Arbeitsleistung der Organisationsmitglieder war als einer der wesentlichsten Gründe herausgestellt worden, warum Organisationsklima als relevant für die Theorie und Praxis des Managements erachtet wird. Zwar teilen wir nicht die Einschätzung von NAYLOR et al. (1980), die der Ansicht sind, daß Organisationsklima keine Verhaltenswirkung zeitigt, gehen aber auch im Gegensatz zu anderen Autoren (z.B. CAMPBELL et al. 1970, PRITCHARD/KARASICK 1973) nicht davon aus, daß das Organisationsklima die Arbeitsleistung der Organisationsmitglieder direkt beeinflußt; seine Wirkungen werden unseres Erachtens vielmehr über die Arbeitsmotivation vermittelt (vgl. Abschnitt 4.313.). In der Tat ist die Arbeitsmotivation als ein zwischen Organisationsklima und Arbeitsleistung vermittelndes Konstrukt in einigen empirische Untersuchungen einbezogen worden. Die meisten empirischen Organisationsklima-Studien zum Einfluß des Organisationsklimas auf das Leistungsverhalten der Organisationsmitglieder, deren Ergebnisse im folgenden als erste berichtet werden, haben darauf verzichtet.

Die umfangreichsten Studien zum Einfluß des Organisationsklimas auf die Leistung und Produktivität von Organisationen bzw. Subsystemen von Organisationen sind von LIKERT (1961, 1967) mit Hilfe des von ihm entwickelten POCh durchgeführt worden. In der Mehrzahl der Studien erweisen sich Organisationen mit einem partizipativen Organisationsklima (LIKERTs Systeme 3 und 4) als effizienter als Organisationen mit einem autoritären Klima (Systeme 1 und 2) (vgl. Abbildung 35)

	Wenn-Komponente			
	autoritäre Systeme		partizipative Systeme	
	ausbeutend System 1	wohlwollend System 2	unterstützend System 3	kooperativ System 4
Motivation	wirtsch. Sicherheit	physiologische und ichbezogene Bedürfnisse	physiologische, ich-bezogene u. a. Bedürfnisse	gesamte Skala menschl. Bedürfnisse
Kommunikation	vertikal, abwärts	vertikal, überwiegend abwärts	vertikal	lateral
Interaktion	gering	gering	mäßig	intensiv
Entscheidungsfindung	Spitze der Hierarchie	Strategische Entscheidung an der Spitze, mäßige Delegation	Strategische Entscheidung an der Spitze, starke Delegation	auf allen Ebenen in überlappenden Teams
Zielvorgabe	Befehle	Befehle mit Möglichkeit der Diskussion	Zielvorgabe nach Diskussion mit Untergebenen	Zielvorgabe als Ergebnis von Gruppendiskussion
Kontrolle	Zentralisiert an der Spitze, Widerstand d. inform. Organisation	überwiegend an der Spitze konzentriert, inform. Organisation z. T. im Gegensatz zur formalen	überwiegend an der Spitze konzentriert, inform. Organisation für oder gegen formale	dezentral, informale und formale Organisation identisch
Erfolg				
— Produktivität	mittelmäßig	ziemlich hoch	hoch	sehr hoch
— Kosten	hoch	ziemlich hoch	mäßig	niedrig
— Abwesenheit/ Fluktuation	hoch	ziemlich hoch	mäßig	niedrig
— Ausschuß/ Fehler	hoch	ziemlich hoch	mäßig	niedrig

Dann-Komponente

Abb. 35:   Merkmale und Wirkung der 4 Managementsysteme von LIKERT
Quelle: STAEHLE (1973), S. 46.

Die Tatsache, daß LIKERT diese Managementsysteme mit Hilfe eines Wahrnehmungsmaßes erhoben hat, ermöglicht es uns, seine Ergebnisse in die empirische Organisationsklima-Forschung einzuordnen. LIKERTs Untersuchungen haben jedoch auch gezeigt, "daß eine Änderung des Managementsystems in Richtung auf System 4 hin sich keineswegs sofort in einer Verbesserung ökonomischer Output-Größen niederschlägt, sondern mit einem mehr oder minder großen time-lag." (STAEHLE 1980, S. 369). Zwar ist LIKERT davon überzeugt, daß Organisationen mit einem Klima, das dem System 4 nahekommt, am effizientesten sind; die empirische Evidenz zahlreicher Folgestudien ist jedoch inkonsistent. Die Inkonsistenz dieser Ergebnisse kann mit Hilfe eines situativen Bezugsrahmens erklärt werden, der davon ausgeht, daß ein dem System 4 entsprechendes Organisationsklima nur dann effizient ist, wenn die situativen Bedingungen der Organisationsumwelt, die Technologie und die Aufgabe ein derartiges Klima erfordern. Die Untersuchungen von LIKERT werden denn auch treffend von LANGDALE (1974, S. 73 ff.) dahin kritisiert, daß sie situative Bedingungen systematisch außer acht gelassen haben. Diese Kritik trifft auch andere Studien, die glauben, die Überlegenheit eines partizipativen Organisationsklimas ohne Berücksichtigung situativer Bedingungen nachweisen zu können (z.B. MARROW et al. 1967) und mag erklären, warum diese Ergebnisse in einzelnen Studien nicht bestätigt werden konnten (z.B. WATSON et al. 1973).

Die Kritik LANGDALEs kann weiterhin erklären, warum einige Studien (z.B. KACZKA/KIRK 1968) einen Zusammenhang zwischen Organisationsklima und Arbeitsleistung nur für einzelne Klimadimensionen bestätigt fanden.

Diese Kritik trifft auch auf die Untersuchung von SCHNEIDER und SNYDER (1975) zu, die bei 522 Managern, Assistenten, Sekretärinnen und Auszubildenden von 50 Versicherungsagenturen das Organisationsklima mit Hilfe des ACQ erhoben und außer mit der Ar-

beitszufriedenheit auch mit Leistungskriterien korrelierten. Hinsichtlich der Leistung wurden von sechs für alle Versicherungsagenturen zuständigen Managern zweimal im Abstand von 15 Monaten
eine Rangfolge der Agenturen nach ihrer Leistung gebildet und die
Antworten gemittelt. Die ermittelten Korrelationen zwischen diesem
Leistungsmaß und dem Organisationsklima erwiesen sich jedoch als
durchweg sehr gering.

LANGDALE (1974) selbst gründet seine Organisationsklima-
Untersuchung auf den situativen Ansatz. Seine zentrale Hypothese
lautet: Ob sich ein klassisch-autoritäres oder ein partizipativ-beziehungsorientiertes Organisationsklima als effizienter erweist, hängt
von den situativen Bedingungen ab, zu denen er unter anderem die
Betonung von quantitativen und qualitativen Zielen, die
Koordination durch den Vorgesetzten, Aufgabeninterdependenz,
aufgabenbezogene Interaktion, Routinecharakter, Problemstruktur,
Feedback und Größe rechnet. LANGDALE testet diese Hypothese in
17 Organisationen, von denen er jeweils zehn Vorgesetzte und zehn
Untergebene auswählt und ihnen zur Messung des tatsächlich
wahrgenommenen und des gewünschten Organisationsklimas das
POCh vorlegt. Die situationalen Faktoren werden 'objektiv' mit
Hilfe des modifizierten Fragebogens von PUGH et al. (1968)
erhoben. Des weiteren werden drei personale Einflußfaktoren
(Autoritarismus, Streß, Vorgesetzter/Untergebener) erhoben. Im
Einzelnen überprüft LANGDALE mit den so erhobenen Daten die
folgenden drei Hypothesen:

H_1: Organisationsmitglieder ziehen unabhängig von situativen
Bedingungen ein partizipativ-beziehungsorientiertes Organisationsklima einem klassisch-autoritärem vor und wünschen sich
grundsätzlich ein Organisationsklima, das partizipativer und
beziehungsorientierter ist als das tatsächlich herrschende.

Diese Hypothese konnte nur in ihrem zweiten Teil bestätigt werden.

260

Vorgesetzte zeichnen sich durch einen noch stärkeren Wunsch nach einem partizipativ-beziehungsorientierten Organisationsklima aus.

H_2: Der Einbezug der genannten situativen Bedingungen zeigt, daß die Bevorzugung eines bestimmten Organisationsklimas von diesen Bedingungen abhängig ist.

Tatsächlich wird ein klassisch-autoritäres Organisationsklima beispielsweise bevorzugt bei einer eher quantitativen Zielorientierung, großer Arbeitsteilung mit hohem Koordinationsbedarf, geringer Aufgabeninterdependenz und aufgabenbezogener Interaktion, geringerem Feedback, größerer Abteilungsgröße, autoritäreren Organisationsmitgliedern und stärker empfundenem Streß.

H_3: Die Effizienz der Organisation ist abhängig davon, ob das Organisationsklima den situativen Bedingungen entspricht.

Tatsächlich variiert das Organisationsklima mit den situativen Bedingungen, die insgesamt 83% der Varianz erklären.

Einschränkend ist zu diesen Ergebnissen anzumerken, daß die Art der Datenanalyse keine Aussagen über Kausalbeziehungen zuläßt. LANGDALE selbst geht denn eher auch von einer reziproken Beziehung zwischen Organisationsklima und den untersuchten situativen Bedingungen aus. Zur Überprüfung der dritten Hypothese ist anzumerken, daß die Effizienz von Organisationen in diesem Fall nicht gesondert erhoben wurde, sondern unterstellt wurde, daß diejenigen Organisationen effizient sind, die noch existieren.

Eine Studie von FRIEDLANDER und GREENBERG (1971) war hauptsächlich darauf angelegt, voraussichtliche Arbeitsleistung und Zurückhaltung der Leistungsabgabe bei 478 Langzeitarbeitslosen zu untersuchen. Im Zusammenhang damit wurde eine Evaluierungsstudie eines mit diesem Personenkreis durchgeführten Trainigsprogramms erarbeitet. Die Ermittlung von Organisationsklima, hier verstanden als soziales Klima des Arbeitsplatzes, wurde als Interaktion personaler und organisationaler Faktoren gefaßt. Das soziale Klima, in dem sich die Langzeitarbeitslosen befanden, konnte als entscheidende Determinante für leistungsorientiertes Arbeitsverhalten identifiziert werden. Trainingsprogramme, die darauf abzielten, positivere Einstellungen gegenüber der Arbeit zu generieren, waren wenig erfolgreich. Die Autoren schlagen stattdessen vor, ein Management des Sozialklimas zu betreiben.

In einer Studie von DOWNEY, HELLRIEGEL und SLOCUM (1975) wurde der Frage nachgegangen, inwieweit eine Interaktion aus Organisationsklima und Persönlichkeitsvariablen Arbeitszufriedenheit und Leistung beeinflußte. Die Auswertung der Befragung von 92 Managern eines Industriebetriebes konnte Interaktionseffekte von Persönlichkeitsvariablen und Klimafaktoren vor allem für den Bereich der Arbeitszufriedenheit sichern; dies galt nur in geringem Umfang bezüglich der Arbeitsleistung.

Die Studie von JONES und JAMES (1979) hatte die Entwicklung eines Fragebogens zur Erfassung des psychologischen Klimas zum Ziel. Aus vorliegenden Instrumenten wurden 145 Items ausgewählt und durch eine Faktorenanalyse in sechs Dimensionen zusammengefaßt, sowie dann eine Studie an 4.315 Seeleuten auf 20 Schiffen der US-Navy durchgeführt. Die faktoriell ermittelten Dimensionen des psychologischen Klimas wurden zu situationalen, positionalen und individuellen Variablen in Beziehung gesetzt. Man fand, daß eine Aggregation individueller Daten zur Beschreibung des Klimas auf Unterabteilungsebene nur beschränkt tauglich war. Kontextuelle Variablen, Strukturgrößen, aggregierte Klimadaten und Variablen zur Beschreibung der Person konnten teilweise als Vorhersagegrößen für die Leistung in Unterabteilungen herangezogen werden. Das psychologische Klima wies statistisch engere Verknüpfungen mit Prozeßvariablen des Führungsverhaltens auf.

Obwohl ebenfalls den statistisch-korrelativen Zusammenhang von Organisationsklima und Arbeitsleistung ermittelnd, widmet sich die Studie von LAWLER et al. (1974) (vgl. Abschnitt 5.212.) einer anderen Fragestellung, nämlich der relativen Bedeutung des Organisationsklimas im Variablenzusammenhang von Strukturen und Prozessen der Organisation einerseits und der Leistung und Zufriedenheit ihrer Mitglieder andererseits. Die Leistung wurde differenziert nach technischer und administrativer Leistung durch Befragung der Direktoren der Forschungslaboratorien, durch Veränderung des Forschungs- und Entwicklungsbudgets, durch die Anzahl der Aufträge und durch den Prozentsatz der rechtzeitig und budgetmäßig abgeschlossenen Projekte erhoben. Der zwischen dem Organisationsklima und der so erhobenen Leistung ermittelte Korrelationskoeffizient ist zwar deutlich geringer (0.25) als der Zusammenhang von Organisationsklima und Arbeitszufriedenheit (0.47[23]), jedoch erheblich höher als die zwischen Organisationsstruktur und Leistung ermittelte Korrelation (0.15). Dieses Ergebnis belegt nach Ansicht von LAWLER et al. die Zweckmäßigkeit des Organisationsklimas als intervenierendes Konstrukt, zeigt jedoch auch, daß der Einfluß des Organisationsklimas auf die Leistung nicht überschätzt werden sollte.

Dieses Ergebnis ist für sich genommen ebensowenig zu verallgemeinern; wie diejenigen anderer Studien. Einer systematischen Verknüpfung dieser Ergebnisse steht jedoch im Wege, daß die relevanten Variablen sehr unterschiedlich erhoben wurden. Dies gilt nicht nur für das Organisationsklima, sondern auch für die Motivations- und Leistungsvariablen.

---

23) Dieses Ergebnis wird durch andere Studien (z.B. PRITCHARD/KARASICK 1973) bestätigt; es resultiert u.E. aber in diesem Fall aus der affektiven Messung des Organisationsklimas mit Hilfe eines semantischen Differenzials.

Eine Untersuchung von ANSARI et al. (1982) bestätigt die relativierende Bedeutung personaler Merkmale für den Zusammenhang von Organisationsklima und Leistung. Die Autoren erhoben bei 411 Mitgliedern des Top- und mittleren Managements von 28 Organisationen vier Persönlichkeitsmerkmale (Leistungsorientierung, Risikoorientierung, Beziehungsorientierung und Konservatismus), die Leistung (Einkommen relativ zu Alter) und das Organisationsklima mit Hilfe eines selbstentwickelten Fragebogens, aus dem die Dimensionen Leistungsorientierung, Risikoorientierung, Beziehungsorientierung und Strukturorientierung faktoranalytisch gewonnen werden konnten. Die Überprüfung des 'fit' der jeweiligen Dimensionen des Organisationsklimas und der Persönlichkeit ergaben nur für eine Dimension einen signifikanten Zusammenhang mit dem Erfolgsindex. Die Bedeutung des 'fit' von Leistungsorientierung des Organisationsklimas und Leistungsorientierung der Persönlichkeit für den Erfolg von Managern ist nicht verwunderlich, wird er doch durch die zahlreichen empirischen Untersuchungen zur Leistungsmotivation von McCLELLAND (1961) bestätigt.

Der Zusammenhang von Organisationsklima und Arbeitsmotivation ist in mehreren Studien empirisch untersucht worden. In der Im Zusammenhang mit der Diskussion des Einflusses des Führungsverhaltens auf das Organisationsklima referierten Studie von PATTON (1969) (vgl. Abschnitt 5.23.) wird auch die Wirkung des Organisationsklimas auf die extrinsische und intrinsische Motivation der Organisationsmitglieder analysiert. Die zugrundeliegende Hypothese, daß intrinsische Motivation mit einem als partizipativ wahrgenommenen Organisationsklima positiv korreliert ist, konnte für das Sampel von 1032 Mitgliedern der untersuchten Organisation bestätigt werden.

MARGULIES (1969) untersuchte in vier Abteilungen einer Organisation unter anderem den Einfluß des Klimas auf die wahrgenommene Möglichkeit zur Selbstverwirklichung. Die Hypothese, daß

ein als offen wahrgenommenes Organisationsklima (gemessen mit
dem OCDQ) eher die Selbstverwirklichung der Organisationsmitglieder fördert als ein geschlossenes Organisationsklima,
konnte nicht bestätigt werden (r=0.33; nicht signifikant). Einen
grundlegenden Beitrag zur Deutung des Zusammenhangs von
Organisationsklima und Arbeitsleistung unter Einbezug der
Arbeitsmotivation hat die schon mehrfach zitierte Untersuchung von
LITWIN und STRINGER (1968) geleistet, die in ihrem experimentellen Teil (S. 119 ff.) im Anschluß an die Manipulation des
Organisationsklimas mit Hilfe des Führungsstils den Zusammenhang
des so geschaffenen machtorientierten Organisationsklimas (A),
interaktionsorientierten Organisationsklimas (B) und leistungsorien-
tierten Organisationsklimas (C) mit der Motivstruktur der
Organisationsmitglieder untersucht haben. LITWIN und STRINGER
vermuteten, daß die unterschiedlichen Organisationsklimata, die mit
Hilfe des von ihnen selbstentwickelten CQ gemessen wurden, die
motivationalen Kräfte in unterschiedlichem Maße stärken und die
Arbeitsleistung der Organisationsmitglieder in unterschiedlichem
Maße erhöhen. Die Motivstärke wurde am zweiten, fünften und
siebten Tag der acht Tage dauernden Simulationsstudie mit Hilfe
zweier offenen Fragen gemessen, zu denen die Organisationsmitglieder die für sie wichtigsten Ereignisse der letzten zwei
Tage sowie ihre eigenen Gefühle niederschreiben sollten. Die
Niederschrift wurde nach den darin zum Ausdruck gebrachten
Motiven von in der Inhaltsanalyse erfahrenen Forschern untersucht
und mit einer entsprechenden Punktzahl versehen. Obwohl die
Organisationen eingangs des Experiments so gebildet worden waren,
daß sich ihre Mitglieder hinsichtlich der Motivstruktur nicht
unterschieden, erwies sich die Motivstruktur der Mitglieder der drei
simulierten Organisationen nach Beendigung des Experiments als
signifikant unterschiedlich. In der Organisation mit leistungsorientiertem Klima wiesen die Organisationsmitglieder das stärkste
Leistungsmotiv auf, die Mitglieder der Organisation mit
machtorientiertem Klima das stärkste Machtmotiv und diejenigen
der Organisation mit interaktionsorientiertem Klima das stärkste
Kontaktmotiv.

Die Organisation mit leistungsorientiertem Klima wies bei Beendigung des Experiments die mit Abstand höchste Arbeitsleistung auf (vgl. Abbildung 37)

Führungsstil:	Organisationsklima:	Ergebnisse:
A autoritär	strukturiert, nicht unterstützend, bestrafend, ohne Möglichkeit zur Verantwortungsübernahme, konfliktgeladen	niedrige Leistung und Zufriedenheit
B partizipativ und beziehungsorientiert	unstrukturiert, kooperativ und freundlich	Produktivität und Innovation mittelmäßig, Zufriedenheit sehr hoch
C leistungsorientiert, Kreativität verstärkend, Leistungsabhängigkeit von belohnendem Verhalten	unstrukturiert, verantwortungsorientiert, Risikoübernahme und Initiative werden belohnt, schlechte Leistung bestraft, mittlere Konflikthäufigkeit	Produktivität und Innovation sehr hoch, Arbeitszufriedenheit hoch

Abb. 37: Wirkungen des Organisationsklimas auf Leistung und Zufriedenheit
Quelle: LITWIN und STRINGER (1968).

LITWIN und STRINGER untersuchten denselben Zusammenhang von Organisationsklima, Motivstruktur und Leistungsverhalten der Organisationsmitglieder auch im Rahmen einer Fallstudie (LITWIN/STRINGER 1968, S. 147 ff.). Das Organisationsklima eines aus 19 Personen bestehenden Büros einer öffentlichen Einrichtung wurde ebenfalls mit dem CQ, die Motivstruktur dieser Personen mit Hilfe des Thematischen Apperzeptionstestes (TAT) und ihre Leistung mittels Beurteilung durch ein zentrales Büro gemessen. Die Büroangestellten zeichneten sich durch ein überdurchschnittlich starkes Leistungs- und Kontaktmotiv aus, das Organisationsklima erwies sich hingegen als eher machtorientiert. Die geringe Arbeitsleistung dieses Büros führten LITWIN und STRINGER auf den schlechten 'fit' von Organisationsklima und Motivstruktur der Organisationsmitglieder zurück.

Im Gegensatz zu der experimentellen Simulationsstudie kann dieser Studie nicht der Vorwurf gemacht werden, daß die geschaffene Situation wenig repräsentativ für betriebliche Arbeit sei, die sich durch ihren existenzsichernden Charakter wesentlich von den spielerischen Arbeiten unterscheidet, die im Rahmen jener Studie durchgeführt wurden (vgl. zu diesem Vorwurf ROSENSTIEL et al. 1982, S. 151).

Einen Beitrag für die konzeptionelle Integration des Motivationskonstruktes zur Erklärung des Zusammenhangs von Organisationsklima und Arbeitsleistung leisten JAMES et al. (1977), während DACHLER (1974) sowie FIELD und ABELSON (1982) auf die Sinnfälligkeit der Verbindung von Organisationsklima und Verhalten in Organisationen über Erwartungen und Instrumentalitäten im Rahmen erwartungsvalenztheoretischer Motivationstheorien (VIE–Modelle) nur hinweisen (vgl. zu diesen Modellen STAEHLE 1980, S 242 ff.). JAMES et al. untersuchen die Beziehung zwischen Organisationsklima, genauer: dem psychologischen Klima, und einiger Komponenten des VIE–Modells mit Hilfe von Daten, die sie bei 504 Managern unterschiedlicher hierarchischer Ebenen aus einer Organisation des Gesundheitswesens erhoben haben. Mit Hilfe dieser Daten testeten die Autoren ihre Hypothese, daß Erwartungen und Instrumentalitäten zum Teil auf dem psychologischen Klima basieren, das heißt Erwartungen und Instrumentalitäten eine zusätzliche Stufe des Kognitionsprozesses repräsentieren. Dies gilt für die Komponenten intrinsischer und extrinsischer Motivation in gleichem Maße. Das psychologische Klima wurde mit Hilfe eines speziell dazu entwickelten Fragebogens gemessen, Erwartungen, Instrumentalitäten und Valenzen in Anlehnung an einen von LAWLER und SUTTLE (1973) entwickelten Fragebogen zur Erhebung der für VIE–Modelle relevanten Daten. JAMES et al. fanden ihre Hypothese bestätigt, daß das psychologische Klima in signifikanter Beziehung zu verschiedenen Instrumentalitäten steht. Die ermittelte Stärke der Zusammenhänge mit Valenzen erwies sich als erheblich geringer, während zwischen psychologischem Klima und Erwartungen kaum signifikante Korrelationen ermittelt wurden. Diese Ergebnisse sind noch von zu vorläufiger Natur, als daß es sinnvoll wäre, bereits an dieser Stelle Implikationen für das Management zu diskutieren.

Unmittelbar für ein Management des Organisationsklimas verwertbare Erkenntnisse erbrachte eine Simulationsstudie von FREDERIKSEN et al. (1972), die bereits im Rahmen der Diskussion um die empirische Relevanz personaler Merkmale rezipiert worden ist (vgl. Abschnitt 5.32.). FREDERIKSEN et al. ermittelten weder für ein innovationsförderndes noch für ein rigides, an Regeln und Programmen orientiertes Organisationsklima einen stärkeren Einfluß auf das Leistungsverhalten. Stattdessen erwies sich die Konsistenz des Klimas als ausschlaggebend. Unterschiedliche Klimata kovariierten jedoch mit der Bevorzugung unterschiedlicher Arbeitsmethoden. Dieses Ergebnis ist nicht verwunderlich, interpretiert man es vor dem Hintergrund der schon im Zusammenhang mit den Untersuchungen von LIKERT geführten Diskussion der Bedeutung situativer Bedingungen für den Zusammenhang von Organisationsklima und Effizienz. Das Ergebnis, daß ein in sich konsistentes Organisationsklima stärkere Wirkungen auf das Leistungsverhalten von Organisationsmitgliedern hat als ein inkonsistentes, ist selbstredend.

HITT und MORGAN (1977) erhoben das Organisationsklima mit Hilfe des CQ bei 84 Managern einer großen Industrieunternehmung und ermittelten die Vorhersagbarkeit bestimmter Organisationspolitiken auf der Grundlage einzelner Dimensionen des Organisationsklimas. Die ebenfalls mit Hilfe eines Fragebogens erfaßten Organisationspolitiken, die als Effizienzindikatoren begriffen werden können, sind:

- Anpassungsfähigkeit der Organisation
- Zieladäquanz der Planung
- Arbeitsflußkoordination

- Konflikt und Inkonsistenz zwischen Organisationspolitiken
- Entscheidungsverzögerung
- Informationsverzerrung und -unterdrückung.

Als für alle sechs Organisationspolitiken relevant erwies sich die Klimadimension "Belohnung", die in fünf Fällen den stärksten Prädiktor repräsentierte. Für die Organisationspolitik hinsichtlich der Anpassungsfähigkeit der Organisation, der Zieladäquanz der Planung und der Koordination des Arbeitsflusses erwiesen sich daneben ein bis drei weitere Klimadimensionen als relevant: Strukturierung und Unterstützung waren jeweils positiv, Risiko negativ mit diesen Organisationspolitiken korreliert. Die drei anderen Organisationspolitiken waren jeweils mit vier Klimadimensionen teils positiv, teils negativ korreliert. Interessanterweise war die Klimadimension "Verantwortung" mit keiner der Organisationspolitiken korreliert. Die praktische Implikation dieser Studie ist, daß Belohnungssysteme grundsätzlich so zu gestalten sind, daß sie von den Organisationsmitgliedern als fair und leistungsorientiert wahrgenommen werden müssen, um Organisationspolitiken zu fördern, die die Effizienz einer Organisation steigern.

5.412. Führungs- und Entscheidungsverhalten

Zahlreiche Ergebnisse empirischer Untersuchungen sind oben berichtet worden, die den Einfluß von Führungsverhalten auf das Organisationsklima zu belegen suchen (vgl. Abschnitt 5.23.). Untersuchungsergebnisse von TAYLOR und BOWERS (1972), FRANKLIN (1973, 1975a, 1975b), DREXLER (1975) sowie KAVANAGH (1975) lassen jedoch auf eine kausale Wirkung des Organisationsklimas auf das Führungsverhalten schließen. Die beschränkte Möglichkeit, kausale Beziehungen zwischen Variablen mit Hilfe von einfachen Korrelationsstudien zu untersuchen, ist bereits mehrfach angedeutet worden. Die Organisationsklima-Forschung befindet sich hier in einem methodischen Dilemma, weil Felduntersuchungen im Regelfall nur als Korrelationsstudien im Sinne von ex post facto Experimenten durchgeführt werden können[24]. Experimentellen Laborstudien, die eine kontrollierte Manipulation der unabhängigen Variable zulassen, haftet auf der anderen Seite der Makel der Künstlichkeit und mangelnder Repräsentativität an.

Tatsächlich lassen sich leicht Argumente finden, die für die Beeinflussung des Führungsverhaltens durch das Organisationsklima sprechen. Es läßt sich beispielsweise argumentieren, daß ein partizipativer Führungsstil nur in einem als partizipativ-beziehungsorientiert wahrgenommenen Organisationsklima auf Dauer praktiziert werden kann, zumindest aber ein solches Organisationsklima die Effizienz eines partizipativen Führungsverhalten fördert. Außerdem ist Organisationsklima selten die Funktion des Verhaltens eines Vorgesetzten, sondern mehrerer. Dies hat zur Folge, daß Organisationsklima einerseits als Resultante des Führungsverhaltens der Vorgesetzten verstanden werden kann, andererseits aber auch als auslösende oder zumindest unterstützende Bedingung des Führungsverhaltens eines Vorgesetzten.

Die bereits erwähnten Untersuchungen von FRANKLIN sowie eine weitere empirische Studie zum Einfluß des Organisationsklimas auf das Führungsverhalten von DREXLER (1975) stützen sich auf Daten aus der Datenbank des Institute for Social Research, University of Michigan, die mit Hilfe standardisierter Fragebogen (Survey of Organizations ; vgl. TAYLOR/BOWERS 1972) erhoben wurden.

Mit Hilfe dieser Daten testete FRANKLIN (1973, 1975a, 1975b) ein von LIKERT und BOWERS (1969) und BOWERS (1975) vorgeschlagenes Modell zum Einfluß des Organisationsklimas auf das Führungsverhalten von Vorgesetzten (managerial leadership), auf das

---

24) Auch aufwendige korrelative Verfahren wie z.B. die crosslag-Korrelationstechnik sind bei den zugrundegelegten Designs und Variablenkonfundierungen nicht in der Lage, Kausalbeziehungen zu demonstrieren (vgl. ROGOSA 1980).

Führungsverhalten Gleichgestellter (peer leadership) und auf den Gruppenprozeß. Die Daten stammten von insgesamt 1770 Geführten und wurden in einem Zeitraum von 13 Monaten erhoben. Das Organisationsklima erwies sich in dieser Untersuchung als der wichtigste Prädiktor für das Führungsverhalten des Vorgesetzten, welches wiederum der beste einzelne Prädiktor für das Führungsverhalten der Kollegen darstellte. Letzteres wiederum hatte den stärksten Einfluß auf den Gruppenprozeß. Zweitwichtigster Einflußfaktor für den Gruppenprozeß war das Organisationsklima (vgl. Abbildung 38).

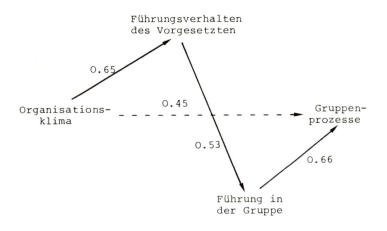

Abb. 38:   Beziehung zwischen Organisationsklima und drei weiteren sozialpsychologischen Variablen. Quelle: FRANKLIN (1975b), S. 431.

Die Einbeziehung weiterer hierarchischer Ebenen konnte zeigen, daß der Einfluß des Organisationsklimas auf das Führungsverhalten des Vorgesetzten auf unteren Hierarchieebenen stärker ist als im Top-Management. Die angenommene Bedeutung der Gruppenprozesse auf der hierarchisch höheren Ebene für das Organisationsklima der hierarchisch niedrigeren Ebene konnte hingegen nicht in jedem Fall nachgewiesen werden (vgl. FRANKLIN 1973, S. 96 f.).

DREXLER (1975) zieht für seine Untersuchung des Einflusses des Organisationsklimas auf das Führungsverhalten u.a. ebenfalls Datenmaterial aus der Datenbank des Institute for Social Research heran. Im Gegensatz zu FRANKLIN berücksichtigt er jedoch nur das Führungsverhalten der Vorgesetzten (supervisory behavior). Anhand des von ihm analysierten Materials von nicht nur im zivilen sondern auch im militärischen Bereich Beschäftigten identifiziert er vier Dimensionen des Organisationsklimas (Priorität menschlicher Ressourcen, motivationale Bedingungen, Entscheidungsprozeduren und Kommunikationsfluß), die er jedoch zu einem Gesamtmaß des Organisationsklimas zusammenfaßt. Sein Anliegen war es, fünf Hypothesen zum Zusammenhang von Organisationsklima und Führungsverhalten zu testen. Die erste Hypothese, daß Organisationsklima und Vorgesetztenverhalten positiv miteinander korrelieren, wurde auf der Grundlage des Datenmaterials deutlich bestätigt. Zusammen mit den Ergebnissen der Untersuchungen von TAYLOR/BOWERS (1972) und FRANKLIN (1975) ist eher von einem Einfluß des Organisationsklimas auf das Führungsverhalten als umgekehrt auszugehen. In einer zweiten Hypothese wurde vermutet, daß das Organisationsklima für das Verhalten von Vorgesetzten auf niedrigeren Hierarchieebenen von größerer Bedeutung ist als für diejenigen auf höheren Ebenen; mit anderen Worten, der Vorgesetzte sei in der Wahl seines Führungsverhaltens freier als die ihm Untergebenen. Anhand des Datenmaterials aus dem Sample der im militärischen Bereich Beschäftigten konnte diese These dem Trend nach bestätigt werden. In dem zivilen Sample erwies sich der Einfluß des Organisationsklimas auf das Verhalten der Vorgesetzten der ersten Hierarchieebene zwar als stärker als auf oberen Managementebenen; die einschränkende Wirkung des Organisationsklimas nahm jedoch nicht mit der Höhe der Hierarchieebenen monoton ab. Die dritte Hypothese, daß ein ineffektives Organisationsklima Führungsverhalten von Vorgesetzten nicht mehr einschränkt als ein effektives, konnte für beide Samples nicht widerlegt werden. Die Hypothese, daß das Vorgesetztenverhalten in einem sich kaum ändernden Organisationsklima stabiler sei als in einem Klima, das laufenden Wandlungen unterworfen ist, konnte in beiden Samples nicht bestätigt werden. Als mögliche Erklärung dafür führt DREXLER zum einen den starken statistischen Zusammenhang zwischen Organisationsklima und Führungsverhalten an, zum anderen das Auftreten möglicher zeitlicher Verzögerungen zwischen der Veränderung von Organisationsklima und Führungs-verhalten. In der fünften Hypothese wurde ein stärkerer Einfluß der Werte und des Verhaltens der Vorgesetzten in einem wenig einschränkenden (less constraining) Organisationsklima vermutet. Die Angaben der im militärischen Bereich Beschäftigten bestätigten diese Annahme tendenziell; die Daten aus der anderen Untersuchungsgruppe ließen keinen konsistenten Trend erkennen. Die zentrale Hypothese der Untersuchungen DREXLERs, daß das Organisationsklima einen Rahmen (constraints) für das von den Geführten (noch) tolerierte Führungsverhalten des Vorgesetzten darstellt, konnte anhand der Tests dieser einzelnen Hypothesen im wesentlichen belegt werden. Die Menge der einschränkenden Rand-bedingungen, die das Organisationsklima verkörpern sollte, erwies sich jedoch geringer als angenommen.

Auch eine Studie von KAVANAGH (1975) deutet im Ergebnis eher auf den Einfluß von Organisationsklima auf Führungsverhalten als umgekehrt. KAVANAGH erhob das Organisationsklima mit dem 'Work Environment Preference Schedule' (WEPS; vgl. GORDON 1973) und das Führungsverhalten mit dem LBDQ bei 111 Studenten und 31 Managern. Eine seiner vier Hypothesen lautete: Personen die ein eher bürokratisches Organisationsklima wünschen, präferieren ein stark strukturierend-aufgabenorientiertes Führungsverhalten ihres Vorgesetzten, während Personen, die ein sehr offenes Orga-nisationsklima bevorzugen, einen beziehungsorienten Stil ihres Vorgesetzten vorziehen. Bei beiden befragten Gruppen fand diese These eine starke Bestätigung. Im Regelfall kann davon ausgegangen werden, daß der Vorgesetzte diesen Wünschen seiner Geführten nachkommen muß, wenn er auf die Effizienzwirkung seines Führungsverhaltens bedacht ist.

Unter einem anderen Blickwinkel hat FLEISHMAN (1953) den Einfluß des Organisationsklimas auf das Führungsverhalten untersucht. Im Kontext der Erforschung des Erfolgs einer zweiwöchigen Führungstrainings nach der Rückkehr der Teilnehmer in ihre Organisation unterzog FLEISHMAN einen Teilaspekt des Organisationsklimas, den er Führungklima (leadership climate) nennt, bzw. dessen Einfluß auf das Führungsverhalten, einer eingehenden Analyse. Insgesamt 122 Vorarbeiter wurden in vier Gruppen unterteilt: Gruppe I hatte nie Führungstraining erhalten, Gruppe II vor zwei bis 20 Monaten, Gruppe III vor elf bis neunzehn Monaten und Gruppe IV vor zwanzig bis neununddreißig Monaten. Diesen Vorarbeitern wurde zur Messung ihrer Einstellung zum optimalen Führungsverhalten der 'Leadership Opinion Questionnaire" (LOQ) sowie zur Messung ihres tatsächlichen Führungsverhaltens gegenüber ihren Untergebnen der "Supervisory Behavior Description Questionnaire" (SBDQ) vorgelegt. Darüber hinaus füllten 60 Vorgesetzte und fast 400 Untergebene dieser Vorarbeiter ähnliche Fragebögen aus, um das gewünschte und tatsächliche Führungsverhalten der Vorarbeiter aus ihrer Sicht zu beschreiben. Zur Messung des Führungsklimas ließ FLEISHMAN die Vorarbeiter Fragebogen ausfullen, deren Items eine Beschreibung des Verhaltens ihrer Vorgesetzten und ihre Erwartungen an deren Führungsverhalten verlangt. Zwei Ergebnisse dieser Untersuchung scheinen uns von Interesse. Zum einen erwies sich der Einfluß des Führungsklimas für das Führungsverhalten der Vorarbeiter nach Rückkehr in ihre Organisation als weitaus wichtiger als die Teilnahme an dem Führungstraining. Wenn das Führungsverhalten, das ein Vorarbeiter vor Teilnahme an dem Training an den Tag legte, wie gewohnt zur Anerkennung durch seinen Vorgesetzten führte, praktizierte er mit großer Sicherheit nicht das in dem Trainingsprogramm Gelernte. Personale Charakteristika und die Leitungsspanne erwiesen sich in diesem Zusammenhang ohne Einfluß auf das Führungsverhalten der Vorarbeiter. Zum anderen interessierte die Art des Führungsklimas und dessen Einfluß auf das

Führungsverhalten der Vorarbeiters. Erzeugt der Vorgesetzte ein sehr beziehungsorientiertes Führungsverhalten, so kann mit großer Wahrscheinlichkeit auch von dem vom Führungstraining zurückgekehrten Vorarbeiter ein beziehungsorientierter Führungsstil erwartet werden; hat das Führungsverhalten des Vorgesetzten hingegen eher ein aufgabenorientiert-strukturierendes (initiating structure) Führungsklima zur Folge, ist eben solches Führungsverhalten auch vom Vorarbeiter gegenüber seinen Untergebenen zu erwarten. Letzteres Ergebnis erwies sich jedoch nicht als signigikant. Neben der klassischen Studie von LITWIN und STRINGER (1968), in der neben dem Einfluß des Führungsverhaltens auf das Organisationsklima auch die Wirkung letztere auf die Motivation von Mitarbeitern untersucht wurde, analysiert CSOKA (1975) das Organisationsklima als eine die Wirkung des Führungsverhaltens moderierende Variable. Der Autor nimmt an, daß das Organisationsklima die Beziehung zwischen Führungsverhalten und Leistung in ähnlicher Weise moderiert wie die Variable "Günstigkeit der Führungssituation" im Kontingenzmodell FIEDLERs (1967), wenn das Organisationsklima die dichotomen Ausprägungen organisch beziehungsweise mechanistisch annimmt. Sehr günstige und sehr ungünstige Führungssituationen werden, so CSOKA, als mechanistisches Organisationsklima wahrgenommen, während Führungssituationen mittleren Günstigkeitsgrades eher einem organischen Organisationsklima entsprechen. Daher vermutet der Autor auch, daß aufgabenorientiertes Führungsverhalten (niedriger LPC-Wert) in einem mechanistischen Organisationsklima am effizientesten ist; effizientes Führungsverhalten in einem organischen Organisationsklima hingegen sei mitarbeiterorientiert (hoher LPC-Wert). Für den empirischen Test der beiden Hypothesen ließ CSOKA 52 Stewarts den LPC-Fragebogen sowie FIEDLERs Instrument zur Erhebung der Günstigkeit der Führungssituation ausfüllen. Eine Version des Organisationsklima-Fragebogens von HOUSE und RIZZO (1971), bei dem ein hoher Wert ein mechanistisches, ein niedrigere Wert ein organisches Organisationsklima widerspiegelt, wurde fast

500 Mitgliedern der Armee vorgelegt. Die Leistungsmessung erfolgte durch die Einschränkung der Vorgesetzten. Beide Hypothesen wurden signifikant bestätigt.

Eine Untersuchung von JOYCE et al. (1977) widmet sich der Frage, ob Führungsverhalten das Organisationsklima beeinflußt oder, ob eher umgekehrt, Organisationsklima ein bestimmtes Führungsverhalten fördert. Dazu wurde der Führungsstil von 82 Vorgesetzten mit Hilfe des LBDQs und das Organisationsklima mit dem Fragebogen von CAMPBELL und BEATY (1971) gemessen und die Daten einer cross lag-Korrelationsanalyse unterworfen: Im Ergebnis kommen JOYCE et al. zu dem Schluß: "Die Beziehung zwischen Organisationsklima und Führung ist sehr komplex. Wenige Kausalbeziehungen wurden gefunden und diejenigen, die nachgewiesen werden konnten, bestätigen FRANKLINs Ergebnis, das Klima unterschiedliche Führungsstile verursacht. Für sich genommen widersprechen diese Ergebnisse jenen von LITWIN und STRINGER (1968). In ihrer Untersuchung war Führungsverhalten verursachende und Klima die abhängige Variable" (S. 270).

Abschließend sei eine Anmerkung von FIELD und ABELSON (1982) aufgegriffen, die zu Recht einen Redundanzverdacht gegenüber Führungsstilkonstrukt und Organisationsklimakonstrukt äußern, wenn beides – wie zumeist geschehen – über Wahrnehmungsdaten gemessen wird, die bei denselben Personen (Geführten) erhoben werden. Die Messung des Führungsverhaltens über die Wahrnehmung des Vorgesetzten durch die Geführten (z.B. mit Hilfe des LBDQ) ist jedoch unerläßlich, da es letztlich nur das wahrgenommene Führungsverhalten ist, daß für eine Veränderung der Wahrnehmung der gesamten Organisation, eben das Organisationsklima, verantwortlich sein kann. Gegen den Redundanzverdacht spricht jedoch , daß das Führungsstilkonstrukt konkreter gefaßt ist, als das nur abstrakte Wahrnehmungen repräsentierende Organisationsklimakonstrukt. Die Klimadimension "Beziehungsorientierung" setzt sich beispielsweise aus der Wahrnehmung des Verhaltens aller Vorgesetzten – und nicht nur desjenigen eines Führers – und aus der Wahrnehmung anderer organisationaler Variablen zusammen.

5.413. Innovationsneigung

Auf die Bedeutung des Organisationsklimas für die Entwicklung von Innovationen wird vielfach verwiesen (z.B. KIRSCH et al. 1979) und mehrere empirische Studien haben das Organisationsklima unter diesem Aspekt – überwiegend in Organisationen bzw. in Subsystemen von Organisationen, in denen Produktinnovationen geschaffen werden – untersucht (vgl. KALLICK 1964, PELZ/ANDREWS 1966, PATRICK 1970, PAOLILLO 1982, ABBEY/DICKSON 1983).

Sehr früh und mit einem an heutigen Maßstäben gemessenen rudimentären Organisationsklimakonzept untersuchte KALLICK (1964) unter anderem den Einfluß einiger Klimadimensionen auf das innovative Verhalten von Ingenieuren. Während das Organisations- klima mit Hilfe eines 80-Item umfassenden Instruments gemessen wurde, wurde das Innovationsverhalten durch die Anzahl der Publikationen, der gehaltenen Referate, der erhaltenen und be- antragten Patente u.ä. operationalisiert. Die Untersuchung bestätigt, daß ein innovatives Verhalten gefördert wird durch

- ein als kooperativ wahrgenommenes Organisationsklima
- eine eher als organisch wahrgenommene Organisations- struktur
- ein als wenig zweckorientiert aufgefaßtes Organisations- klima.

Auch PELZ und ANDREWS (1966) untersuchten den Einfluß des Organisationsklimas in elf Forschungs- und Entwicklungslaboratorien auf die Innovationsleistungen, indem sie 1311 dort arbeitenden

Wissenschaftlern den von ihnen entwickelten Fragebogen vorlegten. Der Fragebogen enthält neben Organisationsklima-Fragen auch Fragen zu anderen Gegenstandsbereichen. Als wichtige Ergebnisse stellten PELZ und ANDREWS heraus, daß effektive Wissenschaftler

- selbstgesteuert sind, den Freiraum wertschätzen und viel mit Kollegen interagieren
- ein besonderes Interesse für angewandte Forschung und Grundlagenforschung aufweisen
- mit diesen Vorstellungen nicht voll mit dem von ihnen wahrgenommenen Organisationsklima übereinstimmen
- durch ähnliche Anreize motiviert werden wie ihre Kollegen, sich jedoch von diesen in der Art und Weise unterscheiden, wie sie ihre Aufgaben erledigen
- zwar stark miteinander interagieren, jedoch eine gewisse emotionale Distanz halten und sich frei fühlen, über die technische Vorgehensweise unterschiedlicher Ansicht zu sein.

Insgesamt zeigen die Ergebnisse, daß die Wissenschaftler unter den Bedingungen effizient arbeiten, die zwar nicht ganz ihren Forderungen entsprechen, aber "kreative Spannungen" auslösen.

PAOLILLO (1982) versuchte in seiner bereits angesprochenen Untersuchung von sieben Forschungs- und Entwicklungsabteilungen nicht nur die Relevanz von personalen, situativen und Situation-Person-Variablen für die Entstehung des in diesen organisationalen Subsystemen herrschenden Klimas zu belegen, sondern auch die Wirkung des Klimas in diesen Abteilungen auf das Verhalten ihrer Mitglieder zu beleuchten. Die Hälfte der Variablen, nämlich vier situative und eine Situation-Person-Variable (anteilige Zeit für Forschungs- und Entwicklungsaktivitäten) zeigten signifikante Korrelationen mit dem Organisationsklima. Bis auf die Anzahl der Hierarchieebenen und die Größe der Forschungs- und Entwicklungsabteilungen, die negativ mit dem Organisationsklima korreliert waren, wurden positive Korrelationen gefunden. Offensichtlich

wurde ein für Forschungs- und Entwicklungsarbeiten günstiges
Organisationsklima eher in kleinen, weniger hierarchisch
strukturierten Subsystemen wahrgenommen: unter einem günstigen
Organisationsklima wird dabei ein Zustand verstanden, der den
Mitgliedern der Forschungs- und Entwicklungsabteilungen Autonomie, Gelegenheit für Kreativität, einen angemessenen Informations-
fluß, Trainingsmöglichkeiten und ansprechende Belohnung bietet und
auch von ihnen auf diese Weise wahrgenommen wird. Die Erwartung,
daß unter diesen Bedingungen ein innovationsförderndes Organisationsklima auftritt, steht im Einklang mit den im Rahmen des
situativen Ansatzes durchgeführten Studien. Bereits LAWRENCE
und LORSCH (1967) konnten die notwendige Differenzierung einer
Organisation nach der relevanten Umweltsegmenten belegen.
Forschungs- und Entwicklungsabteilungen, die mit einer unsicheren
Umwelt interagieren, sollten auch nach ihrer Untersuchung einen
geringen Strukturierungs- und Formalisierungsgrad sowie starke
partizipative Elemente aufweisen. Dennoch ist der Aussagewert der
Studie zu begrenzt, um daraus Konsequenzen für ein Management
des Organisationsklimas in Forschungs- und Entwicklungsabteilungen
abzuleiten. PAOLILLO meint jedoch die Empfehlung geben zu
können, Forschungs- und Entwicklungsabteilungen

- überflüssiger hierarchischer Ebenen zu entledigen
- wo immer möglich in Form von Projektteams zu organisieren
- tendenziell zu verkleinern, selbst wenn es notwendig
werden sollte, deren Anzahl zu vergrößern.

Faßt man die Ergebnisse der bisher referierten Untersuchungen
zusammen, finden sich einige empirische Bestätigungen dafür, daß
ein das Innovationsverhalten bzw. - da persönliche Fähigkeiten hier
außer acht bleiben müssen (vgl. dazu SCOTT 1965) - die Innovationsneigung förderndes Organisationsklima von Voraussetzungen
abhängt, die PATRICK (1970) detailliert benennt:

- ein niedriger Strukturierungsgrad, insbesondere eine weite
Kontrollspanne

- eine auch vom Top- und Mittleren Management zum Ausdruck gebrachte positive Werthaltung gegenüber Kreativität

- ein Vorgesetztenverhalten, das als ermutigend, optimistisch und Selbstvertrauen ausstrahlend wahrgenommen wird und sich durch Einsicht in die psychologischen Momente des Innovationsprozesses auszeichnet

- eine hohe Aufnahmebereitschaft gegenüber neuen Ideen und gegenseitiges Vertrauen bei allen Beteiligten

- offene Kommunikationskanäle

- ein adäquates Belohnungssystem einschließlich Aufstiegsmöglichkeiten in der Abteilung und Gelegenheiten für fachliches und psychologisches Training (vgl. auch CUMMINGS 1965).

Den Einfluß eines so beschriebenen innovativen Organisationsklimas auf die Innovationsneigung untersuchten ABBEY und DICKSON (1983) bei 99 Managern aus Forschungs- und Entwicklungsabteilungen von acht Unternehmungen der Halbleiterindustrie. Das Organisationsklima wurde mit Hilfe eines Fragebogens von PRITCHARD und KARASICK (1973) gemessen, die Innovationsneigung sowohl 'objektiv' als auch subjektiv in der Wahrnehmung der Manager. Die objektive Messung der Innovationsneigung erfolgte mit einem 22 Innovationen der Halbleiterindustrie umfassenden Innovationsindexes, der den Leitern der Forschungs- und Entwicklungsabteilungen vorgelegt wurde. Die Bedeutung des Organisationsklimas wurde für jede einzelne Phase des Innovationsprozesses untersucht, da sich zumindest die Organisationsstruktur idealerweise den einzelnen Phasen solcher Prozesse anzupassen hätte (ZALTMAN et al. 1973).

Die Korrelationen zeigen, daß die wahrgenommene Leistungsabhängigkeit der Belohnung und die wahrgenommene Bereitschaft, neue Ideen, Methoden und Prozesse anzuwenden bzw. auszuprobieren in

signifikanter Beziehung zur Anzahl der Innovationen in allen Phasen
des Innovationsprozesses stehen. Die wahrgenommene Innovationsneigung korreliert ebenfalls mit allen Phasen des Innovationsprozesses. Die wahrgenommene Höhe der Belohnung und die Leistungsorientierung erweist sich hingegen nur für die Innitiierungs-
phase des Innovationsprozesses von Bedeutung, die sich mehr durch
individuelle Leistung auszeichnet als die Phasen der Ideenübernahme
und -implementation: diese erfolgen häufiger durch Gruppen bzw.
durch die Organisation. Insgesamt zeigen die Ergebnisse, daß sich in
den untersuchten Unternehmungen das Organisationsklima nicht –
wie in Analogie zur Forderung von ZALTMAN et al. postuliert – von
Phase zu Phase des Innovationsprozesses unterscheidet. ABBEY und
DICKSON erklären dies mit der Tatsache, daß Innovationen in der
Halbleiterindustrie an der Tagesordnung sind und einen
kontinuierlichen Prozeß darstellen. Die Tatsache, daß das aktuelle
Organisationsklima mit Innovationen korreliert wurde, die in der
Vergangenheit geschaffen worden sind, schränkt die Genera-
lisierbarkeit der Ergebnisse dieser Studie ein, weil auf diese Weise
nur das Klima in jenen Organisationen erfaßt wurde, die zumindest
in dem Sinne erfolgreich gewesen sind, daß sie überlebt haben.

Der Zusammenhang von Organisationsklima und Innovationsneigung
bzw. -verhalten ist geeignet, daß SCHNEIDERsche Konzept des
zweckorientierten Organisationsklimas neu zu diskutieren. Gemäß
SCHNEIDER dürfte das Organisationsklima nicht global, d. h. mit
Hilfe eines Omnibusmaßes gemessen werden, sondern nur die im
Hinblick auf ein innovatives Verhalten relevanten Aspekte erfaßt
werden (vgl. Abschnitt 4.242.). Nach SCHNEIDER wäre nur von
einem Innovationsklima starke Zusammenhänge mit dem Innovationsverhalten zu erwarten. In der Tat sprechen die in den referierten
Untersuchungen ermittelten, relativ schwachen Korrelationen von
Organisationsklima und Innovationsneigung bzw. -verhalten auf den
ersten Blick für die Konzeption eines zweckorientierten Organisationsklimas. Einschränkend ist jedoch anzumerken, daß Innova-

tionsverhalten motiviertes Verhalten ist und keine der referierten Untersuchungen die Motivation als das zwischen Organisationsklima und Verhalten intervenierende Konstrukt mit einbezogen hat. Da u.W. bisher keine empirischen Studien mit Hilfe eines Innovationsklimakonzepts durchgeführt worden sind, bleibt abzuwarten, ob der von SCHNEIDER postulierte engere Zusammenhang zwischen einem solchen zweckorientierten Organisationsklima und einem bestimmten Verhalten einer empirischen Untersuchung standhält.

5.414. Einstellung zur Arbeit

Die Unterscheidung des Organisationsklimakonstrukts vom Einstellungskonzept ist oben diskutiert worden (vgl. Abschnitt 4.31.). Im folgenden werden die Ergebnisse einiger empirischer Untersuchungen referiert, die ebenfalls von einer konzeptionellen Unterschiedlichkeit dieser beiden Konzepte ausgehen und diesen Zusammenhang einer empirischen Analyse unterziehen (vgl. WATERS et al. 1974, NEWMAN 1975, JOYCE et al. 1976, SEKARAN 1981). Diese Studien subsumieren unter dem Begriff der Einstellung zur Arbeit Konzepte wie Involviertheit (job involvement), Engagement (commitment) teilweise aber auch die Arbeitszufriedenheit, die auch als Einstellung begriffen werden kann (vgl. NEUBERGER 1974a, S. 144). Da das Organisationsklima-Konzept unter dem Verdacht steht, mit dem der Arbeitszufriedenheit redundant zu sein, wurde die Beziehung dieser beiden Variablen unter Einbeziehung der recht umfangreichen empirischen Untersuchungen bereits oben ausführlich diskutiert (vgl. Abschnitt 4.32.), sodaß hier darauf verzichtet werden kann.

WATERS et al. (1974) erhoben das Organisationsklima bei 105 Angestellten von sieben Radio- und Fernsehanstalten mit Hilfe des Fragebogens, der die Skalen vom OCDQ, vom CQ und von einem Fragebogen enthielt, der von HOUSE und RIZZO (1971) entwickelt worden war. Zweck dieser Erhebung war es u.a. mit Hilfe einer Faktorenanalyse die relevanten Faktoren aus allen drei Fragebögen herauszufiltern. Zusätzlich wurde die Einstellung der Befragten zur Arbeit erhoben, die sich außer auf Arbeitszufriedenheit und intrinsische Motivation auch auf job involvement bezog, das mit Hilfe von vier Items gemessen wurde, zu denen auf einer 7-Punkte-Skala Stellung genommen werden konnte. Von den fünf Dimensionen, die die Faktorenanalyse ergab, konnte allein für die Dimension "Arbeitsautonomie" ein etwas stärkerer, signifikanter korrelativer Zusammenhang mit job involvement ermittelt werden (r=0.31).

In der bereits mehrfach zitierten Untersuchung von NEWMAN wurde die moderierende Wirkung des psychologischen Klimas auf die Beziehung personaler und situationaler Faktoren zur Einstellung zur Arbeit untersucht. Die Einstellung zur Arbeit wurden nicht nur mit Hilfe des JDI erfaßt, der zumeist als Instrument zur Messung der Arbeitszufriedenheit aufgefaßt wird, sondern auch mit Hilfe der in der vorigen Untersuchung zur Anwendung gekommenen Items zur Messung des job involvement. Von den insgesamt elf Dimensionen des von NEWMAN ermittelten psychologischen Klimas weisen einzig die wahrgenommenen Aufgabencharakteristika, die wahrgenommene Arbeitsmotivation und der wahrgenommene Führungsstil eine etwas stärkere (positive) Korrelation mit dem job involvement auf (r=0.39, 0.23 bzw. 0.20). JOYCE et al. (1976) untersuchten die relative Bedeutung individueller Persönlichkeits-unterschiede und von Organisationsklimawahrnehmungen als Prädiktor für Einstellungen zur Arbeit. Die individuellen Differenzen erwiesen sich als weniger wichtig zur Vorhersage der Einstellung zur Arbeit als die Organisationsklima-Wahrnehmungen.

SEKARAN (1981) schließlich analysierte den Einfluß des Organisationsklimas auf das job involvement in US-amerikanischen und indischen Unternehmungen. Zur Messung des job involvement kam wiederum dasselbe Maß wie in den vorgenannten Studien zur

Anwendung; das Organisationsklima wurde mit Hilfe von Items gemessen, die Beteiligung an Entscheidungen, Kommunikation, Streß und die von der Arbeit ausgehende Selbstachtung repräsentierten. Die Analyse der Daten, die bei 267 Angestellten indischer Banken und bei 307 Angestellten von 21 US-amerikanischen Banken erhoben wurden, ergab, daß die Klimavariable der Selbstachtung für das job involvement der Angestellten beider Kulturen von größerer Bedeutung ist als andere Klimadimensionen, Persönlichkeitsfaktoren oder Merkmale der Arbeitsaufgabe.

5.42 Verhalten von Organisationsexternen

In einigen Studien ist der Einfluß des Organisationsklimas auf das Verhalten von Personen untersucht worden, die nicht (dauernd) oder noch nicht Mitglied der betreffenden Organisation sind. Dabei handelt es sich insbesondere um das Beitrittsverhalten neuer Organisationsmitglieder und das Kauf- bzw. Wahlverhalten von Kunden.

5.421. Kauf- und Wahlverhalten

SCHNEIDER (1973) ging in seiner Untersuchung davon aus, daß sich in Dienstleistungsorganisationen, die durch persönliche Kontakte (face to face) zwischen Kunden und Organisationsmitgliedern gekennzeichnet sind, ein Gesamteindruck über die Organisation beim Kunden ausbildet, der im wesentlichen auf dienstleistungsbezogenen Ereignissen und Verhaltensweisen basiert. Solche Eindrücke sollten demzufolge das Teilnahmeverhalten der Kunden (z.B. eine Kontoführung dieser Bank anzuvertrauen oder zu einer anderen Institution zu wechseln) mit beeinflussen. Zur Überprüfung des Zusammenhanges zwischen wahrgenommener Qualität des Bankkontaktes und Teilnahmeentscheidungen wurden 674 Fragebögen von Bankkunden und 121 Fragebögen von ehemaligen Bankkunden ausgewertet. Es zeigte sich, daß die Absicht einer Kontoverlegung oder -löschung statistisch signifikant verknüpft war mit der Wahrnehmung der Kunden von den Bankangestellten und dem Klima der Bank. Damit erwies sich das wahrgenommene Klima der Organisation als eine entscheidende Größe beim Wunsch des Kunden, mit dieser Organisation in geschäftlicher Beziehung zu bleiben.

DIETERLY und SCHNEIDER (1974) untersuchten in einer Labor-studie an 120 männlichen und weiblichen Psychologiestudenten die Wirkung von Variablen der Organisationsstruktur und Firmenphiloso-phie auf Variablen der wahrgenommenen Macht und des wahrgenom-menen Organisationsklimas. Dabei zeigte sich, daß die strukturellen Variablen Unterschiede in den Klimawahrnehmungen produzierten. Auch die jeweils simulierte Firmenphilosophie (Orientierung am Eigentümerinteresse versus Kundenbezug) rief unterschiedliche Klimawahrnehmungen hervor. Von daher ist zu vermuten, daß sich solche Klimawahrnehmungen an andere Organisationsmitglieder weiter vermitteln und so Teilnahmeentscheidungen beeinflussen können.

5.422. Beitrittsentscheidungen

TOM (1971) untersuchte die Hypothese, inwieweit das Ausmaß an Übereinstimmung von individueller Selbstbeschreibung und einer am meisten präferierten Organisation mit dem Wunsch zur Mitglied-schaft in unterschiedlich positiv eingeschätzte Organisationen korres-pondierte. Dazu wurden 100 Studenten befragt und 68 Organi-sationen hinsichtlich bestimmter Charakteristika beschrieben. Bei den Untersuchungen ließ sich die Tendenz auffinden, solche Organi-sationen für eine mögliche Arbeitsaufnahme zu präferieren, die ein hohes Maß an wahrgenommener Ähnlichkeit zum eigenen Persönlich-keitsprofil aufwiesen. Das Untersuchungsergebnis bestätigt insofern die Richtigkeit des Selbst-Selektions-Theorems zur Erklärung von Gemeinsamkeiten in der Klima-Wahrnehmung (vgl. dazu Abschnitt 4.222.).

BURKE und DESZCA (1982) wollten die Gesichtspunkte herausfinden, nach denen Individuen ihre zukünftige berufliche Stellung und die damit verknüpften Anforderungen auswählten. Dazu wurden 118 weibliche und männliche Studenten befragt, die kurz vor ihrer ersten Arbeitsaufnahme nach dem Studium standen. Es ließen sich zwei Gruppen von Individuen ausmachen, die Organisationen mit unterschiedlichen Klimaaspekten präferierten. Individuen, deren Persönlichkeitsprofil mit einer statistisch höheren Tendenz zu Erkrankungen des Herz-Kreislaufsystems korreliert war, präferierten Organisationen, deren Klima eine umfassendere Befriedigung ihrer persönlichen Bedürfnisse und beruflichen Interessen gestatten würde. Ein solches Arbeitsklima ließ sich durch hohe Leistungsstandards, Spontaneität, Uneindeutigkeit der Rollenanforderungen und Herausforderung kennzeichnen.

5.43 Wirkungen von Klima-Diskrepanzen

Ergebnisse empirischer Untersuchungen aus dem Bereich der Arbeitszufriedenheitsforschung deuten darauf hin, daß Unterschieds-Maße (discrepancy scores) - der Unterschied des individuellen Meßwertes zum durchschnittlichen Meßwert der untersuchten Gruppe - bessere Prädiktorqualitäten aufwiesen als der Meßwert selber (vgl. zusammenfassend JOYCE/SLOCUM 1979).

JOYCE und SLOCUM (1982) bestimmten die Prädiktorenqualität des psychologischen Klimas, des Organisationsklimas und eines Diskrepanzmaßes der individuellen Werte des psychologischen Klimas und des Organisationsklimas zur Vorhersage von Arbeitszufriedenheit und Leistung. Dabei konnten signifikante Korrelationen der Klima-Diskrepanzmaße mit Arbeitszufriedenheit und Leistung festgestellt werden. Dies läßt den Schluß zu, daß neben Maßen zur Erfassung von psychologischem Klima und Organisationsklima Diskrepanzmaße zur weiteren Erforschung sinnvoll eingesetzt werden können.

Die folgende Abbildung 39 faßt die Ergebnisse der Untersuchungen zu den Wirkungen des Organisationnsklimas auf das Verhalten von Organisationsmitgliedern und Organisationsexternen zusammen. Dabei bedeuten, wie in der Abbildung 35,

(+)   deutlicher statistischer Zusammenhang der Variablen mit dem Organisationsklima aufgefunden und

(o)   kein oder kein deutlicher statistischer Zusammenhang der Variablen mit dem Organisationsklima aufgefunden.

Variablen / Studien	Arbeitsleistung/ Arbeitsmotivation	Führungs- und Entscheidungsverhalten	Innovationsneigung	Einstellung zur Arbeit (o. Arbeitszufriedenheit)	Kauf- und Wahlverhalten	Beitrittsentscheidungen
Fleishman 1953		+				
Li kert 1961,1967	+					
Kallick 1964			+			
Pelz/Andrews 1966			+			
Kaczka/Kirk 1968	o					
Litwin/Stringer 1968	+					
Margulies 1969	o					
Patton 1969	+					
Friedlander/Greenberg 1971	+					
Tom 1971						+
Frederiksen et al. 1972	+					
Franklin 1973, 1975a, b		+				
Schneider 1973					+	
Langdale 1974	+					
Lawler et al. 1974	o					
Waters et al. 1974				o		
Downey et al. 1975	o					

Abb. 39 a: Empirische Ergebnisse zu den Wirkungen des Organisationsklimas

Studien \ Variablen	Wirkungen					
	Arbeitsleistung/ Arbeitsmotivation	Führungs- und Entscheidungsverhalten	Innovationsneigung	Einstellung zur Arbeit (o. Arbeitszufriedenheit)	Kauf- und Wahlverhalten	Beitrittsentscheidungen
Coska 1975		+				
Drexler 1975		+				
Kavanagh 1975		+				
Newman 1975				o		
Schneider/Snyder 1975	o					
Joyce et al. 1977		+				
Hitt/Morgan 1977	o					
James et al. 1977	+					
Jones/James 1979	o					
Sekaran 1981				o		
Ansari et al. 1982	+					
Burke/Deszca 1982						+
Paolillo 1982			+			
Abbey/Dickson 1983			+			
Summe der Berücksichtigung in den Untersuchungen	15	6	4	3	1	2
- davon +	8	6	4	0	1	2
- davon o	7	0	0	3	0	0

Abb. 39 b: Empirische Ergebnisse zu den Wirkungen des Organisationsklimas

5.5 Würdigung der Ergebnisse der empirischen Organisationsklima-Forschung

Die referierten Ergebnisse der empirischen Organisations-klima-Forschung müssen vor dem Hintergrund des im 4. Abschnitt entwickelten theoretischen Bezugsrahmens, aus dem sich auch methodische Forderungen ableiten lassen, gewürdigt werden. Die Abb. 40 integriert diese Ergebnisse in den von uns entwickelten Bezugsrahmen.

Insgesamt hat die empirische Organisationsklima-Forschung vor allem in den siebziger Jahren recht widersprüchliche Erkenntnisse produziert. Dieses ist aus zwei Gründen nicht überraschend: Verglichen mit der empirischen Organisationsforschung, wie sie sich auf der Grundlage des klassisch-situativen Ansatzes entwickelt hat, verfügte die Organisationsklima-Forschung über einen noch wenig einheitlichen theoretischen Bezugsrahmen. Im Laufe der 70er Jahre hatten sich immerhin drei 'Schulen' der Organisationsklima-Forschung herausgebildet, deren empirische Ergebnisse im obigen Bericht zwangsläufig etwas vermengt wurden, u.a. weil bei zahlreichen Studien nicht offengelegt wird, welcher Organisationsklima-Ansatz der Untersuchung zugrunde gelegt wurde. Eine zweite, eng damit zusammenhängende Ursache für die widersprüchlichen Ergebnisse der empirischen Organisationsklima-Forschung liegt in der Vielzahl methodisch nicht befriedigend gelöster Probleme. Hierzu zählen

- das ausführlich diskutierte Problem der Aggregation psychologischer Klimata zu Organisationsklima bzw. -klimata
- das bereits des öfteren erwähnte Problem der Kausalität der Variablenbeziehungen
- das Problem der adäquaten, theoriegeleiteten Erfassung der sich im Zuge der Interaktion von Person und Situation (und Verhalten) herausbildenden "Innensicht" (EVERED/LOUIS 1981) der Organisation.

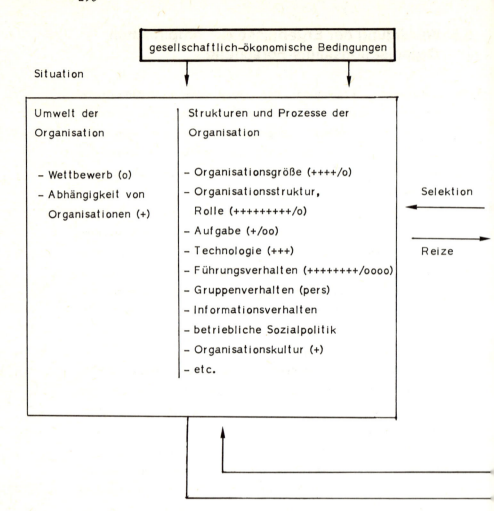

Situation

gesellschaftlich-ökonomische Bedingungen

Umwelt der
Organisation

- Wettbewerb (o)
- Abhängigkeit von
  Organisationen (+)

Strukturen und Prozesse der
Organisation

- Organisationsgröße (++++/o)
- Organisationsstruktur,
  Rolle (+++++++++/o)
- Aufgabe (+/oo)
- Technologie (+++)
- Führungsverhalten (++++++++/oooo)
- Gruppenverhalten (pers)
- Informationsverhalten
- betriebliche Sozialpolitik
- Organisationskultur (+)
- etc.

Selektion

Reize

Anmerkung:

Jede empirische Untersuchung der Variablenzusammenhänge mit dem
Organisationsklima ist durch ein (+) oder ein (o) repräsentiert,
wobei ersteres auf einen deutlichen, letzteres auf keinen bzw.
keinen deutlichen statistischen Zusammenhang verweist.

Abb. 40:   Theoretischer Bezugsrahmen und empirisch untersuchte
Variablenzusammenhänge

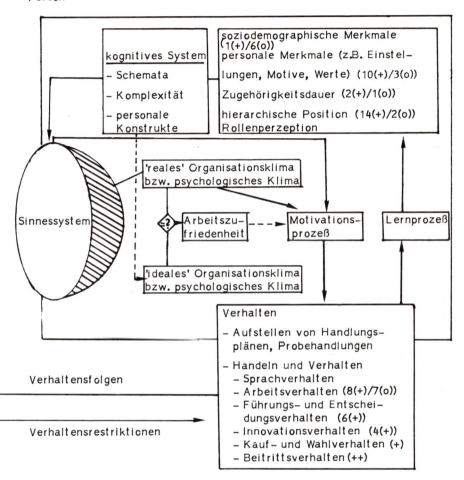

gesellschaftlich–ökonomische Bedingungen

Person

kognitives System
- Schemata
- Komplexität
- personale Konstrukte

soziodemographische Merkmale (1(+)/6(o))
personale Merkmale (z.B. Einstellungen, Motive, Werte) (10(+)/3(o))
Zugehörigkeitsdauer (2(+)/1(o))
hierarchische Position (14(+)/2(o))
Rollenperzeption

Sinnessystem

'reales' Organisationsklima bzw. psychologisches Klima

<=? Arbeitszufriedenheit Motivationsprozeß Lernprozeß

'ideales' Organisationsklima bzw. psychologisches Klima

Verhalten
- Aufstellen von Handlungsplänen, Probehandlungen
- Handeln und Verhalten
  - Sprachverhalten
  - Arbeitsverhalten (8(+)/7(o))
  - Führungs- und Entscheidungsverhalten (6(+))
  - Innovationsverhalten (4(+))
  - Kauf- und Wahlverhalten (+)
  - Beitrittsverhalten (++)

Verhaltensfolgen

Verhaltensrestriktionen

Letzteres Problem wurde in den empirischen Untersuchungen, soweit ihnen überhaupt ein interaktionistischer Organisationsklima-Ansatz zugrunde lag, zumeist "gelöst", indem von einem statischen, nicht diesem Ansatz adäquaten Interaktionsbegriff ausgegangen und Interaktion von personalen und situationalen Variablen varianz-analytisch erfaßt wurde (vgl. SCHNEIDER 1983, S. 8).

Ebenfalls in fast allen Untersuchungen unbefriedigend "gelöst" wurde das Kausalitätsproblem. Zwar legen alle verwendeten theoretischen Bezugsrahmen nahe, daß die Hauptwirkungsrichtung von den situationalen (und personalen) Einflußfaktoren auf das Organisationsklima ausgeht und Organisationsklima das Verhalten der Organisationsmitglieder und teilweise sogar Organisationsexterner verursacht; die zumeist zur Datenanalyse herangezogenen korrelationsstatistischen Verfahren können diese Wirkungsrichtung nicht belegen, weil Korrelationen grundsätzlich auch mit einer entgegengesetzten Ursachen-Wirkungs-Annahme kompatibel sind. Anspruchsvollere Verfahren sind zur Analyse der gewonnenen Daten kaum eingesetzt, ein experimentelles Untersuchungsdesign, das ebenfalls erste Rückschlüsse auf die kausale Wirkung ermöglichen würde, nur selten gewählt worden.

Ein grundsätzliches, mit der Datenerhebung angesprochenes Problem besteht in der oben ebenfalls erörterten Frage nach dem oder den geeigneten Erhebungsmethoden. Von einem Methodenpluralismus kann in der empirischen Organisationsklima-Forschung, die auf standardi-sierte Fragebogen-Erhebungen fixiert scheint, nicht gesprochen werden. Hier wurde relativ unkritisch eine "bewährte" Erhebungsme-thode der empirischen Sozialforschung zur allein adäquaten Methode erklärt, obwohl ein mehr qualitatives Vorgehen bei der Datenerhe-bung dem interaktionistischen Organisationsklima-Ansatz gerechter würde (vgl. CONRAD/SYDOW 1984).

Eine Würdigung der empirischen Organisationsklima-Forschung kommt schließlich nicht umhin, auf bisher vernachlässigte Variablenzusammenhänge hinzuweisen. Vernachlässigt wurden u.E. vor allem drei Variablen bzw. Variablenbündel:

- personale Merkmale
- 'objektive' situationale Merkmale
- sekundäre Einflußfaktoren.

Personale Merkmale wurden im Zuge der Entwicklung bzw. Rezeption des interaktionistischen Organisationsklima-Ansatzes vermehrt in empirische Organisationsklima-Untersuchungen einbezogen. Dabei wurde allerdings kaum auf eine Theorie der Persönlichkeit zurückgegriffen, sondern nur vereinzelte psychologische, häufig nur sozio-demographische Merkmale erfaßt. Die sodann ermittelte, überwiegend geringe Relevanz personaler Merkmale als Einflußfaktoren des Organisationsklimas kann dann nicht verwundern.

Häufig sind situationale Einflußfaktoren des Organisationsklimas, wie das Organisationsklima selbst, mit Hilfe von Wahrnehmungsmaßen erfaßt worden. Die in diesen Untersuchungen aufgefundenen starken Korrelationen von Einflußfaktoren und Organisationsklima können ebenfalls nicht überraschen. Adäquater wäre eine mehr 'objektive', wahrnehmungsunabhängige Erfassung der vorgegebenen organisationalen Situationen. In den (wenigen) Fällen, in denen zum Beispiel die Technologie oder die Organisationsstruktur wahrnehmungsunabhängig erfaßt wurden (z.B. LAWLER et al. 1974, PETERSON 1975), sind regelmäßig keine so starken statistischen Zusammenhänge mit dem Organisationsklima ermittelt worden. Auch praxeologisch wäre eine mehr wahrnehmungsunabhängige oder sogar duale Erfassung der situationalen Einflußfaktoren adäquater, weil ein Management des Organisationsklimas u.a. an der Manipulation dieser 'objektiven' Variablen ansetzten kann.

Tendenziell ist in empirischen Untersuchungen somit die Relevanz personaler Merkmale unterrepräsentiert, diejenige situationaler Einflußfaktoren des Organisationsklimas tendenziell überrepräsentiert. Diese Feststellung impliziert jedoch nicht zwangsläufig, daß mehr von der Existenz differenzierter psychologischer Klimata denn relativ homogener Organisationsklimata ausgegangen werden muß. Denn: Die Relevanz personaler Merkmale sagt noch nichts darüber aus, ob nicht bei aller Idiosynkrasie der Wahrnehmung nicht z.B. sozialisationsbedingte strukturelle Ähnlichkeiten der wahrnehmenden Personen auszumachen sind. Damit gelangen wir zu dem dritten Variablenbündel, das u.E. ungerechtfertigter Weise in der empirischen Organisationsklima-Forschung bisher unbeachtet geblieben ist: der sekundäre Einfluß der gesellschaftlich-ökonomischen Bedingungen auf Person, Wahrnehmungsprozeß und organisationale Situationen. Die empirische Erfassung dieser sekundären Einflußfaktoren wirft allerdings zusätzliche methodische Probleme auf, die bisher in der Organisationsklima-Forschung noch nicht einmal andiskutiert worden sind.

Faßt man diese Würdigungen empirischer Ergebnisse der Organisationsklima-Forschung zusammen, muß man feststellen, daß aufgrund unzulänglicher theoretischer Bezugsrahmen und fundamentaler methodischer Probleme, die in jüngeren Untersuchungen allerdings vermehrt gesehen und auch zu lösen versucht wurden, die für ein Management des Organisationsklimas relevanten Ergebnisse, die zumeist aus älteren Studien stammen, noch als recht ungesichert zu kennzeichnen sind. Die das Buch abschließenden Erörterungen der Möglichkeiten und Grenzen eines Managements des Organisationsklimas muß deshalb auf sehr grundsätzliche Fragestellungen beschränkt bleiben.

6. Management des Organisationsklimas

Auf die vorstehenden Überlegungen zu einer Theorie des Organisationsklimas und auf die mittlerweile recht zahlreichen, wenn auch noch insgesamt unbefriedigenden empirischen Untersuchungsergebnisse aufbauend, lassen sich einige Überlegungen zu einem Management des Organisationsklimas anstellen. Trotz der überwiegend verhaltenswissenschaftlichen Ansätze, die bisher zur Erklärung der Entstehung von Klimawahrnehmungen herangezogen wurden, darf Management des Organisationsklimas nicht als eine in Richtung der Human-Relations-Bewegung liegende sozialpsychologische Manipulation zur Überdeckung struktureller Unzulänglichkeiten in Organisationen und zur Abwiegelung latent vorhandener Konflikte in Organisationen mißverstanden werden. Dies gilt es besonders vor dem Hintergrund hervor zu heben, daß die Human-Relations-Bewegung in Praxis und Wissenschaft einen Neuaufguß erlebt, sei es in Form von Führungsgrundsätzen (vgl. kritisch dazu KUBICEK 1984), in Form von (personaler) Organisationsentwicklung (vgl. kritisch dazu KUBICEK et al. 1979, BRIEFS 1981, KÜLLER 1981), oder in Form von Hinweisen auf die überragende Bedeutung der "weichen" S in der 7-S-Konzeption einer großen Unternehmungsberatung[25]. Erfolgreiches Organisationsklima-Management, in wessen Interesse auch immer, impliziert die Notwendigkeit zur Veränderung auch "harter" Strukturen. Dies gilt für die im Rahmen der Organisationsentwicklung praktisch wie konzeptionell vernachlässigten Veränderung der angewandten Technik (STAUDT 1980) wie für andere, die 'objektiven' (Arbeits-)Bedingungen der einen Großteil ihres Lebens in Organisationen verweilenden Menschen prägenden Faktoren.

25) Dies vier S stehen für den Führungsstil (style), die soziale Qualifikation (skills), die Besetzung der Stellen mit Personal (staffing) und die übergeordneten Unternehmungsziele (superordinate goals) neben drei "harten" S, die für Struktur, Strategie und System stehen (vgl. PASCALE/ATHOS 1981; vgl. auch PETERS/WATERMAN 1983).

6.1 Ziele des Organisationsklima-Managements

Management war einleitend als die zunächst interessenneutrale Funktion der Differenzierung und Integration bezeichnet worden (vgl. Abschnitt 2.2.). Praktisch wird Management jedoch allein durch die Bezugnahme auf Interessen. Interessen sind von den unmittelbaren, individuell-subjektiven Bedürfnissen abgehobene, im gesellschaftlichen Wirkungszusammenhang zu sehende Orientierungen. Prinzipiell bestehen am Organisationsklima soviele unterschiedliche Interessen wie an der Organisation (vgl. dazu STAEHLE 1980, S. 97 ff.). Management des Organisationsklimas wird aufgrund der bestehenden asymmetrischen Machtverteilung in Organisationen bestimmte Interessen bevorzugen, andere vernachlässigen. Zu den ersteren gehören die Interessen der Kapitaleigner, zu den letzteren die der Beschäftigten. Dennoch, oder gerade deswegen, sollen diese Bemerkungen zu den Zielen des Organisationsklima-Managements nicht auf die sich letztlich durchsetzenden Interessen beschränkt bleiben.

Kapitalinteressen, die in modifizierter Form auch in anderen Organisationen als Unternehmungen auftreten (z.B. Einhaltung der Budgets oder Kostenminimierung in öffentlichen Betrieben), konkretisieren sich im Ziel der langfristigen Gewinnmaximierung bzw. des Rentabilitätsstrebens (vgl. zusammenfassend KUBICEK 1981). Die Verbindlichkeit dieses Ziels auch für ein Management des Organisationsklimas im Kapitalinteresse impliziert die Notwendigkeit, ein situationsgemäßes Klima im Sinne der Kongruenz-Effizienz-Hypothese (vgl. Abschnitt 2.1.) zu schaffen bzw. zu bewahren. Beispielsweise ist ein innovationsförderndes Organisationsklima für bestimmte, mit innovativen Aufgaben betrauten Abteilungen in diesem Sinne durchaus funktional, während in anderen Abteilungen innovatives Verhalten der Arbeitenden möglicherweise unerwünscht ist. Zahlreiche Untersuchungen deuten darauf hin, daß effiziente Organisationen kein einheitlich-optimales

Organisationsklima aufweisen, sondern ein situationsangepaßtes (vgl. insbesondere Abschnitt 5.411.). Ziel eines Organisationsklima-Managements im Kapitalinteresse ist es deshalb, das Organisationsklima bestmöglich auf die situativen Bedingungen abzustimmen.

Im Gegensatz zu Kapitaleignern sind andere Organisationsmitglieder unmittelbarer vom Organisationsklima betroffen, da es von ihnen direkt erlebt wird und ihre alltägliche Arbeitserfahrung (mit)prägt. Ziele des Organisationsklima-Managements im __Arbeitsinteresse__ könnte es sein, Organisationsklima an den spezifischen Bedürfnissen der Organisationsmitglieder auszurichten.

Ein Management des Organisationsklimas sollte sich jedoch weniger an subjektiven Bedürfnissen als an Interessen ausrichten. Interessen zeichnen sich durch ein höheres Reflexionsniveau aus. Inhaltlich besteht ein Arbeitsinteresse am Organisationsklima auch deshalb, weil die Qualität des Arbeitslebens nur teilweise von der speziellen Arbeitsaufgabe abhängt, die ein Organisationsmitglied zu bewältigen hat; in nicht unerheblichem Maße hängt sie von dem die unmittelbare Arbeitssituationen transzendierendem Organisationsklima ab (vgl. MANSFIELD 1980, S. 295). Das über eine humane Organisation der Arbeit hinausgehende Partizipationsinteresse der Organisationsmitglieder kann durch eine wie auch immer geartete Erhebung des Organisationsklimas allerdings nicht befriedigt werden (so aber z.B. DOMSCH 1980).

Als eine Eigenschaft des Organisationsklimas wurde seine Mehrdimensionalität hervorgehoben. Häufig auftretende Dimensionen sind (1) die individuelle Autonomie, (2) der Strukturierungsgrad, (3) die Belohnungsorientierung und (4) die Beziehungsorientierung, Wärme und Unterstützung (CAMPBELL et al. 1970). Die ersten zwei Dimensionen bilden im wesentlichen die Organisationsstruktur, die übrigen die sozialen Prozesse in Organisationen ab. Ein Organisationsklima kann nicht nur hinsichtlich dieser oder ähnlicher Dimensionen beurteilt werden, sondern auch hinsichtlich der Beziehung der Dimensionen zueinander. Wird beispielsweise ein Organisationsklima als individuelle Autonomie gewährleistend und gleichzeitig als hochgradig strukturiert beschrieben, ist es inkonsistent. Von ihm sind weitaus schwächere Wirkungen, zum Beispiel auf die Unternehmungseffizienz, zu erwarten als von einem in sich konsistenten Organisationsklima (vgl. FREDERIKSEN et al. 1972). Dabei kann das Organisationsklima auf den einzelnen Dimensionen entweder als deutlich ausgeprägt oder als diffus wahrgenommen werden. In zeitlicher Hinsicht kann es von unterschiedlicher Stabilität sein.

Aus der Perspektive der Kapitalgeber kommt – wie festgestellt – dem Organisationsklima u.E. kein Eigenwert zu. Das Organisationsklima wird von dieser Interessengruppe vielmehr situativ hinsichtlich seiner Funktionalität bzw. Dysfunktionalität zur Gewinnmaximierung beurteilt. Aus der Sicht der anderen Organisationsmitglieder kann u.E. ein Organisationsklima normativ-kritisch definiert werden, das für diese Interessengruppe einen Eigenwert aufweist. Akzeptiert man die Auffassung der Organisation, insbesondere der Unternehmung als ein Strukturgebilde, mit partiell unvereinbaren Interessen, sollte ein Organisationsklima aus Arbeitnehmer-Perspektive zum Beispiel

(1)   die individuelle Autonomie fördern, um eine Emanzipation der Arbeitnehmer zu unterstützen,

(2)   einen nicht zu hohen Strukturierungsgrad aufweisen, um Qualifizierungsprozesse zu initiieren,

(3)   eine Belohnungsorientierung aufweisen, die als gerecht empfunden wird und die Konkurrenz unter den Arbeitnehmern nicht in einem Maße fördert, das der Solidarität den Boden entzieht, und

(4)   eine hohe Beziehungsorientierung, Wärme und Unterstützung

widerspiegeln, ohne dadurch strukturelle Unzulänglichkeiten und Widesprüche der Organisation zu überdecken.

In jedem Fall sollte ein Organisationsklima als Begleitumstand menschlicher Arbeit eine Dimension umfassen, die in den oben genannten zum Teil enthalten ist, häufig aber als separater Faktor extrahiert wird: Offenheit. Ein offenes Organisationsklima impliziert beispielsweise die Offenlegung von Machtbeziehungen in Unter- nehmungen, die damit einer sachlichen Kritik zugänglich gemacht werden; es begründet einen Legitimationsbedarf und ermöglicht realistische Situations- und Handlungsanalysen. Damit wird der Gefahr der Verdinglichung des Organisationsklimas entgegengewirkt. Verdinglichung des Organisationsklimas meint, daß der Organisation als Abstraktum Eigenschaften zugeschrieben werden, die eingentlich den Strukturen und Prozessen in der Organisation anzulasten sind; die Verursachung dieser Strukturen und Prozesse bliebe tendenziell von Kritik verschont.

Die Bedeutung eines derartigen Organisationsklimas wäre besonders groß, wenn es aus der Sicht der betroffenen Organisationsmitglieder in sich konsistent, deutlich ausgeprägt und relativ stabil ist.

Obwohl hier nicht davon ausgegangen wird, daß es der Analyse von Organisationen generell zuträglich ist, eine eigenständige Rolle der Manager zwischen Kapital- und Arbeitsinteressen anzunehmen, sprechen zwei Gründe dafür, diese zur Analyse der am Organisationsklima bestehenden Interessen besonders hervorzuheben. Erstens zeigen empirische Untersuchungen, daß Manager durch ihr Führungsverhalten grundsätzlich einen großen Einfluß auf das Organisationsklima ausüben (vgl. Abschnitt 5.23.) und daß vor allem Top-Manager durch ihre Entscheidungen und ihr Verhalten Organisationsklima prägen (z.B. LIKERT 1967, FRANKLIN 1975a, 1975b). Zweitens ist das Interesse von Managern am Organisationsklima ambivalent.

Auf der einen Seite sind Manager 'Statthalter der Kapitalgeber' und von deren Interessen abhängig, damit auch dem Ziel der Gewinnmaximierung und einem situativen Organisationsklima-Management verpflichtet. Ihre Motivation zur Erhebung des Klimas einer Organisation oder ausgewählter Subsysteme besteht nicht nur darin, die Voraussetzung für seine gezielte Beeinflussung zu schaffen. Vielmehr erhofft sich das Management bereits durch die bloße Messung des Organisationsklimas "Information über leistungshemmende Faktoren; die Einstellung der Belegschaft soll transparent gemacht werden, um die Wirksamkeit von Maßnahmen besser kalkulieren zu können; der Informationsaustausch und das Problembewußtsein sollen gefördert werden; die Mitarbeiter sollen von konkreten Problemen abgelenkt werden" (ROSENSTIEL et al. 1982, S. 230).

Auf der anderen Seite sind Manager im Gegensatz zu vielen Kapitaleignern selbst Betroffene des herrschenden Klimas in Organisationen. Deshalb ist zu erwarten, daß Manager nicht ausschließlich am Kapitalinteresse orientiert versuchen, auf das Organisationsklima Einfluß zu nehmen, sondern dabei auch ihre eigenen, persönlichen Interessen am Organisationsklima als wesentlichen Bestandteil ihrer Arbeitserfahrung zu entsprechen suchen. Diese persönlichen Interessen sind jedoch von denen der übrigen Organisationsmitglieder verschieden, durch Sozialisation und Internalisierung letztlich am Kapitalinteresse orientiert und nicht zuletzt darauf bedacht, eine Kritik der eigenen Position zu erschweren, statt durch ein offenes Klima zu erleichtern.

Die asymmetrische Machtverteilung in Organisationen verhindert, daß diese unterschiedlichen Interessen gleichberechtigt in einen Prozeß des Organisationsklima-Managements eingebracht werden können. Insbesondere die Möglichkeiten der nicht zum Management zu zählenden Organisationsmitglieder sind begrenzt, ihr Interesse am Organisationsklima durchzusetzen, es sei denn, es steht in keinem

Konflikt zu anderen Interessen. Beschränkt ist die Einflußnahme dieser Organisationsmitglieder sicherlich in Hinblick auf die Veränderung (oder Stabilisierung) struktureller Einflußfaktoren des Organisationsklimas; auf Verhaltensprozesse, deren Klima-Relevanz als hinreichend belegt gelten muß, können sie hingegen deutlich Einfluß nehmen. Dies gilt zum Beispiel über die Gestaltung interpersoneller Beziehungen, teilweise für die Arbeitsgestaltung und nicht zuletzt für die allgemeine Politik des Betriebsrats, der durch die Transparentmachung von Entscheidungen zur Offenheit des Organisationsklimas beitragen kann. In diesem eingeschränkten Sinn kann Organisationsklima – analog der Konzeption der Organisationsentwicklung als Verhandlungsprozeß (vgl. SCHIEN-STOCK/MÜLLER 1978) – mittelbar als Gegenstand organisationaler Verhandlungen aufgefaßt werden; mittelbar insofern, als daß das Organisationsklima nur über eine Variation seiner personalen und situationalen Einflußfaktoren manipuliert werden kann.

6.2 Organisationsklima-Management im Rahmen der Organisationsentwicklung

Die obige Diskussion der Ziele des Organisationsklima-Managements geht von den Annahmen aus, daß Organisationsklima erstens relevante Wirkungen hat und zweitens gestaltbar ist. Während die Wirkungen von Organisationsklima ausführlich untersucht und belegt worden sind (vgl. Abschnitt 5.4.), fußen Aussagen über die zielgerichtete (!) Gestaltbarkeit des Organisationsklimas auf weniger gesicherten Erkenntnissen. Die nachgewiesene Stabilität und Komplexität des Organisationsklimas (vgl. auch MANSFIELD 1980) legt es jedoch nahe, daß eine zielgerichtete Veränderung nur im Rahmen eines planvollen, der Organisationsentwicklung vergleichbaren Vorgehens möglich ist. Dies setzt strategische Planung einschließlich der Aushandlung eines Soll-Klimas voraus (GINSBURG 1978). Die doppelte Personenabhängigkeit des Organisationsklimas

(Person als wahrnehmendes Subjekt und als wahrgenommenes Objekt) legt darüber hinaus personalpolitische Maßnahmen (einschließlich Einstellung und Entlassung von Personal) nahe, um das Organisationsklima zu bewahren oder zu verändern.

Organisationsentwicklung als gezielter Prozeß hat die planvolle Änderung der Organisation zum Gegenstand (vgl. SLESINA/KRÜGER 1978). Die Grundidee ist die Regulierung des Spannungsverhältnisses zwischen der Organisation und ihrer äußeren und inneren Situation mit dem Ziel, Bestanderhaltung und Autonomie des Sozialsystems zu sichern (vgl. DESSLER 1976). Dem Management stehen dabei prinzipiell zwei Klassen einzusetzender Maßnahmen zur Verfügung:
- Änderungen struktureller Variablen der Organisation
- Änderung personaler Einstellungen und Verhaltensweisen der Organisationsmitglieder

(vgl. für viele GEBERT 1974, FRENCH/BELL 1977, EIFF 1979, HUSE 1980, STAEHLE 1980, TREBESCH 1980, DIETERLE 1982, GOLDMANN 1982).

Praktisch sind beide Klassen miteinander verwoben. Strukturellen Maßnahmen kommt die Aufgabe der Kanalisierung von Verhaltensweisen zu; sich ändernde Verhaltensweisen und Einstellungen der Organisationsmitglieder können Änderungsdruck produzieren, dem organisatorisch-strukturell Rechnung getragen werden muß.

Die Entwicklung einer Theorie des Organisationsklima-Managements, die auf den im 4. Abschnitt vorgetrgenen Überlegungen zu einer Theorie des Organisationsklimas und den im 5. Abschnitt referierten empirischen Untersuchungsergebnissen aufbauen könnten, müßte Art und Umfang der Verwobenheit dieser zwei Klassen von Maßnahmen aufdecken. In einem nächsten Schritt wäre es erforderlich, die einzelnen Möglichkeiten ihrer Veränderbarkeit zu unterscheiden[26]. Ein solcher Differenzierungsversuch hätte auf das zugrunde gelegte

---

26) Etwa in Variablen und Constraints (so ein Vorschlag von MANSFIELD 1980, S. 296).

Modell der Organisation Bezug zu nehmen (vgl. Abschnitt 4.1.), in dem die Grenzen auch für ein Management des Organisationsklimas angedeutet wurden. Im folgenden sollen allein die Funktionen des Organisationsklimas (vor allem im Rahmen von Organisationsentwicklungsprozessen) noch einmal verdeutlicht, klimarelevante Maßnahmen der Organisationsentwicklung herausgearbeitet und abschließend einige grundsätzliche Schwierigkeiten zusammengefaßt werden, die ein Organisationsklima-Management zum Problem werden lassen.

6.21 Funktionen des Organisationsklimas

Sofern Organisationsklima als Ausdruck wahrgenommener organisationaler Realität herangezogen wird, drückt sich in ihm ein Wahrnehmungsergebnis aus, das sich ein konkretes Organisationsmitglied in Auseinandersetzung mit der Organisation als Umwelt erworben hat. Ermittelte Wahrnehmungen helfen somit Schwächen und Stärken der Organisation aus der Sicht ihrer Mitglieder zu identifizieren (LaFOLLETTE 1975, DOMSCH 1980). Wird Organisationsklima als Indikator für gewünschte/notwendige Änderungsprozesse im Rahmen der Organisationsentwicklung herangezogen, so kann ein festgestelltes Organisationsklima <u>vor</u> Initiierung und <u>nach</u> Abschluß des Änderungsprozesses als Maß[27] für die wahrgenommenen Änderungen aus der Sicht derjenigen dienen, die mit diesen Änderungsprozessen konfrontiert werden. Dieser Vergleich zweier 'Bilder' kann bei Anlegung eines Maßes für die Vorteilhaftigkeit des Änderungsprozesses wiederum zum Ausdruck für eine gelungene oder mißlungene Änderungsmaßnahme fungieren.

---

27) Zu Möglichkeiten der Messung des Organisationsklimas vgl. Abschnitt 5.1. Die praktische Messung des Organisationsklimas hat wie andere Mitarbeiterbefragungen betriebsverfassungsrechtlichen Vorschriften Rechnung zu tragen (vgl. dazu im einzelnen MICHAELIS 1982)

Dieser Maßstab der Vorteilhaftigkeit ist selbst wiederum auf dem Hintergrund der Interessen, die zur Einleitung von Organisationsentwicklungs-Prozessen führen, zu relativieren (KUBICEK et al. 1979). Damit bietet die Messung des Organisationsklimas eine (zusätzliche) Möglichkeit der häufig geforderten Diagnose vor Einsatz von Organisationsentwicklungsmaßnahmen (z.B. WÄCHTER 1983, S. 65).

Die abgelaufene strukturelle oder personale Änderungsmaßnahme schlägt sich auf der Grundlage des vor Beginn vorhandenen Organisationsklima-Schemas in Form eines weiterentwickelten inneren Bildes nieder, das sich je nach zahlenmäßigem Umfang und Schema-Ähnlichkeit der Betroffenen zu einer neuen gemeinsam geteilten Sichtweise zusammenfügt.

Ein weiterer Aspekt des Organisationsklimas ist seine Indikatorfunktion bei der Ingangsetzung von Änderungsprozessen überhaupt. Da davon ausgegangen werden muß, daß die Durchführung von Änderungsprozessen von Widerständen bei Betroffenen/Beteiligten begleitet sind (vgl. z.B. WILLIAMS 1969, KNABE/COMMELLI 1980), kann mit Hilfe des Organisationsklimas festgestellt werden, wo Vertrauensdefizite gesehen werden, die Änderungsprozesse erschweren; durch den Einsatz geeigneter Maßnahmen muß dann zuerst ein änderungsfreundliches Klima erzeugt werden (NURMI 1976). Ein Ersatz für eine Analyse der realen Situation ist die Messung des Organisationsklimas allerdings nicht. "Die Subjektivität der Umfrageforschung kann nur durch gleichzeitige Situationsanalyse überwunden werden" (FÜRSTENBERG 1967, S. 146). Diese Feststellung besitzt nicht nur für die Organisationsklima-Forschung, sondern auch für das Organisationsklima-Management Gültigkeit.

Nicht nur Änderungsergebnisse in Entwicklungsprozessen, sondern auch Prozeßverläufe selber sind Gegenstand der Wahrnehmungen der Organisationsmitglieder (FORSTER 1979). Sich ändernde organisationale Sachverhalte werden sensibel registriert, unter Elemente des vorhandenen Schemas eines Mitgliedes subsumiert oder das Schema modifiziert; von daher kann Organisationsklima ein Ausdruck laufender Beobachtung des Änderungsprozesses durch die davon Betroffenen/Beteiligten sein. Sich aufbauende Widerstände, verstanden als Verknüpfung der Wahrnehmungsschemata mit Bewertungsstandards, können vor Prozeßende registriert und gegenbenenfalls durch Revision der eingesetzten Instrumente oder Änderungsziele aufgelöst werden.

6.22 Maßnahmen der Organisationsentwicklung unter Berücksichtigung des Organisationsklimas

Auf behavioristischer Grundlage abgegebene Gestaltungsempfehlungen beruhen im wesentlichen darauf, organisationsseits geeignete Verstärkungsbedingungen zu schaffen, die gewünschte Verhaltensweisen über Bekräftigungen bewirken. Letzlich organisationsstrukturell angelegte Kontingenzen sollen zur Herausbildung oder Stabilisierung gewünschter Verhaltensweisen und Einstellungen führen, die sich instrumentell zur Aufgabenerfüllung verhalten. Das am "epistemischen Subjektmodell" (GROEBEN/SCHEELE 1977) orientierte Schema-Konzept des Organisationsklimas offeriert eine weniger simpel erscheinende Sichtweise menschlichen Verhaltens in Organisationen und teilt gleichzeitig nicht die für die behavioristischen Ansätze so bekannten Hoffnungen auf umfassende Steuerbarkeit des Individuums im Sinne von Reiz-Reaktions-Verknüpfungen (vgl. NEISSER 1976).

Die Analyse empirischer Ergebnisse der Organisationsklima-Forschung erbrachte Gruppen von Einflußfaktoren, die mit Unterschieden von Ausgrägungen der in den Instrumenten verwendeten Klima-Dimensionen einhergingen. Vor allem experimentell oder quasi-experimentell vorgehende Studien wie z.B. von LITWIN/STRINGER (1968) und FREDERIKSEN et al. (1972) können dabei als Ausgangspunkte für die Bestimmung die Wirkungsrichtung und -intensität prinzipiell vom Management beeinflußbarer Größen, die sich in Klimaänderungen und damit im Zusammenhang stehender Varablen niederschlagen, herangezogen werden. Diese Studien belegen in experimenteller Form die Praktikabilität eines Managements des Organisationsklimas.

Korrelativ arbeitende Studien ohne experimentelle Variation der als unabhängig konzipierten Variablen hingegen sind weit mehr auf zusätzliche Plausibilitätsannahmen über die Variablenzusammenhänge angewiesen. Bestätigen sich experimentelle, quasi-experimentelle und nicht-experimentelle Untersuchungen in ihren Ergebnissen, kann von einer relativ soliden Ausgangsbasis für Gestaltungsempfehlungen für den Organisationsklima-Bereich ausgegangen werden. Die beiden genannten Studien sind daher wegweisend.

Aus der erstgenannten Untersuchung ergibt sich ein dominanter Einfluß des induzierten Führungsstils auf die Ausdifferenzierung von Klima. Die zweite Studie ermittelt die Wichtigkeit des Einflusses regelgebundenen Verhaltens – einer Strukturgröße – auf die unterschiedlichen Ausprägungen der verwendeten Klima-Dimensionen. Die Gestaltbarkeit des Organisationsklimas unter Verwendung personaler Variablen (Führungsstil) und struktureller Variablen (Ausmaß der Verwendung von Regeln und Programmen) ist damit auf methodisch anspruchsvoller Basis gut belegt.

Nicht-experimentell angelegte Studien stützen überdies die gewonnenen Ergebnisse (vgl. Abschnitt 5.2. und 5.4.), so daß insgesamt für die beiden Bereiche

- Variation des Führungsstils und
- Variation des Programmierungsgrades
  (bei der Aufgabenerfüllung)

davon ausgegangen werden muß, daß diese in Organisationentwicklungsprozessen zu manipulierenden Variablen Organisationsklima-Veränderungen in der gewünschten Richtung bedingen können.

Die Autoren beider Studien erwähnen überdies Faktoren, die den Differenzierungsgrad des von den Organisationsmitgliedern verwendeten Schema-Konzeptes einschränken, was einen größeren Grad an Einheitlichkeit in der Wahrnehmung situativer Reize, wie sie die Organisation als Umwelt des Mitgliedes zur Verfügung stellt, bedingt. Sie liefern damit einen Beleg für die Relevanz des Konzeptes aus Schema-Perspektive.

FREDERIKSEN et al. nennen

- offene und verdeckte Vermittlungsprozesse offizieller Ziele der Organisation durch die jeweils Vorgesetzten
- gemeinsame Erfahrungen und Lernprozesse der Mitglieder
- Auswahl- und Plazierungsentscheidungen bei Beförderungen, die zur Vereinheitlichung von Persönlichkeitscharakteristika führen
- bestehende Gemeinsamkeiten in Verhaltensweise.

Diese Gruppen von Einflüssen wirken typisierend auf Ausbildung und Verwendung (vgl. LANTERMANN 1980) des Organisationsklimas als Schema und können auf der Person-Seite als 'Ursache' für den relativ hohen Grad an Gleichsinnigkeit der Wahrnehmung organisationaler Änderungen gesehen werden. Ähnlich lassen sich die Auswahlkriterien für die Zuweisung von Individuen zu Untersuchungsgruppen bei der LITWIN/STRINGER-Studie interpretieren. Das auf der Wahrnehmung leistungs-, sozial- oder machtstrebiger Aspekte beruhende Motivationsmaß von ATKINSON/McCLELLAND wurde von den Autoren zugrundegelegt, um eine Einteilung der von ihnen Befragten nach der dominanten Ausprägung der Motivklassen vorzunehmen. Es ist von daher zu vermuten, daß die in der Motivausprägung zum Tragen kommende Typisierung auf die individuellen Wahrnehmungsleistungen durchschlägt und zu einer Homogenisierung von Klima-Wahrnehmungen führt.

Organisationsentwicklungsmaßnahmen werden als Änderung situativer (struktureller, verhaltensmäßiger) 'Reize' wahrgenommen. Als

Wahrnehmungsdaten wirken sie je nach vorhandenem individuellen Schema differenzierend oder stabilisierend. Im eigentlichen Änderungsprozeß befindet sich das Organisationsklima aus der Perspektive eines einzelnen Mitgliedes also in einer Art Fließgleichgewicht (FRANCIS 1973), das sich nach Ende des Organisationsentwicklungs-Prozesses zu einem (neuen) Klima konsolidiert und relative Stabilität erhält.

Je nach dem Grad der Unterschiedlichkeit bereits vorhandener Organisationsklima-Schemata werden Änderungsprozesse und -ergebnisse anders wahrgenommen. Dem müssen Organisationsentwicklungsmaßnahmen Rechnung tragen. Dies können sie dadurch, daß die Initiatoren und Durchführenden der Änderungen ihre Maßnahme als 'Reizbündel' begreifen; die Reizbündel stellen Wahrnehmungsinformationen dar, die individuell zur "Vergegenwärtigung" (vgl. CALDER/SCHURR 1982, S. 292) von Wahrnehmungs- und Bewertungsschemata führen und nach ihrer Integration in die Handlungsplanung und -durchführung eingehen. Der Erfolg von Organisationsentwicklungsmaßnahmen hängt entscheidend von der Kenntnis der Organisationsklima-Schemata bei den Betroffenen ab, sowie davon, welche weiteren Schemata noch durch die Änderungsprozesse angeregt werden. Konkrete strukturelle oder personenorientierte Änderungsschritte sind unter Erfolgsgesichtspunkten also davon abhängig, auf welche Weise sie in die bei den Individuen angesiedelten Organisationsklima-Schemata einbezogen werden.

Vor allem die von uns als personale Einflußfaktoren des Organisationsklimas ermittelten Faktoren sind dann als solche zu betrachten, die eine interindividuell unterschiedliche Wahrnehmung gleicher Situationen hervorbringen; ihre Wirkung muß deshalb in Organisationsentwicklungsprozessen, die Klima-Veränderung zum Gegenstand haben, mitbedacht werden. So erwies sich beispielsweise der Faktor Zugehörigkeitsdauer als klimadifferenzierend. Werden Organisationsentwicklungsprozesse eingeleitet und durchgeführt ohne diese Variable zu berücksichtigen, werden sie sich in

unterschiedlichen Wahrnehmungen des Prozeßverlaufs und
-ergebnisses niederschlagen müssen. Die Konsequenzen daraus sind
dann nicht antizipierte Folgen, mögliche negative Ergebnisse eines
u.U. wünschenswerten Prozesses. In der gleichen Richtung liegen die
Ergebnisse einiger Studien, die sozio-demographische Variablen
verwenden (vgl. z.B. HERMAN et al. 1975, teilweise auch
ROSENSTIEL et al. 1982), um Wahrnehmungsunterschiede zu
bestimmen. Auch diese Variablen können als Indikator für die
Herausbildung relativ ähnlicher individueller Schemata dienen, die in
den Wahrnehmungsprozeß eingehen.

6.23 Schwierigkeiten eines Organisationsklima-Managements

Das Management des Organisationsklimas stellt sich nicht nur
aufgrund der Tatsache als ein sehr schwieriges Problem dar, daß es
nur indirekt über die Variation seiner Einflußfaktoren (In-
strumentalvariablen) manipuliert werden kann. Vielmehr gilt es zu
beachten, daß erstens schon die Ermittlung des Organisationsklimas
eben dieses verändern kann. Zweitens ist von Bedeutung, daß die
Variation einzelner Einflußfaktoren andere Klimawirkungen zeitigen
kann als die simultane Veränderung mehrerer Faktoren. Drittens ist
die zumeist reziproke Abhängigkeit personaler und situationaler
Einflußfaktoren einerseits und des Organisationsklimas andererseits
zu beachten, die insbesondere am Beispiel des Wirkungs-
zusammenhangs von Führungsverhalten und Organisationsklima
demonstriert werden konnte (vgl. Abschnitte 5.23. und 5.412.). Die
Schwierigkeit eines zielgerichteten Managements des Organisationsklimas besteht viertens darin, daß der Prozeß der Organisationsentwicklung (oder der Durchsetzung personal-politischer Maßnahmen)
selbst klimatische Wirkungen entfaltet, auch wenn nur die
Veränderung einer oder mehrerer Einflußfaktoren beabsichtigt war.
Fünftens fehlt es an Wissen darüber, inwieweit einzelne Dimensionen
des Organisationsklimas variiert werden können. Schließlich ist trotz

zahlreicher empirischer Untersuchungen das ('gesicherte') Wissen nicht nur über die Konstitutionsbedingungen, sondern auch über die Verhaltenswirkungen des Organisationsklimas noch recht gering.

Insgesamt legen diese Probleme die Ansicht nahe, daß im betrieblichen Alltag Organisationsklima wohl kaum umfassend systematisch zu managen ist. Der Organisationsklima-Ansatz ist noch ein Stück davon entfernt, den für eine anwendungsorientierte Managementlehre häufig geforderten "ganzheitlichen Ansatz" (z.B. ULRICH 1981, S. 298) abgeben zu können. Diese das Buch abschließenden Bemerkungen sollten jedoch zum Anlaß genommen werden, die organisationsklimatischen Folgen absichtsgeleiteten Handelns in Organisationen systematischer zu berücksichtigen. Nicht zuletzt aufgrund verschiedener Klimata selbst innerhalb einer Organisation werden ein- und dieselben Handlungen des Managements – aber auch anderer Organisationsmitglieder – unterschiedlich interpretiert und zeitigen unterschiedliche Wirkungen für die Effizienz von bzw. für die Lebenspraxis in Organisationen.

Abkürzungsverzeichnis

AMJ   Academy of Management Journal

AMR   Academy of Management Review

AP   American Psychologist

ASQ   Administrative Science Quarterly

BS   Behavioral Science

GD   Gruppendynamik

HBR   Harvard Business Review

HdO   Handwörterbuch der Organisation

HR   Human Relations

IO   Industrielle Organisation

JABS Journal of Applied Behavioral Science

JAP   Journal of Applied Psychology

JoBR Journal of Business Reserch

JoMS Journal of Management Studies

JP   Journal of Psychology

JPSP Journal of Personality and Social Psychology

JSP   Journal of Social Psychology

OBHP Organizational Behavior and Human Performance

PB   Psychological Bulletin

PP   Personnel Psychology

PR   Psychological Review

ZfA   Zeitschrift für Arbeitswissenschaft

ZfO   Zeitschrift für Organisation

ZfS   Zeitschrift für Soziologie

Literaturverzeichnis

ABBEY, A./DICKSON, J.W. (1983):
R&D work climate and innovation in Semiconductors. In: AMJ, 26(2), S. 362-368.

AEBLI, H. (1980/1981):
Denken: Das Ordnen des Tuns. Band 1: Kognitive Aspekte der Handlungstheorie. Band 2: Denkprozesse. Stuttgart.

ACKERMANN, K.-F. (1984):
Action-oriented management of organizational surveys in German companies. In: ACKERMANN, K.-F./DOMSCH, M./JOYNT, P. (eds.): Proceedings from organization survey workshops 1983-84. European Institute for Advanced Studies in Management. Brussels.

ADAMS, E.F./LAKER, D.R./HULIN, C.L. (1977):
An investigation of the influence of job level and functional speciality on job attitudes and perceptions. In: JAP, 62(3), S. 335-343.

AIZEN, J./FISHBEIN, M. (1977):
Attitude - behavior relations: A theoretical analysis and review of empirical research. In: PB 1977, 84: S. 883-918.

ALBERS, H.-S. (1980):
Das Betriebsklima. In: ZfA, 34(3), S. 142-148.

ALDERFER, C. P. (1972):
Human needs in organizational settings. New York.

ALLPORT, D.W. (1935):
Attitudes. In: MURCHISON, C.M. (ed.): Handbook of social psychology. Worcester, Mass.

ALLPORT, F.H. (1955):
Theories of perception and the concept of structure. New York.

ALTNER, H. (1973a):
Physiologie des Geschmacks. In: SCHMIDT, R.F. (Hrsg.): Grundriß der Sinnesphysiologie. Berlin etc., S. 195-205.

ALTNER, H. (1973b): Physiologie des Geruchs. In: SCHMIDT, R.F. (Hrsg.): Grundriß der Sinnesphysiologie. Berlin etc., S. 206–215.

ANDERSON, B.F. (1975): Cognitive psychology. New York.

ANDREWS, J.D.W. (1967): The achievement motive and advancement in two types of organizations. In: JPSP, 6, S. 163–169.

ANSARI, N.A./BAUMGARTEL, H./SULLIVAN, G. (1982): The personal orientation – organizational climate fit and managerial success. In: HR, 35, S. 1159–1178.

ASTLEY, W.G./VAN DE VEN, A.H. (1983): Central perspectives and debates in organization theory. In: ASQ, 28, S. 245–273.

BANDURA, A. (1968): A social learning interpretation of psychological dysfunctions. In: LONGON, P./ROSENHAM, D. (eds.): Foundations of abnormal psychology. New York, S. 293–344.

BANDURA, A. (1977): Social cognitive learning theory. Engelwood Cliffs, N.J.

BANDURA, A. (1978): The self system in reciprocal determinism. In: AP, 33, S. 344–358.

BANDURA, A. (1981): In search of pure unidirectional determinants. In: Behavior Therapy, 12, S. 30–40.

BARCLAY, L. (1982): Social lerning theory: A framework for discrimination research. In: AMR, 7(4), S. 587–594.

BARTH, R.T. (1974): Intergroup climate attainment, satisfaction and urgency. In: Small Group Behavior, 5(3), S. 341–355.

BARTLETT, E.C. (1932): Remembering. Cambridge.

BARTOSHUK, L. (1971): The chemical senses I: Taste.
In: KLING, J.W./ RIGGS, C.A.
(eds.): Woodworth and Schlosberg's
experimantal psychology. New
York.

BASS, B.M./VALENZI, E.R./PARROW, D.L./SOLOMON, R.J. (1975):
Management styles associated
with organizational, task, personal,
and interpersonal contingencies.
In: JAP, 60, S. 720–729.

BATLIS, N.C. (1980): The effect of organizational climate
on job satisfaction, anxiety, and
propensity to leave. In: JP, 104,
S. 233–240.

BECKHARD, R. (1972): Organisationsentwicklung. Strategien
und Modelle. Baden–Baden und
Bad Homburg.

BEM, D.J. (1968): Attitudes as self-descriptions:
Another look of the attitude-be-
havior-link. In: GREENWALD,
A.G./BROCK, T.C. (eds.): Psychological
foundations of attitudes. New
York und London, S. 197–215.

BENEDICT, R. (1934): Patterns of culture. Boston, Mass.

BENNINGHAUS, H. (1976): Ergebnisse und Perspektiven der
Einstellungs-Verhaltens-Forschung.
Meisenheim am Glan.

BERGER, Chr.J./CUMMINGS, L.L. (1979):
Organizational structure, attitudes,
and behaviors. In: STAW, B.M.
(eds.): Research in organizational
Behavior. Vol. I. Greenwich, Conn.,
S. 169–208.

BERGER, P.L./LUCKMANN, Th. (1969):
Die gesellschaftliche Konstruktion
der Wirklichkeit. Eine Theorie
der Wissenssoziologie. Frankfurt.

BERLIN, B. (1978): Ethnobiological classification. In:
ROSCH, D./LLOYD, B.B. (eds.):
Cognition and categorization.
Hillsdale, N.J., S. 9–26.

316

BERLYNE, D.E. (1960): Conflict, arousal and curiosity.
New York.

BERNSTEIN, B. (1970): A sociolinguistic approach for
socialization: With some reference
to educability. In: WILLIAMS,
F. (Hrg.): Language and poverty:
Perspectives on a theme. Chicago,
Ill., S. 25–61.

BETZ, D. (1974): Psychophysiologie der kognitiven
Prozesse. München.

BIDDLE, B. (1979): Role theory – Expectations, identities,
and behaviors. New York usw.

BIERBRAUER, G. (1976): Attitüden: Latente Strukturen
oder Interaktionskonzepte? In:
ZfS, 5(1), S. 4–16.

BLAKE, R.R./MOUTON, J.S. (1968):
Verhaltenspsychologie im Betrieb.
Düsseldorf und Wien.

BOESCH, E.E. (1976): Psychopathologie des Alltags.
Zur Ökopsychologie des Handelns
und seine Störungen. Bern.

BOSETZKY, H. (1982): Organisationsklima. In: STRUTZ, A.
(Hrsg.): Handwörterbuch der Verwaltung
und Organisation. Köln etc., S. 347–351.

BOULDING, K.E. (1956): The Image. Ann Arbor, Mich.

BOURNE, L.E., Jr./DOMINOWSKI, R.L./LOFTUS, E.F. (1979):
Cognitive Processes. Engelwood
Cliffs, N.J.

BOWERS, D.G. (1975): System 4: The ideas of Rensis
Likert. Ann Arbor, Mich.

BRÄNDLI, L. (1975): Was bestimmt eigentlich das Betriebsklima? In: Organisator, 57(671),
S. 21–25.

BRÄNDLI, L. (1976): Betriebsklima – Wie analysieren?
In: Organisator (693), S. 17–21.

BRANDSTÄTTER, H. (1983): Sozialpsychologie. Stuttgart etc.

BRIEFS, G. (1934): Betriebsführung und Betriebsleben in der Industrie. Stuttgart.

BRIEFS, U. (1981): Zur Diskussion über Organisationsentwicklung . Alternativen aus gewerkschaftlicher Sicht. In: AGP – Mitteilungen, (231), S. 6–8.

BRUGGEMANN, A. (1976): Zur empirischen Untersuchung verschiedener Formen der Arbeitszufriedenheit. In: ZfA, 30, S. 71–74.

BRUGGEMANN, A./GROSKURTH, P./ULICH, E. (1975): Arbeitszufriedenheit. Bern etc.

BRUNER, J.S./GOODNOW, J.J./AUSTIN, G.A. (1956): A study of thinking. New York.

BRUNS, J. (1977): Kritische Analyse des KontingezAnsatzes in der Organisationstheorie. In: Der Betriebswirt, 18, S. 61–64, S. 100–103 und S. 139–142.

BURKE, R.J./DESZCA, E. (1982): Preferred organizational climates of type A individuals. In: Journal of Vocational Behavior, 21, S. 50–59.

BURNS, I./STALKER, G.M. (1961): The management of innovation. London.

BURRELL, G./MORGAN, G. (1979): Sociological paradigms and organizational analysis. London.

BUTTERFIELD, D.A./FARRIS, G. (1974): The Likert Organizational Profile. In: JAP, 59, S. 15–23.

CALDER, B.J./SCHURR, P.H. (1981): Attitudinal processes in organizations. In: CUMMINGS, L.L./STAW, B.M. (eds.): Research in organizational behavior. Vol. 3. Greenich, Conn., S. 283–302.

CAMPBELL, D.T. (1963): Social attitudes and other acquired behavioral dispositions. In: KOCH, S. (ed.): Psychology: A study of science. Vol 6. New York, S. 94–172.

CAMPBELL, D.T./FISKE, D.W. (1959): Convergent and discriminant validation by the multitrait-multimethod matrix. In: PB, 56, S. 81–105.

CAMPBELL, J.P./BEATY, E.E. (1971): Organizational climate. Its measuremen and relationship to work group performance. Paper presented at the annual meeting of the American Psychological Association. Washington, D.C.

CAMPBELL, J.P./DUNNETTE, M.D./LAWLER III, E.E./WEICK Jr., K.E. (1970): Managerial behavior, performance, and effectiveness. New York etc.

CANTOR, N. (1981): Perceptions of situations: situation prototypes and person-situation prototypes. In: MAGNUSSON, D. (ed.): Toward a psychology of situations: An interactional perspective. Hillsdale, Ill., S. 239–244.

CANTOR, N./MISCHEL, W./SCHWARTZ, J.C. (1982): A prototype analysis of psychological situations. In: Cognitive Psychology, 14, S. 45–77.

CAWSEY, T. (1973): The interaction of motivation and environment in the prediction of performance potential on satisfaction in the life insurance industry in Canada. Paper presented at the 16th Annual Midwest Academy of Management meeting. Chicago, Ill.

CHILD, J. (1972): Organization structure, environment, and performance: The role of strategic choice. In: Sociology, 6, S. 1–22.

CHILD, J./KIESER, A. (1981):   Development of organizations
over time. In: NYSTROM, P.C./STAR-
BUCK, W.H. (eds.): Handbook of
organizational design. Oxford
und London, S. 28–64.

CHURCHILL, G.A./FORD, N.M./WALKER, O.C., Jr. (1976):
Organizational climate and job
satisfaction in the sales force.
In: Journal of Marketing Research,
13, S. 323–332.

CLAESSENS, D. (1970):   Rolle und Macht. 2. Auflage. München.

COHEN, G. (1977):   The psychology of cognition. London
etc.

CONRAD, P. (1983a):   Arbeitszufriedenheit und Wertsystem.
Eine empirische Untersuchung.
Arbeitspapier Nr. 47/83 des Instituts
für Unternehmungsführung. Freie
Universität Berlin.

CONRAD, P. (1983b):   Maslow–Modell und Selbsttheorie.
In: Die Unternehmung, 37, S. 258–278.

CONRAD, P./SYDOW, J. (1984):   Towards a more theory–based
measurement of organizational
climate. In: ACKERMANN, K.–F./
DOMSCH, M./JOYNT, P. (eds.):
Proceedings from organization
survey workshops 1983–84. European
Institute for Advanced Studies
in Management. Brussels.

COSTLEY, D./DOWNEY, K./BLUMBERG, M. (1973):
Organizational climate: The effects
of human relations training. Unpubl.
paper. Pennsylvania State University.
University Park, Pa.

CRANE, J.D. (1982):   The measurement of organizational
climate. Diss. Ann Arbor, Mich.

CSOKA, L.S. (1975):   Relationship between organizational
climate and the situational favorable-
ness dimension of FIEDLER's contingency model. In: JAP, 60(2), S.
273–277.

320

CUMMINGS, L.L. (1965):   Organizational climate for creativity.
In: AMS, 8, S. 220–227.

CUMMINGS, Th.G./SRIVASTVA, S. (1977):
Management of work. A socio–technical
systems approach. Kent, Ohio.

D'ANDRADE, R.G. (1981):   The cultural part of cognition.
In: Cognitive Science, 5, S. 179–195.

DACHLER, H.P. (1974):   Work motivation and the concept
of organizational climate. Research
Report No. 4. Department of Psychology. University of Maryland.

DAVIS, T.R.V./LUTHANS, F. (1979):
Leadership reexamined: A behavioral
approach. In: AMR, 4. S. 237–248.

DAVIS, T.R.V./LUTHANS, F. (1980):
A social learning approach to
organizational behavior. In: AMR,
5. S. 281–290.

DECHARMS, R. (1968):   Personal causation. New York.

DeCOTIIS, Th.A./KOYS, D.J. (1980):
The indentification and measurement
of the dimensions of organizational
climate. In: HUSEMAN, R.C. (ed.):
Academy of Management Proceedings.
40th annual meeting Detroit. Academy
of Management. Detroit, S. 171–175.

DeFLEUR, M.L./WESTIE, F.R. (1963):
Attitude as a scientific concept.
In: Social Forces, 42, S. 17–31.

DESSLER, G. (1976):   Organization and management. A
contingency approach. Englewood Cliff
N.J.

DEUTSCH, W./PECHMANN, Th. (1982):
Social interaction and the development
of definite descriptions. In: Cognition,
11, S. 159–184.

DIETERLE, W.K.M. (1982):   Zentrale Ansätze der Organisations-
änderung im Vergleich. In: Die Unter-
nehmung 1982, 4, S. 317–339.

DIETERLY, D./SCHNEIDER, B. (1974):
The effects of organizational environment on perceived power and climate: A laboratory study. In: OBHP, 11, S. 316–337.

DIN 33400 (1975):
Gestalten von Arbeitssystemen. Berlin.

DÖRNER, D. (1976):
Problemlösen als Informationsverarbeitung. Stuttgart etc.

DOMSCH, M. (1980):
Mitarbeiterbefragung. In: Interview und Analyse, 7, S. 419–443.

DOMSCH, M./REINECKE, P. (1982):
Mitarbeiterbefragungen als Führungsinstrument. In: SCHNEIDER, H./STEHLE, W. (Hrsg.): Psychologie in Wirtschaft und Verwaltung. Stuttgart, S. 127–148.

DOWNEY, K./HELLRIEGEL, D./PHELPS, M./SLOCUM, J. (1974):
Organizational climate and job satisfaction: a comparative analysis. In: JoBR, 2, S. 233–248.

DOWNEY, H.K./HELLRIEGEL, D./SLOCUM, J.W., Jr. (1975):
Congruence between individual needs, organizational climate, job satisfaction and performance. In: AMJ, 18(1), S. 149–155.

DOWNS, R.M./STEA, D. (1977):
Maps in minds: Reflections on cognitive mapping. New York.

DREXLER, J.A., Jr. (1975):
Some effects of organizational climate on supervisory behavior. Diss. University of Michigan. Ann Arbor, Mich.

DREXLER, J.A., Jr. (1977):
Organizational climate: Its homogeneity within organizations. In: JAP, 62(1), S. 38–42.

DuBRIN, A.J. (1974):
Fundamentals of organizational behavior. An applied perspective. New York etc.

DuBRIN, A.J. (1978):
Fundamentals of organizational behavior. 2. Auflage, New York etc.

322

DUDEL, J. (1973):   Allgemeine Sinnesphysiologie. In: SCHMIDT, R.F. (Hrsg.): Grundriß der Sinnesphysiologie. Berlin etc. S. 1–41.

EIFF, W. v. (1979):   Organisationsentwicklung. Berlin.

ELIAS, H.J./GOTTSCHALK, B./STAEHLE, W.H. (1982): Arbeitsstrukturierung auf der Grundlage der dualen Arbeits- situationsanalyse. In: ZfA, 36(1), S. 1–8.

ESTES, W.K. (1975):   The state of the field: General problems and issues of theory and metatheory. In: ESTES, W.K. (ed.): Handbook of learning and cognitive processes. Vol. 1, Hillsdale, N.J., S. 1–24.

EVERED, R./LOUIS, M.R. (1981): Alternative perspectives in the organizational sciences: "Inquiry from the inside" and "inquiry from the outside". In: AMR, 6, S. 385–395.

FECHNER, G. (1860):   Elemente der Psychophysik. 1. Teil. Leipzig.

FIEDLER, F.E. (1967):   A theory of leadership effectiveness. New York etc.

FIEDLER, H. (1979):   Betriebsklima. In: Fortschrittliche Betriebsführung/Industrie Engineering, 28(5), S. 331–336.

FIEDLER, W.H. (1982):   Wie schafft man ein leistungsför- derndes Betriebsklima? Köln.

FIEDLER-WINTER, R. (1979):   Kennen Sie das Klima Ihrer Firma? In: ZfO 48(9), S. 301–302.

FIELD, R.H.G./ABELSON, M.A. (1982):
    Climate: A reconceptualization
    and proposed model. In: HR, 35(3),
    S. 181–201.

FISHBEIN, M. (1967):
    Attitudes and the prediction of
    behavior. In: FISHBEIN, M. (ed.):
    Readings in attitude theory and
    measurement. New York, S. 477–
    492.

FISHER, C.D./WEEKLEY, J.A. (1982):
    A socialization in work organizations.
    Technical Report TR–ONR–7.
    Office of Naval Research.

FLEISHMAN, E. (1953):
    Leadership climate, human relations
    training and supervising behavior.
    In: PP, 6, S. 205–222.

FODOR, J.A./PYLYSHYN, Z.W. (1981):
    How direct is visual perception?:
    Some reflections an GIBSON's
    "ecological approach". In: Cognition,
    9, S. 139–196.

FOREHAND, G.A. (1968):
    On the interaction of persons
    and organizations. In: TAGIURI,
    R./LITWIN, G.H. (eds.): Organizational
    climate. Explorations of a concept.
    Harvard University, Boston, S.
    63–82.

FOREHAND, G./GILMER, B. (1964):
    Environmental variations in studies
    of organizational behavior. In:
    PB, 22, S. 361–382.

FORSTER, W. (1978):
    Das Konzept und die Dimensionen
    des Organisationsklimas. Diss.
    St. Gallen.

FORSTER, W. (1979):   Das Organisationsklima verbessern!
                                 In: IO 48(9), S. 373–376.

FRANCIS, J.G. (1973):   The reciprocity of organisational
                                 climate. In: Advanced Management
                                 Journal, 38, S. 46–51.

FRANKLIN, J.L. (1973):   A path analytical approach to
                                 describing causal relationships
                                 among social–psychological variables
                                 in multi–level organizations. Diss.
                                 University of Michigan, Ann Arbor,
                                 Mich.

FRANKLIN, J.L. (1975a):   Down the organization: Influence
                                 processes across levels of hierarchy.
                                 In: ASQ, 20, S. 153–164.

FRANKLIN, J.C. (1975b):   Relations among social–psychological
                                 aspects of organizations. In: ASQ,
                                 20(3), S. 422–433.

FREDERIKSEN, N. (1966):   Administrative performance in
                                 relation to organizational climate.
                                 Paper presented at a symposium
                                 on "Meaning Managerial Effectiveness"
                                 San Francisco.

FREDERIKSEN, N./JENSEN, O./BEATON, A.E. (1972):
                                 Predictions of organizational behavior.
                                 New York.

FRENCH, W./BELL, C. (1977):   Organization development. Englewood
                                 Cliffs, N.J.

FRESE, E. (1980):   Grundlagen der Organisation. Wiesbade

FRIEDEBURG, L.v. (1963):   Soziologie des Betriebsklimas.
                                 Frankfurt.

FRIEDEBURG, L.v. (1969):   Betriebsklima. In: GROCHLA,
                                 E. (Hrsg.): HdO, Stuttgart, S. 291–294.

FRIEDLANDER, F./GREENBERG, S. (1971):
                                 Effect of job attitudes, training
                                 and organizational climates on
                                 performance of the hard–core
                                 unemployed. In: JAP, 55, S. 287–295.

FRIEDLANDER, F./MARGULIES, N. (1969):
Multiple impacts of organizational climate and individual value systems upon job satisfaction. In: PP, 22, S. 171-183.

FRIESEN, D. (1972):
Variations in perceptions of organizational climate. In: Alberta Journal of Educational Research, 18, S. 91-99.

FÜRSTENBERG, F. (1967):
Zur Kritik der Betriebsklima-Forschung. In: Wissenschaft und Praxis. Festschrift zum 20-jährigen Bestehen des Westdeutschen Verlages. Köln und Opladen, S. 137-147.

FÜRSTENBERG, F. (1980):
Organisationsklima. In: GROCHLA, E. (Hrsg.): HdO, 2. Auflage, Stuttgart, S. 1563-1569.

GAUTHIER, W.J. (1974):
The relationship of organizational structure, leader behavior of the principal and personality orientation of the principal to school management climate. Diss., University of Conneticut.

GAVIN, J.F. (1975):
Organizational climate as a function of personal and organizational variables. In: JAP, 60 (1), S. 135-139.

GAVIN, J.F./HODAPP, R.P. (1973):
The measurement of organisational climate: Towards a taxonomy of climate dimensions. Paper presented at the meeting of the Rocky Mountain Psychological Association. Las Vegas, Nevada.

GAVIN, J.F./HOWE, J.G. (1975):
Psychological climate: Some theoretical and empirical considerations. In: BS, 20, S. 228-240.

GAVIN, J.F./KELLY, R.E. (1978):
The psychological climate and reported well-being of underground miners: An exploratory study. In: HR, 31, S. 567-581.

GEBERT, D. (1974):   Organisationsentwicklung. Stuttgart etc.

GEORGE, J./BISHOP, L. (1971):   Relationship of organizational structure and teacher personality characteristics on organisational climate. In: ASQ, 16, S. 467–475.

GEORGOPOULUS, B.S. (1965):   Normative structure variables and organizational behavior. In: HR, 18, S. 115–170.

GIBSON, J.J. (1973):   Die Sinne und der Prozeß der Wahrnehmung. Bern etc.

GIBSON, J.J. (1982):   Wahrnehmung und Umwelt. München etc.

GIBSON, J.L./IVANCEVICH, J.M./DONNELLY, J.H., Jr. (1973):
Organizations. Structure, processes, behavior. Dallas, Texas.

GINTER, P.W./WHITE, D.D. (1982):
A social learning approach to strategic management: Toward a theoretical foundation. In: AMR, 7(2), S. 253–261.

GINSBURG, L. (1978):   Strategic planning for work climate modification. In: Personnel, 55, Nov.–Dez., S. 10–20.

GLASS, A.L./HOLYOAK, K.J./SANTA, J.L. (1979):
Cognition. Reading, Mass.

GÖTTE, M. (1963):   Betriebsklima. Göttingen.

GOFFMAN, E. (1961):   Encounters. Two studies in the sociology of interaction. Indianapolis.

GOLDMANN, H. (1982):   Organisationsentwicklung und Organisationsstruktur. Diss. Zürich.

GOLEMBIEWSKI, R./CARRIGAN, S. (1970):
The persistence of laboratory–induced changes in organization styles. In: ASQ, 15(3), S. 330–340.

GOLEMBIEWSKI, R./MUNZENRIDER, R./BLUMBERY, A./CARRIGAN,
S./MEAD, W. (1971): Changing climate in a complex
organization: interactions between
a learning design and an environment.
In: AMJ, 14, S. 465–481.

GORDON, L.V. (1973): Work environment preference
scedule (WEPS). The Psychological
Corporation. New York.

GORMAN, L./MOLLOY, E. (1972):People, jobs and organizations.
Irish Management Institute. Dublin,
Ireland.

GREIF, S. (1983): Konzepte der Organisationspychologie.
Bern etc.

GREINER, L.E./LEITCH, D.P./BARNES, L.B. (1968):
The simple complexity of organizational
climate in a government agency.
In: TAGIURI, R./LITWIN, G.H.
(eds.): Organizational climate:
Explorations of a concept. Boston,
S. 191–221.

GROEBEN, N./SCHEELE, B. (1977):
Argumente für eine Psychologie
des reflexiven Subjektes. Darmstadt.

GRUNWALD, W. (1980): Macht als Persönlichkeitsdisposition:
Theoretische, methodologische
und empirische Aspekte. In: REBER,
G. (HRSG.): Macht in Organisationen.
Stuttgart, S. 91–121.

GRÜSSER, O.J./GRUSSER–CORNEHLS, U. (1973):
Physiologie des Sehens. In: SCHMIDT,
R.F. (Hrsg.): Grundriß der Sinnesphysio-
logie. Berlin etc., S. 94–154.

GUION, R.M. (1973): A note on organizational climate.
In: OBHP, 9, S. 120–125.

GUNDERSON, E.H. (1978): Organizational and environmental
influences on health and performance.
In: KING, B./STREUFFERT, S./FIED-
LER, F.E. (eds.): Managerial control
and organizational democracy.
Washington, D.C., S. 43–60.

328

HACK, L. (1977):   Subjektivität im Alltagsleben.
                                    Zur Konstitution sozialer Relvanz-
                                    strukturen. Frankfurt und New
                                    York.

HACKMAN, J.R. (1969):   Toward understanding the role
                                    of tasks in behavioral research.
                                    In: Acta Psychologica, 31, S. 97–128.

HACKMAN, J.R./LAWLER, E.E. (1971):
                                    Employee reactions to job charac-
                                    teristics. In: JAP, 55, S. 259–286.

HAGE, J. (1978):   Toward a synthesis of the dialectic
                                    between historical-specific and
                                    sociological general models of
                                    environment. In: KARPIK, L. (ed.): Or-
                                    ganization and environment: theory,
                                    issues and reading. London/Beverly
                                    Hills, S. 103–148

HAJOS, A. (1972):   Wahrnehmungspsychologie. Stuttgart
                                    etc.

HAJOS, A. (1977a):   Wahrnehmung. In: HERRMANN,
                                    Th./HOFSTÄTTER, P.R./HUBER,
                                    H./WEINERT, F.E. (Hrsg.): Handbuch
                                    psychologischer Grundbegriffe.
                                    München, S. 528–540.

HAJOS, A. (1977b):   Wahrnehmungspsychologische Indi-
                                    katoren neuronaler Strukturen.
                                    Stuttgart etc.

HALL, J.W. (1972):   A comparison of HALPIN and
                                    CROFT's organizational climates
                                    and LICKERT's organizational
                                    systems. In: ASQ, 17, S. 586–590.

HALPIN, A.W./CROFT, D.B. (1962):
                                    The organizational climate of
                                    schools. U.S.-Department of Health,
                                    Education and Welfare. Washington,
                                    D.C.

HAMLYN, D.W. (1981):   Cognitive systems, 'folk psychology'
                                    and knowledge. In: Cognition,
                                    10, S. 115–118.

HAND, H.H./RICHARDS, M.D./SLOCUM, J.W. (1973): Organizational climate and the effectiveness of a human relations training program. In: AMJ, 16, S. 185–195.

HECKHAUSEN, H. (1963): Hoffnung und Furcht in der Leistungsmotivation. Meisenheim/Glan.

HECKHAUSEN, H. (1980): Motivation und Handeln. Berlin etc.

HEIDER, F. (1958): The psychology of interpersonal relations. New York.

HELLER, F.A. (1972): Gruppen–Feddback–Analyse als Methode der Veränderung. In: GD, 3, S. 175–191.

HELLRIEGEL, D./SLOCUM, J.W., Jr. (1974): Organizational climate: Measures, research, contingencies. In: AMJ, 17(2), S. 255–280.

HELMHOLTZ, H. v. (1863): Die Lehre von den Tonempfindungen als physiologische Grundlage für die Theorie der Musik. Braunschweig.

HEMPHILL, J.K. (1956): Group dimensions. A manual for their measurement. Research Monograph Nr. 87. Bureau of Business Research. Ohio State University.

HEMPHILL, J.K./WESTIE, C.N. (1950): The measurement of group dimensions. In: JP, 29, S. 325–342.

HERING, E. (1861): Beiträge zur Physiologie. Leipzig.

HERKNER, W. (1981): Einführung in die Sozialpsychologie. 2. Auflage. Bern etc.

HERMAN, J.B./HULIN, C.L. (1972): Studying organizational attitudes from individual and organizational frames of reference. In: OBHP, 8, S. 84–108.

330

HERMAN, J.B./DUNHAM, R.B./HULIN, C.L. (1975):
Organizational structure, demographic
characteristics, and employee
responses. In: OBHP, 13, S. 206-232.

HERRMANN, Th. (1976a):   Lehrbuch der empirischen Persön-
                                lichkeitsforschung. 3. Auflage.
                                Göttingen etc.

HERRMANN, Th. (1976b):   Die Psychologie und ihre Forschungs-
                                programme. Göttingen,

HERRMANN, Th. (1979):   Psychologie als Problem - Heraus-
                                forderungen der psychologischen
                                Wissenschaft. Stuttgart.

HILL, W./FEHLBAUM, R./ULRICH, P. (1974):
                                Organisationslehre 2. Bern und
                                Stuttgart.

HINRICHS, P. (1983):   Sozialpartnerschaft auf schmaler
                                Basis? Zur Politik der Unternehmer-
                                verbände im Zeichen der "geistig-
                                moralischen Wende". In: IMSF (Hrsg.):
                                Marxistische Studien: Arbeiterklassse
                                der 80er Jahre. Jahrbuch des Instituts
                                für Marxistische Studien und Forschun-
                                gen (IMSF) 6. Frankfurt, S. 155-166.

HITT, M.A. (1976):   Technology, organizational climate
                                and effectiveness. In: JoBR, 4
                                S. 383-399.

HITT, M.A./MORGAN, C.P. (1977):
                                Organizational climate as a predictor
                                or organizational practices. In:
                                Psychological Reports, 40(3), S.
                                1191-1199.

HODGETTS, R.M./ALTMANN, St. (1979):
                                Organizational behavior. Philadelphia
                                etc.

HOFFMANN, F. (1980):   Führungsorganisation. Band. 1.
                                Tübingen.

HOFMANN, H. (1973)(Hrsg.):   Moderne amerikanische Soziologie.
                                2. Auflage. Stuttgart.

HOLLMANN, R.W. (1976): Supportive organizational climate
and managerial assessment of
MBO effectiveness. In: AMJ, 19(4),
S. 560-576.

HOLYOAK, K.J./MAH, W.A. (1982):
Cognitive reference points in
judgements of symbolic magnitude.
In: Cognitive Psychology, 14,
S. 318-352.

HOLZKAMP, K. (1973): Sinnliche Erkenntnis - Historischer
Ursprung und gesellschaftliche
Funktion von Wahrnehmung. Frank-
furt/Main.

HORMUTH, S.E. (1979) (Hrsg.): Sozialpsychologie der Einstellungs-
änderung. Königstein/Ts.

HOUSE, R.J./RIZZO, J.R. (1971): Toward the measurement of organizational practices: A scale development
and validation. In: Experimental
Publication System, 12, Ms 481-1.

HOWE, J.G. (1977): Group climate: An exploratory
analysis for construct validity.
In: OBHP, 19(1), S. 106-125.

HUBEL, D.H. (1963): The visual cortex of the brain.
In: Scientific American, 11, S.
148-156.

HUBEL, D.H./WIESEL, T.N. (1959):
Receptive fields of single neurons
in the cat's striate cortex. In:
JP, 148, S. 574-591.

HUBER, H.P./BIERBAUMER, W. (1977):
Verhalten und Erleben. In: HERRMANN,
M./HOFSTÄTTER, P.R./HUBER,
H./WEINERT, F.E. (Hrsg.): Handbuch
psychologischer Grundbegriffe,
München, S. 513-520.

HUSE, E.F. (1980): Organizational development and
change. 2. Auflage. St. Paul, New
York etc.

HUSE, E.F./BOWDITCH, J.C. (1977):
Behavior in organizations. A systems approach to managing. 2. Auflage, Reading, Mass.

INDIK, B.P. (1968):
The scope of the problem and some sugestions toward a solution. In: INDIK, B.P./BERRIEN, F.K. (eds.): People, groups, and organizations. New York, S. 13–26.

INSTITUT FÜR SOZIALFORSCHUNG (1955):
Betriebsklima. Eine industriesoziologische Untersuchung im Mannesmann–Bereich. Forschungsbericht. Frankfurt.

IRLE, M. (1975):
Lehrbuch der Sozialpsychologie. Göttingen.

ISELER, A./PERREZ, M. (1976)(Hrsg.):
Relevanz in der Psychologie. Zur Problematik von Relevanzbegriffen, –forderungen und –behauptungen. München und Basel.

ISELER, A. (1976):
Der Relevanzbegriff und die Relevanzbegriffe: Versuch einer Explikation In: ISELER, A./PERREZ, M. (Hrsg.): Relevanz in der Psychologie. München und Basel, S. 11–53.

JAEGGI, U./WIEDEMANN, H. (1966):
Der Angestellte im automatisierten Büro. 2. Auflage. Stuttgart etc.

JAMES, L.R. (1982):
Aggregation bias in estimates of perceptual agreement. In: JAP, 67, S. 219–229.

JAMES, L.R./JONES, A.P. (1974): Organizational climate: A review of theory and research. In: PB, 81(2), S. 1096–1112.

JAMES, L.R./JONES, A.P. (1976): Organizational structure: A review of structural dimensions and their conceptual relationships with individual attitudes and behavior. In: OBHP, 16, S. 74–113.

JAMES, L.R./JONES, A.P. (1980): Perceived job characteristics and job satisfaction: An examination of reciprocal causation. In: PP, 33(1), S. 97–135.

JAMES, C.R./HARTMAN, A./STEBBINS, M.E./JONES, A.P. (1977): Relationship between psychological climate and a VIE model for work motivation. In: PP, 30(2), S. 229–254.

JAMES, L.R./HATER, J.J./GENT, M.J./BRUNI, J.R. (1978): Psychological climate: Implications from cognitive social learning theory and interactional psychology. In: PP, 31, S. 783–813.

JELINEK, M./SMIRCICH, L./HIRSCH, P. (1983) (eds.): Organizational culture. Sonderheft des ASQ, 28(4).

JOAS, H. (1978): Die gegenwärtige Lage der soziologischen Rollentheorie. 3. Auflage. Wiesbaden.

JOAS, H. (1980): Rollen- und Interaktionstheorien in der Sozialisationsforschung. In: HURRELMANN, K./ULICH, E. (Hrsg.): Handbuch der Sozialisationsforschung. München, S. 147–160.

JOHANNESSON, R.E. (1971): Job satisfaction and perceptually measured organizational climate: Redundancy and confusion. In: FREY, M.W. (ed.): New developments in management and organization theory. Proceedings of the Eight Annual Conference. Eastern Academy of Management.

JOHANNESSON, R.E. (1973): Some problems in the measurement of organizational climate. In: OBHP, 10, S. 118–144.

JOHNS, G./NICHOLSON, N. (1982): The meanings of absence: New strategies for theory and research. In: STAW, B.M./CUMMINGS, L.L. (eds.): Research in organizational behavior. Vo. 4, Greenwich, Conn. und London, S. 127–172.

JOHNSTON, H.R. (1974): Some personality correlates of
the relationship between individual
and organization. In: JAP, 59,
S. 623–632.

JOHNSTON, H.R. (1976): A new conceptualization of sources
of organizational climate. In: ASQ,
21(1), S. 95–103.

JONES, A.P./JAMES, L.R. (1979): Psychological climate: Dimensions
and relationships of individual
and aggregated work environment
perceptions. In OBHP, 23(2), S.
201–250.

JOYCE, W.F. (1977): Antecedents and consequents
of collective climates in organizations. Diss. College of Business
Administration, Pennsylvania State
University.

JOYCE, W.F./SLOCUM, J.W. (1979):
Climates in organization. In: KERR,
ST. (ed.): Organizational behavior.
Columbus, Ohio, S. 317–333.

JOYCE, W.F./SLOCUM, J. (1982): Climate discrepancy: Refining
the concepts of psychological
and organizational climate. In:
HR, 35(11), S. 951–972.

JOYCE, W.F./SLOCUM, J.W., Jr./ABELSON, M. (1977):
A causal analysis of psychological
climate and leader behavior relationships. In: JoBR, 5, S. 261–273.

JOYCE, W./SLOCUM, J.W., Jr./GLINOW, M.A. v. (1982):
Person–situation interaction: competing
models of fit. In: Journal of Occupational Behaviour, 3, S. 265–280.

JOYCE, W./SLOCUM, J.W., Jr./GLINOW, M.A. v./HELLRIEGEL, D.
(1976): The interaction effects of achievement–oriented climates on employee
attitudes and performance. Paper
presented at the Academy of
Management Meeting. August 1978,
Kansas City, Missouri.

KACZRA, E.E./KIRK, R.V. (1968): Managerial climate, work groups, and organizational performance. In: ASQ, 12, S. 253-272.

KALLICK, M. (1964): Organizational determinants of creative productivity. Diss. Purdue University. West Lagayette, Indiana.

KARG, P.W./STAEHLE, W.H. (1982): Analyse der Arbeitssituation - Verfahren und Instrumente. Freiburg.

KASTE, H. (1981): Arbeitgeber und Humanisierung der Arbeit. Opladen.

KATZ, R.L./KAHN, D. (1966): Social psychology of organizations. New York.

KATZ, R./VAN MAANEN, J. (1976): The loci of work satisfaction: Job interaction and policy. In: WARR, P.R. (ed.): Personnel goals and work design. New York, S. 173-186.

KAVANAGH, M.J. (1975): Expected supervisory behavior, interpersonal trust and environmental preferences: Some relationships based on a dyadic model of leadership. In: OBHP, 13(1), S. 17-30.

KELLNER, W. (1974): Das sogennate "Betriebsklima". In: Arbeit und Leistung, (12), S. 316-319.

KELLY, J. (1974): Organizational behavior. Homewood, Ill.

KIESER, A./KUBICEK, H. (1977): Organisation. Berlin und New York.

KIESER, A./KUBICEK, H. (1978): Organisationstheorien II. Stuttgart etc.

KIESER, A./KUBICEK, H. (1983): Organisation. 2. Auflage. Berlin und New York.

KIESER, A./SEGLER, T. (1981): Quasi-mechanistische Situative Ansätze. In: KIESER, A. (Hrsg.): Organisationstheoretische Ansätze, München, S. 173-184.

KIRCHHOFF-HUND, B. (1978):   Rollenbegriff und Interaktionsanalyse.
                             Köln.

KIRSCH, W. (1971):   Einführung in die Theorie der
                             Entscheidungsprozesse. Band I
                             bis III. Wiesbaden.

KIRSCH, W. (1977):   Einführung in die Theorie der
                             Entscheidungsprozesse Band I
                             bis III. 2. Auflage. Wiesbaden.

KIRSCH, W./HESSER, W.-M./GABELE, E. (1979):
                             Das Management des geplanten
                             Wandels von Organisationen. Stuttgart.

KLAGES, H. (1977):   "Contingency Theory" am Scheideweg.
                             Produktive und unproduktive Antworter
                             auf die Proliferation eines "dominanten
                             Paradigmas der Organisationstheorie.
                             In: BLASCHKE, D./FREY, H.-P./
                             HECKMANN, F./SCHLOTTMANN, U.
                             (Hrsg.): Sozialwissenschaftliche
                             Forschung – Entwicklungen und
                             Praxisorientierungen. Nürnberger
                             Forschungsberichte. Nürnberg,
                             S. 61–95.

KLINKE, R. (1973):   Physiologie des Gleichgewichtssinnes.
                             In: SCHMIDT, R.F. (Hrsg.): Grundriß
                             der Sinnesphysiologie. Berlin etc.,
                             S. 182–194.

KLIX, F. (1980):   Information und Verhalten. 5. Auflage.
                             Berlin (DDR).

KNABE, G./COMMELLI, G. (1980):
                             Pychologische Untersuchung bei
                             der Neuordnung des internationalen
                             Service-Netzes eines multinationalen
                             Konzerns. In: NEUBAUER, R./ROSEN-
                             STIEL, L. v. (eds.): Handbuch der
                             Angewandten Psychologie, S. 92–947.

KÖHLER, W. (1929):   Gestaltpsychology. New York.

KOFFKA, K. (1935):   Principles of Gestalt Psychology.
                             New York.

KOSSLYN, St.M. (1975):   Information representation in
                             visual images. In: Cognition Psychology
                             7, S. 341–370.

KOSSLYN, St.M. (1978):   Imagery and internal representation.
In: ROSCH, E./LLOYD, b.B. (eds.):
Cognition and categorization.
Hillsdale, N.J., S. 217-257.

KRAFT, J. (1982):   Die verschwiegene Misere. Im Umfeld
der Arbeitslosigkeit: Da werden
Kollegen zu Hyänen. In: Die Zeit,
37(1), S. 37-38.

KREPPNER, K. (1975):   Zur Problematik des Messens in
den Sozialwissenschaften. Stuttgart.

KRIEGER, R. (1977):   Kognitive Motivation. Bewußtseins-
vorgänge und zielgerichtetes Verhalten.
In: TODT, E. (Hrsg.): Motivation.
Heidelberg, S. 112-147.

KUBICEK, H. (1977):   Heuristische Bezugsrahmen und
heuristisch angelegte Forschungsdesigns
als Elemente einer Kostruktionsstra-
tegie empirischer Forschung. In:
KÖHLER, R. (Hrsg.): Empirische
und handlungstheoretische Forschungs-
konzeptionen in der Betriebswirtschaftslehre. Stuttgart, S. 3-36.

KUBICEK, H. (1980):   Bestimmungsfaktoren der Organisa-
tionsstruktur. In: POTTHOFF,
E. (Hrsg.): RKW-Handbuch der
Führungstechnik und Organisation.
Berlin, 6. Lieferung (1412), S.
1-62.

KUBICEK, H. (1984):   Führungsgrundsätze als Organisa-
tionsmythen und die Notwendigkeit
von Entmythelogiesierungsversuchen.
In: ZfB, 54(1), S. 4-29.

KUBICEK, H./LENCK, H.G./WÄCHTER, H. (1979):
Organisationsentwicklung: Entwick-
lungsbedürftig und entwicklungsfähig.
In: GD, 10, S. 297-318.

KUDERA, S. (1977):   Organisationsstrukturen und Gesell-
schaftsstrukturen. In: Soziale Welt,
28, S. 16-38.

338

KUDERA, S. (1979):   Arbeit, Biographietypen und Bewußt-
                               sein. In: WOLFF, St./LAU, Th./KUDE-
                               RA, S./CRAMER, M./BONSS, W.
                               (Hrsg.): Arbeitssituation in der
                               öffentlichen Verwaltung. Frankfurt,
                               S. 160–211.

KÜLLER, H.-D. (1981):   Organisationsentwicklung – ein
                               Rationalisierungsinstrument. In:
                               Mitbestimmungsgespräch, 10, S.
                               335–340.

KUHN, Th.S. (1979):   Die Stuktur wissenschaftlicher
                               Revolutionen 4. Auflage. Frankfurt.

LACHMANN, R./LACHMANN, J.L./BUTTERFIELD, E.C. (1979):
                               Cognitive psychology and information
                               processing: An introduction. Hillsdale,
                               N.J.

LaFOLLETTE, W.R./SIMS, H.P. (1975):
                               Is satisfaction redundant with
                               organizational climate? In: OBHP,
                               13, S. 257–278.

LANGDALE, J.A. (1974):   Assessment of work climates.
                               Diss. New York University. New
                               York.

LANTERMANN, E.D. (1980):   Interaktionen. Person, Situation
                               und Handlung. München.

LANTERMANN, E.D. (1983):   Interaktionismus. In: FREY, D./GREIF,
                               S. (Hrsg.): Sozialpsychologie. Ein
                               Handbuch in Schlüsselbegriffen.
                               München etc., S. 399–404.

LANGER, J. (1974):   Interactional aspects of cognitive
                               organization. In: Cognition, 75,
                               S. 9–28.

LAUCKEN, U. (1974):   Naive Verhaltenstheorie. Stuttgart.

LAVAN, H./WELSCH, H.P./FULL, J.M. (1981):
                               A contingency approach to organizatio
                               development based on differentiated
                               roles. In: Group & Organization
                               Studies, 6(2), S. 176–189.

LAWLER, E.E., III (1983): Motivation in work organization. Monterey, Calif.

LAWLER, E.E., III/SUTTLE, J.L. (1973):
Expectancy theory and job behavior. In: OBHP, 9, S. 482-503.

LAWLER, E.E., III/HALL, D.T./OLDHAM, G.R. (1974):
Organizational climate: Relationship to organizational structure, process and performance. In: OBHP, 11(1), S. 139-155.

LAWRENCE, P.R./LORSCH, J.W. (1967):
Organization and environment. Cambridge, Mass.

LEAVITT, H.J. (1965): Applied organizational change in industry. In: MARCH, J.C. (ed.): Handbook of organizations. Chicago, S. 1144-1170.

LEMPERT, W. (1979): Konzeption der Analyse der Sozialisation durch Arbeit. Berlin.

LEMPERT, W./THOMSSEN, W. (1974):
Berufliche Erfahrung und gesellschaftliches Bewußtsein. 2 Bände, Stuttgart.

LEPSIUS, R.M. (1967): Industrie und Betrieb. In: KÖNIG, R. (Hrsg.): Soziologie. Fischer-Lexikon Band 10, Frankfurt.

LEVINE, C.H. (1978): Organizational decline and cutback management. In: Public Admistration Review, 38, S. 316-325.

LEVINE, C.H. (1979): More on cutback management: And questions for hard times. In: Public Administration Review, 39, s. 179-183.

LEWIN, K. (1936): Principles of topological psychology. New York.

LEWIN, K. (1938): Experiments on autocratic and democratic atmospheres. In: The Social Frontiers, 4(37), S. 316-319.

LEWIN, K. (1951): Field theory in social science. New York.

LEWIN, K./LIPPITT, R./WHITE, R.K. (1939): Patterns of aggressive behavior in experimentally created "social climates". In: JSP, 10, S. 271–299.

LIKERT, R. (1961): New patterns of management. New York.

LIKERT, R. (1967): The human organization. New York etc.

LIKERT, R./BOWERS, D.G. (1969): Organizational theory and human ressource accounting. In: AP, 24, S. 585–592.

LINTON, R. (1936): The study of man. New York.

LINTON, R. (1945): The cultural background of personality. In: HARTMANN, H. (1973) (Hrsg.): Moderne amerikanische Soziologie. 2. Auflage. Stuttgart, S. 49–53.

LIPPITT, R. (1940): An experimental study of the effects of democratic and authoritaria group atmospheres. In: Iowa Stud. Child Welf., 16, S. 45–195.

LIPPITT, R./WHITE, R.K. (1943): The social climate of children's groups. In: BAKER, R.E./KOUNIN, J.S./WRIGHT, H.F. (eds.): Child behavior and development. New York.

LIPPITT, R./WHITE, E.K. (1958): An experimantal study of leadership and group life. In: MACCOBY, E.E./NEWCOMB, T.M./HARTLEY, E.L. (eds.): Readings in social psychology. New York.

LITWIN, G.H. (1968): Climate and behavior theory. In: TAGIURI, R./LITWIN, G.H. (eds.): Organizational climate. Boston, S. 33–61.

LITWIN, G.H./STRINGER, R.A., Jr. (1968): Motivation and organizational climate. Harvard University, Boston.

LUTHANS, F. (1979): Leadership: A proposal for a social learning theory base and observational and functional analysis techniques to measure leadership behavior. In: HUNT, J.G./LARSON, L.L. (eds.): Cross currents in leadership. Carbondale, Ill., S. 201-208.

LUTHANS, F./DAVIS, T.R.V. (1982): An idiographic approach to organizatinal behavior research: The use of simple case experimental designs and direct measures. In: AMR, 7, S. 380-391.

LYON, H.L./IVANCEVICH, J.M. (1974): An explanatory investigation of organizational climate and job satisfaction in a hospital. In: AMJ, 17(4), S. 635-648.

MacCORQUODALE, K./MEEHL, P.E. (1948): On a distinction between hypothetical constructs and intervening variables. In: Psychological Review, 55, S. 95-107.

MAGNUSSON, D./ENDLER, N.S. (1977) (eds.): Personality at the crossroads: current issues in interactional psychology. Hillsdale.

MAHONEY, T.A./FROST, P.J. (1974): The role of technology in models of organizational effectiveness. In: OBHP, 11, S. 122-138.

MANSFIELD, R. (1980): Organizational climate: Can it be controlled? – An exploration of possibilities for improving the quality of working Life. In: DUNCAN, K.D./GRUNEBERG, M.M./WALLIS, D. (eds.): Changes in working life. New York etc., S. 295-309.

342

MANSFIELD, R./PAYNE, R.L. (1977): Correlates of variance in perceptions
of organizational climate. In: PUGH,
D.S./PAYNE, R.L. (eds.): Organizational
behaviour in its context. The Aston
Programme III. Westmead, S. 149–159.

MANZ, C.C./SIMS, H.S. (1980): Self-management as a substitute
for leadership: A social learning
theory perspective. In: AMR, 5,
S. 357–367.

MARGULIES, N. (1965): A study of organizational culture
and the selfactualizing process.
Diss. University of Califarnia.

MARROW, A./BOWERS, D./SEASHORE, S. (1967):
Management by Participation.
New York.

MATENAAR, D. (1983): Organisationskultur und organisatorische Gestaltung. Berlin.

MAYER, R.E. (1981): The promise of cognitive psychology.
San Francisco, Calif.

MAYNARD, W.S., Jr. (1974): Organizational and individual
correlates of organizational climate
perceptions. Diss. University of
Michigan, Ann Arbor, Michigan.

McCLELLAND, D.C. (1961): The achieving society. Princeton,
N.J.

MEAD, G.H. (1934): The social psychology of George
Herbert Mead. Chicago, III.

MERTENS, W./FUCHS, G. (1978): Krise der Sozialpsychologie? München.

METZGER, W. (1966) (Hrsg.): Handbuch der Psychologie. Allgemeine
Psychologie. I. Der Aufbau des
Erkennens. 1. Halbband: Wahrneh-
mung und Bewußtsein. Göttingen.

MEYER, H.H. (1967): Differences in organizational
climate in outstanding and average
sales offices: A summary report.
General Electric Behavioral Research
Service and Public Relations Personnel
Service.

MICHAELIS, H.P. (1982):   Mitarbeiterbefragungen – problematisch und mitbestimmungsplichtig. In: Der Betriebsrat, 31(5), S. 233–264.

MILLER, G.A. (1981):   Trends and debates in cognitive psychology. In: Cognition, S. 215–226.

MILLER, G.A./GALANTER, E./PRIBRAM, K.H. (1960): Plans and the structure of behavior. New York etc.

MILTON, Ch.R. (1981):   Human behavior in organizations – three levels of behavior. Engelwood Cliffs, N.J.

MISCHEL, W. (1968):   Personality and assessment. New York.

MISCHEL, W. (1969):   Continuity and change in personality. In: AP, 24, S. 1012–1018.

MISCHEL, W. (1973):   Toward a cognitive social learning reconceptualization of personality. In: PR, 80, S. 252–283.

MISCHEL, W. (1976):   Introduction to personality. New York.

MITCHELL, T. (1979):   Organizational behavior. In: ARP, 30, S. 245–281.

MOREY, N.C./LUTHANS, F. (1984): An emic perspective and ethnoscience methods for organizational research. In: AMR, 9(1), S. 27–36.

MORGAN, G./SMIRCICH, L. (1980): The case for qualitative research. In: AMR, 5. S. 491–500.

MORROW, P.C. (1983):   Concept redundancy in organizational research: The case of work commitment, In: AMR, S. 468–500.

MOSSHOLDER, K.W./BEDEIAN, A.C. (1983): Cross-level inference and organizational research: perspectives on interpretation and application. In: AMR, 8(4), S. 547–558.

MOTAMEDI, K.K. (1974): The interrelationships of need for achievement, organizational climate and management by objectives and their effect on managerial work satisfaction. Diss., University of California, Los Angeles.

MOZELL, M.M. (1971): The chemical senses II: Olfaction. In: KING, J.W./RIGGS, L.A. (eds.): Woodworth and Schlossberg's experimental psychology. New York.

MUCHINSKY, P.M. (1977): Organizational communications: Relationships to organizational climate and job satisfaction. In: AMJ, 20(4), S. 592–607.

MUMMENDEY, A. (1979): Zum gegenwärtigen Stand der Erforschung der Einstellungs-Verhaltens-Konsinstenzen. In: MUMMEN-DEY, H.D. (Hrsg.): Einstellung und Verhalten, Bern etc., S. 13–30.

MURCH, G.W./WOODWORTH, G.L. (1978): Wahrnehmung. Stuttgart etc.

MYERS, M.S. (1966): Conditions for management motivation. In: HBR, 44(1), S. 58–71.

NADIG, R./HARMSEN, R./GERATHEWOHL, F. (1954): Leistungssteigerung und Betriebsklima. Darmstadt.

NAYLOR, J.C./PRITCHARD, R.D./ILGEN, D.R. (1980): A theory of behavior in organizations. New York etc.

NEEL, A. (1969): Theories of psychology: A handbook. Cambridge, Mass.

NEISSER, U. (1967): Cognitive psychology. New York.

NEISSER, U. (1976): Cognition and reality. San Francisco, Calif.

NEUBERGER, O. (1973): Organisationsstruktur und Organisationsklima. In: Problem und Entscheidung, 10, S. 26–86.

NEUBERGER, O. (1974a):   Arbeitszufriedenheit. Stuttgart etc.

NEUBERGER, O. (1974b):   Messung der Arbeitszufriedenheit. Stuttgart etc.

NEUBERGER, O. (1976):   Führungsverhalten und Führungserfolg. Berlin.

NEUBERGER, O. (1977):   Organisation und Führung. Stuttgart etc.

NEUBERGER, O. (1980a):   Arbeitszufriedenheit und Organisationsklima. In: NEUBAUER, R./ROSENSTIEL, L.v. (Hrsg.): Handbuch der angewandten Psychologie. Band 1. München, S. 847-868.

NEUBERGER, O. (1980b):   Organisationsklima als Einstellung zur Organisation. In: HOYOS, C. Graf/KROEBER-RIEL, W./ROSENSTIEL, L.v./STRÜMPEL, B. (Hrsg.): Grundbegriffe der Wirtschaftspsychologie. München, S. 128-137.

NEUBERGER, O./ALLERBECK, M. (1978):
Messung und Analyse von Arbeitszufriedenheit. Bern etc.

NEWMAN, J.E. (1975):   Understanding the organizational structure - job attitude relationship through perceptions of the work environment. In: OBHP, 14, S. 371-397.

NEWMAN, J.E. (1977):   Development of a measure of perceived work environment (PWA). In: AMJ, 20, S. 520-534.

NICHOLSON, N. (1978):   Industrial relations climate : A case study approach. In: Personnel Review, 8(3), S. 20-25.

NURMI, R. (1976):   Developing a climate for planning. In: Long Range Planning, 9(3), S. 48-53.

346

OATLEY, K. (1978):   Perceptions and representations:
                                    The theoretical bases of brain
                                    research and psychology. Cambridge,
                                    Mass.

OFFENBURG, R.M./CERNIUS, U. (1978):
                                    Assessment of idiographic organiza-
                                    tional climate. In: JABS, 14, S.
                                    79-86.

OPENS, M./SYDOW. J. (1980):   Situative Führungstheorien: Ein
                                    Vergleich zweier erwartung-valenz-
                                    theoretischer Konzepte. Stuttgart
                                    (DBW-Depot 85-1-4).

PALMER, J.E. (1977):   Hierarchical structure in perceptual
                                    representation. In: Cognitive Psycho-
                                    logy, 9, S. 441-474.

PAOLILLO, J.G.P. (1982):   R&D subsystem climate as a function
                                    of personal and organizational
                                    factors. In: JoMS, 19(3), S. 327-334.

PASCALE, R.T./ATHOS, A.G. (1982):
                                    The art of Japanese management.
                                    New York.

PATTON, R. (1969):   Interrelationship of organizational
                                    leadership style, type of work
                                    accomplished, and organizational
                                    climate with extrinsic and intrinsic
                                    motivation developed within the
                                    organization. Diss. University
                                    of Washington.

PATRICK, J.F. (1970):   Organizational climate and the
                                    creative individual. In: Public
                                    Personnel Review, 31, S. 31-35.

PAUL, H. (1951/52):   Begriff und Bedeutung des Betriebs-
                                    klimas. In: Soziale Welt, 3, S. 132-142.

PAYNE, R.L. (1971):   Organizational climate: The concept
                                    and some research findings. Zit.
                                    in: PAYNE, R./PUGH, D.S. (1976):
                                    Organizational structure and climate.
                                    In: DUNNETTE, M.D. (ed.): Handbook
                                    of industrial and organizational
                                    psychology. Chicago III., S. 1125-1173.

PAYNE, R.L./MANSFIELD, R. (1973):
Relationships of perception of organizational climate to organizational structure, context and hierarchical position. In: ASQ, 18, S. 515–526.

PAYNE, R.L./MANSFIELD, R. (1978):
Correlates of individual perceptions of organizational climate. In: Journal of Occupational Psychology, 51, S. 209–218.

PAYNE, R.L./PHEYSEY, D.C. (1971):
Stern's organizational climate index: A reconceptualization and application to business organizations. In: OBHP, 6, S. 77–98.

PAYNE, R./PUGH, D.S. (1976):   Organizational structure and climate. In: DUNNETTE, M.D. (ed.): Handbook of industrial and organizational psychology. Chicago, Ill., S. 1125–1173.

PAYNE, R.L./FINEMAN, S./WALL, T.D. (1976):
Organizational climate and job satisfaction – A conceptual syntheses. In: OBHP, 16, S. 45–62.

PELZ, D./ANDREWS, F. (1966):   Scientists in organizations: Productive climates for research and development. New York.

PERVIN, L.A./LEWIS, M. (1978)(eds.):
Perspectives in interactional psychology. New York.

PETERS, Th.J./WATERMAN, R.H. (1983):
Auf der Suche nach Spitzenleistungen. Was man von den bestgeführten US-Unternehmen lernen kann. Landsberg.

PETERSON, R.B. (1975):   The interaction of technological process and perceived organizational climate in Norwegian firms. In: AMJ, 18(2), S. 288–299.

PETTIGREW, A.M (1979):   On studying organizatinal cultures. In: ASQ, 24, S. 570–581.

PFEFFER, J. (1983): Organizational demography. In:
CUMMINGS, L.L./STAW, B.M. (eds.):
Research in organizational behavior.
Vol. 5, Greenwich, Conn. und London,
S. 299-357.

PHEYSEY, D.C./PAYNE, R.L. (1970):
The Hemphill group dimension
description questionnaire. In: HR,
23, S. 473-497.

PHEYSEY, D.C./PAYNE, R.L./PUGH, D.S. (1971):
Influence of structure at organizational
group levels. In: ASQ, 16, S. 61-73.

PIAGET, J. (1969): Das Erwachen der Intelligenz
beim Kinde. Stuttgart.

PORTER, L./LAWLER, E.E. (1965):
Proporties of organizational structure
in relation to job attitudes and
job behavior. In: PB, 41, S. 23-51.

POSNER, M.J. (1976): Kognitive Psychologie. München.

POWELL, G.N./BUTTERFIELD, D.A. (1978):
The case for subsystem climates
in organizations. In: AMR, 3, S.
151-157.

PRINZ, W. (1983): Wahrnehmung und Tätigkeitssteuerung.
Berlin etc.

PRITCHARD, R.D./KARASICK, B.W. (1973):
The effects of organizational
climate on managerial job performance
and job satisfaction. In: OBHP,
9, S. 126-146.

PUGH, D.S./HICKSON, D.J./HINIGS, D.R./TURNER, C. (1968):
Dimensions of organization structure.
In: ASQ, 13, S. 65-105.

PUGH, D.S./PAYNE, R.L. (1977)(eds.):
Organizational behavior in its
context. The Aston programm
III. Westmead, Hants.

RAO G.V./JOHN, P./MOHIUDDIN, A. (1976):
Differential perceptions of supervisors and workers on some of the attitudes in their work life. In: Small Enterprises Development, Management and Extension, 2(4), S. 23–43.

REED, St.K. (1972):
Pattern recognition and categorization. In: Cognitive Psychology, 3, S. 382–407.

REED, St.K. (1982):
Cognition. Monterey, Carif.

RENWICK, P.A. (1975):
Perception and management of superior–subordinate conflict. In: OBHP, 13, S. 444–456.

REYNOLDS, E.V./JOHNSON, J.D. (1983):
Liaison emergence: Relating theoretical perspectives. In: AMR, 4(7), S. 551–559.

ROBERTS, K.H./HULIN, C.L./ROUSSEAU, D.M. (1978):
Developing an interdisciplinary science of organizations. San Francisco, Calif.

ROGGE, K.E. (1981):
Physiologische Psychologie – Ein Lehrbuch. München etc.

ROGOSA, D. (1980):
A critique of cross–lagged correlation. In: PB, 88(2), S. 245–258.

ROSCH, E. (1975):
Cognitive reference points. In: Cognitive Psychology, 7, S. 532–547.

ROSCH, E. (1978):
Principles of Categorization. In: ROSCH, E./LLOYDE, B.B. (eds.): Cognition and Categorization, Hillsdale, N.J., S. 28–48.

ROSCH, E./LLOYD, B.B. (1978)(eds):
Cognition and categorization. Hillsdale, N.J.

ROSCH, E./MERVIS, C.B./GRAY, W.D./JOHNSEN, D.M./BOYES–BRAEM, P. (1976):
Basic Objects in natural categories. In: Cognitive Psychology, 8, S. 382–440.

350

ROSCH, M./FREY, D. 1983): Soziale Einstellungen. In: FREY,
                          D./GREIF, S. (Hrsg.): Sozialpsychologie
                          München etc., S. 296–305.

ROSENBERG, M.J./HOVLAND, C.J. (1960):
                          Cognitive, effective, and behavioral
                          components of attitudes. In: ROSEN-
                          BERG, M.J./HOVLAND, C.J. (eds.):
                          Attitude organization and change.
                          New Haven, Conn., S. 1–14.

ROSENSTIEL, L.v. (1980): Grundlagen der Organisations-
                          psychologie. Stuttgart.

ROSENSTIEL, L.v./FALKENBERG, Th./HEHN, W./HENSCHEL, E./WARNS
J. (1982):   Betriebsklima heute. Forschungsbericht
                          im Auftrag des Bayerischen Staats-
                          ministerium für Arbeit und Sozial-
                          ordnung. München.

ROSNER, L. (1969):   Management, Betriebsklima und
                          Produktivität. 2. Auflage. Heidelberg.

RUSH, C. (1953):   Group dimensions of aircrews.
                          Diss. Ohio State University. Columbus,
                          Ohio.

SACKMANN, S. (1983):   Organisationskultur: Die unsichtbare
                          Einflußgröße. In: GD, 14(4), S.
                          393–406.

SANDIG, C. (1966):   Betriebswirtschaftspolitik. Stuttgart.

SCOTT, W.E. (1965):   The creative indicidual. In: AMJ,
                          8(3), S. 211–219.

SEEGER, F. (1977):   Relevanz und Entwicklung der
                          Psychologie. Darmstadt.

SEILER, Th.B. (1973):   Kognitive Strukturen und kognitive
                          Persönlichkeitstheorien. In: SEILER,
                          B. (Hrsg.): Kognitive Strukturiertheit.
                          Stuttgart etc., S. 9–26.

SEKARAN, U. (1981):   Are US organizational concepts
                          and measures transferable to another
                          culture? An empirical investigation.
                          In: AMJ, 24(2), S. 409–417.

SHAPIRO, H.J./SCHWARTZ, Th.M./MOSCATO, D.R. (1976):
Characteristics of organizational climate and nonmanagerial job satisfaction: An empirical study. In: Psychological Reports, 38, S. 55–61.

SHAW, R./BRANSFORD, J. (1977):
Introduction: Psychological approaches to the problem of knowledge. In: SHAW, R./BRANFORD, J. (eds.): Perceiving, acting, and knowing. New York. etc., S. 1–39.

SHERIDAN, J.E./VREDENBURGH, D.J./ABELSON, M.A. (1984):
Contextual model of leadership influence in hospital units. In: AMJ, 27.

SIEVERS, B. (1978):
Organisationsentwicklung als Aktions-forschung. In: ZfO, 3, S. 209–218.

SIMS, H.P./SZILAGYI, A.D. (1976):
Job charcteristic relationship: Individual and structural moderators. In: OBHP, 17, S. 211–230.

SIX, B. (1975):
Die Relation von Einstellung und Verhalten. In: ZfS, 6, S. 270–296.

SLESINA, W./KRÜGER, H. (1978): Zur Theorie und Praxis der Organisa-tionsentwicklung. In: ZfA, 3, S. 165–183.

SMIRCICH, L. (1983):
Concepts of culture and organizational analysis. In: ASQ, 28(4), S. 339–358.

SMIRCICH, L./CHESSER, R.L. (1981):
Supervisors' and subordinates' perceptions of performance: Beyond disagreement. In: AMJ, 24, S. 198–205.

SOLSO, R.L. (1979):
Cognitive Psychology. New York etc.

SORCHER, M./DANZIG, S. (1969):
Charting and changing the organiza-tional climate. In: MILLER, E.C. (ed.): Human ressource management. o.O., S. 356–361.

352

SPITZNAGEL, A. (1977):   Rolle und Status. In: HERRMANN, Th./HOFSTÄTTER, P.R./HUBER, H./WEINERT, F.E. (Hrsg.): Handbuch psychologischer Grundbegriffe. München, S. 401–409.

SYDOW, J. (1981):   Die Rezeption des Organisationsklima-Konzepts in anglo-amerikanischen und deutschsprachigen Management-Lehrbüchern. Arbeitspapier Nr. 35/81 des Instituts für Unternehmungsführung. Freie Universität Berlin.

SYDOW, J. (1983):   Zum Stellenwert der Organisationsklima-Forschung für die Organisationstheorie. In: DBW, 43(2), S. 295–308.

SYDOW, J. (1984):   Arbeits- und Organisationsgestaltung. Darstellung, Kritik und Weiterentwicklung des Soziotechnischen Ansatzes. Unv. Manuskript. Berlin.

SYDOW, J./CONRAD, P. (1982): Organisationsklima und Arbeitszufriedenheit – Zum Verhältnis zweier Ansätze zur Erklärung von Verhalten in Organisationen. In: Die Unternehmung, 36(3), S. 203–228.

SCHALL, M.S. (1983):   A comunication-rules approach to organizational culture. In: ASQ, 28(3), S. 557–581.

SCHANZ, G. (1977):   Wge zur individualisierten Organisation In: ZfO, 46, S. 183–192 und 345–351.

SCHANZ, G. (1978):   Verhalten in Wirtschaftsorganisationen. München.

SCHANZ, G. (1982):   Organisationsgestaltung. München.

SCHIENSTOCK, G./MÜLLER, V. (1978):
                                Organisationentwicklung als Verhandlungsprozeß. In: SW, 29(4), S. 375–393.

SCHLOSSER, O. (1976):   Einführung in die sozialwissenschaftliche Zusammenhangsanalyse. Reinbek.

SCHNEIDER, B./BARTLETT, C.J. (1970):
Individual differences and organizational climate. II: Measurement
of organizational climate by the
multi-trait, multi-rater matrix.
In: PP, 23, S. 493-512.

SCHNEIDER, B./HALL, D.T. (1972):
Towards specifying the concept
of work climate: A study of Roman
Catholic diocesan priests. In: JAP,
50(6), S. 447-455.

SCHNEIDER, B./SNYDER, R.A. (1975):
Some relationships between job satis-
faction and organizational climate. In:
JAP, 60(3), S. 318-328.

SCHNEIDER, B./REICHERS, A.E. (1983):
Some relationships between job
satisfation and organizatioal climate.
In: JAP, 60(3), S. 318-328.

SCHNEIDER, B./PARKINGTON, J.J./BUXTON, V.M. (1980):
Employee and customer perceptions
of service in banks. In: ASQ, 25,
S. 252-267.

SCHNEIDER, K./SCHMALT, H.-D. (1981):
Motivation. Stuttgart etc.

SCHÖNPFLUG, W. (1977)(Hrsg.): System Mensch: Beispiele aus
der psychologischen Fachliteratur.
Stuttgart.

SCHOONHOVEN, C.B. (1981): Problems with contingency theory:
Testing assumptions hidden within
the language of contingency theory.
In: ASQ, 26(3), S. 349-377.

SCHREYÖGG, G. (1978): Umwelt, Technologie und Organisationsstruktur. Bern und Stuttgart.

SCHREYÖGG, G. (1980): Contingency and choice in organization
theory. In: Organization Studies,
1(4), S. 305-326.

354

SCHMALE, H. (1983):   Psychologie der Arbeit. Stuttgart.

SCHMIDT, R.F. (1973a)(Hrsg.):   Grundriß der Sinnesphysiologie.
                                     Berlin etc.

SCHMIDT, R.F. (1973b):   Somato-viscerale Sensibilität.
                                     In: SCHMIDT, R.F. (Hrsg.): Grundriß
                                     der Sinnesphysiologie, Berlin etc.

SCHMUDA, K.W. (1978):   Gerüchte machen das betriebliche
                                     Klima zum betrüblichen Klima.
                                     In: Chefbüro, (Juli), S. 256-258.

SCHNEIDER, B. (1972):   Organizational climate: Individual
                                     preferences and organizational
                                     realities. In JAP, 56(3), S. 211-213.

SCHNEIDER, B. (1973):   The perception of organizational
                                     climate: The customer's view.
                                     In: JAP, 57(3), S. 248-256.

SCHNEIDER, B. (1975a):   Organization climates: an essay.
                                     In: PP, 28, S. 447-479.

SCHNEIDER, B. (1975b):   Organizational climate: Individual
                                     preferences and organizational
                                     realities revisited. In: JAP, 60(4),
                                     S. 459-465.

SCHNEIDER, B. (1980):   Work climates: An interactionist
                                     perspective. Unpublished paper.
                                     Graduate School of Business Admi-
                                     nistration. Michigan State University.
                                     Erscheint in: FEMMER, N.W./GELLER,
                                     E.S. (eds.): Environmental psychology:
                                     Directions and Perspectives. New
                                     York.

SCHNEIDER, B. (1983):   Interactional psychology and organi-
                                     zational behavior. In: CUMMINGS,
                                     L.L./STAW, B.M. (eds.): Research
                                     in organizational behavior. Vol.
                                     5. Greenwich, Conn. und London,
                                     S. 1-31.

SCHNEIDER, B. (1983):   Interactional psychology and organi-
                                     zational behavior. In: CUMMINGS,
                                     L.L./STAW, B.M. (eds.): Research
                                     in organizational behavior. Vol.
                                     5. Greenwich, Conn. und London,
                                     S. 1-31.

STADLER, M./SEEGER, F./RAEITHEL, A. (1977):
Psychologie der Wahrnehmung.
2. Auflage. München.

STAEHLE, W.H. (1973):
Organisation und Führung sozio-
technischer Systeme. Stuttgart.

STAEHLE, W.H. (1977):
Die Arbeitssituation als Ausgangspunkt
von Arbeitsgestaltungsempfehlungen.
In: REBER, G. (Hrsg.): Personal-
und Sozialorientierung in der Betriebswirtschaftslehre. Bd. 1. Stuttgart,
S. 223-249.

STAEHLE, W.H. (1979):
Interessenkonflikte in Organisa-
tionsentwicklungsprozessen. In:
WUNDERER, R.(Hrsg.): Humane
Personal- und Organisationsentwicklung.
Berlin, S. 25-39.

STAEHLE, W.H. (1980):
Management. Eine verhaltenswissenschaftliche Einführung. München.

STAEHLE, W.H. (1983):
Funktionen des Managements.
Bern und Stuttgart.

STAUDT, E. (1980):
Zur technisch-ökonomischen Bedingtheit
des organisationalen Wandels in
Industrie und Verwaltung. In: ZfO,
49(7), S. 365-367.

STEINMANN, H. (1978)(Hrsg.):
Betriebswirtschaftslehre als normative
Handlungswissenschaft. Zur Bedeutung
der Konstruktiven Wissenschaftstheorie
für die Betriebswirtschaftslehre.
Wiesbaden.

STERN, G.C. (1970):
People in context: Measuring person-
environment congruence in education
and industry. New York.

STERNBERG, R.J. (1982):
Natural, unnatural, and supernatural
concepts. In: Cognitive Psychology,
14, S. 451-488.

STIMSON, J./LaBELLE, T. (1971): The organizational climate of
Paraguian elementary schools:
Rural-urban differentiation. In:
Education and Urban Society,
3, S. 333-349.

356

STROEBE, W. (1980):   Grundlagen der Sozialpsychologie.
                             Band 1. Stuttgart.

TAGIURI, R. (1968):   The concept of organizational
                             climate. In: TAGIURI, R./LITWIN,
                             G.H. (eds.): Organizational climate.
                             Explorations of a concept. Harvard
                             University. Boston, S. 11–32.

TAGIURI, R./LITWIN, G.H. (1968)(eds.):
                             Organizational climate. Explorations
                             of a concept. Harvard University
                             Boston, Mass.

TAYLOR, C.E. (1972)(ed.):   Climate for creativity. Elmford,
                             N.J.

TAYLOR, J.C./BOWERS, D.G. (1972):
                             Survey of organizations. University
                             of Michigan. Ann Arbor, Mich.

TERBORG, J.R. (1981):   Interactional psychology and research
                             on human behavior in organizations.
                             In: AMR, 6(4), S. 569–576.

TESCHNER, M. (1961):   Zum Verhältnis von Betriebsklima
                             und Arbeitsorganisation. Frakfurt.

THOMAS, A./BRACKHANE, R. (1980)(Hrsg.):
                             Wahrnehmen – Verstehen – Handeln.
                             Bonn etc.

THOMAS, W.I./ZNANIECKI, I. (1918):
                             The Polish peasant in Europe
                             and America. Boston.

THOMPSON, J.C. (1967):   Organizations in action. New York.

THORNDYKE, R.W./HAYES-ROTH, B. (1979):
                             The use of schemata in the acquisition
                             and transfer of knowledge. In:
                             Cognitive Psychology, 11, S. 82–100.

TOLMAN, E.C. (1932):   Purposive behavior in animals
                             and men. New York.

TOLMAN, E.C. (1948):   Cognitive maps in rats and men.
                             In: PR, 55, S. 189–208.

TOM, V. (1971): The role of personality and organizational images in the recruiting process. In: OBHP, 6, S. 573-592.

TREBESCH, K. (Hrsg.)(1980): Organisationsentwicklung in Europa. Band 1a: Konzeptionen und Band 1b: Fälle. Bern und Stuttgart.

TREBESCH, K. (1982): 50 Definitionen in der Organisationsentwicklung und kein Ende. In: Organisationsentwicklung 1982, S. 37-62.

TRIANDIS, H.C. (1975): Einstellungen und Einstellungsänderungen. Weinheim und Basel.

TRIST, E.L./BAMFORTH, K.W. (1951): Some social and psychological consequences of the longwall method of coal getting. In: HR, 4, S. 3-38.

TRIST, E.L./HIGGIN, G.E./MURRAY, H./POLLOCK, A.B. (1963): Organizational choice. London.

ULRICH, H. (1981): Überlegungen zur Managementlehre. In: IO, 50(6), S. 297-300.

VOLMERG, U. (1978): Identität und Arbeitserfahrung. Eine theoretische Konzeption zu einer Sozialpsychologie der Arbeit. Frankfurt.

WÄCHTER, H. (1983): Organisationsentwicklung – Notwendig, oder paradox, In: ZfO, 52(2),S. 61-66.

WASZKEWITZ, B. (1982): Betriebsklima, Sozialstruktur und Führungseignung. In: Personal, (2), S. 64-67.

WATERS, L.K./ROACH, D./BATLIS, N. (1974): Organizational climate dimensions and job related attitudes. In: PP 27, S. 465-476.

358

WATSON, J.B. (1913):   Psychology as the behaviorist
view it. In: PR, 20, S. 158–177.

WEINER, B. (1980):   Human motivation. New York
etc.

WEINER, B./FRIEZE, I.H./KUKLA, A./REED, L./REST, S./ROSENBAUM,
R.M. (1971):   Perceiving the causes of success
and failure. New York.

WEINERT, A. (1981):   Lehrbuch der Organisationspsychologie.
München.

WEISS, H.M. (1978):   Social learning of work values
in organizatios. In: JAP, 63, S.
711–718.

WERTHEIMER, M. (1923):   Untersuchungen zur Lehre von
der Gestalt II. In: Psychologische
Forschung, 4, S. 301–350.

WERTHEIMER, M. (1933):   Zu dem Problem der Unterscheidung
von Einzelinhalten und Teil. In:
Zeitschrift für Psychologie, 129,
S. 353–357.

WHETTEN, D.A. (1980):   Organizational decline: A neglected
topic in organizational science. In:
AMR, 5(4), S. 577–588.

WICKER, A.W. (1969):   Attitudes versus actions: The
relationships of verbal and overt
behavioral responses to attitude
objects. In: Journal of Social Issuss,
25, S. 41–78.

WILLIAMS, E.G. (1969):   Changing systems and behavior.
In: Bussiness Horizons, 12(4), S.
53–58.

WIMMER, H./PERNER, J. (1979): Kognitionspsychologie – eine Einführung. Stuttgart etc.

WISWEDE, G. (1981):   Betriebsklima. In: BECKERATH,
P.G.v./SAUERMANN, P./WISWEDE,
G. (Hrsg.): Handwörterbuch der
Betriebspsychologie und Betriebs-
soziologie. Stuttgart, S. 110–113.

WITTE, E. (1977): Einstellung. In: HERRMANN, Th./
HOFSTÄTTER, P.R./HUBER, H./
WEINERT, F.E. (Hrsg.): Handwörterbuch
psychologischer Grundbegriffe.
München, S. 103–115.

WITTLING, W. (1976): Einführung in die Psychologie
der Wahrnehmung. Hamburg.

WÖHE, G. (1981): Einführung in die Allgemeine Betriebswirtschaftslehre. 14. Auflage.
München.

WOLLNIK, M. (1978): Die Meßbarkeit von Organisationsstrukturen – Erfahrungen und Ein-
sichten aus einem interdisziplinären
Koloquium. Arbeitsbericht Nr.
3 des Projekts "Messung der Organisationsstruktur", Fakultät für Betriebs-
wirtschaftlehre, Universität Mannheim
und Fachbereich Betriebswirtschaftslehre, Universität Trier.

WOOD, St. (1979): A reappraisal of the contingency
approach to organization. In: JoMS,
16, S.334–354.

WOODMAN, R.E./KING, D.C. (1978):
 Organizational climate: Science
or folklore? In: AMR, 3, S. 816–826.

WOODWARD, J. (1965): Industrial organization. London.

WUNDERER, R./GRUNWALD, W. (1980):
 Führungslehre. Band 1: Grundlagen
der Führung. Berlin und New York.

WYLIE, R.C. (1974): The self-concept. Vol. I. 2. Auflage.
Lincoln.

WYLIE, R.C./MÜLLER, P.J./COWLES, S.S./WILSON, A.W. (1979):
 The self-concept. Vol. II. 2. Auflage.
Lincoln.

YLÄ-ANTTILA, L. (1980): On the measurement of organizational
structure and the relationship
between organizational climate
and measures of structure. Paper
presented at the EGOS seminar
on "structure and process", Sannäs,
Finnland.

360

ZALTMAN, G./DUNCAN, R./HOLBECK, J. (1973):
Innovations and organizations.
New York.

ZANDER, E. (1977): Mitarbeiterbefragung. 2. Auflage.
Freiburg.

ZEY-FERRELL, M./AIKEN, M. (1981):
Complex organizations. Critical
perspectives. Glenview, Ill.

ZOHAR, D. (1980): Safety climate in industrial organizations: Theoretical and applied
implications. In: JAP, 65, S. 96-102.

ZULTOWSKI, W.H./ARVEY, R.D./DEWHIRST, H.D. (1978):
Moderation effects of organizational
climate on relationships between
goal-getting attributes and employee
satisfaction. In: Journal of Vocational
Behavior. 12(2), S. 217-227.

Sachregister

Walter de Gruyter
Berlin · New York

Mensch und Organisation
Eine Schriftenreihe herausgegeben von W. H. Staehle

M. Gaitanides

Industrielle Arbeitsorganisation und technische Entwicklung

Produktionstechnische Möglichkeiten qualitativer Verbesserungen der Arbeitsbedingungen
15,5 x 23 cm. 194 Seiten. 1976. Gebunden DM 80,–
ISBN 3 11 005938 X (Band 1)

H. Schlicksupp

Kreative Ideenfindung in der Unternehmung

Methoden und Modelle
15,5 x 23 cm. 255 Seiten. 1977. Gebunden DM 76,–
ISBN 3 11 006809 5 (Band 2)

H. J. Weihe

Unternehmensplanung und Gesellschaft

15,5 x 23 cm. 246 Seiten. 1976. Gebunden DM 86,–
ISBN 3 11 006810 9 (Band 3)

B. Wilpert

Führung in deutschen Unternehmen

15,5 x 23 cm. 188 Seiten. 1977. Gebunden DM 84,–
ISBN 3 11 006914 8 (Band 4)

H.-Ch. Pfohl

Problemorientierte Entscheidungs- findung in Organisationen

15,5 x 23 cm. 329 Seiten. 1977. Gebunden DM 98,–
ISBN 3 11 007093 6 (Band 5)

A. Remer

Personalmanagement

Mitarbeiterorientierte Organisation und Führung von Unternehmungen
15,5 x 23 cm. 509 Seiten. Mit 198 Abbildungen. 1978.
Gebunden DM 138,– ISBN 3 11 007289 0 (Band 6)

Preisänderungen vorbehalten

Walter de Gruyter
Berlin · New York

J. K. Weitzig

Gesellschaftsorientierte Unternehmenspolitik und Unternehmensverfassung
15,5 x 23 cm. 252 Seiten. Mit 34 Abbildungen. 1979.
Gebunden DM 108,– ISBN 3 11 007866 X
(Mensch und Organisation, Band 7)

G. Grabatin

Effizienz von Organisationen
15,5 x 23 cm. XX, 341 Seiten. Mit 42 Abbildungen und
26 Tabellen. 1981. Gebunden DM 98,–
ISBN 3 11 008432 5 (Mensch und Organisation, Band 8)

E. Hartmann

Hochschulmanagement
Informationssysteme für die Hochschulorganisation
15,5 x 23 cm. XVI, 377 Seiten. 20 Abbildungen.
Gebunden DM 136,– ISBN 3 11 009944 6
(Mensch und Organisation, Band 9)

F. Fürstenberg

Soziale Unternehmenspolitik
Strategien und Perspektiven
13,5 x 20,5 cm. 200 Seiten. 1977. Kartoniert DM 28,–
ISBN 3 11 007022 7

A. Kieser
H. Kubicek

Organisation
2., neubearbeitete und erweiterte Auflage.
15,5 x 23 cm. XVI, 545 Seiten. Mit 86 Abbildungen und
15 Tabellen. 1983. Kartoniert DM 48,–
ISBN 3 11 009641 2 (de Gruyter Lehrbuch)

W. Goerke

Organisationsentwicklung als ganzheitliche Innovationsstrategie
15,5 x 23 cm. 313 Seiten. Mit 18 Abbildungen
und 24 Tabellen. 1981. Gebunden DM 84,–
ISBN 3 11 008535 6

R. Baumgarten

Führungsstile und Führungstechniken
15,5 x 23 cm. 256 Seiten. Mit 66 Abbildungen und
5 Fragebögen. 1977. Kartoniert DM 38,–
ISBN 3 11 006541 X (de Gruyter Lehrbuch)

Preisänderungen vorbehalten